本書爲江西省高校人文社會科學研究 2015 年度青年項目（項目名稱:《廣雅疏證》音韻訓詁綜合研究, 項目編號: YY1525）成果和江西師範大學青年成長基金項目成果。

　　本書受 2017 年江西師範大學青年英才培育計劃資助。

江西師範大學文學院
正大語言文學研究叢書

『廣雅疏證』因聲求義研究

李福言◎著

中國社會科學出版社

圖書在版編目（CIP）數據

《廣雅疏證》因聲求義研究／李福言著．—北京：中國社會科學出版社，
2017.5

ISBN 978 - 7 - 5203 - 0916 - 5

Ⅰ.①廣…　Ⅱ.①李…　Ⅲ.①《廣雅疏證》- 研究　Ⅳ.①H131.4

中國版本圖書館 CIP 數據核字（2017）第 221003 號

出 版 人　趙劍英
責任編輯　任　明
責任校對　李　莉
責任印製　李寡寡

出　　版　中國社會科學出版社
社　　址　北京鼓樓西大街甲 158 號
郵　　編　100720
網　　址　http://www.csspw.cn
發 行 部　010 - 84083685
門 市 部　010 - 84029450
經　　銷　新華書店及其他書店

印刷裝訂　北京市興懷印刷廠
版　　次　2017 年 5 月第 1 版
印　　次　2017 年 5 月第 1 次印刷

開　　本　710×1000　1/16
印　　張　26
插　　頁　2
字　　數　422 千字
定　　價　99.00 圓

萬獻初序

　　2009 年至 2014 年，李福言博士追隨我攻讀碩士、博士學位。在這五年中，福言坐住冷板凳，在浩如煙海的古典文獻資料中潛心研讀，尤其對漢字的音義關係產生了濃厚的興趣，敦煌佛典音義便是他的碩士論文選題。攻讀博士期間，福言又選擇了王念孫的《廣雅疏證》作為研究對象，用文獻學和語言學互證的方法，對其中的音義關係進行研究，撰寫了近六十萬字的畢業論文。

　　王念孫撰《廣雅疏證》，用因聲求義之法，考證、疏通古籍文句中的字詞，取得了訓詁學上的巨大成就，成為乾嘉考據學的代表性著作。福言博士論文以《廣雅疏證》中闡釋音義關係的有標記術語爲研究對象，進行窮盡性梳理與考辨，發凡起例，多有所得，對系統研究《廣雅疏證》有很好的參考價值。論文分爲上下兩部分，上部分主要是對《廣雅疏證》音義關係術語進行全面考察，經過修改，已經出版。下部分主要以上部分的材料為基礎作出考論，定名為《〈廣雅疏證〉因聲求義研究》，即由中國社會科學出版社出版。

　　王念孫在《廣雅疏證序》中說，"竊以訓詁之旨，本於聲音，故有聲同字異，聲近義同，雖或類聚群分，實亦同條共貫，譬如振裘必提其領，舉綱必挈其綱，故曰本立而道生，知天下之至嘖而不可亂也。此之不寤，則有字別為音，音別為義，或望文虛造而違古義，或墨守成訓而匙會通，易簡之理既失，而大道多岐矣。今則就古音以求古義，引伸觸類，不限形體，苟可以發明前訓，斯凌雜之譏，亦所不辭"。那麼，因聲求義在《廣雅疏證》中是如何具體運用的？因聲求義中的"聲"和"義"到底是何種關係？所用術語是如何顯示因聲求義性質的？這些術語是否性質相同？術語所表示的形音義三者在《廣雅疏證》因聲求義實踐中呈現何種關係？王念孫古音學思想與《廣雅疏證》因聲求義有何內在關係？福言的書稿努力回答這些問題。

　　書稿以《廣雅疏證》中用量較大的音義術語爲研究對象，分析術語所表示字詞的形音義特點，考察術語的性質與來源，釐清術語涵蓋的音義關係，探討術語顯示的聲韻相轉情況與王念孫古音系統的關係，最後作出總結。正文分上下兩編。上編分析《廣雅疏證》中“語之轉”“一聲之轉”“之言”“聲近義同”“猶”這些術語來源，以及術語所覆蓋字詞的形音義關係。下編從聲類、韻類系統角度，分析王念孫古音學的相關問題。最後從音義關係、古音系統、王念孫《廣雅疏證》因聲求義的特點與貢獻、音義關係研究要注意的問題等角度作出總結。

　　在《廣雅疏證》中，語音形式與概念的複雜關係，表現了音義間對稱性與不對稱性的統一。對稱性體現了語音形式和概念之間的相似性，不對稱性體現了語音形式與概念之間的區別性。另外，《廣雅疏證》術語中的“一字異音”與《音義異同》中的“音變構詞”用例有一定的關聯及互補性，顯示了王念孫對音義異同的深刻認識，以及對以義辨音的深入理解與合理運用。

　　《廣雅疏證》術語集中顯示的聲符作訓釋字或被釋字的訓釋用例，暗含了大量語音信息。分析這些聲符及其訓釋字詞之間的音讀關係，對探討王念孫古音學系統很有幫助。第一，《廣雅疏證》術語顯示的聲紐相轉關係，可用以驗證王念孫所用的古聲紐系統，對清代古聲紐系統研究會有幫助。第二，《廣雅疏證》術語中的韻類相轉與王念孫古韻分部有一致性，顯示王念孫在《廣雅疏證》中，基本遵循自己古韻二十一部的分部系統。此外，王念孫還根據具體訓詁實踐，靈活地處理了韻轉問題，富於啟發性。

　　由術語的系統研究可知，王念孫撰《廣雅疏證》，就是“就古音以求古義”的全面實踐，由此“發明前訓”，獲取“以古音得經義”的豐碩成果。

　　福言可在以後的學術研究中，把對《廣雅疏證》因聲求義的研究作爲一個節點，進而探討王念孫因聲求義其他方面的問題，進而探討王念孫與段玉裁在因聲求義問題的異同，從音義關係研究的發展上來梳理、探討清代學者因聲求義的相關問題。

　　是爲序

萬獻初

於珞珈山東山頭寓所

二〇一六年冬至

摘　　要

　　研究表明，《廣雅疏證》因聲求義術語具有功能性異同。王念孫在使
用術語進行因聲求義實踐中具有一定傾向性和繼承性，但還沒有形成現代
意義上的術語規範。在《廣雅疏證》中，語音形式與概念的複雜關係表
現了音義之間對稱性與不對稱性的統一。對稱性是語音形式和概念之間相
似性的體現，不對稱性是語音形式和概念之間區別性的體現。另外，《廣
雅疏證》術語中的一字異音情況與《音義異同》中的音變構詞用例有互
補性，顯示了王念孫對音義異同的認識以及對以義辨音的理解與運用。王
念孫沒有具體的古聲紐專門著作，他的古聲紐思想主要包含在具體訓詁
中。《廣雅疏證》術語顯示了王念孫豐富的古聲紐思想，這些思想表明他
吸收了錢大昕、戴震等的古聲紐思想後，積極運用於具體音義問題的實
踐，並取得了較大成果。這些思想是清代古聲紐學的重要組成部分，不容
忽視。《廣雅疏證》術語反映了王念孫對韻轉關係的認識，與王念孫古韻
分部有一致性，顯示王念孫在《廣雅疏證》中基本遵循了自己的古韻二
十一部分情況。另外，王念孫還根據具體訓詁實踐靈活處理韻轉情況。

　　王念孫《廣雅疏證》因聲求義的特點和貢獻有三點：一是王念孫的
"術語觀"，即豐富術語的內涵，注重通過術語在詞義訓釋中的功能性異
同顯示術語的特徵，大規模利用術語疏通故訓，對傳統訓釋術語進行總結
與創新；二是王念孫的"音義觀"，即對音形義三者間的聯繫有系統認
識，同時對語音形式和概念的邏輯關係有一定認知，在此基礎上，"就古
音以求古義"，超越形體，系聯了大批同源義近的詞。這些音義實踐對後
代詞義理論、詞源理論、聯綿詞理論的建立發展做出了貢獻，加深了對漢
語本質的認識；三是王念孫在《廣雅疏證》中貫穿着"以古音求古義"
的治學特點，在清代古音學訓詁學研究上有深遠影響。

凡　例

1. 本書對《廣雅疏證》"語之轉""一聲之轉""之言""聲近義同""猶"五個術語的音義關係進行考察。首先驗證術語聯繫的音形問題，進而從詞源學角度考察詞義關係類型。①

2. 在考察《廣雅疏證》音義問題時，以術語爲標記，在聲音相同（或相近）的情況下，主要從本義與本義、本義與方言義、方言義與方言義三個維度認定同源詞。如果本義與本義相近，即有共同義素，則認定兩個詞同源。如果本義與方言義義近，即有共同義素，則認定兩個詞同源。如果方言義與方言義義近，即有共同義素，則認定兩個詞同源。對於本義與引申義之間的義近關係，本書一般看作是詞彙詞義上的義近，而不考慮同源問題。

3. 本書所用《廣雅疏證》版本爲王氏家刻本，鐘宇訊點校，中華書局 1983 年版，參以江蘇古籍出版社 2000 年版高郵王氏四種本。

4. 判定具體字詞的古音，主要依據王力先生《同源字典·同源字論》所訂的古聲韻系統，同時參考郭錫良先生《漢字古音手冊》、陳復華、何九盈《古韻通曉》《漢語大字典》《故訓匯纂》等。一字異音情況主要參照《漢語大字典》《廣韻》。其中若有聲紐韻部歸類不一的地方，則類推以求一致。

5. 本書音義關係用"——"隔開，"——"因術語而異。在"一聲之轉"中"A——B"義爲 A、B 一聲之轉；在"之言"中，義爲 A 之言

---

① 索緒爾在《普通語言學教程》中論及詞源學的相關問題，"詞源學首先是通過一些詞和另外一些詞的關係的探討對它們進行解釋。所謂解釋，就是找出它們跟一些已知的要素的關係，而在語言學上，解釋某一個詞就是找出這個詞跟另外一些詞的關係，因爲聲音和意義之間沒有必然的關係。"（索緒爾等編，高名凱譯，岑麒祥、葉蜚聲校注：《普通語言學教程》，商務印書館 1980 年版，第 265 頁）這一論述同樣適用於本考察。

B 也；在 "聲近義同" 中義爲 A、B 聲近義同；在 "猶" 中義爲 A 猶 B 也。相應術語若出現多個詞時，可類推。

6. 本書 "［］" 說明此字（詞）在兩個術語中重複出現。

目　　录

上編　《廣雅疏證》音義術語研究

下編　《廣雅疏證》與王念孫古音學研究

上編
《廣雅疏證》音義術語研究

第一章 《廣雅疏證》"語之轉"研究[①]

據資料庫統計,《廣雅疏證》"語之轉"共74例。在這些"語之轉"中,兩個詞間的語轉共59例(單音詞中,用A表示一個詞,用B表示另一個詞,多個詞則順推;複音詞中,用AB表示一個詞,用CD表示另一個詞,多個詞則順推)。

第一節 兩個詞間"語之轉"的聲韻關係

兩個詞間"語之轉"術語形式有:A亦B也,語之轉也。A、B亦語之轉也。A、B語之轉(耳)。A猶B也,語之轉耳。兩個詞間聲韻關係如下表:

大類	兩個詞間"語之轉"聲韻關係			
小類	雙聲疊韻	雙聲韻轉	聲轉韻轉	聲轉疊韻
數量	4	29	22	4

上表說明兩個詞間"語之轉"聲韻關係以雙聲韻轉爲主,其次是聲轉韻轉。完全雙聲疊韻的情況不多。

一 "語之轉"雙聲疊韻有4例

奇衺猶衺衺,語之轉耳。(1983:70)	奇	見	歌	衺	見	歌	雙聲疊韻
横亦杭也,語之轉耳。(1983:305卷九下)	横	匣	陽	杭	匣	陽	雙聲疊韻
飦、饘語之轉。(1983:247卷八上)	飦	章	元	饘	章	元	雙聲疊韻
豰、䁾,語之轉。(1983:32)	豰	來	脂	䁾	來	脂	雙聲疊韻

---

① 本章部分内容曾發表於《沈陽大學學報》2014年第1期。

　　從形體關係看，奇、攲雙聲符，横、杭形體相異，飦、餰和韜、瞯都有共同形符。

　　奇，《說文》："奇，異也，一曰不耦。"引申為傾斜不正。《玉篇》："攲，攲也。"不整齊的意思。二者詞義相近。奇衺、攲衺都有傾斜義。

　　横，《說文》："水津也。一曰以船渡也。"《詩經·河廣》："誰謂河廣，一葦杭之。""杭"借自"横"。

　　飦，《說文》："鬻：鬻也。从鬻侃聲。餰，鬻或从食衍聲。飦，鬻或从食干聲。"《說文》："饘：糜也。从食亶聲。周謂之饘，宋謂之餴。"飦、饘同源假借。

　　《玉篇》："瞯，視也。"《方言》卷十："凡相竊視，南楚謂之軓。"二者同源。

二　雙聲韻轉有29例

故利謂之戾，亦謂之賴，善謂之賴，亦謂之戾，戾、賴語之轉耳。(1983：8)	戾	來	質	賴	來	月	雙聲旁轉
厲亦廉也，語之轉耳。(1983：10)	厲	來	月	廉	來	談	雙聲通轉
牟亦悖也，語之轉耳。(1983：17)	牟	明	幽	謀	明	之	雙聲旁轉
庝猶隱也，語之轉耳。(1983：31)	庝	影	微	隱	影	文	雙聲對轉
凡言邱者皆居之義也。墟猶邱也。語之轉耳。(1983：50)	墟	溪	魚	邱	溪	之	雙聲旁轉
蘊、鬱語之轉耳。(1983：53)	蘊	影	文	鬱	影	物	雙聲對轉
考、叩語之轉耳。(1983：88)	考	溪	幽	叩	溪	侯	雙聲旁轉
乖剌猶乖戾，語之轉耳。(1983：193卷六上)	剌	來	月	戾	來	質	雙聲旁轉
魁岸猶魁梧，語之轉耳。(1983：193卷六上)	岸	疑	元	梧	疑	魚	雙聲通轉
籧曲猶拳曲，語之轉也。(1983：261卷八上)	籧	羣	魚	拳	羣	元	雙聲通轉
《說文》："鈴，令丁也。"謂其聲令丁然也。今人言鈴當，語之轉也。(1983：266卷八上)	丁	端	耕	當	端	陽	雙聲旁轉
埌亦壠也，語之轉耳。(1983：298卷九下)	埌	來	陽	壠	來	東	雙聲旁轉
幽、蔓語之轉耳。(1983：313卷十上)	幽	影	幽	蔓	影	宵	雙聲旁轉

续表

故善謂之佳，亦謂之介，大謂之介，亦謂之佳，佳、介語之轉也。（1983：5 釋詁）	佳	見	支	介	見	月	雙聲旁對轉
委亦蘊也，語之轉耳。（1983：17）	委	影	歌	蘊	影	文	雙聲旁對轉
朦亦豚也，語之轉耳。（1983：52）	朦	日	陽	豚	日	幽	雙聲旁對轉
精、繄，語之轉耳。（1983：53）	繄	精	鐸	精	精	耕	雙聲旁對轉
《荀子·勸學篇》："南方有鳥焉，名曰蒙鳩。"楊倞注云："蒙鳩，鷦鷯也。"蒙鳩，猶言蔑雀。蔑、蒙，語之轉耳。（1983：54）	蔑	明	月	蒙	明	東	雙聲旁對轉
覆謂之幎，亦謂之幔。幔、幎語之轉耳。（1983：61）	幔	明	元	幎	明	錫	雙聲旁對轉
優、渥語之轉。（1983：63）	優	影	幽	渥	影	屋	雙聲旁對轉
斯彌、斯磨，語之轉耳。（1983：77）	彌	明	支	磨	明	歌	雙聲旁對轉
農猶努也。語之轉耳。《洪範》云："農用八政。"謂勉用八政也。《呂刑》云："稷降播種，農殖嘉穀。"謂勉殖嘉穀也。（1983：83）	農	泥	冬	努	泥	魚	雙聲旁對轉
暗亦幽也，語之轉耳。（1983：84）	暗	影	侵	幽	影	幽	雙聲旁對轉
聵猶聰也，語之轉耳。（1983：85）	聵	疑	質	聰	疑	微	雙聲旁對轉
盈亦餘也，語之轉耳。《漢書·食貨志》云："蓄積餘贏。"《後漢書·馬援傳》云："致有盈餘。"（1983：113）	盈	喻四	耕	餘	喻四	魚	雙聲旁對轉
麴、糵語之轉。（1983：247 卷八上）	麴	明	真	糵	明	月	雙聲旁對轉
干亦杠也，語之轉耳。（1983：291 卷九上）	干	見	元	杠	見	東	雙聲旁對轉
晞亦暵也，語之轉也。暵與罕同聲，晞與希同聲，晞之轉為暵。（1983：45）	晞	曉	微	暵	曉	元	雙聲旁對轉
猶希之轉為罕矣。（1983：45）	希	曉	微	罕	曉	元	雙聲旁對轉
《堯典》傳云："乳化曰孳。"蠚，連語之轉。蠚孳猶言連生。（1983：82）	蠚	來	之	連	來	元	雙聲對轉

下面分析詞義關係。

詞義關係	
戾——賴	《說文》："戾，曲也。"《說文》："賴，贏也。"戾之借義與賴之本義義近。
厲——廉	《說文》："厲，旱石也。"磨刀石。《說文》："廉，仄也。"引申為棱角，二者同源。

詞義關係	
牟——𢢫	《方言》卷一："牟，愛也。宋魯之間曰牟。"《說文》："𢢫，𢢫撫也。"二者同源。
庝——隱	《玄應音義》卷十四引《字林》："庝，翳也。"《說文》："隱，蔽也。"二者同源。
墟——邱	《說文》："虛，大丘也。"虛即今墟字。《說文》："邱，地名。"後借為丘。本義與借義義近。
蘊——鬱	《方言》："蘊，瘉也。"《說文》："鬱，木叢生。"二者同源。
考——叩	《玉篇·口部》："叩，叩擊也。"考通攷，《說文》："攷，敂也。"考、叩音近假借。
乖剌——乖戾	《說文》："剌，戾也。"剌、戾同源。
魁岸——魁梧	《說文》："岸，水涯而高者。"《集韻·莫韻》："梧，魁梧，大貌。"二者同源。
籧曲——拳曲	《方言》卷五："簟，宋魏之間謂之笙，或謂之籧曲。自關而西或謂之簟，或謂之筵，其粗者謂之籧篨。"《玉篇·手部》："拳，屈手也。"二者同源。
令丁——鈴當	《爾雅·釋詁》："丁，當也。"《說文》："鈴，令丁也。"二者同源。
埌——壟	《方言》卷十三："冢，秦晉之間謂之墳……或謂之埌。"同源。
幽——蔮	《說文·艸部》："蔮，艸也。《詩》曰：四月秀蔮。"《段注》："《夏小正》：四月秀幽。幽、蔮一聲之轉，必是一物。"二者同源。
佳——介	《說文·人部》："佳，善也。"《爾雅·釋詁上》："介，大也。"同源。
委——薀	《廣韻·吻韻》："薀，《說文》：'積也。《春秋傳》曰"薀利生孽。"'俗作蕰。"《集韻·真韻》："委，委積，牢米薪芻之總名。"同源。
膿——腞	《說文》："膿，益州鄙言人盛，諱其肥，謂之膿。"《說文》："腞，嘉善肉也。"二者同源。
精——繫	《說文》："精，擇也。"《左傳·桓公二年》："粢食不鑿。"陸德明釋文："鑿，精米也。"二者同源。
蔑——蒙	《說文》："蒙，王女也。"細草。《說文》："蔑，勞目無精也。"眼睛眯着。二者同源。
幔——帺	《說文·巾部》："幔，幕也。"《說文·巾部》："帺，幔也。"同源。
優——渥	《說文》："渥，霑也。"即浸潤。《說文》："優，饒也。"二者同源。
斯彌——斯磨	二者同源。
農——努	《說文》："農，耕也。"《廣韻》："努，努力也。"二者同源。
暗——幽	《說文》："暗，日無光也。"《說文》："幽，隱也。"二者同源。
聵——聢	《說文·耳部》："聵，聾也。"《方言》卷六："聾之甚者，秦晉之間謂之聢。"二者同源。
盈——餘	《說文》："盈，滿器也。"《說文》："餘，饒也。"二者同源。
麨——糵	《說文·麥部》："麨，麥屑末也。"《說文·米部》："糵，麩也。"《廣韻·末韻》："糵，米和細屑。"二者同源。

詞義關係	
干——杠	《爾雅·釋天》: "素錦綢杠。" 郭璞注: "以白地錦韜旗之竿。"《集韻·江韻》: "杠, 旌旗竿。"《說文》: "干, 犯也。" 音近假借。
晞——暵	《說文·日部》: "晞, 乾也。"《說文·日部》: "暵, 乾也。" 同源。
釐孳——連生	《說文·子部》: "孳, 汲汲生也。"《方言》卷三: "陳楚之間凡人獸乳而雙產曰釐孳。" 釐孳、連生同源。

由上可知, 詞義關係以同源爲主, 有 25 例, 其餘情況是音近假借和義近。

三 聲轉韻轉有 22 例

蹵亦遒也, 語之轉耳。(1983: 35)	蹵	清	覺	遒	從	幽	旁紐對轉
彎亦抓也, 語之轉耳。(1983: 41)	彎	影	元	抓	見	魚	準雙聲通轉
絣亦縫也, 語之轉耳。(1983: 59)	絣	幫	蒸	縫	並	東	旁紐旁轉
遺、問, 語之轉耳。問者, 《鄭風·女曰雞鳴篇》"雜佩以問之。"《曲禮》"以弓劍苞苴簞笥問人。"《毛傳》鄭注並云: "問, 遺也。" (1983: 83)	問	明	文	遺	喻四	微	準雙聲對轉
糞埽者, 糞猶拂也。語之轉耳。(1983: 97)	糞	幫	文	拂	滂	物	旁紐對轉
陴之言瀕也, 語之轉耳。(1983: 300 卷九下)	陴	並	支	瀕	幫	真	旁紐通轉
適之言枝也, 相枝梧也。枝、適語之轉。(1983: 158)	適	書	錫	枝	章	支	旁紐對轉
惟之言摧也, 《晉》初六: "晉如摧如。" 虞翻注云: "摧, 憂愁也。" 摧與惟通。六二云 "晉如愁如", 愁、惟, 語之轉耳。(1983: 19)	愁	崇	幽	惟	從	之	準雙聲旁轉
封、墳, 語之轉, 故大謂之封, 亦謂之墳, 塚謂之墳, 亦謂之封, 塚亦大也。(1983: 5 釋詁)	封	幫	東	墳	並	文	旁紐旁對轉
霑、足亦語之轉。(1983: 63)	霑	端	談	足	精	屋	準雙聲旁對轉
肄, 餘也。枿即萌蘖之蘖。《盤庚》"若顛木之有由蘖",《釋文》: "蘖, 本又作枿。" 引馬融注云 "顛木而肄生曰枿。" 枿、肄, 語之轉耳。(1983: 71)	肄	喻四	脂	枿	疑	月	準雙聲旁對轉
舸亦艦也, 語之轉耳。(1983: 304 卷九下)	艦	崇	談	舸	定	東	準雙聲旁轉

续表

飦、䉤語之轉。（1983：247 卷八上）	飦	章	元	䉤	見	覺	準雙聲旁對轉
饘、鬻亦語之轉。（1983：247 卷八上）	饘	章	元	鬻	喻四	覺	準旁紐旁對轉
飆亦飀也，語之轉耳。（1983：121）	飆	幫	宵	飀	來	幽	旁轉
傿，引也。引、傿語之轉耳。（1983：165 卷五下）	引	喻四	真	傿	影	元	旁轉
胠亦脅也，語之轉耳。（1983：204 卷六下）	胠	溪	魚	脅	曉	盍	通轉
蹊亦徑也。語之轉耳。（1983：213 卷七上）	蹊	匣	支	徑	見	耕	對轉
《淮南子·精神訓》注云："舀，鐏也。青州謂之鐏，三輔謂之鎺。"鎺、鐏語之轉。《釋言篇》云："蔦、鴤、譁也。"蔦、鴤之轉為譁，猶鎺之轉為鐏矣。（1983：260 卷八上）	鐏	匣	魚	鎺	疑	歌	通轉
《小雅·我行其野》傳云："衹，適也。"衹之轉為適，猶枝之轉為適矣。（1983：158）	衹	羣	支	適	書	錫	對轉
盈、億亦語之轉也。（1983：11）	盈	喻四	耕	億	影	職	旁對轉
《太元·元捝》："兄弟不孿。"范望注云："重生為孿。"孿，亦雙也，語之轉耳。（1983：82）	孿	來	元	雙	生	東	旁對轉

詞義關係如下表：

蹙——遒	《說文新附·足部》："蹙，迫也。"《說文·辵部》："遒，迫也。逎，遒或從酉。"二者同源。
彎——抓	《說文·弓部》："彎，持弓關矢也。"《廣雅·釋詁一》："抓，引也。"《玉篇·弓部》："彎，引也。"二者同源。
絣——縫	《說文·糸部》："縫，以鍼紩衣也。"《說文》："絣，氐人殊縷布也。"二者同源。
遺——問	《說文》："遺，亡也。"借義為送。《廣雅》："遺，送也。"《說文》："問，訊也。"引申為送。遺之借義與問之引申義義近。
糞——拂	《說文》："糞，棄除也。"《廣韻·物韻》："拂，拭也。"同源。
陴——瀕	《廣雅·釋邱》："陴，厓也。"《說文·頻部》："瀕，水厓，人所賓附，頻蹙不前而止。"同源。
枝——適	《篇海類編·人事類·辵部》："適，適庶，與嫡同。"適之假借字嫡與枝的引申義義近。
愁——惟	《說文·心部》："愁，憂也。"《廣雅·釋詁一》："惟，憂也。"《玉篇·心部》："惟，悲傷也。"二者同源。

续表

封——墳	《説文》："封，爵諸侯之土。"引申爲大。《説文》："墳，墓也。"引申爲大。二者引申義義近。
濡——足	《説文·雨部》："濡，雨［雨/染］也。"引申爲浸潤，與足之引申義義近。
枿——肄	《爾雅·釋詁下》："枿，餘也。"《説文》："肄，習也。"借義爲嫩枝葉，與枿之引申義義近。
舸——艭	《廣雅》："舸，舟也。"《玉篇·舟部》："艭，大船。"二者同源。
飦——餰	《説文·䰜部》："鬻，鬻也。飦，或從干聲。"《廣雅·釋器》："餰，饘也。"《説文》："饘，糜也。"二者同源。
饘——鬻	《説文·䰜部》："鬻，鬻也。飦，或從干聲。"徐鍇《系傳》："鬻，即今饘字。"二者同源。
颸——颾	《玉篇·風部》："颸，風皃。"《説文》："颾，高風也。"二者同源。
引——僞	《説文》："引，開弓也。"《説文》："僞，引爲賈也。"二者都有擴張之義，同源。
胠——脅	《説文》："脅，兩膀也。"《玉篇·肉部》："胠，腋下。"二者同源。
蹊——徑	《説文·彳部》："徑，步道也。"《釋名·釋道》："步所用道曰蹊。蹊，傒也。言射疾則用之，故還傒於正道也。"二者同源。
鍋——鏵	《廣雅疏證》卷八上："《淮南子·精神訓》注云：'臿，鏵也。青州謂之鏵，三輔謂之鍋。'鍋、鏵語之轉。《釋言》篇云：'蔿，譌，譁也。'蔿、譌之轉為譁，猶鍋之轉為鏵矣。"可知二者同源。
衹——適	《説文》："衹，地衹提出萬物者也。"《方言》卷十三："適，啎也。"郭璞注："相觸迕也。"衹之借義與適之方言義義近。
盈——億	《説文·皿部》："盈，滿器也。"《玉篇·心部》："意，《説文》：'滿也。意作億。'"《詩·小雅·楚茨》："我倉既盈，我庾維億。"鄭玄箋："萬物成則倉庾充滿矣。倉言盈，庾言億。亦互辭，語多也。"二者同源。
攣——雙	《説文》："攣，係也。"《説文》："雙，隹二枚也。"攣之借義與雙之本義義近。

四 聲轉疊韻有4例

《方言》：絓、挈、儝、介、特也。楚曰儝，晉曰絓，秦曰挈。物無耦曰特，獸無耦曰介。挈亦介也，語之轉耳。(1983：79)	挈	溪	月	介	見	月	旁紐疊韻
今人問物幾許曰幾多。吳人曰幾夥。語之轉也。(1983：93)	多	端	歌	夥	匣	歌	疊韻
稬猶纏也，語之轉耳。《玉篇》：稬，禾束也。(1983：86)	纏	定	元	稬	章	元	疊韻
鬻之轉為餰。(1983：247 卷八上)	餰	見	覺	鬻	云	覺	疊韻

詞義關係：

挈——介，《方言》："絓、挈、愩、介，特也。楚曰愩，晉曰絓，秦曰挈。物無耦曰特，獸無耦曰介。"二者同源。

多——夥，《方言》卷一："凡物盛多謂之寇，齊宋之郊，楚魏之際曰夥。"《小爾雅·廣詁》："夥，多也。"二者同源。

襢——纏，《說文·系部》："纏，繞也。"《玉篇廣雅疏證》："襢，禾束也。"二者同源。

鬻——鬸，《廣雅·釋器》："鬸，餫也。"《說文》："餫，糜也。"《爾雅·釋言》："鬻，糜也。"二者同源。

第二節　AB 與 CD 間的語轉關係

術語表現形式：AB、CD，語之轉也（耳）。AB 者，CD，語之轉也。AB 猶 CD，語之轉耳。有 8 例：

AB	CD	A聲韻	B聲韻	C聲韻	D聲韻	A－B	A－C	C－D	B－D	卷次
竦踴	鴻溶	心東	云東	匣東	云東	疊韻	疊韻	疊韻	雙聲	1983：25
腌臢	膵肛	幫宵	曉宵	並東	見東	疊韻	旁轉	疊韻		1983：57
蠾蝓	侏儒	章屋	云魚	章侯	日侯	準旁紐	雙聲對轉	旁紐疊韻	旁轉	1983：68；1983：359
倉卒	造次	清陽	清幽	清物	清脂	雙聲	雙聲	雙聲	雙聲	1983：69
奔鮮	蚡鮮	幫文	滂魚	滂魚	滂魚	旁紐	旁紐	雙聲韻	雙聲韻	1983：367
渠略	蜣蜋	羣魚	來鐸	溪陽	來陽	對轉	旁紐對轉	疊韻	雙聲對轉	1983：364
岣嶁	穹隆	見侯	來侯	溪蒸	來東	疊韻	旁紐	旁轉	雙聲對轉	1983：301
令適（瓴甋）	瓴甓	來耕	書錫	來耕	並錫	對轉	雙聲	對轉	疊韻	1983：210

從詞義關係看，AB、CD 詞義關係多同源。

第三節 AB、CD、EF 間語轉關係

術語形式：AB、CD、EF 語之轉也。有 3 例：

AB	CD	EF	A 聲韻	B 聲韻	C 聲韻	D 聲韻	E 聲韻	F 聲韻	AC 關係	CE 關係	AE 關係	BD 關係	DF 關係	BF 關係	卷次
嘔喻	呴喻	怤愉	影侯	云侯	曉侯	云侯	滂侯	云侯	旁轉疊韻	疊韻	疊韻	雙聲韻	雙聲韻	雙聲韻	1983：34
妦娧	妦容	丰茸	敷東	透月	敷東	云東	敷東	日東	雙聲疊韻	雙聲疊韻	雙聲疊韻	旁紐	準旁紐疊韻	準旁紐	1983：26
接慮	族累	銼鏀	精盍	來魚	從屋	來微	清歌	來歌	旁紐	旁紐	旁紐對轉	雙聲	雙聲旁轉	雙聲通轉	1983：68

詞義關係看，AB、CD、EF 詞義關係多同源。

第四節 A 與 BC 語轉關係

術語形式：A 與 BC，語之轉也。有 1 例：

A	BC	A 聲韻	B 聲韻	C 聲韻	AB 關係	AC 關係	BC 關係	卷次
㷡	侏儒	莊物	章侯	日侯	準雙聲	—	旁紐疊韻	1983：68

詞義關係上，《方言》卷十三：“㷡，短也。”㷡與侏儒同源。

第五節 A 與 BC、BD 語轉關係

術語形式：A 與 BC、BD，皆語之轉也。有 1 例：

A	BC	BD	A 聲韻	B 聲韻	C 聲韻	D 聲韻	A－B	A－C	A－D	C－D	卷次
欋	渠挐	渠疏	羣魚	羣魚	泥魚	生魚	雙聲疊韻	疊韻	疊韻	疊韻	1983：260 卷八上

詞義關係上，《廣雅疏證》卷八上：“《方言》注云：‘今江東亦名杷為渠挐。’《釋名》：‘齊魯謂四齒杷為欋。’欋與渠挐、渠疏，皆語之轉也。”（1983：260）則三者屬同源關係，都指一種農具。

第六節　多個詞的語轉關係

術語形式：AB，CD，AE，FG，HI，JK 皆語之轉也。

有 1 例：《廣雅疏證》卷二下："瀧涿者，《說文》：'瀧，雨瀧瀧也。'《論衡·自紀篇》云：'筆瀧漉而雨集，言澔溔而泉出。'《說文》：'涿，流下滴也。'《方言》：'瀧涿謂之霑漬。'郭璞注云：'瀧涿，猶瀨滯也。'《廣韻》：'瀧涷，霑漬也。'《荀子·議兵篇》：'案角鹿埵隴種東籠而退耳。'楊倞注云：'東籠與涷瀧同，霑濕貌。'"瀧涿、瀨滯、瀧涷、鹿埵、隴種、東籠皆語之轉也。（1983：63）

AB	CD	AE	FG	HI	JK	聲韻地位										
						A	B	C	D	E	F	G	H	I	J	K
瀧涿	瀨滯	瀧涷	鹿埵	隴種	東籠	來東	端屋	來月	定月	端東	來屋	端歌	來東	章東	端東	來東

這幾個詞間的聲韻關係以雙聲、疊韻、旁紐、對轉爲主，聲韻關係較近。

聲韻關係	B	C	D	E	F	G	H	I	J	K
A	旁紐對轉	雙聲	旁紐	旁紐疊韻	雙聲對轉	旁紐	雙聲疊韻	準旁紐疊韻	旁紐疊韻	雙聲疊韻
B		旁紐	旁紐	雙聲對轉	旁紐疊韻	雙聲	旁紐對轉	準雙聲對轉	雙聲對轉	旁紐對轉

詞義關係屬於同源，都指水翻湧的樣子。

第七節　本章小結

綜上可知，《廣雅疏證》單個詞間"語之轉"語轉關係以雙聲爲主，詞義關係以同源爲主，輔以義近、假借等情況。多個多音節詞間的語轉關係中，多音節詞的首字之間、第二字與第二字之間一般是雙聲關係。如 AB 與 CD 兩個多音詞，A 與 B、C 與 D 一般是雙聲疊韻關係。詞義關係上，單個詞間"語之轉"一般是同源，偶有假借或義近情況，多個詞間的語義關係是同源。

劉川民在《略論〈方言箋疏〉中的"聲轉"和"語轉"》一文中通過統計方法揭示了錢繹《方言箋疏》中"聲轉"和"語轉"的特點。對於後者，劉川民認爲，"具有語轉關係的詞，主要是強調聲紐的相同或相近，至於韻部則沒有要求，可以相同、相近，也可以相異"①，《方言箋疏》"語轉" 特點與《廣雅疏證》相似。

劉氏在該文中還分析了 "語轉" 的歷史與造成語轉的原因，"語轉一詞，在揚雄《方言》中已出現……揚雄所言 '轉語' '語之轉'，均與 '語轉' 同義。晉代郭璞給揚雄《方言》作注時，也用了 '語轉' 一詞對原著加以闡發，清代戴震《方言箋疏》、盧文弨《重校方言》也沿用 '語轉' 一詞訓釋音義，錢氏《方言箋疏》中 '語轉' 的作用與從揚雄到盧文弨等人的用法是一脈相承的。我們可以這樣說：'語轉' 也是一個用來兼釋音義的訓詁條例。凡用 '語轉' 訓釋的字，它們之間在音和義上都有聯繫。同一事物，由於時地不同、方音影響、民俗各異、文白有別等原因，反映在語音上，就產生了聲紐、韻部上的差異。這些詞在意義上有的沒有不同，有的稍有差異，它們都是近義詞"②。

劉氏的論述基本合理。對於王念孫《廣雅疏證》，其訓釋術語 "語之轉" 的作用主要也是解釋音義，疏通形體。這首先與張揖 "擇撣群藝，文同義異，音轉失讀，八方殊語，庶物易名，不在《爾雅》者，詳錄品核，以著於篇"③ 的《廣雅》撰寫宗旨有關。張揖撰《廣雅》已有收錄 "音轉失讀" 的要求。王氏在《廣雅疏證》中使用 "語之轉" 更利於揭示《廣雅》體例。其次，與王氏 "就古音以求古義，引伸觸類，不限形體" 的訓詁思想有關。王氏善於從語言發生學的角度出發，突破字形限制，回到詞的音義結合的約定性來考察字形（本師萬獻初語）。這樣，以音為橋樑（音近），疏通了形體差異（異文），建立了意義上的聯繫（義通）。張治樵認為王念孫《廣雅疏證》是 "求證的訓詁"④，日本學者濱口富士雄認為是 "體系式的訓詁"⑤，都很好地揭示了王氏訓詁的本質特徵。

---

① 劉川民：《略論〈方言箋疏〉中的 "聲轉" 和 "語轉"》，《杭州大學學報》1996 年第 26 卷第 4 期。

② 同上。

③ 转引自王念孙《广雅疏证》，江苏古籍出版社 1983 年版，第 3 頁。

④ 張治樵：《王念孫訓詁述評》，《四川師範大學學報》（社會科學版）1992 年第 2 期。

⑤ ［日］濱口富士雄：《王念孫訓詁之意義》，盧秀滿譯，《中國文哲研究通訊》（揚州研究專輯），譯自《清代考據學的思想史研究》，國書刊行會 1994 年版，第 115—129 頁。

第二章 《廣雅疏證》“一聲之轉”研究

據統計,《廣雅疏證》“一聲之轉”共有 136 例, 其中兩個詞 (字) 間的 “一聲之轉” 關係有 79 例, 多個詞 (字) 間的 “一聲之轉” 關係有 57 例。現在分別討論其聲韻關係。

第一節 兩個詞 (字) 間 “一聲之轉” 的聲韻關係

兩個詞 (字) 間 “一聲之轉” 共有 79 例, 具體聲韻關係見下表:

大類	兩個詞間 “一聲之轉” 的聲韻關係				
小類	雙聲韻轉	雙聲疊韻	旁紐韻轉	準旁紐韻轉	準雙聲韻轉
数量	60	1	13	2	3
比重	75. 95%	1. 27%	16. 46%	2. 53%	3. 80%

兩個詞 (字) 間 “一聲之轉” 的聲韻關係以雙聲爲主, 有 60 例, 占 75. 95%, 其次是旁紐韻轉, 有 13 例, 占 16. 46%, 準旁紐韻轉有 2 例, 雙聲疊韻有 1 例, 準雙聲韻轉有 3 例。這一點, 與《廣雅疏證》 “語之轉” 的聲韻特徵基本相似。《廣雅疏證》 “語之轉” 問題已有專文討論。① 這裡主要探討 “一聲之轉” 的音形義情況。可知, 雙聲韻轉是《廣雅疏證》 “一聲之轉” 聲韻關係的主要特點。 “一聲” 主要指雙聲, “轉” 主要是韻類之間的轉換。

一 “一聲之轉” 雙聲韻轉有 60 例

兩個詞 (字) 間 “一聲之轉” 聲韻關係以雙聲韻轉爲主, 有 60 例。

---

① 參見拙文《〈廣雅疏證〉 “語之轉” 研究》,《沈陽大學學報》2014 年第 1 期。

具體分析雙聲統轄下韻類的相轉關係，又得出下表：

大類	"一聲之轉" 雙聲韻轉關係				
小類	對轉	旁對轉	旁轉	通轉	異類相轉
數量	9	14	11	8	18
比重	15%	23.33%	18.33%	13.33%	30%

可見，"一聲之轉"雙聲中的韻轉以異類相轉爲主，有 18 例，然後是旁對轉 14 例，對轉 9 例，通轉 8 例，旁轉 11 例。下面將分別討論其形義關係。

（一）對轉有 9 例

《小雅·天保篇》："無不爾或承。"鄭箋云："或之言有也。""或"即"邦域"之"域"。域、有一聲之轉。(1983：6 卷一上釋詁)	域	匣	職	有	云	之	雙聲之職對轉
荒、幠一聲之轉，皆謂覆也。故柩車上覆謂之荒，亦謂之幠。帾即素錦褚之褚，幠帾皆所以飾棺。幠在上象幕，帾在下象輕，故云其顙象菲帷幬尉也。《周官》："縫人掌縫棺飾。"鄭注云："若存時居于帷幕而加文繡是也。"若斂衾夷衾皆所以覆尸，不得言象菲帷幬尉矣。《詩·公劉》傳云："荒，大也。"《閟宮》傳云："荒，有也。"《爾雅》："幠，大也，有也。"是幠與荒同義。幠从無聲，荒从𠇍聲，𠇍从亡聲。荒之轉爲幠，猶亡之轉爲無。故《詩》"遂荒大東"，《爾雅》注引作"遂幠大東"，《禮記》"毋幠勿敖"，大戴作"無荒無憿"矣。(1983：61 卷二下釋詁)	荒	曉	陽	幠	曉	魚	雙聲魚陽對轉
謾訑與謾誕又一聲之轉矣。(1983：71 卷二下釋詁)	誕	定	元	訑	定	歌	雙聲元歌對轉
叔、少，一聲之轉。《爾雅》云："父之晜弟，先生爲世父，后生爲叔父。"又云："婦謂夫之弟爲叔。"《白虎通義》云："叔者，少也。"《釋名》云："仲父之弟曰叔父。叔，少也。"又云："娒，妛也，老者稱也。叔，少也，幼者稱也。"(1983：84 卷三上釋詁)	叔	書	藥	少	書	宵	雙聲藥宵對轉

灌者，《爾雅》云："灌木，叢木。"又云："木族生爲灌。"族、叢一聲之轉。(1983：94 卷三下釋詁)	族	從	屋	叢	從	東	雙聲東屋對轉
跛、䠈（蔽）一聲之轉。（1983：134 卷五上釋詁)	跛	清	魚	䠈	清	鐸	雙聲魚鐸對轉
嫌疑、狐疑、猶豫、躊躇，皆雙聲字，狐疑與嫌疑，一聲之轉耳。(1983：191 卷六上釋訓)	嫌	匣	談	狐	匣	魚	雙聲魚談對轉
羅、連一聲之轉，今江淮間謂打穀器爲連耞。(1983：260 卷八上釋器)	羅	來	歌	連	來	元	雙聲元歌對轉
沆、湖一聲之轉，齊人謂湖爲沆，即《博物志》所云"東方謂停水曰沆也"。(1983：293 卷九上釋地)	沆	匣	陽	湖	匣	魚	雙聲魚陽對轉

1. "一聲之轉"雙聲對轉形體考

雙聲對轉有 9 例：

A——B	字形結構有關		字形結構相異	A——B	字形結構有關		字形結構相異
	同聲符	同形符			同聲符	同形符	
域——有			√	沆——湖		√	
羅——連			√	荒——膴			√
謾詑——謾誔		√		狐疑——嫌疑			√
族——叢			√	叔——少			√
跛——䠈（蔽）		√					

　　在 9 例雙聲對轉中，字形結構相異的有 6 例，字形結構有關的有 3 例，即同形符的有 3 例，沒有同聲符①情況。

---

　　① 形符、聲符的稱呼根據於形聲字。我們認同曾昭聰先生的論述。"形聲表詞方式的字稱爲形聲之。一個形聲字由一個形符和一個聲符組成，形符和聲符互相作用，共同合作，擔負着該字所代表的詞的整體意義和整體表音的職能。就大多數形聲字而言，雖然詞義是由形、聲兩部分共同顯示出來的，不可能單純由形符或聲符顯示出來，但是相對而言，形符大多只能顯示該形聲字所表詞的義類，而聲符則負擔起顯示該形聲字所記錄的詞的源義素的作用，亦即示源功能。"（曾昭聰：《形聲字聲符示源功能論述》，黃山書社 2002 年版，第 3 頁）本文中，在字形有關部分，主要從形聲字的聲符和形符兩部分討論；在字形相異部分，則直接從音義關係討論。

2. 雙聲對轉的詞義關係

字形結構相異的 6 例：

A——B	詞義關係
域——有	有、域同源通假。
族——叢	族、叢同源，共同義素爲聚集。
羅——連	"羅"本義爲捕鳥網，借義爲排列。"連"本義爲車輂，引申爲聯合、牽連。羅、連義近，借義與引申義義近，皆有排列義。
荒——幠	荒、幠同源，共同義素爲覆蓋、爲大、爲有。
狐疑——嫌疑	狐疑、嫌疑皆雙聲字，二者同源，共同義素爲猶豫。
叔——少	《說文》："叔，拾也。"借義爲丈夫的弟弟、父親的弟弟。《說文》："少，不多也。"借義爲年幼。叔之借義與少之借義義近，皆有年幼義。

字形結構相異的 6 例中，詞義關係比較複雜，有 4 例具有同源關係，有 2 例義近。

同源如"族——叢"，《說文》："族，矢鋒也。束之族族也。"《爾雅·釋木》："木族生爲灌。"郭璞注："族，叢。"《廣雅·釋詁三》："族，聚也。"《說文》："叢，聚也。"族、叢同源，共同義素爲聚集。

義近如"叔——少"，《說文》："叔，拾也。"借義爲丈夫的弟弟、父親的弟弟。《爾雅·釋親》："夫之弟爲叔。"《儀禮·士冠禮》："伯某甫。仲叔季，唯其所當。"鄭玄注："伯仲叔季，長幼之稱。"少，古音在宵部。《玉篇·小部》："少，幼也。"《說文》本義爲"不多"，且音《廣韻》書沼切，書母小韻上聲，古音在宵部。叔之借義與少之借義義近。

同形符有 3 例：

A——B	同形符	
謾詑——謾誕	言	詑、誕同源，共同義素爲欺。
沆——湖	氵	沆、湖同源，共同義素爲大水。
皱——皲（皲）	皮	皱、皲同源，共同義素爲羸皮。

據考證，同形符 3 例中，詞義關係上都同源，且共同形符均與共同義

素相關。或者說形符所表詞義是形聲字的上位概念，是類別性形符。① 如"沆——湖"，《說文》："沆，莽沆，大水也。从水亢聲。一曰大澤兒。"《說文》："湖，大陂也。从水胡聲。揚州浸有五湖，浸，山川所仰以灌溉也。"《風俗通·山澤》："湖者，都也，言流瀆四面猥都也。"沆、湖同源，共同義素爲大水。

（二）雙聲旁對轉有 14 例

勞、略一聲之轉，皆謂奪取也。（1983：18 卷一上釋詁）	勞	來	宵	略	來	鐸	雙聲宵鐸旁對轉
膂、力一聲之轉。今人猶呼力爲膂力，是古之遺語也。舊訓旅爲眾，皆失之。（1983：43 卷二上釋詁）	膂	來	魚	力	來	職	雙聲魚職旁對轉
苛、妎皆怒也。郭璞注以爲煩苛者多嫉妎。失之。苛、妎一聲之轉。《內則》："疾痛苛癢。"鄭注云："苛，疥也。"苛癢之苛轉爲疥，猶苛怒之苛轉爲妎矣。（1983：47 卷二上釋詁）	苛	匣	歌	妎	匣	質	雙聲歌質旁對轉
《說文》："夋，斂足也。"《爾雅》："摮，斂，聚也。"摮與夋，一聲之轉。斂與小義相近，故小謂之夋，亦謂之摮，聚斂謂之摮，亦謂之夋矣。（1983：54 卷二上釋詁）	摮	精	幽	夋	精	東	雙聲幽東旁對轉
肜、繹一聲之轉，皆長之義也。（1983：55 卷二上釋詁）	肜	餘	冬	繹	餘	鐸	雙聲冬鐸旁對轉
《釋名》："拈，黏也，兩指翕之，黏著不放也。"此即《廣韻》持物相著之義。今據以辨正。《玉篇》："捻，乃協切，指捻也。"今俗語猶謂兩指取物爲捻。拈與捻一聲之轉。（1983：102 卷三下釋詁）	拈	泥	談	捻	泥	緝	雙聲談緝旁對轉
梗、覺一聲之轉。（1983：119 卷四上釋詁）	梗	見	陽	覺	見	藥	雙聲藥陽旁對轉
若、而一聲之轉，皆語詞也。（1983：124 卷四下釋詁）	若	日	鐸	而	日	之	雙聲之鐸旁對轉

---

① 這種提法源於李國英《小篆形聲字研究》。在李先生書中，形符稱爲義符，他說，"義符是形聲字的上位概念，這種義符稱作類別性義符"，並說，"義符提示的實質是形聲字所記詞的類義素……因此，通常人們說義符是表義類的，這種說法雖然不太全面，但是抓住了義符示意功能的主要內容"（李國英：《小篆形聲字研究》，北京師範大學出版社 1996 年版，第 40 頁）。

续表

福與善義相近，故皆謂之祿，又皆謂之靈。靈與祿一聲之轉耳。（1983：141 卷五上釋詁）	靈	來	耕	祿	來	屋	雙聲屋耕旁對轉
顴、頎一聲之轉。（1983：203 卷六下釋親）	顴	羣	元	頎	羣	幽	雙聲元幽旁對轉
《漢書·周勃傳》："太后以冒絮提文帝。"應劭曰："陌額絮也。"晉灼曰："《巴蜀異物志》謂頭上巾爲冒絮。"帕、袹、貊、陌竝通。陌與冒一聲之轉。（1983：230 卷七下釋器）	陌	明	鐸	冒	明	幽	雙聲幽鐸旁對轉
焯與燔一聲之轉，皆謂加於火上也。（1983：246 卷八上釋器）	焯	並	脂	燔	並	元	雙聲元脂旁對轉
歷、壘一聲之轉。（1983：296 卷九上釋地）	歷	來	錫	壘	來	侯	雙聲錫侯旁對轉
《後漢書·馬援傳》："擊牛釃酒。"李賢注云："釃猶濾也。"濾、漉一聲之轉。（1983：68 卷二下釋詁）	濾	來	魚	漉	來	屋	雙聲魚屋旁對轉

1. "一聲之轉" 雙聲旁對轉形體關係

A——B	字形結構有關		字形結構相異	A——B	字形結構有關		字形結構相異
	同聲符	同形符			同聲符	同形符	
膂——力			√	苟——妗			√
挈——夐			√	濾——漉		√	
肜——繹			√	歷——壘			√
陌——冒			√	顴——頎		√	
若——而			√	焯——燔			√
拈——捻		√		梗——覺			√
靈——祿			√	勞——略			√

　　在 14 例雙聲旁對轉關係中，字形結構相異的有 10 例，字形結構有關的有 4 例即同形符 4 例。

　　2. "一聲之轉" 雙聲旁對轉詞義關係考

　　下面首先討論字形結構相異的 10 例詞義問題：

A——B	詞義關係
膂——力	膂、力同源，共同義素爲力。

A——B	詞義關係
㩼——㝅	㩼、㝅同源，共同義素爲小、爲聚。
肜——繹	王氏之訓當本《方言》。肜、繹同源，共同義素爲連續、長。
若——而	若、而借義義近。
陌——冒	陌、冒義無關。陌、冒方言音近。
勞——略	勞之借義與略之引申義義近。
苟——姁	苟之《方言》義與姁之本義同源。
梗——覺	《說文》："覺，寤也。"本義爲覺悟，借義爲正直。梗之引申義與覺之借義義近。
靈——祿	靈、祿同源，共同義素爲福。
歷——壌	歷、壌同源，共同義素爲稀疏。

據考證，同源有6例。義近有4例，可分爲以下幾種情況：

借義與引申義義近，如"勞——略"，《說文》："勞，劇也。"又借指奪取。《管子·小匡》："犧牲不勞，則牛馬育。"《說文》："略，經略土地也。"引申爲奪取。徐灝《說文解字注箋·田部》："略，又引申之，則輕行鈔略亦謂之略。"勞、略義近。

單純音近有1例，即"陌——冒"。《說文新附·阜部》："陌，路東西爲陌，南北爲阡。"冒，《說文》："冒，蒙而前也。"陌、冒義無關，沒有借義引申義關聯。王念孫《廣雅疏證》："《漢書·周勃傳》：'太后以冒絮提文帝。'應劭曰：'陌額絮也。'晉灼曰：'《巴蜀異物志》謂頭上巾爲冒絮。'……陌與冒一聲之轉。"陌、冒在方言中音近。

由上可知，在"一聲之轉"中雙聲旁對轉情況下，同源和義近占主要部分。一方面，雙聲義近，有可能同源；另一方面，經傳訓釋、形體異文有可能形成義近（引申義、借義層面上）。這兩種情況，王念孫多使用"一聲之轉"進行疏通說解。

字形結構有關的有4例：

A——B	形符	形義關係
拈——捻	扌	拈，古音在談部。捻，古音在緝部。拈、捻同源，共同義素爲手指持捏。共同義素與形符"手"有關。
顴——頯	頁	顴、頯同源，共同義素爲面頰。《說文》："頁，頭也。"共同義素與形符"頁"有關。

A——B	形符	形義關係
焯——燔	火	燔，古音在元部，義爲焚燒。焯、燔同源，共同義素爲燒。共同義素與形符"火"有關。
濾——漉	水	濾、漉同源，共同義素爲滲水。共同義素與形符"水"義有關。

　　字形結構有關的情況有 4 例，全部屬於同源。這 4 例中，A、B 的共同形符義與 A、B 的共同義素都有關聯。如"拈——捻"，《說文》："拈，抓也。"《釋名·釋姿容》："拈，黏也，兩指翕之，黏著不放也。"《廣韻·添韻》："拈，指取物也。"《說文新附》："捻，指捻也。"玄應《一切經音義》卷五："謂以手指捻持也。"《集韻·帖韻》："捻，捏也。"拈、捻同源，共同義素爲手指持捏。

　　說明在一聲之轉雙聲旁對轉情況下，字形結構有關的 A、B 之間詞義上以同源爲主。

　　（三）"一聲之轉"雙聲旁轉有 11 例

　　"一聲之轉"雙聲旁轉正文及聲韻關係如下表：

閭，《說文》："閭，侶也。二十五家相群侶也。"又云："閭，里門也。"按閭、里一聲之轉。（1983：50 卷二上釋詁）	閭	來	魚	里	來	之	雙聲旁轉
刲、刐一聲之轉，皆空中之意也。（1983：74 卷三上釋詁）	刲	溪	支	刐	溪	魚	雙聲旁轉
縉、縣一聲之轉。《方言》："縉、縣，施也。秦曰縉，趙曰縣，吳越之間脫衣相被謂之縉縣。"（1983：87 卷三上釋詁）	縉	明	文	縣	明	元	雙聲旁轉
娉、妨一聲之轉。《釋言》云："妨、娉也。"（1983：92 卷三下釋詁）	娉	滂	耕	妨	敷	陽	雙聲旁轉
佻、偷一聲之轉。（1983：107 卷三下釋詁）	佻	透	宵	偷	透	侯	雙聲旁轉
玲與瓏一聲之轉。（1983：122 卷四下釋詁）	玲	來	耕	瓏	來	東	雙聲旁轉
嘉、皆一聲之轉。（1983：138 卷五上釋詁）	嘉	見	歌	皆	見	脂	雙聲旁轉
笄與筓一聲之轉。（1983：237 卷七下釋器）	笄	見	脂	筓	見	歌	雙聲旁轉

皆、枷亦一聲之轉。（1983：260 卷八上釋器）	皆	見	脂	枷	見	歌	雙聲旁轉
耕與搆一聲之轉。今北方猶謂耕而下種曰搆矣。（1983：297 卷九上釋地）	耕	見	耕	搆	見	東	雙聲旁轉
《玉篇》云："袾，呪詛也。"呪、袾一聲之轉。（1983：174 卷五上釋詁）	呪	章	之	袾	章	侯	雙聲旁轉

1. "一聲之轉"雙聲旁轉形體關係考

"一聲之轉"雙聲旁轉形體關係如下表：

A——B	字形結構有關		字形結構相異	A——B	字形結構有關		字形結構相異
	同聲符	同形符			同聲符	同形符	
閭——里			√	刲——刿		√	
縃——縡		√		娉——妨		√	
佻——偷		√		玲——瓏		√	
嘉——皆			√	笄——笳		√	
皆——枷			√	耕——搆		√	
呪——袾			√				

"一聲之轉"雙聲旁轉共有 11 例，其中字形結構相異的有 4 例，字形結構有關的有 7 例。字形結構有關主要是同形符，沒有同聲符情況。說明"一聲之轉"雙聲旁轉形體關係以同形符爲主。

2. "一聲之轉"雙聲旁轉詞義關係考

A——B	形符	形義關係
縃——縡	糸	《方言》卷六："縃，縡，施也。秦曰縃，趙曰縡，吳越之間脫衣相被謂之縃縡。"《說文》："縡，聯微也。从糸从帛"縃、縡《方言》義同源。
佻——偷	亻	《說文》："佻，愉也。从人兆聲。"《說文解字注》："按《釋言》：'佻，偷也。'偷者，愉之俗字。今人謂偷薄曰偷盜，皆从人作偷，他侯切。而愉字訓爲愉悅，羊朱切。此今義、今音、今形，非古義、古音、古形也。古無从人之偷，愉訓薄，音他侯切，愉愉者和氣之薄發於色也，盜者澆薄之至也。偷盜字古只作愉也。"其說可從。古無偷字，愉音他侯切，偷盜字只作愉。《爾雅·釋言》："佻，偷也。"郭璞注："謂苟且。"邢昺疏引李巡曰："佻，偷薄之偷。"《說文》："愉，薄也。"佻、偷同源，共同義素爲輕薄。

续表

A——B	形符	形義關係
刲——刳	刂	刳本義爲剔開，引申爲剔淨、宰殺。刲、刳同源，共同義素爲刺殺。共同義素與形符"刂"義有關。
娉——妨	女	《說文》："娉，問也。从女甹聲。"借義爲妨害。《廣雅·釋詁三》："娉，害也。"《說文》："妨，害也。从女方聲。"娉、妨義近，娉之借義與妨之本義義近。
玲——瓏	玉	《說文》："瓏，禱旱玉，龍文，从玉、从龍，龍亦聲。"瓏由禱旱玉引申爲玉聲。玲、瓏同源，共同義素爲玉聲。共同義素與形符"玉"義近有關。
笉——筎	竹	《廣韻·麻韻》："筎，筎箋，卷蘆葉吹之也。"《廣雅·釋器》："筎，籢也。"笉、筎同源，共同義素爲簪。共同義素與形符"竹"義有關。
耕——耩	耒	耕、耩同源，共同義素爲犁。《說文》："耒，手耕曲木也。"共同義素與形符"耒"義有關。

"一聲之轉"雙聲旁轉中，字形結構有關的有7例，其中同源的有6例，如"刲——刳"，《說文》："刲，刺也。从刀圭聲。"王筠《說文句讀》："殺羊刺其耳下，異於他牲，故謂之刲。"《易·歸妹》："士刲羊，無血。"陸德明釋文引馬融注："刲，刺也。"《說文》："刳，判也。从刀夸聲。"《說苑·奉使》："刳羊而約。"刲、刳同源，共同義素爲刺殺。共同義素與形符"刂"義有關。另外，緇、緐在《方言》中同源。

義近的有1例：娉——妨。《說文》："娉，問也。从女甹聲。"借義爲妨害。《廣雅·釋詁三》："娉，害也。"《說文》："妨，害也。从女方聲。"娉、妨義近，娉之借義與妨之本義義近。

由上可知，"一聲之轉"雙聲旁轉詞義關係以同源爲主。

字形結構相異的有4例，具體詞義關係如下表：

A——B	詞（字）義關係
閭——里	閭、里同源，共同義素爲里居。
嘉——皆	嘉之本義與皆之借義義近。
皆——枷	《廣雅疏證》："《釋名》云：'枷，加也。'加杖於柄頭，以檛穗而出其穀也，或曰羅枷，羅三杖而用之也。羅、連一聲之轉。今江淮閒謂打穀器爲連枷，皆、枷亦一聲之轉。"《說文》："皆，俱詞也。"《說文》："枷，柫也。从木加聲。淮南謂之柍。"皆、枷義遠，方俗音近。
呪——詛	呪、詛同源，共同義素爲詛咒。

　　據考證，字形結構相異的 4 例中，同源的有 2 例，如閭——里，《說文》："閭，里門也。从門呂聲。《周禮》：'五家爲比，五比爲閭。閭，侶也，二十五家相羣侶也。'"《說文》："里，居也。"《詩·鄭風·將仲子》："將仲子兮，無踰我里。"毛傳："里，居也。"《爾雅·釋言》："里，邑也。"郭璞注："謂邑居也。"《玉篇·里部》："里，邑里也。"閭、里同源，共同義素爲里居。

　　義近的有 1 例，即"嘉——皆"。《說文》："皆，俱詞也。"借義爲嘉。《廣雅》："皆，嘉也。"《說文》："嘉，美也。"《爾雅·釋詁》："嘉，善也。"嘉之本義與皆之借義義近，皆有美義。

　　方俗音近的有 1 例，即"皆——枷"。具體解釋見上表。

　　可知"一聲之轉"雙聲旁轉字形結構相異的詞義關係比較複雜，有同源、義近，以及詞義無關方俗音近等情況。

　　（四）"一聲之轉"雙聲通轉有 8 例

　　"一聲之轉"雙聲通轉情況主要分佈在《廣雅》釋草、釋器、釋詁三部分中。通轉主要有魚元 1 例，談月 1 例，支真 2 例，之侵 2 例，月魚 1 例，職微 1 例。

徒與徂一聲之轉也。（1983：113 卷四上釋詁）	徒	定	魚	徂	定	元	雙聲通轉
檢，括也。檢、括一聲之轉。（1983：147 卷五上釋詁）	檢	見	談	括	見	月	雙聲通轉
匾與椑一聲之轉。（1983：219 卷七下釋器）	椑	幫	支	匾	幫	真	雙聲通轉
紟、綝一聲之轉。（1983：235 卷七下釋器）	紟	羣	侵	綝	羣	之	雙聲通轉
橛、距一聲之轉。《少牢·饋食禮》注云："俎距，脛中當橫節也。"（1983：268 卷八上釋器）	橛	羣	月	距	羣	魚	雙聲通轉
薄、苔一聲之轉也。（1983：328 卷十上釋草）	薄	定	侵	苔	定	之	雙聲通轉
苑與蕧特一聲之轉耳。（1983：341 卷十上釋草）	苑	奉	微	蕧	奉	職	雙聲通轉
匾匜與椑匜，一聲之轉。（1983：217 卷七下釋器）	匾	幫	真	椑	幫	支	雙聲通轉

1. "一聲之轉" 雙聲通轉形體關係考

A——B	字形結構有關		字形結構相異	A——B	字形結構有關		字形結構相異
	同聲符	同形符			同聲符	同形符	
匬匜——椑匜			√	笓——簁			√
徒——袒			√	薄——苔			√
檢——括			√	匬——椑			√
紟——綦	√			槪——距			√

"一聲之轉" 雙聲通轉有 8 例，其中字形結構相異的有 5 例，字形結構有關的有 3 例即同形符 3 例。

2. "一聲之轉" 雙聲通轉詞（字）義關係考

字形結構相異有 5 例，其詞（字）義關係有：

A——B	詞（字）義關係
徒——袒	徒之借義與袒之本義義近，皆有露出義。
檢——括	檢之引申義與括之本義義近，皆有約束義。
匬匜——椑匜	匬、椑同源，共同義素爲薄短。
匬——椑	匬、椑同源，共同義素爲扁圓形。
槪——距	槪之本義與距之引申義義近，皆有短刺義。

"一聲之轉" 雙聲通轉中，字形結構相異的有 5 例，其中同源的有 2 例，義近的有 3 例。同源的 2 例，如 "匬——椑"，匬，《說文》無此字。《玉篇·匚部》："匬，匬匜。" 又 "匬，匬匜，薄也。" 玄應《一切經音義》卷六："《篆文》云：'匬匜，薄也。今俗呼廣博爲匬匜，關中呼椑匜。'"《古今韻會舉要·銑韻》："匬，不圓貌。"《說文》："椑，圓榼也。"《急就篇》第十二章："榹榼椑榹匕箸簞。" 顏師古注："椑，圓榼也。" 匬、椑同源，共同義素爲扁圓形。

義近的 3 例，如 "徒——袒"。《說文》："97，3步行也。3从辵土聲。"《說文解字注》："隸變作徒。" 借義爲裸露。《韓非子·初見秦》："頓足徒裼。"《淮南子·齊俗》："雖之夷狄徒倮之國。" 高誘注："徒倮，不衣也。"《說文》："袒，衣縫解也。"《禮記·曲禮上》："冠毋免，勞毋袒，暑毋褰裳。" 鄭玄注："袒，露也。" 徒之借義與袒之本義義近。皆有裸露義。

同形符有 3 例：

A——B	形符	形義關係
紟——綦	糸	紟之本義與綦之借義義近，皆有鞋帶義。
菔——蕦	艸	菔之本義與蕦之借義音轉義同。
藫——苔	艸	藫、苔同源，共同義素爲苔。共同義素與形符"艸"有關。

　　"一聲之轉"雙聲通轉中，字形結構有關的有 3 例，其中同源有 1 例，即"藫——苔"。藫，《說文》無此字。《爾雅·釋草》："藫，石衣也。"郭璞注："水苔也，一名石髮，江東食之。"苔，《說文》無此字。《玉篇·艸部》："菭，生水中，綠色也。苔，同上。"藫、苔同源，共同義素爲苔。共同義素與形符"艸"有關。

　　義近有 1 例，即"紟——綦"。《說文》："紟，衣系也。從糸今聲。"《說文解字注》："聯合衣襟之帶也，今人用銅鈕非古也，凡結帶皆曰紟。"《說文·糸部》："綥，帛蒼艾色，或從其。"《書·顧命》："四人綦弁，執戈上刃。"孔穎達疏引鄭玄曰："青黑曰綦。"借義爲鞋帶。《儀禮·士喪禮》："夏葛屨，冬白屨，皆繶緇絇純，組綦繫於踵。"鄭玄注："綦，屨系也，所以拘止屨也。"《禮記·內則》："偪屨著綦。"鄭玄注："綦，屨繫也。"紟之本義與綦之借義義近，皆有鞋帶義。

　　單純音近有 1 例，即"菔——蕦"。《說文》："菔，蘆菔，似蕪菁，實如小未者，從艸服聲。"蘆菔即羅卜。《說文》："蕦，葖實也。從艸肥聲。薂，菔或從麻賁。"又《爾雅·釋草》："葖，蘆菔。"郭璞注："菔，宜爲菔，蘆菔，蕪菁屬，紫華，大根，俗呼雹葖。"王念孫《廣雅疏證》云："凡此者，或雙聲同字，或字小異而聲不異，蓋即一物之名，而他物互相假借者，往往而有。"菔、蕦各自本義無關，單純音近。

　　（五）"一聲之轉"雙聲異類相轉有 18 例

　　正文及聲韻關係如下表：

俺、愛，一聲之轉。愛之轉爲俺，猶蔓之轉爲掩矣。（1983：17 卷一上釋詁）	愛	影	物	俺	影	談	雙聲異類相轉

《月令》："必功致爲上。"《淮南子·時則訓》作"堅致"。堅、功一聲之轉。（1983：40 卷一下釋詁）	堅	見	真	功	見	東	雙聲異類相轉
貪財、貪食總謂之饕餮。饕、餮，一聲之轉，不得分貪財爲饕、貪食爲餮也。（1983：43 卷二上釋詁）	饕	透	宵	餮	透	質	雙聲異類相轉
《廣韻》："呅，姊列切，嗚呅也。"呅猶啾啾，啾、呅亦一聲之轉也。（1983：54 卷二上釋詁）	啾	精	幽	呅	精	月	雙聲異類相轉
就、集一聲之轉，皆謂成就也。（1983：74 卷三上釋詁）	就	從	幽	集	從	緝	雙聲異類相轉
漂、擎一聲之轉。故擊謂之摽，亦謂之擎。水中擊絮謂之漱，亦謂之漂矣。（1983：87 卷三上釋詁）	漂	滂	宵	擎	滂	月	雙聲異類相轉
狼、戾一聲之轉。（1983：90 卷三下釋詁）	狼	來	陽	戾	來	脂	雙聲異類相轉
葆、本一聲之轉。皆是叢生之名。葆猶苞也。《小雅·斯干篇》："如竹苞矣。"毛傳云："苞，本也。"（1983：96 卷三下釋詁）	葆	幫	幽	本	幫	文	雙聲異類相轉
空、窾一聲之轉，空之轉爲款，猶悾之轉爲款。（1983：98 卷三下釋詁）	空	溪	東	窾	溪	元	雙聲異類相轉
捋、流一聲之轉。左右流之，左右采之，猶言薄言采之，薄言捋之耳。（1983：146 卷五上釋詁）	捋	來	月	流	來	幽	雙聲異類相轉
篇與簫一聲之轉。（1983：257 卷八上釋器）	簫	餘	藥	篇	餘	葉	雙聲異類相轉
薦、籍一聲之轉。籍通作蔣。（1983：261 卷八上釋器）	薦	精	文	籍	精	陽	雙聲異類相轉
《考工記》注以戈爲句兵。句、戈一聲之轉，猶鎌謂之刉，亦謂之划也。（1983：265 卷八上釋器）	句	見	侯	戈	見	歌	雙聲異類相轉
濤、汏一聲之轉，猶淅米謂之淘，亦謂之汏矣。（1983：303 卷九下釋水）	濤	定	幽	汏	定	月	雙聲異類相轉
造、次一聲之轉。（1983：305 卷九下釋水）	造	清	幽	次	清	脂	雙聲異類相轉

续表

	險	曉	談	戲	曉	支	雙聲異類相轉
險、戲一聲之轉，故俱訓爲衰也。(1983：70 卷二下釋詁)							
卷與頠，一聲之轉也。(1983：229 卷七下釋器)	卷	溪	元	頠	溪	支	雙聲異類相轉
浮，罰也。見《閒居賦注》。《投壺》："若是者浮。"鄭注云："浮，罰也。"晏子《春秋雜篇》云："景公飲酒，田桓子侍，望見晏子，而復於公曰請浮晏子。"浮、罰一聲之轉。(1983：1674 卷五下)	浮	並	幽	罰	並	月	雙聲異類相轉

1. "一聲之轉" 雙聲異類相轉形體關係考

A——B	字形結構有關		字形結構相異	A——B	字形結構有關		字形結構相異
	同聲符	同形符			同聲符	同形符	
俺——愛			√	啾——呲		√	
堅——功			√	饕——餮		√	
就——集			√	漂——擊			√
狼——戾			√	葆——本			√
空——竅	√			濤——汰		√	
捋——流			√	險——戲			√
卷——頠			√	罰——浮			√
築——篙	√			薦——籍			√
句——戈			√	造——次			√

　　異類相轉部分形體結構相異的有 13 例，形體有關的有 5 例，且主要是同形符。說明形體關係上，雙聲異類相轉之間多不同。

2. "一聲之轉" 雙聲異類相轉詞義關係考

首先討論字形相異的 13 例。

俺——愛	俺、愛同源，共同義素爲愛。
堅——功	堅、功義近，堅之本義與功之借義義近。
漂——擊	漂、擊同源，共同義素爲擊打。
葆——本	葆、本義近，葆之引申義與本之引申義義近。
捋——流	捋之本義與流之借義義近，義爲輕輕摘取。

续表

句——戈	句、戈同源，共同義素爲兵器。
就——集	就之借義與集之借義義近。
狼——戾	義爲狼，引申爲狠。狼、戾同源，共同義素爲暴虐。
薦——箈	薦之引申義與箈之借義義近。
造——次	造、次同源，共同義素爲聚合。
險——戲	戲之引申義與險之本義義近，義為危險。
卷——頍	卷、頍同源，共同義素爲頭巾。
罰——浮	罰、浮爲音近關係，詞義無關。

同源有6例，如“俺——愛”，俺，《説文》無此字。《方言》卷一：“俺，愛也。韓鄭曰憮，晉衛曰俺。”《説文》：“愛，行皃。从夊㤅聲。”又《心部》：“㤅，惠也。从心旡聲。”《廣雅》：“愛，仁也。”俺之《方言》義與愛之本義同源，共同義素爲愛。

義近有6例，其中本義與借義義近，如“堅——功”，《説文》：“堅，剛也。”《説文》：“功，擊也。”功借義爲堅固。《廣雅·釋詁一》：“攻，堅也。”二者義近。

引申義與引申義義近，即“葆——本”，《説文·艸部》：“葆，艸盛皃。”引申爲艸始生。《漢書·燕刺王劉旦傳》：“當此之時，頭如蓬葆。”顔師古注：“草叢生曰葆。”《説文》：“本，木下曰本。”引申爲始。《廣雅·釋詁一》：“本，始也。”葆、本義近。

借義與借義義近，如“就——集”，《説文》：“就，就高也。”借義爲成就。《爾雅》：“就，成也。”《説文》：“集，羣鳥在木上也。”借義爲成就。《小爾雅·廣詁》：“集，成也。”就、集義近。

引申義與本義義近，即“險——戲”，《説文》：“險，阻難也。”引申爲危。《玉篇·𨸏部》“險，危也。”《説文》：“戲，三軍之偏也。一曰兵也。”《説文解字注》：“偏爲前拒之偏，謂軍所駐之一面也。”由偏引申爲險難。《楚辭·七諫·怨世》：“何周道之平易兮，然蕪穢而險戲。”王逸注：“險戲，猶言傾危也。”

單純音近有1例，如“罰——浮”。《説文》：“罰，辠之小者。”王念孫《廣雅疏證》：“《投壺》：‘若是者浮。’鄭玄注：‘浮，罰也。’《晏子春秋·雜篇》云：‘景公飲酒，田桓子侍，望見晏子，而復於公曰：“請浮晏子。'"浮、罰一聲之轉。"《說文》:"浮,氾也。从水孚聲。"據考,典籍中"罰"沒有訓"浮"者。"浮""罰"僅爲聲轉關係,詞義無關。

字形結構有關的有 5 例:

A——B	形符	詞(字)義關係
箣——篽	竹	箣、篽同源,共同義素爲書寫竹冊。共同義素與形符"竹"有關。
濤——汰	氵	濤之本義與汰之引申義義近。
饕——餐	食	饕、餐同源,共同義素爲貪食。共同義素與形符"食"有關。
啾——呬	口	啾、呬同源,共同義素爲小聲。
空——窾	穴	空、窾同源,共同義素爲孔。《說文》:"穴,土室也。"《廣韻》:"穴,窟也。"共同義素與形符"穴"有關。

其中,同源有 4 例。

義近的情況有 1 例,即"濤——汰"。濤,《說文》無此字。《說文新附》:"濤,大波也。"《廣韻·豪韻》:"濤,波濤。"《淮南子·人間》:"經丹徒,起波濤。"高誘注:"波者湧起,還者爲濤。"《說文·水部》:"汰,淅㶞也。"《集韻·太韻》:"汰,或从太。"《廣雅·釋詁二》:"汰,洒也。"引申爲水波。《楚辭·九章·涉江》:"乘舲船余上沅兮,齊吳榜以擊汰。"王逸注:"汰,水波也。"濤之本義與汰之引申義義近。

二 "一聲之轉"雙聲疊韻有1例

即"《說文》:'劓,刖鼻也,或作劓。'按劓、刖一聲之轉,皆謂割斷也。(1983:21 卷一上釋詁)"據考,劓、刖雙聲疊韻,皆疑母月韻。劓、刖同形符。劓、刖同源,共同義素爲斷絕。共同義素與共同形符"刀"義有關。

三 "一聲之轉"旁紐韻轉有13 例

《方言》:"謂小雞爲鵪子。"鵪、鶴一聲之轉。(1983:54 卷二上釋詁)	鵪	清	幽	鶴	精	月	旁紐異類轉
軑、鐋一聲之轉。踏腳鉗謂之鈦,轂端鐋謂之鈦,其義一也。(1983:241 卷七下釋器)	軑	定	月	鐋	透	緝	旁紐異類轉

续表

韋昭注云:"渠,楯也。"渠與魁一聲之轉,故盾謂之渠,亦謂之魁,帥謂之渠,亦謂之魁,芋根謂之芋渠,亦謂之芋魁也。(1983:266 卷八上釋器)	渠	羣	魚	魁	溪	微	旁紐異類轉
荓、瓶一聲之轉,荓之爲瓶,猶泙之爲漂。(1983:322 卷十上釋草)	荓	並	耕	瓶	滂	宵	旁紐旁對轉
渠、魁一聲之轉,而皆訓爲大。(1983:323 卷十上釋草)	渠	羣	魚	魁	溪	微	旁紐異類轉
私、穗正一聲之轉也。(1983:334 卷十上釋草)	穗	邪	脂	私	心	脂	旁紐疊韻
撫、方,一聲之轉。(1983:7 卷一上釋詁)	撫	滂	魚	方	幫	陽	旁紐對轉
榜者,《說文》:"榜,所以輔弓弩也。"《楚辭·九章》:"有志極而無旁。"王逸注云:"旁,輔也。"旁與榜通。榜、輔一聲之轉。(1983:125 卷四下釋詁)	榜	幫	陽	輔	奉	魚	旁紐對轉
悝者,上文云"悝,裹也。"裹與羣一聲之轉。(1983:131 卷四下釋詁)	裹	見	歌	羣	溪	元	旁紐對轉
沸、潰一聲之轉。(1983:302 卷九下釋水)	沸	幫	微	潰	滂	文	旁紐對轉
鋪脾者,《方言》:"鋪脾,止也。"鋪、脾一聲之轉,方俗或云鋪,或云脾耳。(1983:92 卷三下釋詁)	鋪	滂	魚	脾	並	支	旁紐旁轉
衰、差一聲之轉。(1983:127 卷四下釋詁)	衰	生	微	差	初	歌	旁紐旁轉
故禾穗之亦名秱,可以蒥定之也。蒥、秱亦一聲之轉。(1983:334 卷十上釋草)	秱	心	脂	蒥	邪	歌	旁紐旁轉

(一)"一聲之轉"旁紐韻轉關係考

大類	一聲之轉旁紐聲韻關係考				
小類	疊韻	對轉	旁轉	旁對轉	異類相轉
數量	1	4	3	1	4

　　"一聲之轉"旁紐共有 14 例,其韻轉關係以對轉和異類相轉爲主,各有 4 例。對轉主要有魚陽 2 次,元歌 1 次,文微 1 次。

（二）"一聲之轉"旁紐疊韻有 1 例

"一聲之轉"旁紐疊韻有 1 例，即"私——穗"。據考證，私、穗有共同形符禾。私、穗同源，共同義素爲禾。共同義素與形符"禾"義近。

（三）"一聲之轉"旁紐對轉有 4 例

A——B	字形結構有關		字形結構相異	A——B	字形結構有關		字形結構相異
	同聲符	同形符			同聲符	同形符	
撫——方			√	榜——輔			√
裹——鞷			√	沸——潰		√	

"一聲之轉"旁紐對轉的有 4 例，字形結構相異的有 3 例，字形結構有關的有 1 例，且爲同形符情況。

首先討論字形結構相異的詞義問題：

A——B	詞（字）義關係
撫——方	撫之借義與方之借義義近，皆有"有"義。
裹——鞷	裹、鞷同源，共同義素爲曲。
榜——輔	榜、輔同源，共同義素爲輔助。

"一聲之轉"旁紐對轉字形結構相異的有 3 例，其中同源的有 2 例，即"裹——鞷""榜——輔"。如"裹——鞷"，《說文·衣部》："裹，纏也。"《說文解字注》："纏者，繞也。"《玉篇·衣部》："裹，苞也。"《說文》："鞷，革中辨謂之鞷。"王引之《經義述聞》："案革中辨之辨當爲辟，字形相似，又涉上句辨字而誤也。辟與鞷皆屈也，辟字或作襞。《說文》曰：'詘，詰詘，一曰屈襞。'又曰：'襞，鞷衣也。'徐鍇曰：'鞷猶卷也。'《廣雅》曰：'鞷，詘曲也。'又曰：'襞，鞷曲也。'"裹、鞷同源，共同義素爲曲。

義近的有 1 例，即撫——方。《說文》："撫，安也。从手無聲。一曰循也。"借義爲有。《禮記·文王世子》："西方有九國焉，君王其終撫諸。"鄭玄注："撫猶有也。"《說文》："方，併船也。象兩舟省總頭形。"借義爲有。《詩·召南·鵲巢》："維鵲有巢，維鳩方之。"毛傳："方，有之也。"俞樾《平議》："方之猶附之也……附有附益之義，故傳曰有之也。"撫之借義與方之借義義近，皆有"有"義。

字形結構有關的有 1 例，即同形符的"沸——濆"，二者同源，共同義素爲湧泉。共同義素與共同形符"氵"義有關。

（四）"一聲之轉"旁紐旁轉有 3 例

"一聲之轉"旁紐旁轉形體關係有如下特點：

A——B	字形結構有關		字形結構相異	A——B	字形結構有關		字形結構相異
	同聲符	同形符			同聲符	同形符	
鋪——脾			√	衰——差			√
菕——秇		√					

"一聲之轉"旁紐旁轉的有 3 例。字形結構相異的有 2 例，即"鋪——脾""衰——差"。字形結構有關的有 1 例即同形符 1 例：菕——秇。

首先討論旁轉字形結構相異的詞義關係問題。據考，字形結構相異的 2 例皆同源。具體如下。

鋪——脾。《說文》："鋪，箸門鋪首也。"《方言》卷十二："鋪，脾，止也。"① 戴震《方言疏證》："此蓋釋詩'匪安匪舒，淮夷來鋪'之義，言爲淮夷之故來止，方與上'匪安匪遊，淮夷來求'文義適合。舊說讀'鋪'爲'痡'，謂爲淮夷而來，當討而病之，失於迂曲。"《廣雅》："鋪，止也。"脾，古音在支部。《說文》："脾，土藏也。"《方言》卷十二："脾，止也。"戴震《方言疏證》："脾之爲止，不見於書傳。與'鋪'一聲之轉，方俗語或云鋪，或云脾也。"鋪、脾本義無關，屬《方言》義同源。此條"一聲之轉"來自戴震《方言疏證》。

衰——差。《說文》："衰，艸雨衣。"衰，古音在微部。《楚辭·九章·涉江》："余幼好此奇服兮，年既老而不衰。"王逸注："衰，懈也。"《廣韻·脂韻》："衰，微也。"《說文》："差，貳也，差不相值也。"《廣雅·釋詁三》："差，次也。"衰、差同源，共同義素爲差減。

字形結構有關的有 1 例，即"菕——秇"。二者共同形符爲"艸"。菕，古音在歌部。菕，《說文》無此字。《廣雅·釋草》："菕，茅穗也。"《說文》："秇，茅秀也。从艸私聲。"徐鍇《說文繫傳》："此即今之茅華未放者也。今人食之，謂之茅楒。《詩》所謂'手如柔荑'，荑，秀也。"

---

① 華學誠匯證：《揚雄方言校釋匯證》，中華書局 2006 年版，第 779 頁。

莿、秫同源，共同義素爲茅穗。共同義素與形符“艸”義有關。

（五）“一聲之轉”旁紐旁對轉有1例

即“萍——薸”，共同形符爲艸。《說文》：“萍，苹也。从艸洴聲。”薸，《說文》無此字。《玉篇·艸部》：“薸，同藻。”《廣韻·宵韻》：“藻，《方言》云：‘江東謂浮萍爲藻。’”萍、薸同源，共同義素爲浮萍。共同義素與形符“艸”義有關。

（六）“一聲之轉”旁紐異類相轉有4例

A——B	字形結構有關		字形結構相異	A——B	字形結構有關		字形結構相異
	同聲符	同形符			同聲符	同形符	
鳌——鶴		√		渠——魁			√
渠——魁			√	軦——錎			√

字形結構相異的有3例，字形結構有關的有1例，即同形符1例。

下面考慮詞義關係問題。字形結構相異的3例：

A——B	詞（字）義關係
渠——魁	渠，古音在魚部。《說文》：“渠，水所居。”又借義爲大。魁，古音在微部。《說文》：“魁，羹斗也。”借義爲大。渠之借義與魁之借義義近，皆有大義。
渠——魁	渠，古音在魚部。《說文》：“渠，水所居。”借義爲盾。魁，古音在微部。《說文》：“魁，羹斗也。”借義爲大盾。渠之借義與魁之借義義近，皆有盾義。
軦——錎	軦、錎同源，共同義素爲金屬套。

字形結構相異的3例中，其中同源有1例，即“軦——錎”。《說文》：“軦，車輨也。”《說文》：“錎，以金有所冒也。”段玉裁注：“輨下曰：‘轂耑錎也。’錎取重沓之意。”徐灝《說文解字注箋》：“《廣雅》曰：‘鐕，鋼，錎也。’此謂車軸當轂處裹之以金，曰錎。”軦、錎同源，共同義素爲金屬套。

義近有2例。字形結構有關的有1例，即“鳌——鶴”，共同形符爲隹。《方言》卷八：“雞雛，徐魯之間謂之鳌子。”《玉篇·隹部》：“鳌，雞雛。”鳌、鶴同源，共同義素爲小鳥。《說文》：“隹，鳥之短尾總名也。”共同義素與形符“隹”義有關。

四　"一聲之轉"準旁紐韻轉有 2 例

正文	A	聲	韻	B	聲	韻	聲韻關係
衊與衁一聲之轉也。（1983：244 卷八上釋器）	衊	明	月	衁	曉	陽	準旁紐通轉
《士冠禮》："同篋。"鄭注云："隋方曰篋。"篋、械一聲之轉。（1983：223 卷七下釋器）	篋	溪	葉	械	匣	侵	準旁紐旁對轉

據考證，兩對都屬於同源。對於"衊——衁"，《說文》："衊，污血也。"《素問·六元正紀大論》："少陰所至，爲悲妄衂衊。"王冰注："衊，污血，亦脂也。"《說文》："衁，血也。从血亡聲。《春秋傳》：'士刲羊，亦無衁也。'"徐鍇《說文繫傳》："衁，心上血也。"《左傳·僖公十五年》："士刲羊，亦無衁也。"杜預注："衁，血也。"衊、衁同源，共同義素爲血，共同義素與共同形符"血"有關。

對於"篋——械"，篋，溪母葉韻，械，匣母侵韻，二者準旁紐旁對轉。字形結構無關，詞義上同源。《說文·匚部》："匧，藏也。篋，匧或从竹。"《廣韻·帖韻》："篋，箱篋。"《說文》："械，篋也。"徐鍇《說文繫傳》："械，函屬。"篋、械同源，共同義素爲箱子。

五　"一聲之轉"準雙聲韻轉有 3 例

正文	A	聲	韻	B	聲	韻	聲韻關係
翣、扇一聲之轉。高誘注《淮南·說林訓》云："扇，楚人謂之翣，字亦作箑。"（1983：348 卷十上釋草）	翣	生	盍	扇	書	元	準雙聲通轉
㭼、笮一聲之轉。（1983：209 卷七上釋宮）	㭼	精	質	笮	莊	鐸	準雙聲異類相轉
綏者，安之舒也。《說文》："夊，行遲曳夊夊也。"義與綏相近。綏、舒又一聲之轉。（1983：115 卷四上釋詁）	綏	心	微	舒	書	魚	準雙聲異類相轉

據考，同源有 1 例，義近有 2 例。

㭼、笮同源，《說文·木部》："㭼，欂櫨也。"《玉篇·木部》："欂，欂櫨，枅也。"義爲斗栱。《說文·竹部》："笮，迫也，在瓦之下棼上。"

王筠《說文句讀》："𣝗，複屋棟也。案棟，今謂之棟，笮在瓦棼之間，爲所迫窄，故名笮也。"《釋名・釋宮室》："笮，迮也，編竹相連迮迮也。"《廣韻・陌韻》："笮，屋上版。"㭼、笮同源，共同義素爲屋上版。

䎽、扇義近，《說文》："䎽，棺羽飾也。天子八，諸侯六，大夫四，士二。下垂。从羽妾聲。"借義爲扇。《周禮・少儀》："手無容，不䎽也。"陸德明釋文："盧云：䎽，扇也。"《周禮・春官・巾車》："輦車，組輓，有䎽，羽蓋。"鄭玄注："有䎽，所以御風塵。"《淮南子・俶真訓》："冬日之不用䎽者，非簡之也，清有餘於適也。"高誘注："䎽，扇也。"《說文》："扇，扉也。"《禮記・月令》："乃脩闔扇。"鄭玄注："用木曰闔，用竹葦曰扇。"引申爲風扇。《玉篇・戶部》："扇，箑也。或竹或索，乍羽乍毛，用取風。"《方言》卷五："扇，自關而東謂之箑，自關而西謂之扇。"䎽之借義與扇之本義義近，皆有扇義。

綏、舒義近，《說文》："綏，車中把也。"借義爲安。《說文》："舒，伸也。一曰舒，緩也。"綏之借義與舒之本義義近，皆有安義。

第二節　多個詞（字）間"一聲之轉"聲韻關係

多個詞（字）間"一聲之轉"包括三個詞間、四個詞間、五個詞間、六個詞間等多個詞的關係。下面分別討論。

一　"A、B、C，一聲之轉"有34例

"A、B、C，一聲之轉"正文如下：

1. 准、質、正，又一聲之轉，故准、質二字，俱訓爲正也。（1983：11卷一上釋詁）

2. 揭、褰、摳一聲之轉，故亦並訓爲舉也。（1983：36卷一下釋詁）

3. 𢧵者，《說文》："𢧵，古文絕字。"《考工記・梓人》："則春以功。"鄭注云："春，讀爲蠢，蠢，作也，出也。"春、蠢皆有出義。故《鄉飲酒》義云："春之爲言蠢也，產萬物者也。"《書・大傳》云："春，出。物之出也。"春、蠢、出，一聲之轉耳。（1983：40卷一下釋詁）

4. 喬，各本譌作裔，《說文》："喬，滿有所出也。"《玉篇》："喬，出也。"今據以訂正。喬，字亦作鬲。《廣韻》："鬲，出也。"鬲出猶言溢出。溢、涌、喬一聲之轉，故皆訓爲出也。（1983：40卷一下釋詁）

5.《玉篇》："頌，音口本口沒二切。"《說文》："顧，無髮也。"《玉篇》音苦昆苦鈍二切。又《說文》："髠，剔髮也。"髠、顧、頌一聲之轉，義並相近也。(1983：47 卷二上釋詁)

6. 嬾、勞、傛又一聲之轉，是傜疲勞三字，皆與嬾同義。(1983：62 卷二下釋詁)

7.《說文》："灓，漏流也。"漏、灓、淋一聲之轉。(1983：63 卷二下釋詁)

8. 浚、湑、縮一聲之轉，皆謂漉取之也。(1983：68 卷二下釋詁)

9. 夕者，《呂氏春秋・明理篇》云："是正坐於夕室也。其所謂正，乃不正矣。"高誘注云："言其室邪夕不正。"《晏子春秋・雜篇》云："景公新成柏寢之臺，使師開鼓琴。師開左撫宮，右彈商曰室夕。公曰何以知之？對曰：'東方之聲薄，西方之聲揚。'"按此言室之偏向西也。西、衺、夕一聲之轉，故曰衺曰西總謂之夕。(1983：70 卷二下釋詁)

10.《說文》："齹，齒差也。"謂齒相摩切也。齹、差、錯一聲之轉，故皆訓爲磨。《爾雅》："爽，差也。""爽，忒也。"郭注云皆謂用心差錯不專一，爽與差錯同義，故齹與差錯亦同義也。(1983：77 卷三上釋詁)

11.《孟子・梁惠王篇》："老而無妻曰鰥，老而無夫曰寡，老而無子曰獨，幼而無父曰孤。"襄二十七年《左傳》："齊崔杼生成及彊而寡。"則無妻亦謂之寡。鰥、寡、孤一聲之轉，皆與獨同義。因事而異名耳。(1983：79 卷三上釋詁)

12. 膚，朴，皮者，《釋言》云："皮，膚，剝也。"《說文》云："剝取獸革者謂之皮。"《韓策》云："因自皮面抉眼，自屠出腸。"鄭注《內則》云："膚，切肉也。"是皮、膚皆離之義也。朴與皮、膚一聲之轉。(1983：105 卷三下釋詁)

13. 黏、黏、麴，一聲之轉也。(1983：110 卷四上釋詁)

14. 匪、勿、非，一聲之轉。(1983：113 卷四上釋詁)

15. 僑者，《說文》："僑，高也。"《春秋》："鄭公孫僑字子產，一字子美。"皆才之意也。《說文》："趫，善緣木之才也。"左思《吳都賦》："趫材悍壯。"義與僑亦相近。僑、嬌、趫，一聲之轉也。(1983：114 卷四上釋詁)

16. 庸、由、已，一聲之轉。(1983：132 卷四下釋詁)

17. 磧、洓、碰也。《廣韻》："碰，落也。"《玉篇》："洓，落也。"

硳、沰、碻，一聲之轉。卷四云"石、搥、摘也。""硳，伐也。"石、沰、搥、摘、硳，聲義竝相近。（1983：137 卷五上釋詁）

18. 諸、旃，之也，皆一聲之轉也。諸者，之於之合聲，故諸訓爲之，又訓爲於。旃者，之焉之合聲，故旃訓爲之，又訓爲焉。《唐風·采苓》箋云："旃之言焉也。"（1983：139 卷五上釋詁）

19. 拳拳、區區、款款，愛也，皆一聲之轉也。（1983：181 卷六上釋訓）

20. 顛、頟、題，一聲之轉。（1983：202 卷六下釋親）

21. 欙、落、杝，一聲之轉。（1983：212 卷七上釋宮）

22. 《周官》注云："縮，浚也。"縮、籔、匳，一聲之轉。籔之轉爲匳，猶數之轉爲算矣。（1983：222 卷七下釋器）

23. 罠亦幕也。羉、罠、幕，一聲之轉。（1983：224 卷七下釋器）

24. 蔽、韠、戟，又一聲之轉。（1983：232 卷七下釋器）

25. 饐之言穢也。《說文》："饐，飯傷熟也。"《爾雅》："食饐謂之餲。"郭注云："飯饐臭也。"《釋文》引《倉頡篇》云："饐，食臭敗也。"饐、餲、饖，一聲之轉。（1983：250 卷八上釋器）

26. 按腳、臑、膮，一聲之轉。（1983：250 卷八上釋器）

27. 格、枷、竿一聲之轉。（1983：269 卷八上釋器）

28. 壓、甄、罌一聲之轉。（1983：273 卷八上釋器）

29. 墳、封、墦，一聲之轉，皆謂土之高大者也。（1983：298 卷九下釋地）

30. 秆、稭、稾，一聲之轉。（1983：328 卷十上釋草）

31. 按蓫、藺、荔一聲之轉，故張氏注《子虛賦》："謂之馬荔。"馬荔猶言馬藺也。（1983：347 卷十上釋草）

32. 案蚍與螕一聲之轉，螕、蜉亦一聲之轉也。（1983：357 卷十下釋蟲）

33. 鵙、懱、蒙一聲之轉，皆小貌也。故《方言》懱爵注云言懱截也，爲懱截然小也。木細枝謂之蔑，小蟲謂之蠛蠓，小鳥謂之懱雀，又謂之蒙鳩，其義一也。或以爲鷦鷯非蒙鳩者，失之。（1983：377 卷十下釋鳥）

34. 《小爾雅》："曼，無也。"《法言·寡見篇》云"曼"。是也。五百篇云："行有之也，病曼之也。"皆謂無爲曼。《文選·四子講德論》：

"空柯無刃，公輸不能以斲，但懸曼繒蒲苴不能以射。"曼亦無也。李善注訓爲長，失之。曼、莫、無一聲之轉，猶覆謂之幔，亦謂之幕，亦謂之幠也。（1983：135 卷五上釋詁）

(一) 聲韻關係

A	聲	韻	B	聲	韻	C	聲	韻	A－B	A－C	B－C
準	章	文	質	端	質	正	章	耕	準雙聲旁對轉	雙聲異類相轉	準雙聲通轉
揭	見	月	褰	溪	元	摳	溪	侯	旁紐對轉	旁紐異類相轉	雙聲異類相轉
春	昌	文	蠢	昌	文	出	昌	物	雙聲疊韻	雙聲對轉	雙聲對轉
溢	餘	錫	涌	餘	東	喬	餘	質	雙聲旁對轉	雙聲通轉	雙聲異類相轉
髡	溪	文	䫟	溪	文	頎	溪	文	雙聲疊韻	雙聲疊韻	雙聲疊韻
嫩	來	元	勞	來	宵	傛	來	微	雙聲異類相轉	雙聲異類相轉	雙聲旁對轉
漏	來	侯	戀	來	元	淋	來	侵	雙聲異類相轉	雙聲異類相轉	雙聲旁對轉
浚	心	文	縮	山	覺	湝	心	魚	準雙聲異類相轉	雙聲異類相轉	準雙聲旁對轉
西	心	脂	夕	邪	鐸	裹	邪	魚	旁紐異類相轉	旁紐異類相轉	雙聲對轉
差	清	歌	類	初	陽	錯	清	鐸	準雙聲通轉	雙聲通轉	準雙聲通轉
鰥	見	文	寡	見	魚	孤	見	魚	雙聲異類相轉	雙聲異類相轉	雙聲疊韻
朴	滂	屋	膚	幫	魚	皮	並	歌	旁紐旁對轉	旁紐異類相轉	旁紐通轉
䏰	娘	質	黏	娘	談	麳	日	魚	雙聲異類相轉	雙聲異類相轉	雙聲通轉
匪	幫	微	勿	明	物	非	幫	微	旁紐對轉	雙聲疊韻	旁紐對轉
僑	羣	宵	爐	見	宵	起	見	幽	旁紐疊韻	旁紐旁轉	雙聲旁對轉
庸	匣	東	由	匣	幽	以	匣	之	雙聲旁對轉	雙聲旁對轉	雙聲旁轉
碩	端	錫	祏	透	鐸	碓	端	之	旁紐旁轉	雙聲旁對轉	旁紐旁對轉
諸	章	魚	旃	章	元	之	章	之	雙聲通轉	雙聲旁轉	雙聲異類相轉
拳	羣	元	區	溪	侯	款	溪	元	旁紐異類相轉	旁紐疊韻	雙聲異類相轉
顛	端	真	頂	端	耕	題	定	之	雙聲通轉	旁紐異類相轉	旁紐旁轉
欐	來	歌	落	來	鐸	杝	來	歌	雙聲通轉	雙聲疊韻	雙聲通轉
縮	山	覺	籔	心	侯	匴	心	元	準雙聲旁對轉	準雙聲異類相轉	雙聲異類相轉
羉	來	元	罠	明	真	幕	明	鐸	準旁紐旁轉	準旁紐通轉	雙聲異類相轉
蔽	幫	月	韠	幫	質	韍	幫	月	雙聲旁轉	雙聲疊韻	雙聲旁轉
餲	匣	月	饐	影	質	饐	影	月	旁紐旁轉	旁紐疊韻	雙聲旁轉
臁	曉	陽	臛	曉	文	曉	曉	宵	雙聲異類相轉	雙聲異類相轉	雙聲異類相轉
格	見	鐸	柯	見	歌	竿	見	元	雙聲歌鐸通轉	雙聲通轉	雙聲對轉
黶	影	談	甄	匣	蒸	黳	影	脂	旁紐異類相轉	雙聲異類相轉	旁紐異類相轉

续表

A	聲	韻	B	聲	韻	C	聲	韻	A－B	A－C	B－C
塡	並	文	封	幫	東	璠	並	元	旁紐異類相轉	雙聲旁轉	旁紐異類相轉
秆	見	元	稭	見	脂	槀	溪	宵	雙聲旁對轉	雙聲異類相轉	雙聲異類相轉
藺	來	真	蠡	來	支	荔	來	支	雙聲通轉	雙聲通轉	雙聲疊韻
蚍	並	脂	蟊	幫	月	蜉	並	幽	旁紐旁對轉	雙聲異類相轉	旁紐異類相轉
鵬	明	宵	懞	明	月	蒙	明	東	雙聲異類相轉	雙聲旁對轉	雙聲異類相轉
曼	明	元	莫	明	鐸	無	明	魚	雙聲通轉	雙聲通轉	雙聲對轉

　　據統計，三個詞（字）"一聲之轉"共有 34 例，其聲韻關係可分爲 102 對，其中準雙聲旁對轉有 3 對，旁紐對轉有 3 對，雙聲疊韻有 9 對，雙聲旁對轉有 8 對，雙聲異類相轉有 25 對，準雙聲異類相轉有 2 對，旁紐異類相轉有 11 對，準雙聲通轉有 2 對，旁紐旁對轉有 4 對，旁紐疊韻有 3 對，旁紐旁轉有 4 對，雙聲通轉有 13 對，準旁紐旁轉有 1 對，雙聲旁轉有 7 對，雙聲對轉有 5 對，準雙聲對轉有 1 對，準旁紐通轉有 1 對。

　　（二）形體關係

A	B	C	A——B 字形結構有關 同聲符	A——B 字形結構有關 同形符	A——B 字形相異	A——C 字形結構有關 同聲符	A——C 字形結構有關 同形符	A——C 字形相異	B——C 字形結構有關 同聲符	B——C 字形結構有關 同形符	B——C 字形相異
準	質	正			√			√			√
揭	褰	摳			√		√				√
春	蠢	出	√					√			√
溢	涌	喬		√				√			√
髻	頤	頜			√			√		√	
嬾	勞	傫			√			√			√
漏	變	淋			√		√			√	
浚	縮	湑			√			√			√
西	夕	裹			√			√			√
差	瓶	錯			√			√			√
鰥	寡	孤			√			√			√
朴	膚	皮			√			√			√
和	黏	敉	√					√		√	

続表

A	B	C	A——B 形體關係			A——C 形體關係			B——C 形體關係		
			字形結構有關		字形相異	字形結構有關		字形相異	字形結構有關		字形相異
			同聲符	同形符		同聲符	同形符		同聲符	同形符	
匪	勿	非			√	√					√
僑	孈	赺			√			√			√
庸	由	以			√			√			√
碯	沰	砳	√				√			√	
諸	旃	之			√			√			√
拳	區	款			√			√			√
顛	頯	題	√				√			√	
欔	落	杝			√			√			√
縮	籔	匱			√			√			√
纙	罠	幕	√					√			√
蔽	韠	韍			√			√		√	
餲	饐	饖	√				√			√	
腳	膭	腕	√				√			√	
格	枷	竿	√				√				√
驢	騹	驚	√				√			√	
墳	封	墦	√				√			√	
秆	稭	槀	√				√			√	
繭	蠿	荔		√			√				√
蚍	蟞	蜉	√				√			√	
鵑	懞	蒙		√				√			√
曼	莫	無	√					√			√

　　A、B、C 三個詞（字）之間共有 102 對形體關係，其中字形結構相異的有 60 對，字形結構有關的有 43 對。在字形結構有關的 43 對中，同形符的有 41 對，同聲符的有 2 對。可見在三個詞（字）之間的"一聲之轉"字形關係中，以形體相異爲主；在形體結構有關的情況下，以同形符爲主。

（三）詞義關係

A—B—C	A—B 關係	A—C 關係	B—C 關係
準－質－正	準之本義與質之借義義近	準、正同源，義素爲中	質之借義與正之本義義近
揭－搴－摳	揭之本義與搴之借義義近	摳、揭同源，義素爲提挈。義素與共同形符"手"有關	搴之借義與摳之本義義近
春－蠢－出	春、蠢同源假借關係	春、出同源，共同義素爲動	蠢、出同源，共同義素爲動
溢－涌－裔	溢、涌同源，義素爲水踊出。義素與共同形符"水"義有關	溢、裔同源，義素爲器滿溢出	涌、裔同源，共同義素爲溢出
髠－頤－頌	髠、頤同源，義素爲去髮	髠、頌同源，義素爲毛少	頤、頌同源，義素爲無髮
嬾－勞－傈	嬾、勞同源，義素爲怠	嬾、傈同源，義素爲懈怠	勞、傈同源，義素爲勤苦
漏－欒－淋	漏、欒同源，義素爲漏水	漏、淋同源，義素爲滲水	欒、淋同源，義素爲沃水
浚－涓－縮	浚、涓同源，義素爲取水。義素與形符"水"有關	浚、縮義近，浚之本義與縮之借義義近	涓之本義與縮之借義義近
西－衰－夕	西之借義與衰之本義義近	西之借義與夕之引申義義近	衰之本義與夕之引申義義近
頗－差－錯	頗之本義與差之借義義近	頗之本義與錯之借義義近	差之借義與錯之借義義近
鰥－寡－孤	鰥之引申義與寡之引申義近	鰥之引申義與孤之本義義近	寡之引申義與孤之本義義近
朴－皮－膚	朴、皮同源，義素爲皮	朴、膚同源，義素爲皮	皮、膚同源，義素爲皮
絅－黏－敊	絅、黏同源，義素爲黏	絅之本義與敊之《方言》義同源	黏之本義與敊《方言》義同源
匪－勿－非	匪之借義與勿之借義義近	匪之借義與非之引申義義近	勿之借義與非之引申義義近
僑－孃－赳	僑之引申義與孃之借義義近	僑之引申義與赳之本義義近	孃之借義與赳之本義義近
庸－由－以	庸、由同源，義素爲用	庸、以同源，共同義素爲用	由、以同源，義素爲用
磵－沰－碭	磵、沰同源，義素爲落石	磵、碭同源，共同義素爲落石	沰、碭同源，義素爲落石
諸－旃－之	諸之本義與旃之借義義近	諸之本義與之之借義義近	旃之借義與之之借義義近
拳－區－款	拳之借義與區之借義義近	拳之借義與款之引申義義近	區之借義與款之引申義義近

续表

A—B—C	A—B 關係	A—C 關係	B—C 關係
顛－頠－題	顛、頠同源，共同義素爲額頭。義素與共同形符"頁"義有關	顛、題同源，共同義素爲額。義素與共同形符"頁"義有關	頠、題同源，共同義素爲額。義素與共同形符"頁"義有關
欙－落－杝	欙之借義與落之借義義近	欙之借義與杝之本義義近	落之借義與杝之本義義近
縮－籔－匵	縮之借義與籔之本義義近	縮之借義與匵之本義義近	籔、匵同源，義素爲漉米器
羉－罠－幕	羉之本義與罠之借義義近	羉之本義與幕之引申義義近	罠之借義與幕之引申義義近
蔽－鞸－韍	蔽之引申義與鞸之本義義近	蔽之引申義與韍之本義義近	鞸、韍同源，共同義素爲蔽
饐－餲－饖	饐、餲同源，義素爲飯臭敗。義素與共同形符有關	饐、饖同源，義素爲飯壞。共同義素與共同形符"食"有關	餲、饖同源，義素爲飯壞。義素與共同形符"食"有關
腳－臕－膮	腳、臕同源，義素爲香臛。義素與共同形符"肉"義有關	腳、膮同源，義素爲香臛。共同義素與共同形符"肉"義有關	臕、膮同源，義素爲香臛。義素與共同形符"肉"義有關
格－枷－竿	格之引申義與枷之借義義近	格之引申義與竿之引申義義近	枷之借義與竿之引申義義近
黸－黭－黳	黸、黭同源，義素爲黑。共同義素與共同形符"黑"義有關	黸、黳同源，義素爲黑。共同義素與共同形符"黑"義有關	黭、黳同源，義素爲黑。義素與共同形符"黑"義有關
墳－封－墦	墳之本義與封之借義義近	墳、墦同源，義素爲高墳。義素與形符"土"義有關	封之借義與墦之本義義近
秆－稭－稾	秆、稭同源，義素爲禾稈。義素與共同形符"禾"義有關	秆、稾同源，義素爲禾稈。義素與共同形符"禾"義有關	稭、稾同源，義素爲禾稾。義素與共同形符"禾"義有關
蠡－繭－荔	蠡、繭、荔三者爲音近關係	蠡、繭、荔三者爲音近關係	蠡、繭、荔三者爲音近關係
虰－螮－蛵	螮蛵訓爲虰蛵，屬聲轉關係	虰蛵，聯綿詞	螮蛵即虰蛵，屬聲轉關係
鵬－懷－蒙	鵬之本義與懷之引申義義近	鵬之本義與蒙之借義義近	懷之引申義與蒙之借義義近
曼－莫－無	曼之借義與莫之借義義近	曼之借義與無之本義義近	莫之借義與無之本義義近

　　三個詞（字）"一聲之轉"詞（字）義關係共有102例，其中同源有48例，義近有48例，其他有6例。可見，三個詞（字）"一聲之轉"詞義關係以義近爲主。

　　這48例義近關係又可細分爲以下幾種：

1. 引申義與借義義近有 11 例：準—質；僑—孅；格—枷；懯—蒙；西—夕；匪—非；勿—非；拳—款；區—款；罠—幕；枷—竿

2. 引申義與本義義近有 8 例：準—正；鰥—孤；寡—孤；僑—赳；蔽—斂；衰—夕；羉—幕；鵑—懯

3. 借義與本義義近有 21 例：寋—摳；西—衰；孅—赳；欙—杝；落—杝；縮—籔；縮—匱；蔽—韠；封—墦；曼—無；莫—無；揭—寋；浚—縮；湑—縮；瓶—差；瓶—錯；諸—旃；諸—之；羉—罠；墥—封；鵑—蒙

4. 借義與借義義近有 6 例：差—錯；匪—勿；旃—之；拳—區；欙—落；曼—莫

5. 引申義與引申義義近有 2 例：鰥—寡；格—竿

以上可知，在 48 例義近關係中，以借義與本義義近爲最多，共有 21 例。"借義"與"引申義"不同，"引申義"與"本義"有關聯，"借義"一般與"本義"絕緣。這 21 例借義和本義義近的情況中，聲韻關係表現如下：

寋—摳（雙聲）；西—衰（旁紐）；孅—赳（雙聲旁轉）；欙—杝（雙聲疊韻）；落—杝（雙聲通轉）；縮—籔（準雙聲旁對轉）；縮—匱（準雙聲旁對轉）；蔽—韠（雙聲旁轉）；封—墦（旁紐旁對轉）；曼—無（雙聲通轉）；莫—無（雙聲對轉）；揭—寋（旁紐對轉）；浚—縮（準雙聲旁對轉）；湑—縮（準雙聲旁對轉）；瓶—差（準雙聲通轉）；瓶—錯（準雙聲對轉）；諸—旃（雙聲通轉）；諸—之（雙聲旁轉）；羉—罠（準旁紐旁轉）；墥—封（旁紐旁對轉）；鵑—蒙（雙聲旁對轉）

可見，借義與本義義近的聲韻關係很複雜，幾乎各種聲轉情況都會出現。

三個詞（字）之間詞義關係還有 6 例其他情況，即"蠚—蘭—荔"和"虮—蟞—蜉"兩對所表現出的情況。蠚、蘭、荔三者爲音近關係。蟞蜉訓爲虮蜉，屬聲轉關係，二者爲同源詞。虮蜉又是聯綿詞。虮蟞、虮蜉爲同源詞。

以上討論了王念孫《廣雅疏證》中三個詞（字）"一聲之轉"的形音義問題。王氏的"一聲之轉"有兩層含義，一是指 A、B、C 之間音義有關聯；二是指 A、B、C 之間是聲轉關係，沒有詞義關係。數據顯示，前一種情況占多數，是王念孫《廣雅疏證》三個詞（字）間"一聲之轉"的主要特點。

二 "A、B、C、D（也），（皆）一聲之轉也"有8例

四個詞（字）"一聲之轉"共有18例，主要出現在《廣雅》釋詁、釋訓中：

1. 窮、極、倦、卻，一聲之轉也。（1983：19 卷一上釋詁）

2. 《方言疏證》云："薆而，猶隱然。"而、如、若、然一聲之轉也。（1983：63 卷二下釋詁）

3. 爐、熅、煨、煜，皆一聲之轉也。（1983：132 卷四下釋詁）

4. 蔫、菸、矮、蕬也，皆一聲之轉。（1983：133 卷四下釋詁）

5. 易、與、如也，皆一聲之轉也。……與、如、若，亦一聲之轉。與訓爲如，又有相當之義。襄二十五年《左傳》："申鮮虞與閭邱嬰乘而出，行及弇中，將舍。嬰曰：'崔慶其追我。'鮮虞曰：'一與一，誰能懼我。'"杜預注云："弇中，狹道也。道狹，雖衆無所用。"按與猶當也。言狹道之中，一以當一，雖衆無所用也。（1983：138 卷五上釋詁）

6. 漂、潎、洴、澼一聲之轉。（1983：150 卷五上釋詁）

7. 悾悾、愨愨、懇懇、叩叩，皆一聲之轉，或轉爲款款，猶叩門之轉爲款門也。（1983：180 卷六上釋訓）

8. 《爾雅》："薆，隱也。"注云："謂隱蔽。"《大雅·烝民篇》："愛莫助之。"毛傳云："愛，隱也。"掩、翳、愛、隱一聲之轉。（1983：17 卷一上釋詁）

（一）"A、B、C、D（也），（皆）一聲之轉也"聲韻關係

A	聲	韻	B	聲	韻	C	聲	韻	D	聲	韻	A－B	A－C	A－D	B－C	B－D	C－D
窮	羣	冬	極	羣	職	倦	羣	元	卻	溪	鐸	雙聲對轉	雙聲異類轉	旁紐旁對轉	雙聲異類轉	旁紐旁轉	旁紐通轉
而	日	之	如	日	魚	若	日	鐸	然	日	元	雙聲旁轉	雙聲旁對轉	雙聲異類轉	雙聲對轉	雙聲通轉	雙聲通轉
爐	影	宵	熅	影	文	煨	影	微	煜	影	文	雙聲異類轉	雙聲異類轉	雙聲異類轉	雙聲對轉	雙聲疊韻	雙聲對轉
蔫	影	元	菸	影	魚	矮	影	微	蕬	影	元	雙聲通轉	雙聲旁對轉	雙聲疊韻	雙聲旁對轉	雙聲通轉	雙聲旁對轉
易	以	錫	與	以	魚	如	日	魚	若	日	鐸	雙聲旁對轉	準旁紐旁對轉	準旁紐疊韻	準旁紐對轉	準旁紐對轉	雙聲對轉

续表

A	聲	韻	B	聲	韻	C	聲	韻	D	聲	韻	A–B	A–C	A–D	B–C	B–D	C–D
漂	滂	宵	瀱	滂	月	洴	並	耕	澼	滂	錫	雙聲異類轉	旁紐旁對轉	雙聲旁對轉	旁紐異類轉	雙聲異類轉	旁紐對轉
悾	溪	東	愨	溪	屋	懇	溪	譚	叩	溪	侯	雙聲對轉	雙聲異類轉	雙聲對轉	雙聲異類轉	雙聲對轉	雙聲異類轉
愛	影	物	隱	影	文	掩	影	談	翳	影	脂	雙聲對轉	雙聲異類轉	雙聲旁轉	雙聲異類轉	雙聲旁對轉	雙聲異類轉

在四個詞（字）的"一聲之轉"聲韻關係中，雙聲旁對轉有9對，雙聲旁轉有1對，雙聲異類轉有14對，雙聲通轉有4對，雙聲對轉有8對，雙聲疊韻有2對，準旁紐旁轉有1對，準旁紐對轉有1對，準旁紐疊韻有1對，準旁紐旁對轉有1對，旁紐異類轉有1對，旁紐旁轉有2對，旁紐旁對轉有2對，旁紐通轉有1對。

可見，四個詞（字）的"一聲之轉"關係，聲類關係以雙聲異類相轉爲主要特點。

（二）四個詞（字）"一聲之轉"形體關係

A	B	C	D	A—B 同聲符	A—B 同形符	A—B 字形相異	A—C 同聲符	A—C 同形符	A—C 字形相異	A—D 同聲符	A—D 同形符	A—D 字形相異	B—C 同聲符	B—C 同形符	B—C 字形相異	B—D 同聲符	B—D 同形符	B—D 字形相異	C—D 同聲符	C—D 同形符	C—D 字形相異
窮	極	倦	卻			√			√			√			√			√			√
而	如	若	然			√			√			√			√			√			√
爌	熄	煨	煴		√			√			√			√			√			√	
蔦	蒜	矮	蔥		√				√		√				√		√				√
易	與	如	若			√			√			√			√			√			√
漂	瀱	洴	澼		√			√			√			√			√			√	
悾	愨	懇	叩		√			√				√		√				√			√
愛	隱	掩	翳		√				√		√				√			√			√

四個詞（字）"一聲之轉"共有48對，形體結構相異的有28對，形體結構有關的有20對。形體結構有關的20對中，即同形符20對。可知，四個詞（字）"一聲之轉"形體關係以形體結構相異爲主，形體結構有關爲輔。形體結構有關中，又以同形符爲主。這種情況與三個詞（字）"一

聲之轉"形體關係特點相同。

（三）四個詞（字）"一聲之轉"詞（字）義關係

A-B-C-D	A-B關係	A-C關係	A-D關係	B-C關係	B-D關係	C-D關係
窮-極-倦-卻	窮之本義與極之借義義近	窮、倦同源，共同義素爲疲	窮之本義與卻假借字義近	極之借義與倦本義義近	極之借義與卻假借字義近	倦之本義與卻假借字義近
而-如-若-然	而、如、若、然四詞借義義近	而、如、若、然四詞借義義近	而、如、若、然四詞借義義近	而、如、若、然借義義近	而、如、若、然四詞借義義近	而、如、若、然四詞借義義近
燷-熅-煨-熅	燷、熅同源，義素爲火烤。義素與共同形符"火"義近。	燷、煨同源，義素爲火烤。義素與共同形符"火"義近。	燷、熅同源，義素爲火烤。義素與共同形符"火"義近。	熅、煨同源，義素爲火烤。義素與形符"火"義近。	熅、熅同源，義素爲火烤。義素與共同形符"火"義近。	煨、熅同源，義素爲火烤。義素與共同形符"火"義近。
蔫-菸-矮-蔥	蔫、菸同源，義素爲萎。義素與形符"艸"義近。	蔫、矮同源，義素爲萎。	蔫、蔥同源，義素爲萎。義素與形符"艸"義近。	菸、矮同源，義素爲萎。	菸、蔥同源，義素爲萎。義素與形符"艸"義近。	矮、蔥同源，義素爲萎。
易-與-如-若	易之借義與與之借義義近。	易之借義與如之引申義義近	易之借義與若之借義義近	與借義與如引申義義近	與之借義與若之借義義近	如之引申義與若之借義義近
漂-漱-泙-澼	漂、漱同源，義素爲漂洗。義素與共同形符"水"有關。	漂、泙同源，義素爲漂洗。義素與共同形符"水"有關。	漂、澼同源，義素爲漂洗。義素與共同形符"水"有關。	漱泙同源，義素爲洗。義素與共同形符"水"有關。	漱、澼同源，義素爲漂洗。義素與共同形符"水"有關。	泙、澼同源，義素爲漂洗。義素與共同形符"水"有關。
悾-愨-懇-叩	悾、愨同源，義素爲誠。義素與形符"心"有關。	悾、懇同源，義素爲誠。義素與形符"心"有關。	悾、叩同源，義素爲誠。義素與形符"心"有關。	愨、懇同源，義素爲誠。義素與"心"有關。	愨、叩同源，義素爲誠。義素與形符"心"有關。	懇、叩同源，義素爲誠。義素與形符"心"有關。
掩-醫-愛-隱	掩、醫同源，共同義素爲掩蔽。	掩與愛之假借字義近。	掩、隱同源，共同義素爲隱蔽。	醫與愛之假借字義近。	醫、隱同源，共同義素爲隱。	隱與愛之假借字義近。

四個詞（字）"一聲之轉"詞（字）義關係中，同源有28例，義近有20例。在義近的20例中，又分各種情況：

第一種情況是本義與借義義近，如"窮——極"，《說文》："窮，極也。"《書·微子之命》："作賓于王家，與國咸休，永世無窮。"孔傳：

“爲時王賓客與時皆美，長世無竟。”《列子·湯問》：“飛衛之矢先窮。”張湛注：“窮，盡也。”《荀子·富國篇》：“縱欲而不窮，則民心奮而不可說也。”楊倞注：“窮，極也。”《說文》：“極，棟也。从木亟聲。”借義爲盡、窮盡。《玉篇·木部》：“極，盡也。”《廣韻·職韻》：“極，窮也。”

第二種情況是借義與借義義近，如“易——與”。《說文》：“易，蜥易，蝘蜓，守宮也。象形。《秘書》說：‘日月爲易，象陰陽也。’一曰从勿。”借義爲如、象。《玉篇·日部》：“易，象也。”《說文》：“與，黨與也。”借義爲如。《韓非子·難三》：“秦昭王問於左右曰：‘今時韓魏孰與始強?’”《大戴禮記·四代》：“事必與食，食必與位，無相越踰。”《漢書·司馬相如傳上》：“楚王之獵，孰與寡人?”顏師古注：“與，猶如也。”

第三種情況是借義與引申義義近，如“若——如”。《說文》：“如，从隨也。”引申爲相似。《說文解字注·女部》：“如，凡相似曰如。”《說文》：“若，擇菜也。”借義爲如。《書·盤庚上》：“若網在綱，有條不紊。”

第四種情況是本義與某字的假借字義近，如“隱——愛”。《說文》：“愛，行貌。”愛通作薆，義爲隱。《詩·邶風·靜女》：“愛而不見。”陳奐傳疏：“愛而者，隱蔽而不見之謂。”《說文》：“隱，蔽也。”

第五種情況是借義與某字的假借字義近，即“極——卻”。《說文》：“極，棟也。从木亟聲。”借義爲盡、窮盡。《玉篇·木部》：“極，盡也。”《廣韻·職韻》：“極，窮也。”《說文》：“倦，罷也。”徐鍇《說文繫傳》：“罷，疲字也。”《說文》：“卻，節欲也。”《說文》：“倦，徼倦也，受屈也。”《方言》卷七：“倦，倦也。”錢繹箋疏：“劇與倦聲義竝同。”王念孫《廣雅疏證》認爲倦與卻“竝字異而義同”，可知二者爲假借關係。

由上可知，在四個詞（字）“一聲之轉”義近關係中，以借義與借義義近爲主。三個詞（字）“一聲之轉”義近關係以本義與借義義近爲主。這顯示了與三個詞（字）“一聲之轉”義近關係不同的特點。

在28例同源關係中，四個字（詞）之間同源的有4對24例，即爐－煋－煨－煜；蔫－菸－矮－蔫；漂－潵－洴－澼；悾－愨－懇－叩。

三　"A、B、C、D、E也，皆一聲之轉也"有3例

五個字之間"一聲之轉"有3例，全部來自《廣雅》釋詁部分：

害、曷、胡、盍、何也，皆一聲之轉也。（1983：82—83卷三上釋詁）

否、弗、俌、粃，不也，皆一聲之轉也。（1983：117卷四上釋詁）

剖、辟、片、胖、半也，皆一聲之轉也。（1983：124卷四下釋詁）

（一）五個詞（字）"一聲之轉"聲韻關係

A	聲	韻	B	聲	韻	C	聲	韻	D	聲	韻	E	聲	韻	A-B	A-C	A-D	A-E	B-C	B-D	B-E	C-D	C-E	D-E
害	匣	月	曷	匣	月	胡	匣	魚	盍	匣	盍	何	匣	歌	雙聲疊韻	雙聲通轉	雙聲通轉	雙聲對轉	雙聲通轉	雙聲通轉	雙聲對轉	雙聲通轉	雙聲通轉	雙聲通轉
不	幫	之	否	幫	之	弗	幫	物	俌	滂	蒸	粃	幫	脂	雙聲疊韻	雙聲通轉	旁紐對轉	雙聲異類轉	雙聲通轉	旁紐對轉	雙聲異類轉	旁紐通轉	雙聲旁對轉	旁紐異類轉
剖	幫	之	辟	幫	錫	片	滂	元	胖	滂	元	半	幫	元	雙聲旁對轉	旁紐異類轉	旁紐異類轉	雙聲異類轉	旁紐異類轉	旁紐異類轉	雙聲異類轉	雙聲疊韻	旁紐疊韻	旁紐疊韻

五個詞（字）"一聲之轉"共有3例，可分成30對A-B型的聲韻關係。據分析，雙聲疊韻的有3對，雙聲通轉的有9對，雙聲對轉的有2對，雙聲旁對轉的有2對，旁紐對轉的有2對，旁紐疊韻的有2對，旁紐異類相轉的有5對，雙聲異類轉的有4對，旁紐通轉的有1對。可以說，這30對A-B型聲韻關係，以雙聲通轉爲多。

（二）五個詞（字）"一聲之轉"形體關係

A——B	形體關係			A——B	形體關係		
	字形結構有關		字形相異		字形結構有關		字形相異
	同聲符	同形符			同聲符	同形符	
害——曷			√	否——弗			√
害——胡			√	否——俌			√
害——盍			√	否——粃			√
害——何			√	否——不	√		
曷——胡			√	弗——俌			√
曷——盍			√	弗——粃			√

续表

| A——B | 形體關係 | | | A——B | 形體關係 | | |
| | 字形結構有關 | | 字形相異 | | 字形結構有關 | | 字形相異 |
	同聲符	同形符			同聲符	同形符	
曷——何			√	弗——不			√
胡——盍			√	佛——粃			√
胡——何			√	弗——不			√
盍——何			√	粃——不			√
剖——辟			√	辟——胖			√
剖——片			√	辟——半			√
剖——胖			√	片——胖			√
剖——半			√	片——半			√
辟——片			√	胖——半	√		

　　將3對五個詞（字）"一聲之轉"關係分成30例 A－B 型關係，其中字形結構相異的有28例，字形結構有關的有2例。字形結構有關的2例主要是同聲符的情況。說明五個詞（字）"一聲之轉"形體關係以字形結構相異爲主。

　　（三）五個詞間"一聲之轉"A－B型形體相異的詞（字）義關係

A——B	詞（字）義關係
害——曷	害之借義與曷之本義義近，皆表疑問
害——胡	害之借義與胡之借義義近，皆表疑問
害——盍	害之借義與盍之借義義近，皆表疑問
害——何	害之借義與何之借義義近，皆表疑問
曷——胡	曷之本義與胡之借義義近，皆表疑問
曷——盍	曷之本義與盍之借義義近，皆表疑問
曷——何	曷之本義與何之借義義近，皆表疑問
胡——盍	胡之借義與盍之借義義近，皆表疑問
胡——何	胡之借義與何之借義義近，皆表疑問
盍——何	盍之借義與何之借義義近，皆表疑問
否——弗	否之本義與弗之借義義近，皆有否定義
否——佛	否之本義與佛之借義義近，皆有否定義

A——B	詞（字）義關係
否——粃	否之本義與粃之《方言》義同源，皆有否定義
否——不	"不"爲聲符。否、不同源。聲符示源，共同義素爲否定。
弗——佛	弗之借義與佛之借義義近，皆有否定義
弗——粃	弗之借義與粃之《方言》義義近，皆有否定義
弗——不	弗之借義與不之本義義近，皆有否定義
佛——粃	佛之借義與粃之《方言》義義近，皆有否定義
弗——不	佛之借義與不之本義義近，皆有否定義
粃——不	粃之《方言》義與不之本義同源，皆有否定義
剖——辟	剖之本義與辟之借義義近，皆有分半義
剖——片	剖、片同源，共同義素爲分半
剖——胖	剖、胖同源，共同義素爲分
剖——半	剖、半同源，共同義素爲分
辟——片	辟之借義與片之本義義近，皆有分半義
辟——胖	辟之借義與胖之本義義近，皆有分半義
辟——半	辟之借義與半之本義義近，皆有分半義
片——胖	片、胖同源，共同義素爲分
片——半	片、半同源，共同義素爲分
胖——半	聲符爲半。胖、半同源，共同義素爲分。聲符示源。

　　五個詞（字）"一聲之轉"A－B型共有30對，同源有9對，義近有21對。可見，詞義關係以義近爲主。其中在9對同源中，有2對聲符示源情況，即"否——不""胖——半"；有2對本義與《方言》義同源情況，即否——粃；不——粃。在23對義近關係中，又分很多情況：

　　第一種情況是借義與本義義近，如害——曷。《說文》："害，傷也。"由本義"傷"借爲代詞，表疑問，義爲"什麼"。《小爾雅·廣言》："害，何也。"《詩·周南·葛覃》："害澣害否。"毛傳："害，何也。"朱駿聲《說文通訓定聲·泰部》："害，假借爲曷。"王念孫《廣雅疏證》："害，曷，一字也。"《說文·曰部》："曷，何也。"《書·盤庚上》："汝曷弗告朕。"孔傳："曷，何也。"害之借義與曷之本義義近，皆有疑問義。

　　第二種情況是借義與借義義近，如害——胡。《說文》："胡，牛頷垂也。"借義爲"何"。《玉篇·肉部》："胡，何也。"《漢書·王褒傳》："其得意若此，則胡禁不止？"顏師古注："胡、曷皆何也。"害之借義與胡之借義義近，皆有疑問義。

　　第三種情況是借義與《方言》義義近，如"弗——粃"。《說文》："弗，矯也。"徐灝《說文解字注箋》："凡弛弓則以兩弓相背而縛之，以正枉戾，所謂矯也，矯謂之弗。"借義爲否定副詞，義爲"否定"。《書·堯典》："九載績用弗成。"孔傳："功用不成。"《方言》卷十："粃，不知也。"郭璞注："今淮楚間語。呼聲如非也。""粃"之《方言》義爲否定。弗之借義與粃之《方言》義義近，皆有否定義。

　　五個詞（字）"一聲之轉"A－B型義近關係中，以借義與本義義近最多，有12例。這種情況與三個詞（字）"一聲之轉"關係相同。

　　四　"AB、CD、E也，皆一聲之轉也"有1例

　　《方言》："蠶，其小者謂之蠿螉，或謂之蚴蜕。"蚴蜕也，蠿螉也，蟔也。一聲之轉。（1983：360卷十下釋蟲）

　　按，此條"一聲之轉"根據於《方言》。

　　"AB、CD、E也，皆一聲之轉也"音形義關係

A	聲	韻	B	聲	韻	C	聲	韻	D	聲	韻	E	聲	韻	A-B	A-C	A-D	A-E	B-C	B-D	B-E	C-D	C-E	D-E
蚴	影	幽	蠿	影	質	蟔	影	職	蜕	透	月	螉	影	東	雙聲異類轉	雙聲旁對轉	準旁紐異類轉	雙聲旁對轉	雙聲異類轉	準旁紐旁轉	雙聲異類轉	準旁紐異類轉	雙聲旁對轉	準旁紐異類轉

　　A、B、C三個詞（字）即蚴、蠿、蟔，爲蚴蜕、蠿螉、蟔的首字。A－B、A－C、B－C三組聲類關係都是雙聲（影母），韻類關係以異類相轉爲主。

　　A、B、C、D、E都有共同的形符"虫"。蚴蜕、蠿螉見於《方言》卷十一："蠶，燕趙之間謂之蠓螉，其小者謂之蠿螉，或謂之蚴蜕，其大而蜜謂之壺蠶。"華學誠《方言校釋匯證》引錢繹《方言箋疏》："蠶之種類甚多，諸書所云取他蟲爲己子，固信而有徵，即陶所說卵如粟米者，亦實有其事，借得之目驗，要不可以未經見識，遂謂必無。至《名醫別錄》又云：'蠿螉，一名土蜂，生熊耳及牂柯，或入屋間。'似又一種矣。蠿螉、蚴蜕皆雙聲。蠿螉以其聲言之，蚴蜕以其形言之，並以小得名也。……蚴之言幼也。《說文》：'幼，小也。'蜕之言莌也。前卷云：'莌，小也。'《說文》：'銳，小餟也。'杜預注昭十六年左氏傳云：'銳，

細小也。'顏師古《急就篇》注云:'梲,小梲也。今俗呼爲袖梲,言可藏於懷袖之中也。'義亦與蚴蜕同。"① 《玉篇・虫部》:"螚,小蜂也。"蚴蜕、蠾蜪、螚同源。

五 "A、B、C、D、E、F,一聲之轉"有1例

《采薇篇》又云:"不遑啟居。"居、踞聲亦相近。《說文》:"居,蹲也。""踞,蹲也。""跽,長跪也。""蚑,長踞也。"居、踞、跽、蚑、啟、跪,一聲之轉。其義並相近也。(1983:97 卷三下釋詁)

此條"一聲之轉"根據於《說文》和《詩・采薇》。

（一）"A、B、C、D、E、F,一聲之轉"聲韻關係

A	聲	韻	B	聲	韻	C	聲	韻	D	聲	韻	E	聲	韻	F	聲	韻
居	見	魚	踞	見	魚	跽	羣	之	蚑	羣	之	啟	溪	脂	跪	羣	歌

具體聲韻關係:

A－B	A－C	A－D	A－E	A－F	B－C	B－D	B－E	B－F	C－D	C－E	C－F	D－E	D－F	E－F
雙聲疊韻	旁紐旁轉	旁紐旁轉	旁紐異類轉	旁紐通轉	旁紐旁轉	旁紐旁轉	旁紐異類轉	旁紐通轉	雙聲疊韻	旁紐異類轉	雙聲異類轉	旁紐異類轉	雙聲異類轉	旁紐旁轉

六個詞（字）"一聲之轉"共有 15 對 A－B 型聲韻關係,从聲韻來看,雙聲疊韻的有 2 對,雙聲異類相轉的有 2 對,旁紐旁轉的有 5 對,旁紐異類相轉的有 4 對,旁紐通轉的有 2 對。六個詞（字）"一聲之轉"的聲韻關係以旁紐旁轉爲主。"旁紐"說明"聲"的聯繫較緊密。"一聲之轉"主要表現爲聲類的雙聲或旁紐。

（二）"A、B、C、D、E、F,一聲之轉"字形關係

A——B	形體關係			A——B	形體關係		
	字形結構有關		字形相異		字形結構有關		字形相異
	同聲符	同形符			同聲符	同形符	
居——踞	√			居——跽			√

---

① 華學誠匯證:《揚雄方言校釋匯證》上冊,中華書局 2006 年版,第 737—738 頁。

续表

A——B	形體關係			A——B	形體關係		
	字形結構有關		字形相異		字形結構有關		字形相異
	同聲符	同形符			同聲符	同形符	
居——暨			√	居——啟			√
居——跪			√	踞——跽		√	
踞——暨			√	踞——啟			√
踞——跪	√			跽——暨			√
跽——啟			√	跽——跪		√	
暨——啟			√	暨——跪			√
啟——跪			√				

　　六個詞（字）"一聲之轉"共有 15 對 A－B 型形體關係，其中字形結構相異的有 11 對，字形結構有關的有 4 對。在字形結構有關的 4 對中，同形符有 3 對，同聲符有 1 對。說明在六個詞（字）"一聲之轉"15 對 A－B型形體關係中，以字形結構相異爲主。

　　（三）"A、B、C、D、E、F，一聲之轉"詞（字）義關係

A——B	詞（字）義關係
居——踞	居、踞同源，共同義素爲蹲。聲符有示源作用。
居——暨	居、暨同源，共同義素爲盤足而坐。
居——跪	居、跪同源，共同義素爲危坐。
居——跽	居、跽同源，共同義素爲跪。
居——啟	居之本義與啟之借義義近。
踞——跽	踞、跽同源，共同義素爲蹲。共同義素與共同形符"足"有關。
踞——暨	踞、暨同源，共同義素爲長跪。
踞——跪	踞、跪同源，共同義素爲跪。共同義素與共同形符"足"有關。
跽——啟	跽之本義與啟之借義義近。
暨——啟	暨之本義與啟之借義義近。
啟——跪	啟之借義與跪之本義義近。
踞——啟	踞之本義與啟之借義義近。
跽——暨	跽、暨同源，共同義素爲長跪。
跽——跪	跽、跪同源，共同義素爲跪。共同義素與共同形符"足"有關。
暨——跪	暨、跪同源，共同義素爲跪。

六個詞（字）一聲之轉共有 15 對 A – B 型詞（字）義關係，其中同源有 10 對，義近有 5 對。

同源 10 對，如"居——踞"，《說文》："居，蹲也。"《說文》："踞，蹲也。从足居聲。"徐灝《說文解字注箋》："居字借爲居處之義，因增足旁爲蹲踞字。"居、踞同源，共同義素爲蹲。聲符有示源作用。

義近 5 對（主要是本義與借義義近），如"跽——啟"，《說文·足部》："跽，長跪也。从足忌聲。"《說文解字注》："係於拜曰跪，不係於拜曰跽……長跽乃古語。長，俗作跂。人安坐則形弛，敬則小跪，聳體若加長焉，故曰長跽。"《說文》："啟，教也。"借義爲跪。《爾雅·釋言》："啟，跪也。"郭璞注："小跽。"郝懿行《爾雅義疏》："啟者，跽之假音也。"《詩·小雅·四牡》："王事靡盬，不遑啟處。"毛傳："啟，跪，處，居也。"跽、啟音近假借，跽之本義與啟之借義義近，皆有跪義。

六 "AB、CD，皆一聲之轉也"有 7 例

"AB、CD，皆一聲之轉也"共有 7 例，具體如下：

1. 《載驅》云："齊子翱翔，齊子遊敖。"翱翔、遊敖，皆一聲之轉，故《釋名》云："翱，敖也，言敖遊也。""翔，佯也，言仿佯也。"（1983：192 卷六上釋訓）

2. 《楚辭·離騷》："聊浮遊以逍遙。"遊與游同。浮游、彷徉亦一聲之轉。（1983：192 卷六上釋訓）

3. 梗概與辜較，一聲之轉。略陳指趣謂之辜較，總括財利亦謂之辜較，皆都凡之意也。（1983：197 卷六上釋訓）

4. 凡邊界謂之垠，《文選·西京賦》注引許慎《淮南子注》云："垠堮，端崖也。"厓岸、垠堮，一聲之轉。（1983：300 卷九下釋山）

5. 菲菇、茨菰，正一聲之轉。（1983：321 卷十上釋草）

6. 《御覽》引吳晉《本草》云："閭茹，一名離婁，一名屈居。"盧茹，離婁一聲之轉也。（1983：324 卷十上釋草）

7. 況鵙鵖、杜鵑一聲之轉。方俗所傳，尤爲可據也。（1983：372 卷十下釋鳥）

（一）“AB、CD，皆一聲之轉也”聲韻關係

A	聲	韻	C	聲	韻	B	聲	韻	D	聲	韻	A–C	A–B	C–D	B–D
翱	疑	幽	遊	餘	幽	翔	邪	陽	敖	疑	宵	準旁紐疊韻	準旁紐旁對轉	準雙聲旁轉	準旁紐旁對轉
浮	並	幽	彷	並	陽	游	餘	幽	徉	餘	陽	雙聲旁對轉	準旁紐疊韻	準旁紐疊韻	雙聲旁對轉
梗	見	陽	辜	見	魚	概	見	物	較	見	藥	雙聲對轉	雙聲異類轉	雙聲旁對轉	雙聲異類轉
垠	疑	文	厓	疑	支	岸	疑	元	墹	疑	鐸	雙聲異類轉	雙聲旁轉	雙聲旁對轉	雙聲通轉
菲	從	鐸	茨	從	脂	菇	見	魚	菰	見	魚	雙聲異類轉	準旁紐對轉	準旁紐異類相轉	雙聲疊韻
盧	來	魚	離	來	歌	茹	日	魚	婁	來	侯	雙聲通轉	準旁紐疊韻	雙聲異類轉	準旁紐旁轉
鶇	定	支	杜	定	魚	搗	見	支	鵑	見	文	雙聲旁轉	準旁紐疊韻	準旁紐異類相轉	雙聲異類轉

以上爲 AB、CD 一聲之轉的聲韻關係，其中 AB 爲一個詞，即翱翔、浮游、梗概、垠岸、菲菇、盧茹、鶇搗，CD 爲一個詞，即遊敖、彷徉、辜較、厓墹、茨菰、離婁、杜鵑。這裡重點考察 A–C、A–B、B–D、C–D的聲韻關係。據考，聲韻關係中，準旁紐疊韻有 5 對，雙聲旁對轉有 4 對，雙聲異類轉有 6 對，雙聲對轉有 1 對，雙聲通轉有 2 對，雙聲旁轉有 2 對，準旁紐旁對轉有 2 對，準旁紐對轉有 1 對，準雙聲旁轉有 1 對，準旁紐異類相轉有 2 對，雙聲疊韻有 1 對，準旁紐旁轉有 1 對。可見，AB、CD“一聲之轉”的聲韻關係以雙聲異類相轉爲主，顯示了兩對複音詞或合成詞在雙聲的條件下，韻部間的相近變換。張博先生在《漢語同族詞的系統性與驗證方法》一書中討論“聯綿型音轉同族詞群”時說，“觀察漢語聯綿型音轉同族詞群，可以看到，聯綿詞同族詞的音轉有較強的規律性，這就是：1）音轉通常表現爲韻變而聲不變；2）兩個音節韻母之間的對應關係在音轉過程中多保持不變。聯綿型同族詞音轉的這兩個特點在雙聲聯綿詞和疊韻聯綿詞中都有體現”①。《廣雅疏證》“AB、CD 一聲之轉”情況反映這些特點，即以雙聲異類相轉爲主，韻變而聲不變。兩個音節韻母間的對應關係在音轉過程中多保持不變，如菲，dzhɑk，

---

① 張博：《漢語同族詞的系統性與驗證方法》，商務印書館 2003 年版，第 219 頁。

菇，ku，ɑ 爲低元音，u 爲高元音。

（二）"AB、CD，皆一聲之轉也" 形體關係

A—B	C—D	A—C	A—B	C—D	B—D
翱翔	遊敖	相異	同形符	相異	相異
浮游	彷徉	相異	同形符	同形符	相異
梗概	辜較	相異	同形符	相異	相異
厓岸	垠堮	相異	相異	同形符	相異
蕎菇	茨菰	同形符	同形符	同形符	同形符
盧茹	離婁	相異	相異	相異	相異
鵙鴀	杜鵑	相異	同形符	相異	同形符

　　七組 "AB、CD 一聲之轉" 的形體關係共有 28 對，總體上看，字形相異的有 17 對，同形符的有 11 對，沒有同聲符請。可見 AB、CD 一聲之轉以形體結構相異爲主，以同形符爲輔。

（三）"AB、CD，皆一聲之轉也" 詞（字）義關係

A—B	C—D	A—C	A—B	C—D	B—D	AB—CD
翱翔	遊敖	翱、遊同源，義素爲遊	翱之本義與翔之引申義義近	遊、敖同源，共同義素爲遊	翔、敖同源，義素爲遊	同源
浮游	彷徉	無關	同源	聯綿詞，義無關	無關	同源
梗概	辜較	無關	梗之引申義與概之借義義近	聯綿詞，義無關	概之借義與較之借義義近	同源
厓岸	垠堮	同源，義素爲厓	同源，義素爲厓	同源，義素爲厓	同源，義素爲厓	同源
蕎菇	茨菰	無關	聯綿詞，義無關	聯綿詞，義無關	無關	同源
盧茹	離婁	無關	聯綿詞，義無關	聯綿詞，義無關	無關	同源
鵙鴀	杜鵑	無關	聯綿詞，義無關	聯綿詞，義無關	無關	同源

　　7 組 AB、CD 一聲之轉共有 14 例，其中爲聯綿詞的有 "彷徉" "蕎菇" "茨菰" "盧茹" "離婁" "鵙鴀" "杜鵑" 7 例。詞（字）義關係中，爲同源的有 11 對，義近的有 5 對，意義無關的有 12 對。

七　"AB、CD、EF，皆一聲之轉" 有 3 例

《廣雅疏證》"AB、CD、EF，皆一聲之轉" 有 3 例，分別分佈在《釋器》《釋訓》《釋草》中：

無慮之轉爲孟浪。《莊子·齊物論篇》："夫子以爲孟浪之言，而我以爲妙道之行也。"李頤注云："孟浪，猶較略也。"崔譔云："不精要之貌。"左思《吳都賦》："若吾之所傳，孟浪之遺言，略舉其梗概，而未得其要妙也。"劉逵注云："孟浪，猶莫絡，不委細之意。"莫絡、孟浪、無慮皆一聲之轉，總計物數謂之無慮，總度事情亦謂之無慮，皆都凡之意也。（1983：198 卷六上釋訓）

鋋纑、族累、接慮，一聲之轉，皆物形之小而圓者也。（1983：219 卷七下釋器）

蕨擽、英光、薜苜，正一聲之轉。（1983：317 卷十上釋草）

（一）"AB、CD、EF，皆一聲之轉" 聲韻關係

A	聲	韻	C	聲	韻	E	聲	韻	B	聲	韻	D	聲	韻	F	聲	韻
無	明	魚	孟	明	蒸	莫	明	鐸	慮	來	魚	浪	來	陽	絡	來	鐸
鋋	清	歌	族	从	屋	接	精	葉	纑	來	歌	累	來	微	慮	來	魚
蕨	見	月	英	見	月	薜	見	支	擽	明	脂	光	見	陽	苜	見	侯

由於這些詞都屬於聯綿詞，筆者對 AB、CD、EF 從九個特點考察聲韻關係，即 A–B、C–D、E–F、A–C、A–E、C–E、B–D、B–F、D–F 的聲韻關係。

AB–CD–EF	A–B	C–D	E–F	A–C	C–E	A–E	B–D	B–F	D–F
無慮–孟浪–莫絡	準旁紐疊韻	準旁紐旁轉	準旁紐疊韻	雙聲旁對轉	雙聲旁對轉	雙聲對轉	雙聲對轉	雙聲對轉	雙聲對轉
鋋纑–族累–接慮	準旁紐疊韻	準旁紐異類相轉	準旁紐通轉	旁紐異類轉	旁紐異類轉	旁紐通轉	雙聲旁轉	雙聲通轉	雙聲異類轉
蕨擽–英光–薜苜	準旁紐旁對轉	雙聲通轉	雙聲旁轉	雙聲疊韻	雙聲異類轉	雙聲異類轉	準旁紐異類轉	準旁紐異類轉	雙聲旁對轉

對於"AB、CD、EF一聲之轉"的聲韻關係，考察發現，A 與 B、C 與 D、E 與 F 的聲韻關係有準旁紐疊韻 3 對，雙聲通轉 1 對，雙聲旁轉 1 對，準旁紐旁對轉 1 對，準旁紐異類相轉 1 對，準旁紐通轉 1 對，準旁紐旁轉 1 對。A 與 C、A 與 E、C 與 E 的聲韻關係有雙聲旁對轉 2 對，旁紐異類轉 2 對，旁紐通轉 1 對，雙聲疊韻 1 對，雙聲異類轉 2 對，雙聲對轉 1 對。B 與 D、B 與 F、D 與 F 的聲韻關係有雙聲對轉 3 對，準旁紐異類相轉 2 對，雙聲異類轉 1 對，雙聲旁轉 1 對，雙聲通轉 1 對，雙聲旁對轉 1 對。"AB、CD、EF，皆一聲之轉"共有 3 例，每例有三組聯綿詞。統計這 27 例聲韻關係，發現以雙聲韻轉和準旁紐韻轉爲主，這就是"AB、CD、EF，皆一聲之轉"的聲韻特點。

（二）"AB、CD、EF，皆一聲之轉"形義關係

由於這些詞都屬於聯綿詞，筆者對 AB、CD、EF 也从九個特點考察形體關係，即 A 與 B、C 與 D、E 與 F 的形體關係；A 與 C、A 與 E、C 與 E 的形體關係；B 與 D、B 與 F、D 與 F 的形體關係。

AB－CD－EF	A－B	C－D	E－F	A－C	C－E	A－E	B－D	B－F	D－F
無慮－孟浪－莫絡	相異	相異	相異	相異	相異	相異	相異	相異	相異
銼鑢－族累－接慮	同形符	相異	相異	相異	相異	相異	相異	相異	相異
蕨攗－芺光－薢茩	相異	相異	同形符	同形符	同形符	同形符	相異	相異	相異

統計分析發現，"AB、CD、EF，皆一聲之轉"形體關係以字形結構相異爲主，有 22 對，字形結構有關只有 5 對，即同形符 5 對。

詞義關係上，王念孫釋之頗詳，茲不贅述。由於這些詞都屬於聯綿詞，且都爲同源詞。王念孫《廣雅疏證》卷六上釋訓云："揚推，嬋媛，堤封，無慮，皆兩字同義，後人望文生義，遂致穿鑿而失其本旨，故略爲辯正。大氐雙聲疊韻之字，其義即存乎聲，求諸聲則得，求諸其文則惑矣。"

第三節 "一聲之轉"來源考

《廣雅疏證》"一聲之轉"共有 133 例，根據來源可分爲王念孫自造

情況和來源於文獻情況兩種。王念孫自造的情況有 94 例，來源於文獻的情況有 39 例。可見《廣雅疏證》"一聲之轉"主要是王念孫自造的。對於 39 例來源於文獻的情況，經考，直接來源於故訓的情況只有 1 例，即"鋪——脾"，《方言》卷十二："脾，止也。"戴震《方言疏證》："脾之爲止，不見於書傳。與'鋪'一聲之轉，方俗語或云鋪，或云脾也。"其餘都是間接來源的。間接來源有 38 例，可分爲四種情況，即通過疏通故訓後得出，根據故訓增加字詞後得出，根據異文情況得出，根據文獻假借得出。

有 25 例通過疏通故訓後得出：

叔、少，一聲之轉。《爾雅》云："父之罤弟，先生爲世父，后生爲叔父。"又云："婦謂夫之弟爲叔。"《白虎通義》云："叔者，少也。"《釋名》云："仲父之弟曰叔父。叔，少也。"又云："娒，娒也，老者稱也。叔，少也，幼者稱也。"（1983：84 卷三上釋詁）

按《曲禮》云："卜筮者，先聖王之所以使民決嫌疑、定猶與也。"《離騷》云："心猶豫而狐疑兮。"《史記·淮陰侯傳》云："猛虎之猶豫，不若蜂蠆之致螫；騏驥之踟躕，不若駑馬之安步；孟賁之狐疑，不若庸夫之必至也。"嫌疑、狐疑、猶豫、踟躕，皆雙聲字，狐疑與嫌疑，一聲之轉耳。（1983：191 卷六上釋訓）

賈逵、服虔、杜預注竝云："貪財爲饕，貪食爲餮。"按《傳》云："貪于飲食，冒于貨賄，侵欲崇侈，不可盈厭，聚斂積實，不知紀極。天下之民，謂之饕餮。"是貪財、貪食總謂之饕餮。饕、餮，一聲之轉，不得分貪財爲饕、貪食爲餮也。（1983：43 卷二上釋詁）

《說文》："夐，斂足也。"《爾雅》："摰，斂，聚也。"摰與夐，一聲之轉。斂與小義相近，故小謂之薆，亦謂之摰，聚斂謂之摰，亦謂之夐矣。（1983：54 卷二上釋詁）

繹者，《方言》："繹，長也。"《說文》："繹，抽絲也。"《爾雅》："繹，又祭也。周曰繹。商曰肜。"《高宗肜日》正義引孫炎注云："繹，祭之明日尋繹復祭也。肜者，亦相尋不絕之意。"何休注宣八年《公羊傳》云："繹者，繼昨日事。肜者，肜肜不絕。"肜、繹一聲之轉，皆長之義也。（1983：55 卷二上釋詁）

集謂相依就也。《大雅·大明篇》："天監在下，有命既集。"毛傳云："集，就也。"鄭箋云："天命將有所依就。"是也。一曰集謂成就也。《小雅·小旻篇》："謀夫孔多，是用不集。"毛傳云："集，就也。"《韓詩外傳》作"是用不就。"就、集一聲之轉，皆謂成就也。（1983：74 卷三上釋詁）

《文選·洞簫賦》："聯緜漂撆。"李善注云："漂撆，餘響飛騰相擊之貌。"漂、撆一聲之轉。故擊謂之摽，亦謂之撆。水中擊絮謂之潎，亦謂之漂矣。（1983：87 卷三上釋詁）

葆訓爲本，謂草木叢生本蓁然也。《玉篇》蓁字注云："本蓁，草叢生也。本或作苯。"張衡《西京賦》云："苯蓁蓬茸。"《釋言》云："菣，葆也。"《釋訓》云："菥菥，葆葆，茂也。"《說文》："葆，草盛皃。"《呂氏春秋·審時篇》云："得時之稻，大本而莖葆。"《漢書·武五子傳》："頭如蓬葆。"顏師古注云："草叢生曰葆。"葆、本一聲之轉，皆是叢生之名。葆猶苞也。《小雅·斯干篇》："如竹苞矣。"毛傳云："苞，本也。"（1983：96 卷三下釋詁）

《釋名》："拈，黏也，兩指翕之，黏著不放也。"此即《廣韻》持物相著之義。今據以辨正。《玉篇》："捻，乃協切，指捻也。"今俗語猶謂兩指取物爲捻。拈與捻，一聲之轉。（1983：102 卷三下釋詁）

《考工記》注以戈爲句兵。句、戈一聲之轉，猶鐮謂之刉，亦謂之划也。（1983：265 卷八上釋器）

浮，罰也。見《閒居賦注》。《投壺》："若是者浮。"鄭注云："浮，罰也。"晏子《春秋雜篇》云："景公飲酒，田桓子侍，望見晏子，而復於公曰請浮晏子。"浮、罰一聲之轉。（1983：1674 卷五下）

閭，《說文》："閭，侶也。二十五家相群侶也。"又云："閭，里門也。"按閭、里一聲之轉。鄉謂之閭，遂謂之里，其義一也。（1983：50 卷二上釋詁）

縰、縌一聲之轉。《方言》："縰、縌，施也。秦曰縰，趙曰縌，吳越之間脫衣相被謂之縰縌。"（1983：87 卷三上釋詁）

娉、妨一聲之轉。《釋言》云："妨，娉也。"《說文》："妨，害也。"《周語》云："害于政而妨于後嗣。"（1983：92 卷三下釋詁）

《爾雅》："佻，偷也。"《楚辭·離騷》："余猶惡其佻巧。"佻、偷一聲之轉。（1983：107 卷三下釋詁）

袾，詛也。見《集韻》《類篇》。《玉篇》云："袾，呪詛也。"呪、袾一聲之轉。（1983：174 卷五上釋詁）

《說文》："劓，刖鼻也，或作劓。"按劓、刖一聲之轉，皆謂割斷也。（1983：21 卷一上釋詁）

榜者，《說文》："榜，所以輔弓弩也。"《楚辭·九章》："有志極而無旁。"王逸注云："旁，輔也。"旁與榜通。榜、輔一聲之轉。（1983：125 卷四下釋詁）

翣、扇一聲之轉。高誘注《淮南·說林訓》云："扇，楚人謂之翣，字亦作箑。"（1983：348 卷十上釋草）

蠢者，《說文》："蠢，古文蠢字。"《考工記·梓人》："則春以功。"鄭注云："春，讀爲蠢，蠢，作也，出也。"春、蠢皆有出義。故《鄉飲酒》義云："春之爲言蠢也，產萬物者也。"《書·大傳》云："春，出也。物之出也。"春、蠢、出，一聲之轉耳。（1983：40 卷一下釋詁）

夕者，《呂氏春秋·明理篇》云："是正坐於夕室也。其所謂正，乃不正矣。"高誘注云："言其室邪夕不正。"《晏子春秋·雜篇》云："景公新成柏寢之臺，使師開鼓琴。師開左撫宮，右彈商曰室夕。公曰何以知之？對曰：'東方之聲薄，西方之聲揚。'"按此言室之偏向西也。西、衰、夕一聲之轉，故曰衰曰西總謂之夕。（1983：70 卷二下釋詁）

《孟子·梁惠王篇》："老而無妻曰鰥，老而無夫曰寡，老而無子曰獨，幼而無父曰孤。"襄二十七年《左傳》："齊崔杼生成及彊而寡。"則無妻亦謂之寡。鰥、寡、孤一聲之轉，皆與獨同義。因事而異名耳。（1983：79 卷三上釋詁）

饐之言穢也。《說文》："饐，飯傷熟也。"《爾雅》："食饐謂之餲。"郭注云："飯饐臭也。"《釋文》引《倉頡篇》云："饐，食臭敗也。"饐、餲、饐，一聲之轉。（1983：250 卷八上釋器）

《采薇篇》又云："不遑啟居。"居、踞聲亦相近。《說文》："居，蹲也。""踞、蹲也。""跽，長跪也。""蹟，長踞也。"居、踞、跽、蹟、啟、跪，一聲之轉。其義竝相近也。（1983：97 卷三下釋詁）

《載驅》云："齊子翱翔，齊子遊敖。"翱翔、遊敖，皆一聲之轉，故《釋名》云："翱，敖也，言敖遊也。""翔，佯也，言仿佯也。"（1983：192 卷六上釋訓）

有 10 例根據故訓增加字詞後得出：

灌者，《爾雅》云："灌木，叢木。"又云："木族生爲灌。"族、叢

一聲之轉。(1983:94 卷三下釋詁)

《後漢書·馬援傳》:"擊牛釃酒。"李賢注云:"釃猶濾也。"濾、漉一聲之轉。(1983:68 卷二下釋詁)

裔,各本譌作裔,《說文》:"裔,滿有所出也。"《玉篇》:"裔,出也。"今據以訂正。裔,字亦作融。《廣韻》:"融,出也。"融出猶言溢出。溢、涌、裔一聲之轉,故皆訓爲出也。(1983:40 卷一下釋詁)

《玉篇》:"頌,音口本口沒二切。"《說文》:"頗,無髮也。"《玉篇》音苦昆苦鈍二切。又《說文》:"髡,剔髮也。"髡、頗、頌一聲之轉,義並相近也。(1983:47 卷二上釋詁)

《說文》:"灤,漏流也。"漏、灤、淋一聲之轉。(1983:63 卷二下釋詁)

膚,朴,皮者,《釋言》云:"皮,膚,剝也。"《說文》云:"剝取獸革者謂之皮。"《韓策》云:"因自皮面抉眼,自屠出腸。"鄭注《內則》云:"膚,切肉也。"是皮、膚皆離之義也。朴與皮膚一聲之轉。(1983:105 卷三下釋詁)

《方言疏證》云:"蔓而,猶隱然。"而、如、若、然一聲之轉也。(1983:63 卷二下釋詁)

《爾雅》:"蔓,隱也。"注云:"謂隱蔽。"《大雅·烝民篇》:"愛莫助之。"毛傳云:"愛,隱也。"掩、翳、愛、隱一聲之轉。(1983:17 卷一上釋詁)

《方言》:"鑫,其小者謂之蠿蜪,或謂之蚴蛻。"蚴蛻也,蠿蜪也,蟪也。一聲之轉也。(1983:360 卷十下釋蟲)

無慮之轉爲孟浪。《莊子·齊物論篇》:"夫子以爲孟浪之言,而我以爲妙道之行也。"李頤注云:"孟浪,猶較略也。"崔譔云:"不精要之貌。"左思《吳都賦》:"若吾之所傳,孟浪之遺言,略舉其梗概,而未得其要妙也。"劉逵注云:"孟浪,猶莫絡,不委細之意。"莫絡、孟浪、無慮皆一聲之轉,總計物數謂之無慮,總度事情亦謂之無慮,皆都凡之意也。(1983:198 卷六上釋訓)

有 1 例根據文獻異文得出:

《月令》:"必功致爲上。"《淮南子·時則訓》作"堅致"。堅、功一聲之轉。(1983:40 卷一下釋詁)

有 2 例根據文獻假借得出:

《小雅·天保篇》："無不爾或承。"鄭箋云："或之言有也。""或"即"邦域"之"域"。域、有一聲之轉。（1983：6 卷一上釋詁）

嘉、皆一聲之轉。字通作偕。《小雅·魚麗》曰："維其嘉矣。"又曰"維其偕矣。"《賓之初筵》曰："飲酒孔嘉。"又曰："飲酒孔偕。"偕亦嘉也。解者多失之。（1983：138 卷五上釋詁）

第四節　本章小結

《廣雅疏證》"一聲之轉"共有 133 例，其中兩個詞間的"一聲之轉"關係有 79 例，多個詞間的"一聲之轉"關係有 54 例。首先討論《廣雅疏證》兩個詞間"一聲之轉"音形義關係，具體如下表。

聲轉關係上，兩個詞間"一聲之轉"聲韻關係以雙聲爲主，有 60 例。其次是旁紐，有 13 例，準雙聲有 3 例，準旁紐有 2 例，雙聲疊韻有 1 例。韻轉關係上，以異類相轉爲主，有 24 例。其次是旁對轉，有 16 例。旁轉和對轉，各有 13 例，通轉有 10 例，疊韻有 1 例。可以說，"一聲之轉"的"一聲"主要指"雙聲"，"轉"主要指異類相轉。這一點與陳新雄的研究相似。陳新雄考察了《廣雅疏證·釋詁》中的"一聲之轉"聲韻關係，認爲"所謂'一聲之轉'或'語轉'者，大多數均爲雙聲相轉，然亦有疊韻相轉者"[1]。

形體關係上，雙聲部分形體相異有 38 例，同形符有 22 例，旁紐部分形體相異有 7 例，同形符有 6 例，準旁紐部分形體相異有 1 例，同形符有 1 例，準雙聲部分形體相異有 1 例，同形符有 2 例。可見，形體上以形體相異爲主，有 47 例，同形符爲輔，有 32 例。

詞義關係上，以同源爲主，有 51 例，其次是義近，有 24 例，單純音近有 3 例，方言音近有 1 例。

從音義關係上看，雙聲時，同源和義近的量較大；旁紐時，同源的量較大，義近的量較少。

多個詞（字）"一聲之轉"形音義關係討論如下。

---

① 陳新雄：《王念孫〈廣雅釋詁疏證〉訓詁術語一聲之轉索解》，原文收在"第一屆國際暨第三屆訓詁學學術研討會論文"，高雄中山大學，1997 年，後收在《陳新雄語言學論學集》，中華書局 2010 年版，第 97—129 頁。

兩個詞間"一聲之轉"的音形義關係

聲韻關係＼詞義關係	雙聲·對轉·同形符	雙聲·對轉·形體相異	雙聲·旁對轉·同形符	雙聲·旁對轉·形體相異	雙聲·旁轉·同形符	雙聲·旁轉·形體相異	雙聲·通轉·同形符	雙聲·通轉·形體相異	雙聲·異類相轉·同形符	雙聲·異類相轉·形體相異	雙聲疊韻·疊韻·同形符	旁紐·對轉·同形符	旁紐·旁轉·同形符	旁紐·旁轉·形體相異	旁紐·旁對轉·同形符	旁紐·旁對轉·形體相異	旁紐·異類相轉·同形符	旁紐·異類相轉·形體相異	准旁紐·旁對轉·同形符	准旁紐·旁對轉·形體相異	准旁紐·通轉·同形符	准雙聲·通轉·同形符	准雙聲·異類相轉·形體相異	總計·詞義
同源	3	4	4	5	6	2	1	2	4	6	1	1	1	3	1	2	1	1		1	1	1		51
義近		2		4	1	1	1	3	1	6				1				2					2	24
方言音近						1																		1
單純音近				1			1			1														3
形體	3	6	4	10	7	4	3	5	5	13	1	1	1	4	1	2	1	3		1	1	1	2	79
聲韻	60										1	13							2			3		79
總計	9		14		11		8		18		1													79

下表按「聲韻關係」「形體關係」「詞(字)義關係」三大類統計(表中空格表示無此類例):

小類 ＼ 類別	雙聲·疊韻	雙聲·旁對轉	雙聲·異類相轉	雙聲·通轉	雙聲·旁轉	雙聲·對轉	旁紐·異類相轉	旁紐·對轉	旁紐·旁對轉	旁紐·旁轉	旁紐·疊韻	旁紐·通轉	準旁紐·通轉	準旁紐·旁轉	準旁紐·對轉	準旁紐·旁對轉	準旁紐·異類轉	準雙聲·通轉	準雙聲·旁轉	準雙聲·異類轉	準雙聲·對轉	準雙聲·旁對轉	同聲符	同形符	字形相異	同源	義近	義無關
三個詞間	9	8	25	13	7	5	11	3	4	3		1	1	1			2	2	1		3	2	2	41	60	48	48	6
四個詞間	2	9	14	4	1	8	1	2	2	2					1				1	1				20	28	28	20	
五個詞間	3	2	4	9	2	2				5	2										1		2		28	9	21	
六個詞間	2	2	2				4		5														1	3	11	10	5	
AB也、CD也、E也		3	3							3									1					10		3		7
AB、CD、7例	1	4	6	2	2	1			1	1		1	1		5	1	2	1	1					11	17	11	5	12
AB、CD、EF、3例	1	3	3	2	2	4		3	3						1		3	1	1					5	22			27

說明:三個詞間"一聲之轉"共有34例,可分為兩兩對應的102對;四個詞間"一聲之轉"共有8例,可分為兩個對應的48對;五個詞間"一聲之轉"共有1例,可分成10對;六個詞間"一聲之轉"有3例,主要是聯綿詞,可分成兩兩對應的42對;AB、CD、E也共有1例,可分成兩兩對應的15對;AB、CD共有7例,可分成兩兩對應的30對;AB、CD、EF"一聲之轉"共有3例,這三例主要是聯綿詞,可分成兩兩對應的27對。上表主要是討論各例總量上的音形義關係。

三個詞間"一聲之轉"與四個詞間"一聲之轉"在音形義的特點上基本相似。聲韻關係上都顯示了在雙聲、旁紐、準旁紐、準雙聲統轄下韻類之間的變換。形體關係上都以形體相異爲主,同形符爲輔。詞義關係上,都以同源和義近爲主。略有不同的是,三個詞間"一聲之轉"還顯示了詞義無關的問題。分析可知,三個詞間"一聲之轉"的例子中包含了兩組聯綿詞的情況。聯綿詞間的兩個音節意義無關。而四個詞間"一聲之轉"用例中沒有聯綿詞情況。

與三個詞間、四個詞間"一聲之轉"情況不同,五個詞間"一聲之轉"聲韻關係上主要指雙聲、旁紐統轄下的韻轉。形體關係上,字形相異占絕對數量。詞義關係上,以義近爲主,同源的量不及義近的一半。分析可知,五個詞間"一聲之轉"只有3例,其中2例屬於虛詞之間的"一聲之轉",如"害、曷、胡、盍、何"。從本義上看,五個詞間本義上多不同,只是借義或引申義間有義近關係。

六個詞間"一聲之轉"只有1例。從音形義上看,與三個詞間、四個詞間"一聲之轉"特點相似。詞類上看,與三個詞間、四個詞間例子中的詞類不同。六個詞間"一聲之轉"用例中的詞類都是動詞,而三個詞間、四個詞間用例中的詞類較廣泛,有名詞、動詞、形容詞、虛詞等。

向熹先生認爲,"聯綿詞的產生主要是語音分化的結果。或單音詞音分而成複音詞,或複音詞音合而爲單音詞,或此一複音詞音轉爲另一複音詞。前人所謂'合聲'、'疾言''長言''語轉''轉語''音轉''聲轉''轉聲''一聲之轉',往往與聯綿詞形成與轉化有關"[①]。這種情況在《廣雅疏證》"AB也、CD也、E也""AB、CD""AB、CD、EF""一聲之轉"術語用例中也有反映。"AB也、CD也、E也"有1例,即"蚴蜕也,蠼蜿也,蟺也。一聲之轉也。(1983:360卷十下釋蟲)"此條訓釋根據於《方言》卷十一。"蚴蜕""蠼蜿"都是聯綿詞。蚴、蟺、蠼之間雙聲韻轉。蜕、蟺之間準旁紐異類相轉,蜿、蟺之間雙聲旁對轉。這顯示了單音詞和複音聯綿詞之間的相互轉變情況。

一般認爲,聯綿詞是雙音節的單純詞。但是聯綿詞間有的字義無關,有的字義相關。數據顯示,"AB也,CD也,E也"詞義關係中,除詞義

---

① 向熹:《簡明漢語史》(上冊),商務印書館2010年版,第397頁。

無關外，還有同源情況。類似的還有"AB，CD"用例。如"AB 也，CD 也，E 也"用例中的"蜕""蚴""蠖"三字。錢繹《方言箋疏》："蠣蠖、蚴蜕皆雙聲。蠣蠖以其聲言之，蚴蜕以其形言之，並以小得名也。《廣雅·釋蟲》：'蠓，蠖也。'《玉篇》：'蠓，蠓蠖，蠖，同上。''蠖，小蜂也。''蠖，小蜂也。'《廣韻·東韻》：'蠖，蠣蠖，蟲名，細腰蠭也。'《說文》：'黶，小黑子。'《吕氏春秋·士容篇》：'傲小物而志屬於大。'高誘注云：'輕略叢脞翳菱之事，而志屬連於有大成功。'黶、翳義並與蠣同。蚴之言幼也。《說文》：'幼，小也。'蜕之言莌也。前卷二云：'莌，小也。'《說文》：'飿，小餕也。'杜預注昭十六年《左氏傳》云：'鋭，細小也。'顔師古《急就篇》注云：'梲，小棓也。今俗呼爲袖梲，言可藏於懷袖之中也。'義亦與蚴蜕同。"① 《玉篇·虫部》："蠖，小蜂也。""蜕""蚴""蠖"都有小義，音又相近，王念孫多用術語"一聲之轉"系聯這些聯綿詞。可見，聯綿詞形成過程是同義單音詞音義相互作用的結果。②

"一聲之轉"用例中還有 2 例重言詞。所謂重言詞，是由兩個相同音節構成的複音詞。重言詞的定義是从形式上說的。从功能上，重言詞應該是重疊式合成詞。這些重疊式合成詞是由單音節詞重疊構成。③ 在三個詞間、四個詞間"一聲之轉"中各有 1 例。前者爲"拳拳、區區、款款"，後者爲"悾悾、愨愨、懇懇、叩叩"。詞類上看，二者都屬於形容詞。這兩例中的單音詞與單音詞間有同源或義近的關係，重疊後也是同源或義近，與單音詞意義基本相同。劉又辛④先生認爲，古漢語的雙聲詞、疊韻詞，可能都是从較原始的重言詞演化而來的。劉先生以章太炎"一字重

---

① 錢繹：《方言箋疏》，李發舜、黄建中點校，中華書局 1991 年版，第 388 頁。

② 蘭佳麗曾論述過聯綿詞與單音節詞和多音節詞的關係問題，她認爲，聯綿詞與音近義通的多音節詞和單音節詞是同族的關係，許多單音節詞是聯綿詞形成的最初來源，而多音節詞爲了某種需要，增加襯字，進而擴充聯綿詞形成。（蘭佳麗：《聯綿詞族叢考》，學林出版社 2012 年版，第 314 頁）

③ 沈懷興先生在《聯綿字理論問題研究》一書中認爲，重疊詞和疊音詞的本質區別是前者單字有義，而後者不以單字表義。重疊詞和其單字表同一個概念，但是有強調程度的不同。（沈懷興：《聯綿字理論問題研究》，商務印書館 2013 年版，第 104 頁，腳註部分）

④ 劉又辛：《古聯綿詞音變規律初探》，《劉又辛語言學論文集》，商務印書館 2005 年版，第 285—298 頁。

音說"① 爲理論來源，認爲這種理論對重言詞演變爲雙聲詞、疊韻詞等很有說服力，並舉例論證。我們認爲劉又辛先生對聯綿詞來源於重言詞的相關論述很有道理。重言詞變爲聯綿詞多與連音的異化作用有關，這使得重言詞逐漸減少。《廣雅疏證》"一聲之轉"部分重言詞量不多，或許與此有關。

總之，《廣雅疏證》"一聲之轉"從聲韻關係上看主要以雙聲爲樞紐，韻類上有旁轉旁對轉等特點。形體關係上以字形結構相異爲主，輔以字形結構有關情況。而字形結構有關主要表現爲同形符情況，同聲符情況相對較少。詞義關係上以同源和義近爲主，偶有音近假借、方言音轉情況。從"一聲之轉"來源上看，大部分屬於王念孫自造的訓釋。

---

① 章太炎在《國故論衡》上卷《一字重音說》中說，"大抵古文以一字兼二首，既非常例，故後人旁附本字，增注借音，久則遂以二字並書。亦猶'越'稱'於曰'，'邾'稱'邾婁'，在彼以一字讀二音，自魯史書之，則自增注'於'字'邾'字於其上下也"。

第三章 《廣雅疏證》"之言"研究

據統計，《廣雅疏證》訓詁術語"之言"共有735例，主要表現形式有"A之言B也""A之言BC也""AB之言CD也""A之言B也，C也""A之言A也"等。筆者將"A之言A也"稱爲"特殊關係"，因爲訓釋詞與被訓釋詞形音義完全相同。筆者考察"之言"所連接字詞的聲韻關係，去除4例待考情況，共有731例，將其按"雙聲疊韻"（即聲疊韻同）、"雙聲"（即聲疊韻轉）、"疊韻"（即聲轉韻同）、"對轉（旁對轉、異類相轉）"（即聲轉韻對轉、韻旁對轉、韻異類相轉）、"旁轉"（即聲轉韻旁轉）"通轉"（即聲轉韻通轉）、"特殊關係"等分出若干大類，統計各類數量，分析各類形音義特征。統計如下表：

大類	《廣雅疏證》訓詁術語"之言"聲韻關係及其數量比例						
小類	雙聲疊韻	雙聲	疊韻	對轉（旁對轉、異類相轉）	旁轉	通轉	特殊關係
數量	304	89	233	42	34	7	22
比重	41.45%	12.31%	31.87%	5.75%	4.65%	0.96%	3.01%

由上可知，在《廣雅疏證》訓詁術語"之言"聲韻關係中，"雙聲疊韻"所占比重最大，有304例，其次是"疊韻"關係，有233例，再其次是"雙聲"關係，有89例，最少的爲"通轉"關係，只有7例。可見，《廣雅疏證》訓釋術語"之言"在聲韻關係上表現了訓釋詞與被訓釋詞間雙聲或疊韻的特點。

第一節 "之言"雙聲疊韻研究

雙聲疊韻有304例，將"之言"前的字（詞）看作被訓釋字，稱爲A，將"之言"後的字（詞）看作訓釋字，稱爲B，具體如下表：

正文	A	聲	韻	B	聲	韻
祏之言碩大也。(1983：5 卷一上釋詁)	祏	禪	鐸	碩	禪	鐸
郎之言良也。良與郎聲之侈弇耳。(1983：4 卷一上釋詁)	郎	來	陽	良	來	陽
《大雅・既醉篇》：“其類維何，室家之壼。”鄭箋云：“壼之言梱也。”(1983：7 卷一上釋詁)	壼	溪	文	梱	溪	諄
鄭注《大學》云：“戾之言利也。”(1983：8 卷一上釋詁)	戾	來	脂	利	來	脂
嘊之言衎衎也。(1983：8 卷一上釋詁)	嘊	溪	元	衎	溪	元
養之言陽陽也。陽與養古雙聲。(1983：8 卷一上釋詁)	陽	餘	陽	養	餘	陽
甬之言庸也。(1983：10 卷一上釋詁)	甬	匣	東	庸	匣	東
《祭法》：“遠廟爲祧。”鄭注云：“祧之言超也。”(1983：12 卷一上釋詁)	超	透	宵	祧	透	宵
昶之言暢也。(1983：13 卷一上釋詁)	昶	透	陽	暢	透	陽
《大雅・常武》箋云：“敬之言警也。”敬、警、憼聲近而義同。(1983：13 卷一上釋詁)	敬	見	耕	警	見	耕
瘰之言羸也。《說文》：“瘰，畜產疫病也。”又云：“羸，痿也。”“尯，膝中病也。”三字並力臥反，義相近也。(1983：15 卷一上釋詁)	瘰	來	歌	羸	來	歌
摷之言勦也。(1983：18 卷一上釋詁)	摷	精	宵	勦	精	宵
黺之言班也。(1983：23 卷一上釋詁)	黺	幫	元	班	幫	元
娟之言娟娟也。(1983：25 卷一下釋詁)	娟	影	元	娟	影	元
媌之言妙也。(1983：26 卷一下釋詁)	媌	明	宵	妙	明	宵
蛻之言脫也。(1983：27 卷一下釋詁)	蛻	透	月	脫	透	月
覵之言閒也。(1983：32 卷一下釋詁)	覵	見	元	閒	見	元
晙之言葼也。(1983：32 卷一下釋詁)	晙	精	東	葼	精	東
眝之言佇也。(1983：32 卷一下釋詁)	眝	澄	魚	佇	澄	魚
糅之言擾也。(1983：34 卷一下釋詁)	糅	娘	幽	擾	泥	幽
貤之言移也。(1983：36 卷一下釋詁)	貤	匣	歌	移	匣	歌
抏之言杌隉也。(1983：37 卷一下釋詁)	抏	疑	術	杌	疑	術
搈之言踊也。(1983：37 卷一下釋詁)	搈	匣	東	踊	匣	東
攻之言鞏固也。(1983：40 卷一下釋詁)	攻	見	東	鞏	見	東
辣之言烈也。《呂氏春秋・本味篇》：“辛而不烈。”烈與辣聲近義同。辢之言烈也。烈與辢聲近義同。(1983：48 卷二上釋詁)	烈	來	月	辣	來	月
煬之言揚也。(1983：49 卷二上釋詁)	煬	匣	陽	揚	匣	陽
選之言宣也。(1983：50 卷二上釋詁)	選	心	元	宣	心	元

续表

正文	A	聲	韻	B	聲	韻
落之言聯絡也。(1983：50 卷二上釋詁)	落	來	鐸	絡	來	鐸
鋠之言劈。(1983：52 卷二上釋詁)	鋠	滂	錫	劈	滂	錫
搢之言進也。(1983：52 卷二上釋詁)	搢	精	真	進	精	真
《衆經音義》卷七引《三倉》云："麼，微也。"《列子·湯問篇》："江浦之間有麼蟲。"張湛注云："麼，細也。"麼之言靡也。張注上林賦云："靡，細也。"靡、麼古雙聲。(1983：53—54 卷二上釋詁)	靡	明	歌	麼	明	歌
莌之言銳也。昭十六年《左傳》："不亦銳乎。"杜預注云："銳，細小也。"《說文》："銳，芒也。"《爾雅》："再成銳上爲融邱。"注云："鑯頂者。"義竝與莌同。(1983：54 卷二上釋詁)	莌	匣	月	銳	匣	月
縼之言旋繞也。(1983：60 卷二下釋詁)	縼	邪	元	旋	邪	元
籤之言鑯也。(1983：62 卷二下釋詁)	籤	精	談	鑯	精	談
待之言跱也。(1983：64 卷二下釋詁)	跱	定	之	待	定	之
孓之言蹷也。(1983：69 卷二下釋詁)	孓	見	月	蹷	見	月
《玉藻》："疾趨則欲發而手足毋移。"鄭注云："移之言靡迆也。"移與迆古亦雙聲。故鄭衆讀迆爲移矣。(1983：70 卷二下釋詁)	移	餘	歌	迆	餘	歌
忼之言荒。(1983：72 卷二下釋詁)	忼	曉	陽	荒	曉	陽
塹之言漸也。(1983：73 卷三上釋詁)	塹	从	談	漸	从	談
摕之言梱致也。(1983：73 卷三上釋詁)	摕	知	脂	致	知	脂
揮與翬通。翬之言揮也。(1983：74 卷三上釋詁)	翬	曉	微	揮	曉	微
騫與軒通。騫之言軒也，軒軒然起也。(1983：74 卷三上釋詁)	騫	曉	元	軒	曉	元
翾之言儇也。(1983：74 卷三上釋詁)	翾	曉	元	儇	曉	元
僄之言飄也。(1983：76 卷三上釋詁)	僄	滂	宵	飄	滂	宵
伵之言汎也。汎與伵通。(1983：76 卷三上釋詁)	伵	敷	侵	汎	敷	侵
娍之言越也。(1983：76 卷三上釋詁)	娍	云	月	越	云	月
鞮者，《王制》："西方曰狄鞮。"鄭注云："鞮之言知也。"(1983：78 卷三上釋詁)	鞮	端	支	知	端	支
顤之言聯緜也。(1983：82 卷三上釋詁)	顤	明	元	緜	明	元
覢之言閃也。(1983：83 卷三上釋詁)	覢	書	談	閃	書	談
貞之言丁也。(1983：85 卷三上釋詁)	貞	端	耕	丁	端	耕

续表

正文	A	聲	韻	B	聲	韻
紳之言申也。（1983：86 卷三上釋詁）	紳	書	真	申	書	真
《鄘風・君子偕老》毛傳："審諦如帝。"正義引《春秋運斗樞》云：帝之言諦也。（1983：86 卷三上釋詁）	帝	端	支	諦	端	支
胺之言壅遏也。（1983：89 卷三上釋詁）	胺	影	月	遏	影	月
轎之言喬。（1983：92 卷三下釋詁）	轎	羣	宵	喬	羣	宵
卭之言印。（1983：92 卷三下釋詁）	卭	疑	陽	印	疑	陽
鞸之言畢也。（1983：93 卷三下釋詁）	鞸	幫	質	畢	幫	質
罋之言擁。（1983：93 卷三下釋詁）	罋	影	東	擁	影	東
夋之言總也，叢也。（1983：94 卷三下釋詁）	夋	精	東	總	精	東
都之言豬也。（1983：94 卷三下釋詁）	都	端	魚	豬	知	魚
蠻之言慢易也。（1983：96 卷三下釋詁）	蠻	明	元	慢	明	元
寫之言瀉也。（1983：97 卷三下釋詁）	寫	心	魚	瀉	心	魚
蠱者，《序卦傳》云："蠱者，事也。"蠱之言故也。《周官・小行人》云："周知天下之故。"蠱、故雙聲，故皆訓爲事也。（1983：103 卷三下釋詁）	蠱	見	魚	故	見	魚
庚之言更也。（1983：104 卷三下釋詁）	庚	見	陽	更	見	陽
腒之言居。（1983：105 卷三下釋詁）	腒	見	魚	居	見	魚
腊之言昔，皆久之義也。（1983：105 卷三下釋詁）	腊	心	鐸	昔	心	鐸
案廷之言亭也。（1983：106 卷三下釋詁）	廷	定	耕	亭	定	耕
鋌之言腆也。（1983：107 卷三下釋詁）	鋌	透	諄	腆	透	諄
昕者，《說文》："昕，旦明也，日將出也。"《士婚禮記》云："必用昏。"昕昕之言炘炘也。《漢書・揚雄傳》："垂景炎之炘炘。"顏師古注云："炘炘，炎盛貌。"（1983：111 卷四上釋詁）	昕	曉	諄	炘	曉	諄
晃之言煌煌也。（1983：111 卷四上釋詁）	晃	匣	陽	煌	匣	陽
嶧之言奕奕也。《方言》："嶧，明也。"（1983：111 卷四上釋詁）	嶧	匣	鐸	奕	匣	鐸
晤之言寤也。寤與晤通。（1983：112 卷四上釋詁）	晤	疑	魚	寤	疑	魚
闓之言開明也。（1983：112 卷四上釋詁）	闓	溪	微	開	溪	微
杲之言皎皎也。（1983：112 卷四上釋詁）	杲	見	宵	皎	見	宵
《周官・媒氏》注云："媒之言謀也。"（1983：112 卷四上釋詁）	媒	明	之	謀	明	之

正文	A	聲	韻	B	聲	韻
疆之言竟也。（1983：113 卷四上釋詁）	疆	見	陽	竟	見	陽
奧之言幽也。（1983：114 卷四上釋詁）	奧	影	幽	幽	影	幽
聆之言靈也。（1983：116 卷四上釋詁）	聆	來	耕	靈	來	耕
瞟之言勡取也。（1983：116 卷四上釋詁）	瞟	滂	宵	勡	滂	宵
疦之言忽也。（1983：117 卷四上釋詁）	疦	曉	術	忽	曉	術
瘨之言顛也。（1983：117 卷四上釋詁）	瘨	端	真	顛	端	真
暮之言冥漠也。（1983：118 卷四上釋詁）	暮	明	鐸	漠	明	鐸
昒之言荒忽也。（1983：118 卷四上釋詁）	昒	曉	術	忽	曉	術
梗之言剛也。（1983：119 卷四上釋詁）	梗	見	陽	剛	見	陽
颲之言忽也。（1983：121 卷四下釋詁）	颲	曉	術	忽	曉	術
案靪之言相丁著也。（1983：122 卷四下釋詁）	靪	端	耕	丁	端	耕
怱之言恍惚也。（1983：122 卷四下釋詁）	怱	曉	術	惚	曉	術
皵之言錯也。（1983：134 卷五上釋詁）	皵	清	鐸	錯	清	鐸
眓之言麤也。（1983：134 卷五上釋詁）	眓	清	魚	麤	清	魚
餫之言運也。（1983：139 卷五上釋詁）	餫	匣	諄	運	匣	諄
擘之言屈辟也。（1983：145 卷五上釋詁）	擘	幫	錫	辟	幫	錫
㲋之言㲋也。（1983：149 卷五上釋詁）	㲋	溪	屋	㲋	溪	屋
坯之言胚胎也。（1983：149 卷五上釋詁）	坯	滂	之	胚	滂	之
漂之言摽也。（1983：150 卷五上釋詁）	漂	滂	宵	摽	滂	宵
袧之言句也。（1983：152 卷五上釋詁）	袧	見	侯	句	見	侯
昃之言傾側。（1983：154 卷五上釋詁）	昃	莊	職	側	莊	職
疑之言擬議也。（1983：159 卷五下釋詁）	疑	疑	之	擬	疑	之
莓之言茂。（1983：163 卷五下釋詁）	莓	明	侯	茂	明	侯
葆之言苞也。（1983：163 卷五下釋詁）	葆	幫	幽	苞	幫	幽
傿之言善也。（1983：165 卷五下釋詁）	傿	禪	元	善	禪	元
瘛之言掣。（1983：168 卷五下釋詁）	瘛	昌	月	掣	昌	月
瘲之言縱也。（1983：168 卷五下釋詁）	瘲	精	東	縱	精	東
案欜之言囊也。（1983：187 卷六上釋訓）	欜	透	鐸	囊	透	鐸
腜之言媒也。（1983：202 卷六下釋親）	腜	明	之	媒	明	之
壻之言胥。鄭注《周官》云："胥，有才知之稱也。"（1983：202 卷六下釋親）	壻	心	魚	胥	心	魚
膀之言旁也。（1983：204 卷六下釋親）	膀	並	陽	旁	並	陽

续表

正文	A	聲	韻	B	聲	韻
胝之言邸也。(1983:204 卷六下釋親)	胝	端	脂	邸	端	脂
腓之言肥也。《靈樞經·寒熱病篇》云:"腓者,腨也。"《咸》六二:"咸其腓。"鄭注云:"腓,膞腸也。"荀爽作肥。(1983:205 卷六下釋親)	腓	並	微	肥	並	微
櫳之言籠也。(1983:206 卷七上釋宮)	櫳	來	東	籠	來	東
欒之言牢籠也。(1983:210 卷七上釋宮)	欒	來	東	籠	來	東
礩之言質也,鄭注《曲禮》云:"質猶本也。"礩在柱下,如木之有本,故曰礩字,通作質。(1983:209 卷七上釋宮)	質	章	質	礩	章	質
欄之言遮闌也。《晏子·春秋諫篇》云:"牛馬老于欄牢。"《鹽鐵論·後刑篇》云:"是猶開其闌牢,發以毒矢也。"《漢書·王莽傳》云:"與牛馬同蘭。"竝字異而義同。(1983:210 卷七上釋宮)	欄	來	元	闌	來	元
闥之言通達也。(1983:210 卷七上釋宮)	闥	透	月	達	透	月
扉之言棐也,夾輔之名也。(1983:210 卷七上釋宮)	扉	幫	微	棐	幫	微
按垣之言環也,環繞於宮外也。(1983:212 卷七上釋宮)	垣	匣	元	環	匣	元
嶚之言繚繞也。《說文》:"嶚,周垣也。"(1983:212 卷七上釋宮)	嶚	來	宵	繚	來	宵
隊之言篆也。《說文》:"隊,道邊庳垣也。"謂垣卑小裁有埒埓篆起。(1983:212 卷七上釋宮)	隊	定	元	篆	定	元
院之言亦環也。(1983:212 卷七上釋宮)	院	匣	元	環	匣	元
櫸之言渠疏然也。(1983:212 卷七上釋宮)	櫸	羣	魚	渠	羣	魚
欏之言羅羅然也。(1983:212 卷七上釋宮)	欏	來	歌	羅	來	歌
落之言落落然也,古通作落。(1983:212 卷七上釋宮)	落	來	鐸	落	來	鐸
戙之言侗也。《說文》:"侗,大兒。"(1983:213 卷七上釋宮)	戙	定	東	侗	定	東
擇之言繹也。(1983:213 卷七上釋宮)	擇	餘	鐸	繹	餘	鐸
堩之言亙也。(1983:213 卷七上釋宮)	堩	見	蒸	亙	見	蒸
隧之言遂也。(1983:214 卷七上釋宮)	隧	邪	微	遂	邪	微
徑之言經。(1983:214 卷七上釋宮)	徑	見	耕	經	見	耕
迒之言杭。(1983:214 卷七上釋宮)	迒	匣	陽	杭	匣	陽
隁之言偃也,所以障水,或用以取魚。(1983:215 卷七上釋宮)	隁	影	元	偃	影	元

续表

正文	A	聲	韻	B	聲	韻
柤之言阻遏也。《說文》："柤，木閑也。"木閑謂之柤，水偃謂之柤。義相近也。（1983：215 卷七上釋宮）	柤	莊	魚	阻	莊	魚
淽之言迫迮也。（1983：215 卷七上釋宮）	淽	莊	鐸	迮	莊	鐸
囹之言令。（1983：216 卷七上釋宮）	囹	來	耕	令	來	耕
圉之言敔也。（1983：216 卷七上釋宮）	圉	疑	魚	敔	疑	魚
梏之言鞠也。急擊之名也。（1983：216 卷七上釋宮）	梏	見	覺	鞠	見	覺
廁之言側也，亦謂僻側也。（1983：216 卷七上釋宮）	廁	莊	職	側	莊	職
甌之言區也。卷二云："區，小也。"《說文》："甌，小盆也。"（1983：217 卷七下釋器）	甌	影	侯	區	影	侯
鐈之言喬然高也。《說文》："鐈，似鼎而長足。"（1983：218 卷七下釋器）	鐈	羣	宵	喬	羣	宵
案之言安也，所以安置食器也。（1983：219 卷七下釋器）	案	影	元	安	影	元
楈之言寫也，《說文》："寫，置物也。"（1983：219 卷七下釋器）	楈	心	魚	寫	心	魚
椑之言卑也。（1983：219 卷七下釋器）	椑	幫	支	卑	幫	支
椀之言宛曲也。（1983：220 卷七下釋器）	椀	影	元	宛	影	元
犝之言捎也。所以捎去餘飯也。（1983：222 卷七下釋器）	犝	山	宵	捎	山	宵
械之言函也，《說文》："械，箧也。"（1983：223 卷七下釋器）	函	匣	侵	械	匣	侵
栫之言荐也。韋昭注《晉語》云："荐，聚也。"（1983：223 卷七下釋器）	栫	從	文	荐	從	文
絇謂之拘，猶云絇之言拘。鄭注《士冠禮》云："絇之言拘，以爲行戒。"是也。（1983：224 卷七下釋器）	拘	見	侯	絇	見	侯
幋之言般也。《方言》云："般，大也。"《說文》："幋，覆衣大巾也，或以爲首幋。"（1983：229 卷七下釋器）	幋	並	元	般	並	元
幪之言蒙也。《方言》注云："巾主覆者，故名幪。"《說文》："幪，蓋衣也。"（1983：229 卷七下釋器）	幪	明	東	蒙	明	東
襌之言單也，《說文》："襌，衣不重也。"（1983：230 卷七下釋器）	襌	端	元	單	端	元
帔之言披也。《方言》："帬，陳魏之間謂之帔。"《說文》云："宏農謂帬帔也。"（1983：232 卷七下釋器）	帔	滂	歌	披	滂	歌

续表

正文	A	聲	韻	B	聲	韻
筷之言突。突者，穴也，故竈窗亦謂之突。（1983：233 卷七下釋器）	筷	定	物	突	定	物
褓之言保也，保亦衣也，故衣甲者謂之保介。（1983：233 卷七下釋器）	褓	幫	幽	保	幫	幽
幖之言表也。《說文》：“幖，識也。”《周官·肆師》：“表齍盛告絜。”鄭注云：“故書表爲剽。”剽表皆謂徽識也。（1983：236 卷七下釋器）	幖	幫	宵	表	幫	宵
帣之言卷束也，《說文》：“帣，囊也。”（1983：236 卷七下釋器）	帣	見	元	卷	見	元
緪之言互也。（1983：237 卷七下釋器）	緪	見	蒸	互	見	蒸
繨之言重腄也。（1983：237 卷七下釋器）	繨	澄	微	腄	澄	微
輦之言連。連者，引也，引之以行故曰輦。（1983：239 卷七下釋器）	輦	來	元	連	來	元
槃之言盤也。（1983：239 卷七下釋器）	槃	並	元	盤	並	元
箱之言輔相也。（1983：239 卷七下釋器）	箱	心	陽	相	心	陽
幦之言幎也。幎，覆也。故車覆笭謂之幦。（1983：240 卷七下釋器）	幦	明	錫	幎	明	錫
輂之言鞏固也，拱抱也。（1983：241 卷七下釋器）	輂	見	東	拱	見	東
錧之言管也。（1983：241 卷七下釋器）	錧	見	元	管	見	元
筤之言良也。（1983：242 卷七下釋器）	筤	來	陽	良	來	陽
幦之言緜也。（1983：242 卷七下釋器）	幦	明	錫	緜	明	錫
靮之言扚也。《玉篇》：“扚，引也。”（1983：242 卷七下釋器）	靮	端	藥	扚	端	藥
靶之言把也，所把以登車也。（1983：243 卷七下釋器）	靶	幫	魚	把	幫	魚
摟之言婁也。《小雅·角弓箋》云：“婁，斂也。”（1983：243 卷七下釋器）	摟	來	侯	婁	來	侯
帳之言振也。《中庸》：“振河海而不泄。”鄭注云：“振猶收也。”《方言》注云：“帳，《廣雅》作振，字音同耳。”（1983：243 卷七下釋器）	帳	章	文	振	章	文
朕之言唊也。（1983：244 卷八上釋器）	朕	定	談	唊	定	談
嗍之言弱也。（1983：244 卷八上釋器）	嗍	日	藥	弱	日	藥
膳之言善也。（1983：244 卷八上釋器）	膳	禪	元	善	禪	元
旅之言臚也，肥美之稱也。《藝文類聚》引韋昭《辨釋名》云：“腹前肥者曰臚。”聲義與旅相近。（1983：244 卷八上釋器）	旅	來	魚	臚	來	魚
腱之言健也。（1983：244 卷八上釋器）	腱	羣	元	健	羣	元

续表

正文	A	聲	韻	B	聲	韻
糒之言僃也。(1983：246 卷八上釋器)	糒	並	職	僃	並	職
糈之言屑屑也。(1983：247 卷八上釋器)	糈	心	質	屑	心	質
糗之言瑣瑣也。(1983：247 卷八上釋器)	糗	心	歌	瑣	心	歌
糜之言靡細也。(1983：247 卷八上釋器)	糜	明	歌	靡	明	歌
粘之言曼胡也。(1983：247 卷八上釋器)	粘	匣	魚	胡	匣	魚
粍之言微。(1983：247 卷八上釋器)	粍	明	微	微	明	微
䤶之言暗也，謂造之幽暗也（1983：248 卷八上釋器）	䤶	影	侵	暗	影	侵
醸之言釀也。(1983：249 卷八上釋器)	醸	泥	陽	釀	泥	陽
蒸之言烝也。眾積之名也。（1983：249 卷八上釋器）	蒸	章	蒸	烝	章	蒸
醃之言淹漬也。《玉篇》引《倉頡篇》云：“腌，酢淹肉也。”（1983：249 卷八上釋器）	醃	影	談	淹	影	談
濫之言濫也。《晉語》云：“宣公夏濫於泗淵。”韋昭注云：“濫，漬也。”（1983：249 卷八上釋器）	濫	來	談	濫	來	談
穅之言康也。《爾雅》：“康，虛也。”（1983：249 卷八上釋器）	穅	溪	陽	康	溪	陽
滓之言緇也。《釋名》云：“泥之黑者曰滓。”（1983：250 卷八上釋器）	滓	莊	之	緇	莊	之
䎡之言姌姌也。《釋訓》云：“姌姌，弱也。”（1983：251 卷八上釋器）	䎡	日	談	姌	日	談
鑖之言蔑也。鄭注《君奭》云：“蔑，宵也。”（1983：252 卷八上釋器）	鑖	明	月	蔑	明	月
鑱之言劖也。《說文》：“鑱，銳也。”“劖，剽也。”“剽，砭刺也。”《史記・扁鵲傳》：“鑱石撟引。”《索隱》云：“鑱，謂石針也。”（1983：252 卷八上釋器）	鑱	崇	談	劖	崇	談
鉊之言釗也。《說文》：“釗，刓也。”（1983：253 卷八上釋器）	鉊	章	宵	釗	章	宵
《說文》：“鍥，鎌也。”鍥之言契也。《爾雅》：“契，絕也。”（1983：253 卷八上釋器）	鍥	溪	月	契	溪	月
銎之言空也，其中空也。（1983：253 卷八上釋器）	銎	溪	東	空	溪	東
鮥之言枝格也。(1983：253 卷八上釋器)	鮥	見	鐸	格	見	鐸
鍤之言插也。(1983：253 卷八上釋器)	鍤	初	葉	插	初	葉
鍺之言沓合沓也。(1983：253 卷八上釋器)	鍺	透	緝	沓	透	緝
礪之言粗厲也。(1983：254 卷八上釋器)	厲	來	月	礪	來	月

续表

正文	A	聲	韻	B	聲	韻
磏之言廉也。《說文》云："磏，厲石，赤色，讀若鎌，字亦作磏。"（1983：254 卷八上釋器）	磏	來	談	廉	來	談
笔之言沌沌然闇也。（1983：256 卷八上釋器）	笔	定	文	沌	定	文
㾕之言貯也，亦通作貯。（1983：256 卷八上釋器）	㾕	端	魚	貯	端	魚
籯之言嬴也。盛受之名也。（1983：256 卷八上釋器）	籯	餘	耕	嬴	餘	耕
簠之言輿也。（1983：257 卷八上釋器）	簠	餘	魚	輿	餘	魚
笝之言韜也，自上覆物謂之韜，自下盛物亦謂之韜。（1983：257 卷八上釋器）	笝	透	幽	韜	透	幽
箄之言卑小也。《方言》注云："今江東亦名小籠爲箄。"（1983：257 卷八上釋器）	箄	幫	支	卑	幫	支
簍之言婁也。斂聚之名也。（1983：257 卷八上釋器）	簍	來	侯	婁	來	侯
箂之言葉也。與簡牒之牒同義。故《文心雕龍》云："牒者，葉也。短簡編牒，如葉在枝。"（1983：257 卷八上釋器）	葉	餘	葉	箂	餘	葉
簻之言寫也。《說文》作寫。（1983：258 卷八上釋器）	簻	心	魚	寫	心	魚
柄之言秉也，所秉執也。（1983：258 卷八上釋器）	柄	幫	陽	秉	幫	陽
柍之言抉也。卷三云："抉，擊也。"（1983：259 卷八上釋器）	柍	影	陽	抉	影	陽
梃之言挺也。《孟子·梁惠王篇》："殺人以梃與刃。"《呂氏春秋·簡選篇》："鉬櫌白梃。"趙岐、高誘注並云："梃，杖也。"（1983：259 卷八上釋器）	梃	定	耕	挺	定	耕
衡之言橫。（1983：259 卷八上釋器）	衡	匣	陽	橫	匣	陽
楅之言偪也。（1983：259 卷八上釋器）	偪	幫	職	楅	幫	職
筋之言曲折也。（1983：261 卷八上釋器）	筋	章	月	折	章	月
茵之言因也。（1983：261 卷八上釋器）	因	影	真	茵	影	真
韣之言襡也。《内則》注云："襡，韜也。"《說文》："韣，弓衣也。"（1983：262 卷八上釋器）	韣	定	屋	襡	定	屋
柙之言合也。《說文》："柙，劍柙也。"柙亦柙也。（1983：263 卷八上釋器）	柙	匣	緝	合	匣	緝
欑之言鑽也，小矛謂之欑，猶矛戟刃謂之鑽。（1983：265 卷八上釋器）	欑	精	元	鑽	精	元
函之言含也。《考工記》："燕無函。"鄭衆注云："函，讀如國君含垢之含。函，鎧也。"（1983：266 卷八上釋器）	函	匣	侵	含	匣	侵

续表

正文	A	聲	韻	B	聲	韻
冃之言幬也，卷二云："幬，覆也。"徐言之則曰兜鍪，兜者擁蔽之名，鍪者覆冒之稱，故帽亦謂之兜鍪。（1983：266 卷八上釋器）	冃	定	幽	幬	定	幽
鈕之言紐也。凡器之鼻謂之紐。（1983：267 卷八上釋器）	鈕	泥	幽	紐	泥	幽
《少牢饋食禮》注云："俎，距，脛中當橫節也。椇之言句曲也。"《明堂位》正義云："枳椇之樹，其枝多曲橈。"故陸機《草木疏》云："椇曲來巢，殷俎足似之也。"（1983：268 卷八上釋器）	椇	見	侯	句	見	侯
簀之言嫧也。凡言嫧者，皆齊平之意。（1983：268 卷八上釋器）	嫧	莊	錫	簀	莊	錫
柎之言跗也。跗，足也。《說文》："弣，持弩柎也。"（1983：269 卷八上釋器）	柎	並	侯	跗	並	侯
蒸之言烝也，烝，眾也，凡析麻榦及竹木爲炬，皆謂之蒸。（1983：269 卷八上釋器）	蒸	章	蒸	烝	章	蒸
熜之言總也。《說文》："總，聚束也。"（1983：269 卷八上釋器）	熜	精	東	總	精	東
稯之言總也。《說文》："總，聚束也。"故《掌客》注云："稯，猶束也。"（1983：270 卷八上釋器）	稯	精	東	總	精	東
青之言清也。（1983：271 卷八上釋器）	青	清	耕	清	清	耕
黝之言幽也，幽與黝古雙聲而通用。（1983：273 卷八上釋器）	幽	影	幽	黝	影	幽
黯之言闇也。（1983：273 卷八上釋器）	黯	影	侵	闇	影	侵
蕡之言墳也。（1983：275 卷八下釋樂）	蕡	奉	諄	墳	奉	諄
敔之言禦也、（1983：277 卷八下釋樂）	敔	疑	魚	禦	疑	魚
籥之言屬也，聲清屬也。（1983：278 卷八下釋樂）	籥	來	月	屬	來	月
歈之言揄也。《說文》："揄，引也。"亦長言之意也。（1983：278 卷八下釋樂）	歈	匣	侯	揄	匣	侯
詠之言永也，所謂"歌永言"也。（1983：278 卷八下釋樂）	詠	匣	陽	永	匣	陽
賞之言運轉也。《說文》："齊人謂靁爲賞，古文作霣。"（1983：283 卷九上釋天）	賞	匣	文	運	匣	文
祼之言灌也。（1983：289 卷九上釋天）	祼	見	元	灌	見	元
戴之言跋也，字或作袚。（1983：289 卷九上釋天）	戴	並	月	跋	並	月
禪之言墠也。《禮器》正義引《書說》云："禪者，除地爲墠。"（1983：289 卷九上釋天）	禪	禪	元	墠	禪	元

续表

正文	A	聲	韻	B	聲	韻
澤之言宅也。水所宅也。故《周語》云："澤水之鍾也。"（1983：293 卷九上釋地）	澤	澄	鐸	宅	澄	鐸
珩之言衡也。（1983：294 卷九上釋地）	珩	匣	陽	衡	匣	陽
瓐之言矑也。（1983：294 卷九上釋地）	瓐	來	魚	矑	來	魚
腬之言柔也。《說文》："腬，和田也。"（1983：296 卷九上釋地）	腬	日	幽	柔	日	幽
歷之言歷歷也，塿之言婁婁也。（1983：296 卷九上釋地）	婁	來	侯	塿	來	侯
耦之言偶也。（1983：297 卷九上釋地）	耦	疑	侯	偶	疑	侯
椊之言突也。《玉篇》："椊，耕禾間也。"（1983：297 卷九上釋地）	椊	定	物	突	定	物
畐之言傅也。李奇注《漢書·蒯通傳》云："東方人以物臿地中爲傅。"是其義也。（1983：297 卷九上釋地）	傅	莊	之	畐	莊	之
穊之言漫也。《廣韻》："穊，種遍兒。"《齊民要術》說種胡麻法云："漫種者，先以樓構，然後散子。"穊與漫同。（1983：297 卷九下釋地）	穊	明	元	漫	明	元
壠之言巃嵷也。《方言》注云："有界埒。似耕壠，因名之也。"（1983：298 卷九下釋地）	巃	來	東	壠	來	東
墓之言模也，規模其地而爲之，故謂之墓。（1983：299 卷九下釋地）	墓	明	魚	模	明	魚
阪之言反側也。（1983：299 卷九下釋地）	阪	幫	元	反	幫	元
岡之言綱。（1983：299 卷九下釋地）	岡	見	陽	綱	見	陽
嶺之言領也，嶺通作領。（1983：299 卷九下釋地）	嶺	來	耕	領	來	耕
陞之言登也。（1983：299 卷九下釋地）	陞	端	蒸	登	端	蒸
瀨之言厲也，厲，疾也。《月令》云："征鳥厲疾。"是也。石上疾流，謂之瀨。故無石而流疾者亦謂之瀨。（1983：302 卷九下釋水）	瀨	來	月	厲	來	月
坑之言康也。《爾雅》："康，虛也。"康、坑、歁、科、渠，皆空之轉聲也。（1983：303 卷九下釋水）	康	溪	陽	坑	溪	陽
科之言窠也。卷三云："科，空也。"《說文》云："窠，空也。"（1983：303 卷九下釋水）	科	溪	歌	窠	溪	歌
波之言播蕩也。（1983：303 卷九下釋水）	波	幫	歌	播	幫	歌
舫之言方也。（1983：303 卷九下釋水）	舫	幫	陽	方	幫	陽
舠之言犆也。凡物之短者謂之犆。（1983：304 卷九下釋水）	舠	端	宵	犆	端	宵

正文	A	聲	韻	B	聲	韻
艦之言巇巇然也。《玉篇》云："艦，大船也。"《廣韻》云："合木船也。"（1983：304 卷九下釋水）	艦	崇	談	巇	崇	談
艫之言欞。（1983：304 卷九下釋水）	艫	來	耕	欞	來	耕
艦之言檻也，皆謂船之有屋者也。（1983：304 卷九下釋水）	艦	匣	談	檻	匣	談
潢之言橫也，橫流而渡也。（1983：305 卷九下釋水）	潢	匣	陽	橫	匣	陽
檮之言擣也。《方言》云："擣，依也。"郭注云："謂可依倚之也。"依、倚樹上而生，故謂之檮矣。（1983：319 卷十上釋鳥）	檮	端	幽	擣	端	幽
蘲之言纍也。（1983：328 卷十上釋草）	蘲	來	微	纍	來	微
藤之言縢也。（1983：328 卷十上釋草）	藤	定	蒸	縢	定	蒸
秆之言榦也，禾之榦也。（1983：329 卷十上釋草）	秆	見	元	榦	見	元
蒲之言鋪也。（1983：335 卷十上釋草）	蒲	滂	魚	鋪	滂	魚
根荄之言根基也。古聲荄與基同。（1983：336 卷十上釋草）	荄	見	之	基	見	之
莢之言夾也。兩旁相夾，豆在其中也。豆莢長而尚銳，如角然。故又名豆角。豆角，今通語耳。（1983：338 卷十上釋草）	莢	見	盍	夾	見	盍
蕁之言蕈覃也。（1983：339 卷十上釋草）	蕁	定	侵	覃	定	侵
椶之言總也，皮如絲縷總總然聚生也。（1983：351 卷十上釋草）	椶	精	東	總	精	東
揜之言奄也。《白虎通義》云："薨，奄然亡也。"（1983：353 卷十上釋草）	揜	影	談	奄	影	談
羘之言辛，物小之稱也。（1983：354 卷十上釋草）	羘	心	真	辛	心	真
檉之言赬也。《周南·汝墳篇》傳云："赬，赤也，河柳莖赤，因名為檉。"（1983：354 卷十上釋草）	檉	透	耕	赬	透	耕
按蟲之言衆多也，醜類衆多，斯謂之蟲。（1983：361 卷十下釋蟲）	蟲	章	冬	衆	章	冬
蛄蟨之言詰屈也。皆象其狀。了子猶蛄蟨耳。（1983：363 卷十下釋蟲）	蛄	溪	質	詰	溪	質
蜿蟺之言宛轉也。（1983：363 卷十下釋蟲）	蜿	影	元	宛	影	元
蜋蝚之言便旋也。（1983：364 卷十下釋蟲）	蜋	並	元	便	並	元
	蝚	邪	元	旋	邪	元
案蠁之言響也，知聲之名也。（1983：364 卷十下釋蟲）	蠁	曉	陽	響	曉	陽

续表

正文	A	聲	韻	B	聲	韻
按今人謂之烏魚首有班文，鱗細而黑，故名鱺魚。鱺之言驪也。《說文》："驪，馬深黑色。"（1983：366 卷十下釋魚）	鱺	來	支	驪	來	支
鰑之言陽，赤色箸明之貌。《豳風·七月篇》："我朱孔陽。"傳云："陽，明也。"《釋器》云："赤銅謂之鐊。"聲義亦同。（1983：366 卷十下釋魚）	鰑	匣	陽	陽	匣	陽
鮊之言白也。（1983：366 卷十下釋魚）	鮊	並	鐸	白	並	鐸
鰌之言遒也，聲義正相合也。（1983：368 卷十下釋魚）	鰌	从	幽	遒	从	幽
貘之言冥也，《爾雅·釋言》云："冥，幼也。"（1983：383 卷十下釋獸）	貘	明	耕	冥	明	耕
橧之言增累而高也。（1983：384 卷十下釋獸）	橧	精	蒸	增	精	蒸
麛之言偄也，亦弱小之稱。（1983：384 卷十下釋獸）	麛	泥	元	偄	泥	元
牸之言字，生子之名。（1983：385 卷十下釋獸）	牸	从	之	字	从	之
犗之言割也，割去其勢，故謂之犗。（1983：385 卷十下釋獸）	犗	見	月	割	見	月
犝之言鐘也。（1983：385 卷十下釋獸）	犝	章	元	鐘	章	元
兆之言肇，始生之名也。（1983：390 卷十下釋獸）	兆	澄	宵	肇	澄	宵
鞉之言兆也。兆，始也。《釋名》云："鞉，導也，所以導樂作也。"（1983：276 卷八下釋樂）	鞉	定	宵	兆	定	宵
禜之言營也。（1983：288 卷九上釋天）	禜	匣	耕	營	匣	耕
墦之言般也。《方言》云："般，大也，山有嶓冢之名。"義亦同也。（1983：298 卷九下釋地）	墦	並	元	般	並	元
饖之言穢也。《說文》："饖，飯傷熟也。"《爾雅》："食饐謂之餲。"郭注云："飯饖臭也。"《釋文》引《倉頡篇》云："饖，食臭敗也。"饖、餲、饐，一聲之轉。（1983：250 卷八上釋器）	饖	影	月	穢	影	月
鼸之言嗛也。（1983：387 卷十下釋獸）	鼸	匣	談	嗛	匣	談
榷之言大較也。（1983：197 卷六上釋訓）	榷	見	藥	較	見	藥
埒之言界埒也。《淮南子·俶真訓》云："形埒垠堮。"是也。埒亦通作埒。（1983：300 卷九下釋地）	埒	來	月	埒	來	月
厲之言埒也。（1983：10 卷一上釋詁）	厲	來	月	埒	來	月
澳之言奧也。（1983：299 卷九下釋地）	澳	影	藥	奧	影	藥
鰴之言幼也，小也。（1983：368 卷十下釋魚）	鰴	影	幽	幼	影	幽

正文	A	聲	韻	B	聲	韻
翬之言軒。（1983：92 卷三下釋詁）	翬	曉	元	軒	曉	元
《說文》："鞞，刀室也。"鞞之言屏藏也，亦刀劍削之通名。（1983：264 卷八上釋器）	鞞	幫	耕	屏	幫	耕
划之言過也，所割皆決過也。（1983：253 卷八上釋器）	划	見	歌	過	見	歌
衰之言溫也。（1983：44 卷二上釋詁）	衰	影	諄	溫	影	諄
裎之言呈也。（1983：113 卷四上釋詁）	裎	定	耕	呈	定	耕
剌之言瘌也。（1983：358 卷十下釋蟲）	剌	來	月	瘌	來	月
揊之言擘也。（1983：106 卷三下釋詁）	揊	幫	錫	擘	幫	錫
扅之言移也。扅與移同。（1983：46 卷二上釋詁）	扅	匣	歌	移	匣	歌
踚之言躍。（1983：100 卷三下釋詁）	踚	匣	藥	躍	匣	藥
差之言磋也。（1983：76 卷三上釋詁）	差	清	歌	磋	清	歌
髾之言墮落也。（1983：89 卷三上釋詁）	髾	定	歌	墮	定	歌
勺之言酌。（1983：221 卷七下釋器）	勺	章	藥	酌	章	藥
緄之言混成也。《說文》："緄，織成帶也。"（1983：232 卷七下釋器）	緄	匣	文	混	匣	文
膞之言剸也。卷一云："剸，斷也。"《說文》："膞，切肉也。"（1983：245 卷八上釋器）	膞	章	元	剸	章	元
效之言校也。（1983：141 卷五上釋詁）	效	匣	宵	校	匣	宵
憭之言繚繞也。《說文》："憭，周垣也。"（1983：212 卷七上釋宮）	憭	來	宵	繚	來	宵
鷂之言搖，急疾之名。《方言》云："搖，疾也，或名爲鷂。"鷂、鷂聲之轉也。《爾雅》："鷂，負雀。"郭璞注云："鷂，鷂也。江南呼之爲鷂，善捉雀。"（1983：376 卷十下釋鳥）	鷂	匣	宵	搖	匣	宵
撮之言最也，謂聚持之也。（1983：102 卷三下釋詁）	撮	清	月	最	清	月
姓之言生也。昭四年《左傳》云："問其姓。對曰余子長矣。"姓與生古雙聲而通用。（1983：200 卷六下釋親）	姓	生	耕	生	生	耕
愓之言放蕩也。（1983：78 卷三上釋詁）	愓	定	陽	蕩	定	陽
撼者，《說文》："搣，搖也。"搣與撼同。司馬相如《長門賦》云："擠玉戶以撼金兮。"撼之言感也。《召南·野有死麕篇》："無感我帨兮。"毛傳云："感，動也。"《釋文》："感，如字。又胡坎反。"是感、撼雙聲同義。（1983：37 卷一下釋詁）	感	匣	侵	撼	匣	侵

续表

正文	A	聲	韻	B	聲	韻
撣之言蟬連也。（1983：191 卷六上釋訓）	撣	禪	元	蟬	禪	元
桄之言横也。（1983：305 卷九下釋水）	桄	見	陽	横	見	陽
綄之言綰也。（1983：118 卷四上釋詁）	綄	影	元	綰	影	元
羨之言延也。鄭注《考工記·玉人》云："羨猶延也。"（1983：213 卷七上釋宮）	羨	喻	元	延	喻	元
墳之言賁賁然也。（1983：297 卷九上釋地）	墳	並	文	賁	並	文
朏之言詘也，其體詘曲也。（1983：205 卷六下釋親）	朏	溪	物	詘	溪	物
幟之言識也。（1983：236 卷七下釋器）	幟	章	之	識	章	之
紗之言眇小也。（1983：122 卷四下釋詁）	紗	明	宵	眇	明	宵
《魯頌·駧篇》："思馬斯作。"《毛傳》云："作，始也，作之言乍也。乍亦始也。"（1983：4 卷一上釋詁）	作	精	鐸	乍	精	鐸
婍之言綺麗也。（1983：26 卷一下釋詁）	婍	溪	歌	綺	溪	歌
捼之言縈也。（1983：57 卷二上釋詁）	捼	來	微	縈	來	微

一　雙聲疊韻中的聲韻數量

"之言"雙聲疊韻中"聲"的具體數量

聲	幫	滂	並	明	端	透	定	泥	章	昌	書	禪	精	清	從	心	邪	初	崇	見	溪	羣	疑	影	曉	匣	來	日	生	喻
數量	17	7	11	18	14	9	16	4	11	1	2	4	12	5	4	10	3	1	2	30	12	4	7	20	11	31	35	3	1	1

雙聲疊韻的"聲"來母最多，有 35 對，其次是匣母和見母，爲 27、30 對。匣母屬喉音，來母屬半舌音，對於二紐居多的原因，錢坫在《詩音表·序》中說，"通聲者何？喉音也。喉何以謂通聲？喉則會，生聲之母。諸聲爲子，母以統子也。故火爲喉音，火之言化，聲從此而化也。故金爲牙音，木爲唇音，土爲舌音，水爲齒音，四音必主宰于喉這，猶人有五臟，皆主宰於心。心居中央，屬火也。何以通之？與出送收皆諧，故通之。喉無出送收者，凡天下之舉相似者，喉而已矣。音有南北，至喉而通。人辨舌齒唇物，或無之喉，則物與人亦無異焉。通音既著，究本類聲。宮商角徵羽，各自爲其類也。本類聲既著，究來音。來音者，聲之歸宿。凡人生而有聲，喉音即具而歸宿必於來。來又聲之所自生也。此緣袟

之子能行之，而學士大夫白首不覺。莊子曰：'有天籟，有地籟，有人籟。'天籟者，喉音也。地籟者，來音也。人籟者，通四音言之也。天生之，地成之，故發於喉而歸宿於來。人通之，故四音變以化。又來，舌音也。端透定泥音在舌巔，來用半舌爲之。全舌涉乎牙齒唇，若不涉乎牙齒唇，則來亦不能宿眾音矣。以全爲半，失之"①。喉音爲通聲，是"生聲之母"，來音，是"聲之歸宿"，"發於喉而歸宿於來"，所以匣母和來母居多。

雙聲疊韻的"韻"以元部最多，有 45 對，其次是陽部，有 28 對，再次是魚部，有 20 對，最少的是冬部、覺部，都只有 1 對。

韻部	數量	韻部	數量	韻部	數量
之部	8	職部	2	蒸部	7
支部	5	錫部	5	耕部	16
魚部	20	鐸部	11	陽部	28
侯部	11	屋部	2	東部	15
宵部	18	藥部	6		
幽部	12	覺部	1	冬部	1
微部	8	物部	8	文部	11
脂部	2	質部	4	真部	5
歌部	14	月部	20	元部	45
		緝部	2	侵部	2
		盍部	2	談部	13

二　雙聲疊韻的形義關係考察

從形體關係和詞（字）義關係兩方面討論。

---

① 錢坫：《詩音表·序》，嚴式誨編，《音韻學叢書》第九冊，國家圖書館出版社 2011 年版，第 544—545 頁。

(一) 雙聲疊韻的字形關係

A——B	字形結構有關		結構相異	A——B	字形結構有關		結構相異
	同聲符	同形符			同聲符	同形符	
魬——班			√	扉——棐	√		
鞞——畢	√			椑——卑	√		
擘——屈辟	√			褓——保	√		
葆——苞		√		靶——把	√		
幖——表			√	箅——卑	√		
柄——秉			√	楅——偪	√		
阪——反側	√			波——播蕩			√
舫——方	√			鈹——劈			√
僄——飄	√			瞟——剽取	√		
坏——胚胎	√			漂——摽	√		
帔——披	√			苩——鋪			√
膀——旁	√			腓——肥		√	
幣——般	√			槃——盤	√		
糒——俻	√			柎——趺	√		
鞁——跛	√			蜱——便	√		
鮊——白	√			墦——般			√
媌——妙		√		麼——靡	√		
顢——緜			√	暮——冥漠	√		
媒——謀	√			蠻——慢易			√
茷——茂		√		腜——媒	√		
懞——蒙	√			幦——幭		√	
簑——緢			√	麋——靡細	√		
粊——微			√	鑢——蔑	√		
樠——漫	√			墓——模	√		
㝠——冥	√			鞮——知			√
貞——丁			√	帝——諦	√		
都——豬	√			瘨——顛	√		
靪——丁	√			祗——邸	√		
襌——單	√			靮——杓	√		
竚——貯	√			㿃——瘌	√		

A——B	字形結構有關		結構相異	A——B	字形結構有關		結構相異
	同聲符	同形符			同聲符	同形符	
隥——登	√			舠——䚷			√
橋——擣			√	挑——超			√
昶——暢			√	蛻——脫	√		
鍕——腪	√			欜——橐	√		
闥——通達	√			隧——遂	√		
筶——韜	√			椬——槙			√
待——恃	√			廷——亭			√
隊——篆	√			喊——恫	√		
襍——突	√			腏——啜	√		
笔——沌	√			梃——挺	√		
鞠——褐	√			胄——幬			√
㮐——突	√			藤——縢	√		
鼗——兆	√			鍺——沓	√		
糅——擾			√	釀——釀	√		
鈕——紐	√			廝——倛	√		
礩——質	√			帳——振	√		
蓋——烝	√			鉊——釗		√	
筈——曲折	√			蒸——烝	√		
蟲——眾			√	劇——鐻			√
瘲——掣			√	覢——閃			√
紳——申	√			祐——碩大	√		
傓——善	√			膳——善	√		
禪——墠	√			擻——勒	√		
暖——蔓	√			搢——進			√
籤——鑯	√			夋——總			√
瘲——縱	√			攢——鑽	√		
熜——總	√			稷——總			√
梭——總			√	橧——增	√		
散——錯	√			皶——皻			√
墼——漸	√			栟——荓	√		
酉——酒	√			牸——字	√		

A——B	字形結構有關		結構相異	A——B	字形結構有關		結構相異
	同聲符	同形符			同聲符	同形符	
選——宣			√	寫——瀉	√		
腊——昔	√			堉——胥	√		
樢——寫	√			箱——輔			√
糊——屑屑	√			頯——瑣	√		
篤——寫	√			縱——旋繞	√		
藺——嘽			√	蜁——旋	√		
銛——插	√			鑱——劖	√		
艦——巉巉	√			犗——割	√		
榷——較			√	敬——警	√		
覎——閒	√			攻——鞏固			√
了——歷			√	梗——剛			√
蠱——故			√	庚——更			√
腒——居	√			呆——皎皎			√
疆——竟			√	袧——句	√		
垣——互	√			徑——經	√		
梏——鞠			√	絇——拘	√		
絚——互	√			晕——拱抱			√
骼——枝格	√			棋——句曲			√
裸——灌			√	岡——綱	√		
秆——稈	√			荾——基			√
荚——夾	√			匭——梱			√
唪——衎衎			√	闓——開明		√	
穀——殼	√			穅——康	√		
鍥——契	√			窚——空			√
坑——康			√	科——窠			√
蛄——詁	√			蜿——宛	√		
據——渠疏			√	轎——喬	√		
腱——健	√			抈——杌陧	√		
帅——印	√			晤——寤	√		
疑——擬議	√			圉——敔	√		
敬——儆			√	耦——偶	√		

A——B	字形結構有關		結構相異	A——B	字形結構有關		結構相異
	同聲符	同形符			同聲符	同形符	
鐈——喬然	√			胺——遏			√
魋——擁			√	奧——幽			√
陉——偃	√			甌——區	√		
案——安	√			椀——宛曲	√		
瘖——暗	√			醃——淹（漬）	√		
茵——因	√			黝——幽			√
黯——闇	√			掩——奄	√		
嫺——娟		√		穢——穢	√		
慌——荒	√			犟——揮	√		
騫——軒			√	翩——儇	√		
昕——炘炘	√			吻——忽	√		
颷——忽			√	疢——忽			√
輦——連		√		粘——胡	√		
甬——庸			√	貤——移			√
搈——踊			√	煬——揚	√		
莌——銳	√			曎——奕奕			√
晃——煌煌			√	垣——環			
餫——運	√			迒——杭	√		
院——環			√	蠁——響	√		
械——函			√	枱——合	√		
衡——橫			√	歙——揄	√		
函——含			√	貫——運轉			√
詠——永	√			艦——檻	√		
珩——衡	√			鍚——陽	√		
潢——橫	√			臁——嗛	√		
祭——營		√		戾——利			√
郎——良	√			辣——烈			√
瘭——贏	√			聆——靈			√
落——聯絡	√			槀——籠	√		
欏——籠	√			撩——繚繞	√		
欄——遮闌	√			落——落落然	√		

续表

A——B	字形結構有關		結構相異	A——B	字形結構有關		結構相異
	同聲符	同形符			同聲符	同形符	
欏——羅羅然	√			緫——惚	√		
囹——令	√			嶁——婁	√		
筤——筤	√			蘫——濫	√		
旅——臚			√	磏——廉	√		
礦——厲	√			櫱——厲			√
篡——婁	√			塿——婁婁	√		
瓐——鑪	√			嶺——領	√		
堲——寵從	√			艫——櫨	√		
瀨——厲			√	鱺——驪	√		
蘁——蘩	√			腸——弱	√		
浮——界坿	√			腬——柔	√		
嫋——姍姍	√			錧——管	√		
希——卷束	√			澳——奧	√		
搋——紫		√		魊——幼	√		
輇——軒		√		划——過			√
鞞——屏藏			√	袞——溫			√
裎——呈	√			捭——擘		√	
扡——移	√			蹁——躍		√	
差——磋	√			髥——墮落	√		
勺——酌	√			緄——混	√		
膊——劙	√			璙——繚繞	√		
效——校	√			鷂——搖	√		
撮——最	√			姓——生	√		
惕——放蕩	√			撼——感	√		
撣——蟬連	√			桄——橫		√	
統——縮		√		羨——延			√
幟——識	√			紗——眇	√		
墳——賁	√			舢——舳	√		
作——乍		√		嫶——綺	√		

由於形聲字的增多，形符表意和聲符表意的增強，在聲韻相同的情況

下，訓釋詞與被訓釋詞間更多的是聲符相同，進而實現訓釋。據考，字形結構有關的有 223 例，其中同聲符有 206 例，同形符 17 例。字形結構無關的有 82 例。可見字形結構有關的比重最大，其中同聲符比重最大。由於聲符多表意，且多具有示源功能，因此大量用同聲符詞語來訓釋。這也是因聲求義的重要特徵。

1. 同聲符詞義問題

對同聲符的一組組字（詞）離析聲符，並對聲符與訓釋字、聲符與被釋字形義關係進行考察，得出下表。

A 之言 B	聲符	聲符與兩個（字）詞音形義關係
韠——畢	畢	韠，古音在質部。訓釋字與被釋字有音近假借關係。
擘—屈辟	辟	辟，古音在錫部。擘之《方言》義與辟之借義義近，皆有折疊義。
阪—反側	反	訓釋字與被釋字音近假借關係。阪本義爲斜坡，反本義爲覆。本義無關，不同源。
舫——方	方	訓釋字與被釋字同源，共同義素爲船。且聲符有示源功能。
僄——飄	票	僄，古音在宵部。訓釋字與被釋字同源，共同義素爲輕。聲符有示源示聲作用。
坏——胚胎	不	《說文》釋"不"爲"鳥飛上翔不下來"，今考"不"字古字形爲花荂形，《說文》不確。坏字本義爲丘再成，胚本義爲婦孕一月。不、坏、胚同源，共同義素爲生成。聲符有示源示聲功能。
帔——披	皮	帔，古音在歌部。《說文》："帔，弘農謂帬帔也。从巾皮聲。"帔之借義與披之借義義近，皆有覆蓋義。聲符本義爲剝取獸皮。聲符有示源示聲功能。
膀——旁	旁	膀、旁同源，共同義素爲大，聲符有同源示聲功能。
幋——般	般	幋、般同源，共同義素爲大。聲符有示源示聲功能。
糒——僃	葡	《說文》："僃，慎也。"僃的甲、金文字形： 合 565（甲）、 元年師□□史簋（金）西周晚。象人持矢器預備防備之意，引申爲展示，糒、僃同源，共同義素爲乾。聲符具有示源示聲功能。
軷——跋	友	跋，古音在月部。《說文》："跋，蹎跋也。从足友聲。"引申爲跋涉。軷指山行之神，軷與跋義近假借，友又與跋同源假借。《說文》："友，走犬貌。"聲符有示源示聲功能。
鮊——白	白	白，古音在鐸部。鮊、白同源，共同義素爲白。聲符具有示源示聲功能。
媒——謀	某	謀、媒同源，共同義素爲謀議。《說文》："某，酸果。"《玉篇·木部》："某，不知名者云某。"謀和媒類隱含不知名之意，故與某有關。聲符有示源示聲功能。
幪——蒙	蒙	蒙，古音在東部。幪之本義與蒙之《方言》義同源，共同義素爲覆蓋。聲符有示源示聲功能。

续表

A 之言 B	聲符	聲符與兩個（字）詞音形義關係
樠——漫	曼	樠，《說文》無此字。漫，《說文》無此字。樠、漫同源，共同義素爲徧。《說文·又部》："曼，引也。"引有長義，與樠、漫同源。聲符具有示源示聲功能。
㝠——冥	冥	冥，古音在耕部。㝠之本義與冥之引申義義近，皆有幼稚義。聲符僅示聲。
都——豬	者	都，古音在魚部。都、豬同源，共同義素爲聚。《說文》："者，別事詞也。"與表聚集義的都、豬詞義稍遠，聲符僅示聲。
靪——丁	丁	《說文》："靪，補履下也。"《說文》："丁，夏時萬物皆丁實。"《說文》釋"丁"義不確。"丁"骨文字形：▉甲 2329（甲）、▉後 2.6.2（甲）。可見丁字甲金多象釘形，與靪同源，皆有釘補義。聲符有示源示聲功能。
襢——單	單	單，古音在元部。襢、單同源，共同義素爲單一。聲符有示源示聲功能。
貯——貯	宁	貯的甲、金字形：▉前 4.2.3 合 4699、▉衛盉。宁的甲、金字形：▉前 4.25.7（甲）、▉刺政宁鼎（金）西周早。商承祚認爲宁、貯爲古今字。當是。《說文》："貯，帾也，所以載盛米。从宁从缶。缶，缶也。"宁、貯同源。聲符有示源示聲作用。
隥——登	登	登，古音在蒸部。隥、登同源，共同義素爲上升。聲符有示源示聲作用。
錪——腆	典	錪、腆方言義同源，共同義素爲厚。《說文》："典，五帝之書也。从冊在丌上，尊閣之也。莊都說：'典，大冊也。'黄，古文典从竹。"大冊有厚義，與錪、腆同源。聲符有示源示聲作用。
闥—（通）達	達	達，古音在月部。達、闥同源。聲符有示源示聲功能。
筲——韜	舀	筲、韜同源，共同義素爲盛器。《說文》："舀，抒臼也，从爪臼。《詩》曰：'或簸或舀。'抗，舀或从手从宂。𦥶，舀或从臼宂。"舀有盛義，與筲、韜同源。聲符有示源示聲功能。
待——跱	寺	待、跱同源，共同義素爲等。《說文·寸部》："寺，廷也，有法度者也。从寸之聲。"朱駿聲《說文通訓定聲》："朝中官曹所止理事之處。"寺有止義，與待、跱同源。聲符有示源示聲功能。
隊——篆	彖	隊、篆同源，共同義素爲上起。《說文》："彖，豕走也，从彑从豕省。"彖與隊、篆義遠。聲符僅示聲。
裗——突	突	裗、突同源，共同義素爲露出。聲符具有示源示聲功能。
笐——沌	屯	說文："屯，難也。象草木之初生，屯然而難。从屮貫一，一，地也。尾曲。《易》曰：剛柔始交而難生。"屯的甲、金字形：▉甲 2815（甲）、▉殳簋蓋（金）西周中期。象有土塊壓住初生草木形。土塊積壓引申出積聚義。笐、沌同源，共同義素爲圓形。聲符具有示源示聲功能。

续表

A之言B	聲符	聲符與兩個（字）詞音形義關係
韣——襡	蜀	韣、襡同源通用，共同義素爲衣服。聲符僅示聲。
䆝——突	突	䆝、突同源，共同義素爲露出。聲符有示源示聲功能。
䤈——兆	兆	䤈、兆同源，共同義素爲始。聲符有示源示聲功能。
鈕——紐	丑	《說文》："丑，紐也。十二月，萬物動，用事。象手之形。時加丑，亦舉手時也。"《說文》："鈕，印鼻也。从金丑聲。"鈕、紐、丑同源，共同義素爲紐結。聲符具有示源示聲功能。
礩——質	質	訓釋字和被釋字爲古今字關係。
蒸——烝	烝	烝、蒸同源，共同義素爲久。聲符有示源示聲功能。
箌——折	折	箌、折同源，共同義素爲曲折。聲符具有示源示聲功能。
紳——申	申	紳、申同源，共同義素爲約束。聲符具有示源示聲功能。
僐——善	善	僐、善同源，共同義素爲好。聲符具有示源示聲功能。
禪——墠	單	禪、墠同源通用，共同義素爲祭祀。《說文》："單，大也。"禪、墠與聲符義較遠。聲符僅示聲。
䁯——葼	㚇	㚇義不可考，闕如。䁯，古音在東部。䁯、葼同源，共同義素爲小。
籤——鑯	韱	韱、籤、鑯同源，共同義素爲小。聲符有示源示聲功能。
瘲——縱	从	縱，古音在東部。瘲、縱同源，共同義素爲放。从本義爲隨行，引申爲放縱。聲符具有示源示聲功能。
熜——總	悤	熜、總同源，共同義素爲束。熜、總與聲符悤之本義"多遽悤悤"義遠。聲符僅示聲。
散——錯	昔	散之本義與錯之借義義近，皆有交錯雜亂義。《說文》："昔，乾肉也。"聲符與訓釋字和被釋字義遠，聲符僅示聲。
塹——漸	斬	塹，古音在談部。漸，古音在談部。塹之借義與漸之借義義近，皆有逐漸義。《說文》："斬，截也。"聲符與訓釋字和被釋字義遠，聲符僅示聲。
酉——遒	酋	酋本義爲久釀的酒，與遒義無關，屬於同音借用。
腊——昔	昔	訓釋字與被釋字重文異體。
㮑——寫	寫	寫，古音在魚部。㮑之《方言》義與寫之本義同源，共同義素爲置物所。聲符有示源示聲功能。
糏——屑	屑	糏、屑同源，共同義素爲瑣細。聲符有示源示聲功能。
篡——寫	寫	寫，古音在魚部。訓釋字和被釋字異體。
隧——遂	遂	隧，古音在微部。隧、遂同源，共同義素爲通行。聲符有示源示聲功能。
鍤——插	臿	插，古音在盍部。鍤與插同源，共同義素爲刺。臿指舂麥皮，舂需來回插麥子，與鍤、插同源。聲符有示源示聲功能。
艬——巉巉	毚	艬、巉同源，共同義素爲高。毚本義爲駿兔，三者同源。聲符有示源示聲功能。

A 之言 B	聲符	聲符與兩個（字）詞音形義關係
覸——閒	閒	覸、閒同源，共同義素爲窺視，聲符有示源示聲功能。
腒——居	居	腒之引申義與居之借義義近，皆有久義。聲符有示聲功能。
埆——亘	亘	埆之本義與亘之借義義近，皆有通達義。聲符僅示聲。
緪——亘	亘	緪之《方言》義與亘之借義義近，皆有竟義。聲符有示聲功能。
胳——枝格	各	胳、格同源，共同義素爲枝角。各，本義爲異辭，與胳、格同源。聲符有示源示聲功能。
秆——榦	榦	秆、榦同源，共同義素爲根本。聲符有示源示聲功能。
莢——夾	夾	莢之借義與夾之本義義近，皆有夾持義。聲符僅示聲。
蛄（蠘）——詰	吉	蛄、詰同源，共同義素爲彎曲。吉本義爲善，與訓釋字和被釋字無關。聲符僅示聲。
腱——健	建	腱，古音在元部。腱、健同源，共同義素爲強。建指建立朝律。聲符與訓釋字和被釋字詞義較遠。聲符僅示聲。
帥——卬	卬	帥，古音在陽部。帥、卬同源，共同義素爲高。聲符有示源示聲功能。
疑——擬	疑	擬、疑同源，共同義素爲擬議。聲符有示源示聲功能。
蜿（蟺）——宛（轉）	宛	蜿，古音在元部。宛，古音在元部。蜿蟺，聯綿詞，義爲盤屈，盤屈即宛轉。聲符有示源示聲功能。
隁——偃	匽	隁，古音在元部。匽、偃爲古今字，隁之本義與偃之借義義近通假，皆有水偃義。
案——安	安	案、安同源，共同義素爲安放。聲符有示源示聲功能。
瘖——暗	音	瘖、暗同源，義素爲陰暗。聲符示聲。
茵——因	因	茵、因同源，共同義素爲因仍。聲符有示源示聲功能。
黯——闇	音	黯，古音在侵部。闇，古音在侵部。黯、闇同源，共同義素爲幽暗。音本義爲聲，與闇黯義遠，僅示聲。
慌——荒	亢	慌、荒、亢三字同源通用，共同義素爲怳忽。聲符有示源示聲功能。
昕昕——炘炘	斤	昕指旦明，炘指熱，同源，共同義素爲熱。斤本義爲斫木，與昕、炘義無涉。聲符僅示聲。
緫——（恍）惚	忽	緫義爲微，惚指恍惚，忽義爲忘，緫、惚同源，共同義素爲怳忽。忽義與緫、惚又同源，聲符有示源示聲功能。
蒍——銳	兑	蒍之《方言》義與銳之本義同源，共同義素爲細小。兑、銳可通用，爲同音借用關係。兑本義說。聲符僅示聲。
翬——運	軍	運、翬同源通用關係，共同義素爲移動。軍本義爲圍，與運、翬無涉。聲符僅示聲。
詠——永	永	詠指長聲歌唱，永指水長，二者同源，共同義素爲長。聲符有示源示聲功能。
珩——衡	行	珩指佩玉以節行，衡指橫木於牛角上以防牛觸人。衡、珩相通，屬同源通用，共同義素爲節行。行本義爲步趨，與橫、珩同源。聲符有示源示聲功能。

A 之言 B	聲符	聲符與兩個（字）詞音形義關係
潢——橫	橫	橫，古音在陽部。潢之本義與橫之借義義近，皆有橫渡義。聲符僅示聲。
郎——良	良	郎本義爲地名，魯亭，後借指郎君，良，本義爲善，借用爲郎君，良、郎屬同音借用。假借關係。
羸——羸	羸	羸指畜產有病，羸指病弱，二者同源，共同義素爲病弱。聲符有示源示聲功能。
落——聯絡	各	落、絡，古音皆在鐸部。落之借義與絡之借義義近，皆有聯絡義。《說文》："各，異辭也。""各"字本義與落、絡義遠，聲符僅示聲。
櫳——籠	龍	櫳指檻牢，籠指竹籠，二者同源，共同義素爲籠子。龍指鱗蟲之長，與櫳、籠義遠。聲符僅示聲。
欄——闌	闌	欄指牢，闌指檻，同源通用，共同義素爲闌牢。聲符有示源示聲功能。
欏——羅羅然	羅	欏，古音在歌部。欏之本義與羅之引申義義近，皆有藩籬義，聲符有示聲功能。
囹——令	令	囹指獄，令指發號施令，違反命令者刑罰之，或進囹圄，則囹、令同源，共同義素爲違令。聲符有示源示聲功能。
筤——㐱	良	筤指籃子，㐱義爲空，筤、㐱同源，共同義素爲空。良本義爲善，與筤、㐱無涉。聲符僅示聲。
礪——厲	厲	礪義爲磨刀石，厲亦磨刀石。二者同源通用。聲符有示源示聲功能。
簍——嫂	婁	簍義爲竹籠，婁義爲空，竹簍中空，二者同源，共同義素爲中空。聲符有示源示聲功能。
瓐——鑪	盧	瓐義爲青黑色的玉，方言稱黑爲鑪，盧又指燻黑的爐子，三字同源。聲符有示源示聲功能。
壟——巃嵸	龍	壟指起伏的丘壟，巃義爲山高，與壟同源，共同義素爲山丘。龍義爲鱗蟲之長，與壟、巃義無關。聲符有示聲功能。
藟——纍	畾	藟指葛藟，纍有纏繞義，二者同源，共同義素爲纏繞。畾指古靁字，與藟纍無涉。聲符有示聲。
浮——界垺	孚	浮指山上水，垺指卑垣，又涯界，垺、浮爲同源通用。孚義爲五指持，與垺、浮義無關。聲符有示聲功能。
翀——姍姍	冉	翀義爲羽，姍義爲弱長貌，二者同源，共同義素爲弱。冉本義爲毛冉冉，三者同源。聲符有示源示聲功能。
帣——卷束	柔	帣義爲囊，卷義爲黍曲，柔義爲摶飯，三者同源。聲符有示源示聲功能。
扉——棐	非	扉義爲戶扇，棐義爲輔，戶扇爲門之輔，二者同源，共同義素爲輔助。非，本義爲違，與扉、棐義遠。聲符有示聲功能。
椑——卑	卑	椑指圜榼，卑爲椑字古文，後借爲卑賤。訓釋字和被釋字爲古今字關係。聲符有示源示聲功能。
緥——保	保	緥義爲小兒衣，保義爲養，二者同源，共同義素爲保護。聲符有示源示聲功能。

续表

A 之言 B	聲符	聲符與兩個（字）詞音形義關係
靶——把	巴	靶指鞶革，把有握義，靶、把同源，共同義素爲握持。巴爲蟲，本義與靶、把遠。聲符有示聲功能。
箄——卑	卑	箄指筲箄、小籠，卑義爲圓槥，有小義，二者同源，共同義素爲小。
楅——偪	畐	偪，古音在職部。楅指用木橫牛角防觸人，偪指逼迫，楅、偪同源。畐本義爲滿，引申爲逼塞，與楅、偪同源。聲符有示源示聲功能。
瞟——剽取	票	瞟、剽，古音在宵部。瞟指微視，剽指砭刺，皆含小義，同源，共同義素爲小。票指火飛，與瞟、剽義遠。聲符有示聲功能。
漂——摽	票	漂、摽，古音在宵部。漂指浮，引申爲擊絮水中，摽義爲擊，漂之引申義與剽之本義義近，皆有擊義，聲符有示聲功能。
鞶——盤	般	鞶指大帶，引申爲鞶囊，盤指承槃，引申爲盛物器，鞶之引申義與盤之引申義義近，皆有盛義，聲符本義與鞶無關，但可與其通假，屬同音借用。聲符示聲。
柎——跗	付	柎、跗皆爲闌足，爲正俗字關係。付義爲與。聲符示聲。
蝒——便	便	蝒蝞，聯綿字，蝒蝞、便旋同源。聲符有示聲示聲功能。
麼——靡	麻	麼、靡古音在歌部。麼之本義與靡之《方言》義同源，共同義素爲微小。《說文》："麻，與㞗間。人所治，在屋下。"聲符有示聲功能。
暮（莫）——冥漠	莫	暮指日將冥，漠指北方流沙，暮、漠同源，共同義素爲昏暗。聲符與訓釋字同源雙聲。
腜——媒	某	腜指婦始孕腜兆，媒指謀和二姓，二者義遠。某指酸果，聲符有示聲功能。
糜——靡細	麻	靡，古音在歌部。糜指碎米，靡之《方言》義爲細，糜之本義與靡之《方言》義同源，共同義素爲細。聲符有示聲功能。
鑯——菱	菱	鑯，古音在月部。鑯指小錐，菱之《方言》義有小義，鑯之本義與菱之《方言》義同源，共同義素爲小。聲符有示源示聲功能。
墓——模	莫	墓、模同源，共同義素爲規模，莫指日將冥，天將黑，與墓、模義遠。聲符有示聲功能。
帝——諦	帝	諦，古音在支部。帝本義爲諦，諦義爲審，二者同源，共同義素爲視。聲符與訓釋字同源雙聲。
稹——顛	真	顛，古音在真部。顛、稹音近假借。聲符有示聲功能。
骶——邸	氏	骶指臀，邸指附國舍，骶、邸同源，共同義素爲後部。氏義爲至，與骶、邸義遠。聲符有示聲功能。
靮——扚	勺	扚，古音在藥部。靮爲馬韁繩，扚有牽引義，同源，共同義素爲引擊。勺指挹取，義與靮、扚遠。聲符有示聲功能。
蛻——脫	兌	蛻、脫同源，共同義素爲解。《說文》："兌，說也。"兌字本義與蛻脫義較遠，僅示聲。

续表

A之言B	聲符	聲符與兩個（字）詞音形義關係
櫎——橐橐	橐	櫎指夜行所擊，橐，古音在鐸部。《說文》：“橐，囊也。”《詩·小雅·斯干》：“椓之橐橐。”朱熹集傳：“橐橐，杵聲也。”橐擬櫎之聲。
戜——侗	同	侗，古音在東部。戜指船左右大木，侗有大貌，同源，共同義素爲大。同指會合，義與戜、侗較遠。聲符有示聲功能。
腏——啖	炎	啖、腏同源，共同義素爲飲食。炎字本義與啖、腏義較遠。聲符有示聲功能。
梃——挺	廷	梃、挺同源，共同義素爲直。廷字本義爲朝中，與挺梃義遠，聲符有示聲功能。
藤——滕	滕	滕有纏義，藤虆蔓莚，二者同源，共同義素爲纏束。聲符有示源示聲功能。
鍇——沓	沓	沓、鍇同源通用，聲符有示源示聲功能。
醸——釀	釀	醸、釀同源，共同義素爲醞釀。聲符有示源示聲功能。
帳——振	辰	振，古音在諄部。帳之本義與振之借義義近，皆有收義。辰，震也，辰字本義與帳振義遠，聲符有示聲功能。
蒸——烝	烝	蒸、烝同源，共同義素爲蒸煮。聲符有示源示聲功能。
膳——善	善	膳、善同源，共同義素爲好。聲符有示源示聲功能。
操——勦	巢	操、勦，古音在宵部。操之引申義與勦之借義義近，皆有減絕義。《說文》：“巢，鳥在木上曰巢。”巢字本義與操勦義遠，巢僅示聲。
儹——鑽	贊	儹指小牙，鑽義爲穿，同源，共同義素爲穿。贊義爲見也，贊字本義與儹鑽義遠，聲符有示聲功能。
橧——增	曾	橧、增，古音在蒸部。橧即聚薪爲巢，與增高義通。橧又與增通，屬同源通用。曾爲語氣詞，聲符有示聲功能。
栫——荐	存	栫，古音在諄部。栫、荐同源通用，共同義素爲墊積。《說文》：“存，恤問也。”存字本義與栫荐義遠，僅示聲。
牸——字	字	牸爲母牛、母馬，與字同源，共同義素爲生育。聲符有示源示聲功能。
寫——瀉	寫	寫，古音在魚部。寫，置物，與瀉同源通用，共同義素爲傾吐。
壻——胥	胥	壻之本義與胥之借義義近，皆有才智義。聲符僅示聲。
頛——瑣瑣	貞	頛指小麥屑，貞本義爲貝聲，引申小貝、瑣細，與瑣、頛同源。聲符有示源示聲功能。
縼——旋	旋	縼有相牽引義，與旋轉的周旋義同源，共同義素爲纏繞。聲符有示源示聲功能。
蜁——旋	旋	蜁蝸，小蟲，與便旋之小義同源，共同義素爲小。聲符有示源示聲功能。
鑱——劖	毚	鑱、劖皆有刺鑿義，同源，共同義素爲刺。毚本義與鑱、劖義遠，聲符有示聲功能。
犗——割	害	犗、割有傷義，與害義近，三者同源。聲符有示源示聲功能。

A 之言 B	聲符	聲符與兩個（字）詞音形義關係
敬——警	敬	敬義爲肅，與警通用。訓釋字和被釋字爲古今字關係，此條以今字釋古字。
袧——句	句	袧，古音在侯部。袧指喪服兩側的褶皺，有曲折義，句有曲義，袧與句同源。聲符有示源示聲功能。
徑——經	巠	徑、經古音在耕部。徑指步道，行經。巠之本義爲水脈，經，聯繫，經、徑、巠同源。聲符有示源示聲功能。
絇——拘	句	絇指糾合的繩索，引申爲拘止足裂，拘，止也，絇的引申義與拘的本義義近，皆有阻止義。句義爲曲，與絇、拘義無關。聲符有示聲功能。
岡——綱	岡	綱有維繫之義，岡爲山脊，亦有維繫之義，二者同源。聲符與訓釋字同源雙聲。
穅——康	康	康、穅異體，義爲穀皮。穀皮說明豐收，引申爲和樂。
鐈——喬	喬	鐈似鼎長足，與喬同源，共同義素爲高。聲符有示源示聲功能。
轎——喬	喬	轎有高義，與喬同源，義素爲高。聲符有示源示聲功能。
扤——杌隉	兀	杌，古音在術部。扤有動義，杌隉有動義，同源。兀本義爲高，聲符僅示聲。
晤——寤	吾	寤與晤同源，皆有覺明之義。《說文》："吾，我自稱也。"本義與寤、晤較遠，聲符有示聲功能。
圄——敔	吾	敔、圄皆有禁止義，同源。《說文》："吾，我自稱也。"本義與圄、敔較遠，聲符有示聲功能。
耦——偶	禺	偶、耦同源，共同義素爲成雙成對。禺爲偶的同音借用字。聲符有示聲功能。
甌——區	區	區有小義，甌亦有小義，同源，共同義素爲小。聲符有示源示聲功能。
婉——宛	宛	婉，有深曲之義，與宛曲同源，共同義素爲曲。聲符有示源示聲功能。
醃——淹（漬）	奄	醃，古音在元部。醃、淹皆有久漬義，同源。《說文》："奄，覆也。大有餘也。"奄可通作淹。聲符有示聲假借功能。
俺——奄	奄	俺，古音在談部。俺之本義與奄之《方言》義同源，義素爲急遽。聲符有示源示聲功能。
饖——穢	歲	穢爲腐爛，與饖食臭敗義同源，共同義素爲腐壞。歲本義爲木星，與饖、穢義遠，聲符有示聲功能。
翬——揮	軍	翬指大飛，揮義爲奮，與翬同源通用，共同義素爲奮起。軍指圍圉，本義與揮翬義遠，聲符有示聲功能。
翾——儇	睘	翾指小飛，儇有疾義，同源，共同義素爲輕疾。睘指目驚視，本義與儇翾義遠，聲符有示聲功能。
吻——（荒）忽	勿	吻、忽同源，共同義素爲不分明貌。勿指州里所建旗，與忽爲同音借用關係。聲符有示聲功能。
粘——（曼）胡	古	粘之本義與胡之借義義近，皆有黏糊義。古，故也，本義與粘、胡較遠，聲符有示聲功能。

续表

A 之言 B	聲符	聲符與兩個（字）詞音形義關係
煬——揚	昜	煬之本義與揚之引申義義近，皆有火乾義。昜有飛揚義，與煬、揚同源。聲符示源示聲。
远——杭	亢	远之引申義與杭之借義義近，皆有道路義。《說文》："亢，人頸也。"亢本義與远杭義遠，聲符僅示聲。
蠁——響	鄉	蠁、嚮同源，共同義素爲聲響。鄉本義爲行政單位，與蠁響義遠，聲符有示聲功能。
柙——合	合	柙即劍鞘，有合攏義，與柙同源，共同義素爲合攏。聲符有示源示聲功能。
歈——揄	俞	歈、揄同源，共同義素爲長言。《說文》："俞，空中木爲舟也。"本義與歈揄義遠，聲符有示聲功能。
艦——檻	監	艦之本義與檻之借義義近，皆指船。《說文》："監，臨下也。"監字本義與艦檻義遠，聲符有示聲功能。
鍚——陽	昜	鍚，《說文》無此字。鍚有明亮義，與陽同源，共同義素爲鮮亮。昜、陽爲古今字關係，聲符有示源示聲功能。
鰜——嗛	兼	鰜、嗛同源，共同義素爲銜裹。《說文》："兼，並也。"本義與鰜嗛義遠，聲符有示聲功能。
橐——籠	龍	橐、籠同源，共同義素爲房室。橐籠與龍本義差遠，聲符有示聲功能。
嫽——繚繞	尞	嫽、繚同源，共同義素爲繞。《說文》："尞，柴祭天也。"尞本義與嫽、繚義遠，聲符示聲。
峇——落落然	洛	落，古音在鐸部。峇之本義與落之借義義近，皆指籬笆。洛本義與落落義遠，聲符有示聲功能。
嶁——婁	婁	嶁、婁古音在侯部。嶁爲飲馬袋，有收斂義，嶁之《方言》義與婁之本義同源，共同義素爲中空。聲符有示源示聲功能。
蘫——濫	濫	蘫、濫古音在談部。蘫、濫同源，共同義素爲浸漬。聲符有示源示聲功能。
磏——廉	兼	廉、磏同源，共同義素爲棱。《說文》："兼，並也。"本義與磏廉義遠，聲符有示聲功能。
塿——婁	婁	婁，古音在侯部。塿有空疏義，與婁同源，共同義素爲空。聲符示源示聲。
嶺——領	領	領與嶺同源通用，皆指山高，聲符有示源示聲功能。
艆——櫳	霝	櫳、艆同源，共同義素爲船有憲。霝指中空，與櫳通，三者同源通用。聲符有示源示聲功能。
纚——驪	麗	纚、驪古音在支部。驪、纚同源，共同義素爲黑。聲符示聲。
腢——弱	弱	弱引申爲柔軟，與腢同源。聲符有示源示聲功能。
楺——柔	柔	楺、柔同源，共同義素爲軟。聲符有示源示聲功能。
錧——管	官	錧、管詞義無關，屬音近假借。《說文》："官，吏事君也。"聲符僅示聲。
鍥——契	契	契，古音在月部。鍥之本義與契之借義義近，皆有斷義。聲符僅示聲。

A 之言 B	聲符	聲符與兩個（字）詞音形義關係
祏——碩大	石	祏指張衣令大，與碩同源，共同義素爲大。石與碩又同源通用。三者共同義素爲大。聲符有示源示聲功能。
黡——偄	耎	黡、偄、耎三者皆有弱義，同源。聲符有示源示聲功能。
澳——奥	奥	奥、澳爲同源通用，共同義素爲水邊地。聲符示源示聲。
鼱——幼	幼	鼱、幼同源，共同義素爲小。聲符有示源示聲功能。
裎——呈	呈	裎、呈，古音在耕部。裎之本義與呈之借義義近，皆有露出義，聲符僅示聲。
蠚——痳	刺	蠚、痳同源，共同義素爲毒。《說文》："刺，戾也。"聲符與訓釋字和被釋字詞義無關，聲符示聲。
穀——骰	骰	穀、骰同源，共同義素爲素。聲符有示源示聲功能。
扨——移	多	扨，古音在支部。扨、移同源，共同義素爲轉移。聲符示聲。
差——磋	差	差，古音在歌部。差之借義與磋之本義義近，皆有磨義。
鬈——墮		鬈、墮，古音在歌部。鬈、墮同源，共同義素爲脱落。
勺——酌	勺	勺，古音在藥部。酌、勺爲同源通用，共同義素爲挹取。
緄——混（成）	昆	緄、混，古音在諄部。緄、混同源，共同義素爲混合。《說文》："昆，同也。"《玉篇·日部》："昆，同也，并也，咸也。"昆可通作混。《詩·小雅·采薇序》："西有昆夷之患。"陸德明釋文："昆，本又作混，古門反。"聲符與緄、混義近，聲符示源示聲。
膞——劕	專	膞、劕，古音在元部。膞、劕同源，共同義素爲割。《說文》："專，六寸簿也。"聲符與膞、劕義遠，聲符僅示聲。
效——校	交	校，古音在宵部。效、校義無涉，屬於音近假借。《說文》："交，交頸也。"聲符僅示聲。
璙——繚繞	尞	繚，古音在宵部。璙、繚同源，共同義素爲繞。《說文》："尞，柴祭天也。"聲符與璙、繚義遠，聲符僅示聲。
鷂——搖	䍃	鷂，古音在宵部。鷂之本義與搖之《方言》義同源，共同義素爲疾。《說文》："䍃，瓦器也。"聲符與鷂、搖義遠，聲符僅示聲。
撮——最	最	撮，古音在月部。最，古音在月部。《集韻·末韻》："撮，《說文》：'四圭也。一曰兩指撮也。'或省。"撮、最爲異體字。
姓——生	生	姓，古音在耕部。姓、生同源通用，共同義素爲生長。聲符示源示聲。
惕——放蕩	易	惕、蕩古音在陽部。惕之本義與蕩之借義義近，皆有放恣義。《說文》："易，開也，一曰飛揚，一曰長也，一曰彊者衆兒。"聲符與惕、蕩義遠，聲符示聲。
撼——感	咸	感，古音在侵部。撼、感同源通用，共同義素爲動。《說文》："咸，皆也，悉也。从口从戌，戌，悉也。"《易·臨》："初九，咸臨，貞吉。"王弼注："咸，感也。"《左傳·昭公二十一年》："小者不爽，大者不楸……窕則不咸，楸則不容。"聲符與撼、感同源，聲符有示聲示源功能。

续表

A 之言 B	聲符	聲符與兩個（字）詞音形義關係
撣——蟬連	單	撣、蟬，古音在元部。撣之引申義與蟬之引申義義近，皆有連續義。《說文》："單，大也。"聲符僅示聲。
墳——賁	賁	墳、賁，古音在諄部。墳本義爲墓，引申爲高大，賁本義爲飾，借義爲大。墳之引申義與賁之借義義近。聲符僅示聲。
黜——詘	出	黜、詘，古音在術部。黜、詘義近。黜之借義與詘之本義義近，皆指彎曲。《說文》："出，進也。"聲符與訓釋字和被釋字詞義無關，聲符僅示聲。
幟——識	戠	幟、識，古音在之部。識、幟爲同源通用字，聲符示源示聲。
紗——眇	少	紗、眇，古音在宵部。紗、眇同源通用，共同義素爲小。《說文》："少，不多也。"聲符有示源示聲功能。
婍——綺	奇	綺，古音在歌部。婍、綺同源，共同義素爲美好。聲符示聲。

具體如下表：

類目	同聲符時，聲符與兩個（字）詞形音義關係統計							
大類	聲符爲訓釋字			聲符爲訓釋字和被釋字共同部份			聲符爲被訓釋字	
小類	示源①示聲	義近示聲	其他	示源示聲	單純示聲②	待考	同源	其他
數量	61	12	10	35	77	2	6	3
比重	73.49%	14.46%	12.05%	30.70%	67.54%	1.75%	66.67%	33.33%
數量	83			114			9	

　　由上表可知，在同聲符 206 對音義關係中，聲符爲訓釋字和被釋字共同部份（沈兼士稱爲"以兩雙聲母之形聲字相訓釋"③）的有 114 對，聲

---

① 聲符示源的功能採用王寧、李國英先生的説法，曾昭聰先生在《形聲字聲符示源功能述論》（曾昭聰：《形聲字聲符示源功能述論》，黃山書社 2002 年版）一書中也採用此說。所謂聲符示源，即"聲符顯示形聲字所記錄的詞的源義素的作用"（李國英：《小篆形聲字研究》，北京師範大學出版社 1996 年版，第 31 頁）爲討論的方便，源義素，本書稱爲共同義素。

② "單純示聲"是從與訓釋字和被釋字的詞義關係來説的。黃焯先生在《形聲字借聲説》一文中提出"凡形聲字所從之聲，未有不兼義者，其有義無可説者，或爲借聲"。我們這裡擬從聲符的本音本義出發，討論聲符與訓釋字和被釋字的形音義關係，對聲"借聲説"暫不做討論。但黃焯先生的這一提法很有啟發性。

③ 沈兼士：《右文説在訓詁學上的沿革及其推闡》，《沈兼士學術論文集》，中華書局 1986 年版，第 82 頁。

符爲訓釋字（沈兼士稱爲 "以聲母釋形聲字"①） 的有83對，聲符爲被訓釋字（沈兼士稱爲 "以形聲字釋聲母"②） 的有9對。可見，聲符爲訓釋字和被釋字共同部分的量最多。

在聲符爲訓釋字中，聲符有示源示聲功能的有61例，其中同源且通用的有6例：礄——屬、鐥——沓、嶺——領、澳——奧、姓——生、撼——感。

其中本義與《方言》義同源的有5例。

聲符與被釋字有義近功能的有12例，可分爲四類：

1.《方言》義與借義義近：擘——屈辟；緷——互。

2. 本義與引申義義近：腒——居、獏——冥、櫂——羅羅然。

3. 引申義與借義義近：墳——賁。

4. 本義與借義義近：堀——互、莢——夾、潢——橫、媚——胥、鍥——契、裎——呈。

其他關係有10例，可分爲四種情況：

1. 假借：鞸——畢、阪——反側、郎——良。

2. 古今字：礩——質、椑——卑。

3. 異體：腊——昔、寫——寫、糠——康、撮——最。

4. 擬音：櫐——纍纍。

聲符爲訓釋字和被釋字共同部分中，聲符示源示聲的有35例：標——飄——票、坏——胚胎——不、糒——黼——葡、軷——跋——犮、媒——謀——某、穋——漫——曼、苧——貯——宁、銋——腆——典、箸——韜——舀、待——跱——寺、笐——沌——屯、鈕——紐——丑、籤——鐵——韱、瘲——縱——從、鍤——插——臿、臒——巇巇——嵬、骼——枝格——各、慌——荒——巟、愡——（恍）惚——忽、珩——衡——行、瓐——鑪——盧、翃——姁姁——冉、希——卷束——黍、楅——偪——畐、纇——瑣瑣——貞、犞——割——害、徑——經——巠、煬——揚——易、鍚——陽——易、艫——櫨——靁、祜——碩大——石、麕——儍——㚟、緄——混（焜）——

　　① 沈兼士：《右文說在訓詁學上的沿革及其推闡》，《沈兼士學術論文集》，中華書局1986年版，第82頁。

　　② 同上。

昆、幟——識——戠、紗——眇——少。

　　聲符爲訓釋字和被釋字共同部分中，聲符示源示聲，則訓釋字和被釋字同源。其中，同源通用的有 5 例，聲符與被訓釋字有同源通用的有 5 例（用加黑部分標示）：輆——跋——犮、怳——荒——亢、艫——檽——霝、祏——碩大——石——緄——混（成）——昆。聲符與被訓釋字有古今字關係的有 1 例：鍚——陽——易。

　　聲符爲訓釋字和被釋字共同部分中，聲符單純示聲的有 77 例[1]，其中訓釋字和被釋字形音義關係比較複雜。具體有如下幾點。

　　義近有 17 例，可分爲幾種情況：

　　（1）借義與借義義近：帔——披、掔——漸、落——聯絡。

　　（2）本義與借義義近：敬——錯、隈——偎（通假）、帳——振、粘——（曼）胡、艦——檻、落——落落然、惕——放蕩、胐——詘。

　　（3）引申義與本義義近：漂——摽、絇——拘。

　　（4）引申義與引申義義近：鞶——盤、撢——蟬連。

　　（5）引申義與借義義近：攃——勤、迒——杭。

　　同源有 54 例，如鶂——搖（本義與《方言》義同源）。

　　正俗字關係有 1 例：柎——跗。

　　義遠有 2 例：腜——媒、墓——模。

　　假借有 3 例：瘨——顛、館——管、效——校。

　　聲符爲訓釋字和被釋字共同部分中，待考情況有 2 例，即瞂——蒦，瞂、蒦同源，共同聲符"矍"音義待考；髼——墮落，髼、墮同源，共同聲符音義待考。

　　聲符爲被釋字有 9 例，其中聲符與訓釋字同源有 6 例。其他情況有 3 例，其中有 1 例屬假借，即酋——道；有 1 例屬古今字關係，即敬——警；有 1 例屬於義近：差——磋（借義與本義義近）。

　　在同聲符 206 例中，訓釋字（聲符）和被釋字（聲符）屬於同源關

---

　　① 李國英先生説得好，"我們説聲符是系聯同源字的重要綫索，而不是像清人那樣把聲符作爲同源詞的外在標誌，認爲凡同聲符的形聲字皆同源。這是因爲我們認爲聲符有單純示音的和具有示源和示音雙重功能的兩類，只有雙重功能的聲符本質上才是示源的，這類聲符的示源功能才不是由示音功能附帶產生的偶然巧合，而是造字時人們的自覺選擇"。（李國英：《小篆形聲字研究》，北京師範大學出版社 1996 年版，第 64—65 頁）這樣就把聲符示源示聲和聲符單純示聲兩種情形出來了。

係的有 156 例，占相當大比重，說明在"之言"雙聲疊韻同聲符中，"之言"所連接的兩個字（詞）詞義關係上以同源爲主。

2. 同形符問題

同形符部分重點考察兩個詞間的形義關係問題。

A——B	形符	形義關係
葆——苞	艸	葆、苞，古音在幽部。葆、苞同源，共同義素爲艸。
媌——妙	女	妙，古音在宵部。二者同源，共同義素爲好。
菽——茂	艸	菽、茂同源，共同義素爲茂盛。
腓——肥	肉	肥，古音在微部。腓、肥同源，共同義素爲多肉。
幤——幎	巾	幤、幎同源，共同義素爲覆蓋布。
鉊——釗	金	鉊、釗同源，共同義素爲割。
婠——娟	女	婠，古音在元部。婠、娟同源，共同義素爲美好。
闓——開明	門	闓、開同源，共同義素爲開。
禜——營	963 5 B營 3築	禜、營同源，共同義素爲營造。
輦——連	車	連，古音在元部，二者爲古今字關係。
輇——軒	車	輇，古音在元部。輇、軒同源，共同義素爲車形彎曲高舉。
捭——擘	手	捭，古音在支部。《古今韻會舉要》有博厄切一音，則與擘音同。擘，《廣韻》博厄切。捭、擘同源，共同義素爲開。形符"手"與共同義素"開"有關。
踴——躍	足	躍有跳義、上義，踴有登義、拔義，踴、躍同源，共同義素爲上升。形符"足"與共同義素"上升"無關。
桄——横	木	桄、横，古音在陽部。桄、横同源通用，共同義素爲横木。
綄——縮	糸	綄，古音在元部。《玉篇·糸部》："綄，侯風五兩也。"指一種測風儀。又指纏繞。《廣雅·釋詁四》："綄，纏也。"綄通作縮。《集韻·諫韻》："縮，繫也，或作綄。"《說文》："縮，惡也，絭也，从糸官聲，一曰綃也，讀若雞卵。"綄、縮同源通用。
作——乍	乍	作、乍，古音在鐸部。"乍"與"作"音近通假關係。
摻——纎	糸	摻，古音在微部。摻、纎同源，共同義素爲有條理。形符爲糸，糸者，細絲，與條理義有關。

雙聲疊韻同形符問題有 17 例，訓釋字和被釋字詞義關係以同源爲主，有 15 對，其中有兩例是同源通用關係，即"桄——横""綄——縮"。如"綄——縮"，綄，《說文》無此字。《玉篇·糸部》："綄，侯風五兩也。"指一種測風儀。又指纏繞。《廣雅·釋詁四》："綄，纏也。"綄通作縮。《集韻·諫韻》："縮，繫也，或作綄。"《說文》："縮，惡也，絭也，从

糸官聲，一曰綃也，讀若雞卵。"《漢書·周勃傳》："絳侯綰皇帝璽。"顏師古注："綰謂引結其組。"《廣韻·潸韻》："綰，繫也。"綄、綰同源通用。

有 1 例是假借關係，即"作——乍"。《說文》："作，起也。从人从乍。"《廣雅·釋詁一》："作，始也。"《說文》："乍，止也。一曰亡也。从亡从一。"乍與作通。《集韻·鐸韻》："作，《說文》：'起也。'亦省。"《墨子·兼愛下》："文王若日月，乍照光于四方，于西土。"孫詒讓閒詁引孫星衍云："乍，古與作通。"王念孫《廣雅疏證》："作之言乍也，乍亦始也。"此處"乍"與"作"實音近通假關係。

有 1 對是古今字關係，即輦——連。《說文》："輦，輓車也。从車从扶，在車前引之。"《說文解字注》："謂人輓以行之車也。……司馬法云：'夏後氏二十人而輦，殷十八人而輦，周十五人而輦。'故書輦作連。鄭司農云：'連讀爲輦。'"《說文》："連，員連也。"《說文解字注》："連即古文輦也。《周禮·地官·鄉師》輂輦鄭玄注：'故書輦作連。'"可知輦、連爲古今字關係，"連"爲古文，"輦"爲今文。

3. 字形結構相異問題

字形結構相異有 82 例，形義關係如下表：

A 之言 B	形義關係
魬——班	魬，古音在元部。魬之本義與班之《方言》義同源，共同義素爲次序。
幖——表	幖之本義與表之借義義近，皆有標誌義。
柄——秉	柄、秉同源，共同義素爲把。
顪——絲	顪之《方言》義與絲之本義同源，共同義素爲聯綿。
筦——緺	筦之《方言》與緺之本義同源，共同義素爲繩帶。
粔——微	粔、微義無關，音近。
貞——丁	丁，古音在耕部。貞之借義與丁之借義義近，皆有當義。
楅——擣	楅、擣，古音在幽部。楅之本義與擣之《方言》義同源，共同義素爲依倚。
昶——暢	昶、暢同源，共同義素爲通達。
波——播	波、播，古音在歌部。波、播同源，共同義素爲散開。
�——劈	鈙之《方言》義與劈之本義同源，共同義素爲破開。
葩——鋪	鋪，古音在魚部，葩、鋪同源，共同義素爲舒展。
墦——般	般，古音在元部。墦之本義與般之《方言》義同源，共同義素爲大。
蠻——慢	慢，古音在元部。蠻之引申義與慢之本義義近，皆有輕易義。

续表

A 之言 B	形義關係
鞮——知	知，古音在支部。鞮之借義與知之本義義近，皆有知道義。
絁——紹	絁，古音在沃部。絁、紹同源，共同義素爲短。
祧——超	超，古音在宵部。祧、超同源，共同義素爲遠。
萄——嘾	(菡) 萄、(菡) 嘾同源，共同義素爲含苞未放。
椊——赬	椊、赬同源，共同義素爲赤色。
廷——亭	廷之引申義與亭之引申義義近，皆有平正義。
糅——擾	擾、糅同源假借，共同義素爲雜亂。
蠡——眾	"眾" 狀 "蠡" 之類多。
瘳——掣	掣即制止瘳病之方法。
椶——總	總，古音在東部。椶、總同源，共同義素爲聚束。
選——宣	選，古音在元部。選、宣同源，共同義素爲徧。
榷——較	較，古音在藥部。榷、較音近假借，詞義無關。
了——歷	蹶，古音在月部。了、歷同源，共同義素爲短。
蠱——故	蠱，古音在魚部。蠱之借義與故之本義義近，皆有故事義。
疆——竟	疆，古音在陽部。疆、竟同源，共同義素爲盡。
梏——鞫	梏、鞫，古音在沃部。鞫本義爲皮革制的球，借義爲審問。梏本義與鞫借義義近，皆有拘止罪人義。
胄——幬	幬，古音在幽部。胄爲頭盔，有覆蓋義，與幬同源，共同義素爲覆蓋。
劌——鐉	劌，古音在元部。劌、鐉同源，共同義素爲割。
規——閃	規、閃同源，共同義素爲乍見。
揎——進	揎、插同源，共同義素爲向前。
夏——總	總，古音在東部。夏、總同源，共同義素爲聚。
稯——總	稯、總，古音在東部。稯、總同源，共同義素爲聚。
阰——麤	阰之本義與麤之借義義近，皆有粗糙義。
箱——輔	輔指車輪外旁用以夾軗的兩條直木，用以增強輪輻載重力。輔在兩旁，有輔助之義，左右兩旁的房屋有輔助主屋之意，輔箱同源，共同義素爲輔助。
攻——鞏	攻、鞏同源，共同義素爲堅固。
梗——剛	剛、梗同源，共同義素爲堅硬。
庚——更	更，古音在陽部。更、庚同源，共同義素爲改。
杲——皎	杲、皎同源，共同義素爲明。
翬——拱	翬、拱，古音在東部。翬、拱同源，共同義素爲聚。
槇——句	句，古音在侯部。槇、句同源，共同義素爲曲。
裸——灌	灌，古音在元部。裸之本義與灌之借義義近，皆指酌鬱鬯以獻。

续表

A之言B	形義關係
嘘——衎	衎，古音在元部。嘘之《方言》義與衎之本義同源，共同義素爲樂。
坑——康	康，古音在陽部。坑、康同源，共同義素爲空。
槺——渠疏	槺，義爲籬笆，有空疏義。渠沒有稀疏義，渠疏當爲聯綿詞，訓釋詞狀被釋詞之形。
敔——禦	敔、禦同源，共同義素爲禁止。
貔——擁	貔之《方言》義與擁之本義同源，共同義素爲多。
鶱——軒	軒，古音在元部。鶱之本義與軒之引申義義近，皆有飛義。
颮——忽	颮之本義與忽之借義義近，皆有急速義。
甬——庸	甬，古音在東部。甬之借義與庸之借義義近假借，皆有規範義。
搈——踊	搈、踊同源，共同義素爲動。
晃——煌	煌、晃同源，共同義素爲明。
院——環	環，古音在元部。院之借義與環之本義義近，皆有圍繞義。
槭——函	槭，古音在侵部。二音皆有包含義。槭之本義與函之借義義近假借，皆有包含義。
衡——橫	橫，古音在陽部。衡、橫同源，共同義素爲橫貫。
函——含	含，古音在侵部。函之借義與含之本義義近，皆有包含義。
荄——基	荄指艸根，與基字同源，共同義素爲根基。
壼——梱	壼指宮中道，梱指門橛，皆含有至義，同源，共同義素爲至。
銎——空	銎，古音在東部。銎、空同源，共同義素爲孔。
科——窠	科，古音在歌部。科之借義與窠之本義義近，皆有空義。
胺——遏	胺，古音在月部。胺之本義與遏之借義義近，皆有壞義。
奧——幽	奧，古音在幽部。奧、幽同源，共同義素爲幽暗。
黝——幽	黝、幽同源假借，共同義素爲暗。
疢——忽	疢之本義與忽之借義義近，皆有急速義。
貤——移	貤，古音在歌部。移，古音在歌部。貤之本義與移之引申義義近，皆有轉移義。
暺——奕	暺之本義與奕之借義義近，皆有光明義。
垣——環	環，古音在元部。垣即墻垣，有包圍義，與環字同源，共同義素爲環繞。
賱——運	賱、運同源，共同義素爲運轉。
戾——利	戾之借義與利之本義義近，皆有美好義。
辣——烈	辣、烈同源，共同義素爲猛烈。
聆——靈	聆之本義與靈之引申義義近，皆有通曉義。
旅——臚	臚之借義與旅之借義義近假借，皆指祭名。

A 之言 B	形義關係
纇——厲	厲，古音在月部。纇之本義與厲之引申義義近，皆指猛烈。
瀨——厲	瀨之引申義與厲之引申義義近，皆指急。
厲——浖	厲之借義與浖之本義義近，皆有水邊義。
划——過	划、過，古音屬歌部。划、過同源，共同義素爲經過。
鞞——屏	鞞、屏，古音在耕部。鞞指刀室，義爲藏刀之處，屏義爲隱蔽、隱藏，鞞、屏同源，共同義素爲藏。
衣——溫	衣、溫，古音在諄部。衣之本義與溫之借義義近，皆有暖義。
羨——延	羨，古音在元部。羨之引申義與延之本義義近，皆有延長、道路義。

雙聲疊韻字形結構相異有 82 例，考察發現，有如下特點。

同源有 49 例，其中本義與《方言》義同源有 8 例，如"䟉——班"，《廣雅》："䟉，輩也。"玄應《一切經音義》卷七引《字林》："䟉，部也，謂䟉類也。又作般，假借也。"《說文》："班，分瑞玉。从珏从刀。"《方言》卷三："班，列也。"《孟子·萬章下》："周室班爵祿也如之何？"趙岐注："班，列也。"《禮記·曲禮上》："班朝治軍，涖官行法，非禮威嚴不行。"鄭玄注："班，次也。"孔穎達疏："次謂司士正朝儀之位次也。"《廣雅·釋言》："班，序也。"䟉之本義與班之《方言》義同源，共同義素爲次序。

同源假借有 1 例：糅——擾。玄應《一切經音義》卷三："《說文》：'糅，雜飯也。'今謂異色物相集曰糅也。"《儀禮·鄉射禮》："旌各以其物，無物，則以白羽與朱羽糅杠。"鄭玄注："糅，雜也。"對於擾與糅，王念孫《廣雅疏證》云："《楚語》：'民神雜糅'，《史記·曆書》作雜擾。擾亦與糅通。"《說文》："擾，煩也。"《玉篇》："擾，擾亂也。"擾、糅同源假借，共同義素爲雜亂。

義近有 28 例，具體可分如下幾種：

第一種情況是本義與借義義近，如"幖——表"，《說文》："幖，幟也。"《說文解字注》："凡物之幖識亦作微識，今字多作標牓，標行而幖廢矣。"《廣韻·宵韻》："幖，頭上幟也。"《玉篇·巾部》："幖，幡也。"《篇海類聚·衣服類·巾部》："幖，幡也，立木爲表繫絲其上謂之幖。"《說文》："表，上衣也。"借義爲標識。《周禮·春官·肆師》："祭之日，表盟盛。"鄭玄注："表謂徽識也。"《荀子·大略》："水行者表深，使人無陷；治民者表亂，使人無失。”楊倞注：“表，標誌也。”《文選·潘嶽〈藉田賦〉》：“表朱玄於離坎，飛青縞於震兌。”李善注：“表猶標也。”幖之本義與表之借義義近，皆有標誌義。

第二種情況是借義與借義義近，如“旅——臚”，《說文》：“旅，軍之五百人爲旅。”借義爲祭祀。《書·禹貢》：“蔡蒙旅平。”孔安國傳：“祭山曰旅。”《說文·肉部》：“臚，皮也。”《說文解字注》：“今字皮膚从籀文作膚，膚行而臚廢矣。”《急就篇》：“寒氣泄注腹臚脹。”《廣韻·魚韻》：“臚，腹前曰臚。”臚指肚腹前肉。臚通作旅，指祭名。《史記·六國年表》：“位在藩臣而臚於郊祀。”《漢書·敍傳下》：“大夫臚岱，侯伯僭畤。”顏師古注：“臚旅聲相近。”臚之借義與旅之借義義近假借，皆指祭名。

第三種情況是本義與引申義義近，如“騫——軒”，《說文》：“騫，飛貌。”《廣韻》：“騫，飛舉貌。”《說文》：“軒，曲輈藩車。”徐鍇繫傳：“軒，曲輈藩車也。載物則直輈，軒，大夫以上車也。轓，兩旁壁也。”《說文解字注》：“曲輈者，戴先生曰‘小車謂之輈，大車謂之轅’，人所乘，欲其安，故小車暢轂梁輈，大車任載而已，故短轂直轅，《艸部》曰：‘藩者，屏也。’……許於藩車上必云曲輈者，以輈穹曲而上而後得言軒。”《六書故·工事三》：“軒，車前高也。”前高後低曰軒，前低後高曰軽。引申爲起飛。《文選·王粲〈贈蔡子篤〉》：“潛鱗在淵，歸鴈載軒。”李善注：“軒，飛貌。”騫之本義與軒之引申義義近，皆有飛義。

第四種情況是引申義與引申義義近，如“廷——亭”，《說文》：“廷，朝中也。”引申爲平正。《廣雅·釋詁三》：“廷，平也。”《廣韻·青韻》：“廷，正也。”《漢書·百官公卿表》：“廷尉。”顏師古注：“廷，平也。治獄貴平，故以爲號。”《說文》：“亭，民所安定也。”引申爲平正。《史記·秦始皇本紀》：“決河亭水，放之海。”張守節正義：“亭，平也。”又《酷吏列傳：“乃請博士弟子治《尚書》《春秋》，補廷尉史，亭疑法。”裴駰集解引李奇曰：“亭，平也，均也。”廷之引申義與亭之引申義義近，皆有平正義。

義遠有1例：粗——微。

假借有1例：榷——較，王念孫《廣雅疏證》釋之頗詳，現徵引如下：“榷之言大較也。漢司隸校尉魯峻碑云：‘蠲細舉大，榷然疏發。’合言之則曰嫥榷，或作辜較。《孝經》：‘蓋天子之孝也。’孔傳云：‘蓋者，辜較之辭。'劉炫《述義》云:'辜較,猶梗概也。孝道既廣,此纔舉其大略也。'梗概與辜較,一聲之轉。略陳指趣謂之辜較,總括財利亦謂之辜較,皆都凡之意也。《說文》:'秦以市買多得爲及。'及與辜義相近。《漢書·武帝紀》:'初榷酒酤。'韋昭注云:'以木渡水曰榷,謂禁民酤釀,獨官開置,如道路設木爲榷,獨取利也。'顏師古注云:'榷者,步渡橋,今之略約是也。'步渡橋謂之略約,亦謂之榷,都凡謂之大榷,亦謂之約略,其義一也。"以木渡水謂之榷,引申爲大略,以木渡水指獨木橋,又引申爲獨、專營。較,古音在藥部。《說文》:"較,車騎上曲銅也。從車爻聲。"《集韻·覺韻》:"較,《說文》:'車騎上曲銅也。'或作較。"《詩·衛風·淇奧》:"寬兮綽兮,倚重較兮。"陸德明釋文:"較,車兩旁上出軾也。"《玉篇·車部》:"較,兵車,較,同上。""較"本義爲車騎曲銅,未見"較"引申爲大略義的用例,可能"較"與"榷"爲假借關係。"榷"有約略義,進而"較"有約略義。

其他有 3 例:

"螽——眾",《說文》:"螽,蝗也。"《爾雅·釋蟲》:"螽,醜奮。"郝懿行義疏:"螽蝗之類好奮迅其羽作聲。"王鳴盛《蛾術編》連鶴壽案:"螽蝗一物也,《春秋》謂之螽,《月令》謂之蝗,蟲之食苗爲災者,……至於斯螽,一名蚣蝑,身長而青,以股鳴者,雖爲螽類,別是一種。"《說文》:"眾,多也。""眾"狀"螽"之種類多。

"瘛——掣",《說文》:"瘛,小兒瘛瘲病也。"即今癇病,俗稱抽風。《說文解字注》:"今小兒驚病也。瘛之言掣也,瘲之言縱也。《藝文志》有瘛瘲方。"《急就篇》第四章:"癃疝瘛瘲痿痺痕。"顏師古注:"瘛瘲,小兒之疾,即今癇病也。"王念孫《廣雅疏證》引《潛夫論·貴忠篇》云:"哺乳太多,則必掣,縱而生癇。"掣,《說文》無此字。《爾雅·釋訓》:"甹夆,掣曳也。"郭璞注:"謂牽拕。"邢昺疏:"掣曳者,從旁牽挽之言。""掣"即制止瘛病之方法。

"櫖——渠疏",櫖,《說文》無此字。《廣雅·釋宮》:"櫖,杝也。"《說文》:"杝,落也。"莫友芝《說文木部箋異》:"《說文》無籬字,杝即籬也。"玄應《一切經音義》卷十四引《通俗文》:"柴垣曰杝,木垣曰柵。"《說文》:"渠,水所居也。""渠"沒有稀疏義,"渠疏"當爲聯綿詞。"櫖"爲木柵欄,有稀疏義,與渠疏義同。

第二節 "之言" 雙聲研究

把術語"之言"所包含的兩個字間聲類相同，韻類有相轉關係的稱爲雙聲。據統計，雙聲有 93 例。

一 雙聲部分正文及聲韻關係

正文	A	聲	韻	B	聲	韻	聲韻關係
《小雅・天保篇》："無不爾或承。"鄭箋云："或之言有也。""或"即邦域之"域"。域、有一聲之轉。（1983：6 卷一上釋詁）	有	云	之	或	云	職	雙聲對轉
臨之言隆也。《說文》："隆，豐大也。"隆與臨古亦雙聲，故《大雅・皇矣篇》"與爾臨沖"，《韓詩》作"隆沖"，《漢書・地理志》"隆慮"，《荀子・強國篇》作"臨慮"矣。（1983：5 卷一上釋詁）	臨	來	侵	隆	來	冬	雙聲異類相轉
期之言極也。（1983：10 卷一上釋詁）	期	羣	之	極	羣	職	雙聲之職陰入對轉
惟之言摧也，《晉》："初六，晉如摧如。"虞翻注云："摧，憂愁也。"摧與惟通。（1983：19 卷一上釋詁）	惟	從	之	摧	從	微	雙聲之微通轉
愿之言患也。（1983：19 卷一上釋詁）	愿	匣	諄	患	匣	元	雙聲元諄旁轉
勄之言茂也。（1983：28 卷一下釋詁）	勄	明	之	茂	明	侯	雙聲之侯旁轉
莫之言慔也。（1983：28 卷一下釋詁）	莫	明	鐸	慔	明	魚	雙聲魚鐸陰入對轉
孚之言剖也。（1983：30 卷一下釋詁）	孚	滂	幽	剖	滂	之	雙聲之幽旁轉
隱之言意也。意隱古雙聲。（1983：30 卷一下釋詁）	隱	影	諄	意	影	之	雙聲之諄通轉
歈之言委曲也。（1983：33 卷一下釋詁）	歈	影	歌	委	影	微	雙聲歌微旁轉
《學記》："不興其藝，不能樂學。"鄭注曰："興之言喜也，歆也。"（1983：33 卷一下釋詁）	興	曉	蒸	喜	曉	之	雙聲之蒸陰陽對轉

续表

正文	A	聲	韻	B	聲	韻	聲韻關係
《學記》：“不興其藝，不能樂學。”鄭注曰：“興之言喜也，歆也。”（1983：33 卷一下釋詁）	興	曉	蒸	歆	曉	侵	雙聲蒸侵通轉
溽之言濡濕也。（1983：37 卷一下釋詁）	溽	日	屋	濡	日	侯	雙聲屋侯對轉
鄭注《曲禮》云：“死之言澌也。”（1983：40 卷一下釋詁）	死	心	脂	澌	心	支	雙聲支脂通轉
闟之言疲苶也。（1983：42 卷一下釋詁）	闟	泥	脂	苶	泥	月	雙聲脂月旁對轉
《說文》：“甈，康瓠破罌也。”徐鍇《傳》曰：“康之言空也，破則空也。”（1983：46 卷二上釋詁）	康	溪	陽	空	溪	東	雙聲東陽旁轉
《大雅·生民篇》：“載燔載烈。”鄭箋云：“烈之言爛也。”（1983：49 卷二上釋詁）	烈	來	月	爛	來	元	雙聲元月對轉
潷之言逼，謂逼取其汁也。（1983：68 卷二下釋詁）	潷	幫	質	逼	幫	職	雙聲質職異類相轉
趚之言造次也。（1983：69 卷二下釋詁）	趚	清	錫	造	清	幽	雙聲錫幽旁對轉
				次	清	脂	雙聲脂錫陰入通轉
繶之言遺。（1983：72 卷二下釋詁）	繶	匣	質	遺	匣	微	雙聲質微旁對轉
媥之言翩也。翩與媥通。（1983：76 卷三上釋詁）	媥	滂	真	翩	滂	元	雙聲真元旁轉
愫之言邃也。（1983：78 卷三上釋詁）	愫	心	微	邃	心	術	雙聲微術陰入對轉
騷之言蕭也。（1983：80 卷三上釋詁）	騷	心	幽	蕭	心	沃	雙聲幽沃陰入對轉
踦之言傾敧也。（1983：80 卷三上釋詁）	踦	溪	歌	傾	溪	耕	雙聲歌耕異類相轉
胺之言壅遏也。（1983：89 卷三上釋詁）	胺	影	月	壅	影	東	雙聲月東異類相轉
露之言落也。（1983：89 卷三上釋詁）	露	來	魚	落	來	鐸	雙聲魚鐸陰入對轉
穠之言濃，皆盛多智意也。（1983：93 卷三下釋詁）	穠	娘	東	濃	娘	冬	雙聲東冬旁轉
矮之言委積也。《玉篇》音於果切，《廣韻》又烏禾切。燕人云多也。（1983：93 卷三下釋詁）	矮	影	歌	委	影	微	雙聲歌微旁轉
壓之言壓也。（1983：100 卷三下釋詁）	壓	影	談	壓	影	盍	雙聲談盍陽入對轉

续表

正文	A	聲	韻	B	聲	韻	聲韻關係
較之言皎皎也。（1983：111 卷四上釋詁）	較	見	藥	皎	見	宵	雙聲宵藥陰入對轉
昱之言燿燿也。（1983：112 卷四上釋詁）	昱	匣	職	燿	匣	藥	雙聲職藥旁轉
蠃之言露也。（1983：113 卷四上釋詁）	蠃	來	歌	露	來	魚	雙聲魚歌通轉
宸之言隱也。（1983：113 卷四上釋詁）	宸	影	微	隱	影	諄	雙聲微諄陰陽對轉
掜之言儀象也。（1983：115 卷四上釋詁）	掜	疑	支	儀	疑	歌	雙聲支歌異類相轉
諻之言悻悻也。（1983：116 卷四上釋詁）	諻	匣	陽	悻	匣	耕	雙聲耕陽旁轉
忦之言怳忽也。（1983：117 卷四上釋詁）	忦	曉	陽	忽	曉	術	雙聲陽物異類相轉
暴之言拘也。（1983：117 卷四上釋詁）	暴	見	屋	拘	見	侯	雙聲屋侯對轉
暮之言冥漠也。（1983：118 卷四上釋詁）	暮	明	鐸	冥	明	耕	雙聲耕鐸旁對轉
昒之言荒忽也。（1983：118 卷四上釋詁）	昒	曉	術	荒	曉	陽	雙聲物陽異類相轉
颸之言肅肅也。（1983：121 卷四下釋詁）	颸	心	屋	肅	心	沃	雙聲屋覺旁轉
著之言相丁著也。（1983：122 卷四下釋詁）	著	端	魚	丁	端	耕	雙聲魚耕旁對轉
緫之言恍惚。（1983：122 卷四下釋詁）	緫	曉	物	恍	曉	陽	雙聲物陽異類相轉
紒之言蔑也。（1983：122 卷四下釋詁）	紒	明	質	蔑	明	月	雙聲月質旁轉
鴃之言夭夭然也。（1983：131 卷四下釋詁）	鴃	影	幽	夭	影	宵	雙聲宵幽旁轉
欄之言闌也。（1983：208 卷七上釋宮）	欄	來	耕	闌	來	元	雙聲元耕異類相轉
廩之言斂也。（1983：209 卷七上釋宮）	廩	來	侵	斂	來	談	雙聲侵談對轉
櫳之言牢籠也。（1983：210 卷七上釋宮）	櫳	來	東	牢	來	幽	雙聲東幽旁對轉
篳之言蔽也。（1983：212 卷七上釋宮）	篳	幫	質	蔽	幫	月	雙聲質月旁轉
欐之言羅也。（1983：224 卷七下釋器）	欐	來	支	羅	來	歌	雙聲支歌異類相轉
韍之言亦蔽也。（1983：232 卷七下釋器）	韍	幫	術	蔽	幫	月	雙聲術月旁轉

正文	A	聲	韻	B	聲	韻	聲韻關係
軸之言持也。《說文》："軸，持論也。"（1983：241 卷七下釋器）	軸	定	覺	持	定	之	雙聲之覺旁對轉
帷之言掩也。《說文》云："掩，斂也。"（1983：243 卷七下釋器）	帷	影	葉	掩	影	談	雙聲葉談對轉
骸之言亦核也。（1983：244 卷八上釋器）	骸	匣	之	核	匣	錫	雙聲之錫旁對轉
膩之言肥也，《禹貢》："厥土黑墳。"馬融注云："墳，有膏肥也。"義與膩相近。（1983：246 卷八上釋器）	膩	並	文	肥	並	微	雙聲文微對轉
餐之言羞也。（1983：246 卷八上釋器）	餐	心	之	羞	心	幽	雙聲之幽旁轉
稃梳之言浮流。（1983：247 卷八上釋器）	稃	並	之	浮	並	幽	雙聲之幽旁轉
	梳	來	之	流	來	幽	雙聲之幽旁轉
霿之言濛濛也。（1983：247 卷八上釋器）	霿	明	蒸	濛	明	東	雙聲蒸東旁轉
霿之言蒙也。（1983：249 卷八上釋器）	霿	明	蒸	蒙	明	東	雙聲東蒸旁轉
甦之言蒙戎也。（1983：251 卷八上釋器）	甦	日	東	戎	日	冬	雙聲東冬旁轉
甀之言搜也。（1983：251 卷八上釋器）	甀	來	魚	搜	來	侯	雙聲魚侯對轉
鍇之言劫也。《爾雅》："劫，固也。"《方言》云："鍇，堅也。"（1983：251 卷八上釋器）	鍇	溪	脂	劫	溪	質	雙聲脂質對轉
篖之言刮也，《說文》作䈽，云叺也，叺與刷通。（1983：255 卷八上釋器）	篖	見	物	刮	見	月	雙聲物月旁轉
裛之言蘊積也。（1983：256 卷八上釋器）	裛	影	物	蘊	影	文	雙聲文物對轉
柯之言榦也。（1983：258 卷八上釋器）	柯	見	歌	榦	見	元	雙聲歌元對轉
篋之言編也，編竹爲輿也。《說文》："篋，竹輿也。"（1983：259 卷八上釋器）	篋	幫	元	編	幫	真	雙聲元真旁轉

正文	A	聲	韻	B	聲	韻	聲韻關係
医之言蔽翳也。《說文》："医，盛弓弩矢器也。"引《齊語》"兵不解医"，今本作翳。韋昭注云："醫，所以蔽兵也。"按医字从矢，固當訓爲矢藏，若《齊語》所云，則兵藏之通稱也。（1983：262 卷八上釋器）	医	影	之	翳	影	脂	雙聲之脂異類相轉
嵒之言碻碻也。（1983：272 卷八上釋器）	嵒	匣	盍	碻	匣	幽	雙聲盍幽異類相轉
㕦之言洪大也。（1983：278 卷八下釋樂）	㕦	匣	冬	洪	匣	東	雙聲東冬旁轉
袚之言拂也。（1983：289 卷九上釋天）	袚	滂	月	拂	滂	術	雙聲術月旁轉
襌之言澹澹然，平安意也。（1983：290 卷九上釋天）	襌	定	侵	澹	定	談	雙聲侵談對轉
堧之言懦也。《玉篇》仁緣、奴過二切，字亦作壖。（1983：296 卷九上釋地）	堧	日	元	懦	日	侯	雙聲元侯異類相轉
粊之言披也。披，開也。《玉篇》粊，或作岥。云耕外地也。（1983：297 卷九上釋地）	粊	滂	支	披	滂	歌	雙聲支歌異類相轉
陵之言隆也。（1983：299 卷九下釋地）	陵	來	蒸	隆	來	冬	雙聲蒸冬旁轉
瀆之言竇也。《說文》："竇，空也。"故《周官》注四瀆或作四竇。（1983：303 卷九下釋水）	瀆	定	屋	竇	定	侯	雙聲屋侯對轉
孚之言浮也。（1983：304 卷九下釋水）	孚	奉	職	浮	奉	幽	雙聲職幽旁對轉
役、蒍聲近而轉也。役从役聲，蒍从爲聲，役之轉爲蒍，猶爲之轉爲役。《表記》鄭注云："役之言爲也。"（1983：326 卷十上釋草）	役	匣	錫	蒍	匣	歌	雙聲歌錫異類相轉
蘽之言蘺也。（1983：336 卷十上釋草）	蘽	日	歌	蘺	日	微	雙聲歌微旁轉
衛之言穗也。前《釋器》云："穗，羽也。"羽謂之穗，箭羽謂之衛，聲義同矣。（1983：345 卷十上釋草）	穗	匣	脂	衛	匣	月	雙聲脂月旁對轉
蜻蛉之言菁筤也。（1983：362 卷十下釋蟲）	蛉	來	耕	筤	來	陽	雙聲耕陽旁轉
釘到之言顛到也。（1983：363 卷十下釋蟲）	釘	端	耕	顛	端	真	雙聲耕真通轉

续表

正文	A	聲	韻	B	聲	韻	聲韻關係
《玉篇》："酼,重釀也。"按酼之言佴也,仍也。《爾雅》："佴,貳也。"《廣雅》："仍,重也。"(1983：248 卷八上釋器)	酼	日	東	佴	日	之	雙聲之東旁對轉
轐之言縣連也。(1983：240 卷七下釋器)	轐	明	之	縣	明	元	雙聲之元異類相轉
皛之言皤也。《釋器》云："皤,白也。"(1983：387 卷十下釋獸)	皛	並	元	皤	並	歌	雙聲元歌對轉
條之言條治萬物而出之。(1983：280 卷九上釋天)	條	定	幽	治	定	之	雙聲之幽旁轉
蓏蔰之言權輿也。(1983：336 卷十上釋草)	蔰	匣	侯	輿	匣	魚	雙聲魚侯旁轉
險之言險巇。(1983：70 卷二下釋詁)	險	曉	支	巇	曉	談	雙聲支談異類相轉
妯之言儔也。《集韻》："妯,又音儔。"《方言》云："妯,耦也。"(1983：199 卷六下釋親)	妯	定	屋	儔	定	之	雙聲之屋旁對轉
秣之言末也。(1983：247 卷八上釋器)	秣	明	質	末	明	月	雙聲質月旁轉

聲類情況如下：

聲類	幫	滂	並	明	端	定	泥	清	从	心	見	溪	羣	疑	影	曉	匣	來	娘	日
數量	5	4	5	8	2	5	1	1	1	5	4	3	1	2	10	6	15	13	1	5

可知,匣母所占比重最多,有 15 對,其次是來母,有 13 對。這種情況與"之言"雙聲疊韻相似。

聲韻關係如下：

聲韻關係	雙聲旁對轉	雙聲異類相轉	雙聲通轉	雙聲旁轉	雙聲對轉
數量	12	17	7	31	23

可知,雙聲中,韻轉關係以旁轉爲主,有 31 例。其次是對轉,有 23 例。

二　雙聲形義關係考

A——B	字形結構有關		字形結構相異	A——B	字形結構有關		字形結構相異
	同聲符	同形符			同聲符	同形符	
潷——逼			√	悹——患		√	
箄——蔽			√	戴——蔽			√
箯——編			√	孚——剖			√
媥——翩	√			袚——拂			√
粊——披	√			膹——肥		√	
粰——浮	√			輓——緣			
䉵——旛	√			簿——比			√
勄——茂			√	莫——慔	√		
暮——冥			√	紃——蔑			√
䴊——濛	√			蠓——蒙	√		
脬——浮	√			著——丁			√
釘——顛			√	軸——持			√
襌——澹			√	潰——竇	√		
蘬——芎		√		闍——荼			√
惟——摧	√			死——澌			√
悠——遼	√			騷——蕭			√
颲——飆	√			餐——羞			√
較——皎	√			景——拘			√
箈——刮			√	柯——榦		√	
秫——末	√			康——空			√
踦——傾			√	鍇——劫			√
期——極			√	胺——癰			√
挩——儀			√	隱——意			√
骫——委			√	矮——委	√		
厴——壓	√			宸——隱			√
跃——夭	√			俺——掩	√		
裛——蘊			√	医——翳	√		
悗——忽			√	肳——荒			√
緫——恍			√	有——或			√

续表

A——B	字形結構有關		字形結構相異	A——B	字形結構有關		字形結構相異
	同聲符	同形符			同聲符	同形符	
憗——遺			√	險——險巇			√
昱——燿			√	譁——悻	√		
骸——核	√			嚚——碻	√		
嘞——洪			√	役——爲			√
禥——衛			√	鑛——賂		√	
蕭——興			√	倏——治			√
臨——隆			√	烈——爛		√	
妯——儔			√	露——落	√		
蠃——露			√	欄——闌			√
廩——斂			√	櫳——牢			√
毦——戎			√	梳——流	√		
甄——搜	√			陵——隆		√	
潹——濡		√		鱺——羅			√
㑊——憺			√	蘽——蕨		√	
醋——佴	√			穠——濃	√		
興——喜			√	鰅——鰌		√	
趆——造次			√	興——歆			√
蛉——筳			√				

由上可知，雙聲部分91例中，字形結構有關的有35例，其中同聲符的有27對，同形符的有8對。字形結構相異的有56對。可見，雙聲部分字形結構以字形相異爲主。

（一）同聲符問題

A——B	聲符	形義關係
媥——翩	扁	訓釋字和被釋字在輕舉義上同源。聲符僅示聲。
秛——披	皮	披指分開，與秛同源，共同義素爲分開。聲符僅示聲。秛，《說文》無此字。
稃（梳）——浮（流）	孚	稃，古音在之部。王念孫《廣雅疏證》將稃梳釋爲浮流，可能與糠子在油上浮動義有關。同源。聲符僅示聲。稃梳，即糠子。稃，《說文》無此字。

A——B	聲符	形義關係
鱕——蟠	番	蟠，古音在歌部。鱕是白鼠，蟠是白色，同源，共同義素爲白。《說文》："番，獸足謂之番。"番字本義與引申義與鱕蟠義較遠，聲符僅示聲。
鸏——濛	冢	鸏、濛同源，共同義素爲細微的東西。冢爲高墳，該字本義與引申義與鸏、濛義遠，聲符僅示聲。鸏，《說文》無此字。
惟——摧	崔	摧，古音在微部。摧之借義與惟之本義義近假借，皆有憂傷義。崔本義爲高大，崔子本義與引申義均與惟、摧義遠，聲符僅示聲。
悠——邃	㸚	悠、邃同源，共同義素爲深，且二者爲古今字關係。㸚本義爲順從，與悠、邃義遠，聲符僅示聲。
颰——肅	肅	颰之引申義與肅之借義義近，皆有急速義。聲符示聲。
較——皎	交	較，古音在宵部。較之借義與皎之本義義近，皆有明亮義。聲符僅示聲。
厴——壓	厭	厴、壓同源，義素爲壓迫。厭、壓爲古今字。聲符示聲。
䟽——夭	夭	夭，古音在宵部。䟽、夭同源，共同義素爲盛長。聲符有示源功能。
骸——核	亥	骸，古音在之部。核，古音在職部。骸的本義與核的借義義近，皆指實。骸、核與亥本義無涉，與亥假借義有關。聲符示聲。
氍——搜	叜	氍，古音在魚部。搜，古音在侯部。氍指毛布，搜指曳聚，毛布與曳聚之間詞義關聯較遠。《說文》："叜，空也。"叜，可假借爲搜，但與氍義遠，聲符僅示聲。
酾——佴	耳	佴，古音在之部。酾、佴同源，共同義素爲重復、再次。《說文》："耳，主聽也。"耳字本義與引申義與酾、佴義遠，聲符僅示聲。
桴——浮	孚	浮、桴同源，共同義素爲氾舟。《說文》："孚，卵孚也。一曰信也。"孚本義爲卵孚，引申爲浮躁、信服、誠信等。本義與引申義皆與桴、浮義遠，聲符僅示聲。
莫——慔	莫	莫，古音在鐸部。慔之本義與莫之借義義近，皆有勉勵義。聲符示聲。
鸏——蒙	冢	蒙，古音在東部。鸏爲細碎的麥米等物。蒙有小義，與鸏同源，共同義素爲小。《說文》："冢，高墳也。"冢字本義與引申義與鸏、濛義遠，聲符示聲。
瀆——竇	賣	瀆，古音在屋部。竇，古音在侯部。瀆、竇同源，共同義素爲溝，二者同源通用。《說文》："賣，出物貨也。"賣字本義與瀆、竇義遠，聲符僅示聲。
矮——委	委	委，古音在微部。矮之本義與委之借義義近，皆有積多義。聲符示聲。
裺——掩	奄	裺，古音在侵部。掩，古音在談部。裺、掩同源，共同義素爲掩藏。《說文》："奄，覆也。"《廣韻》："奄，藏也。"奄通作掩。裺、掩、奄三者同源，皆有掩藏義。聲符示源示聲。

续表

A——B	聲符	形義關係
医——翳	医	医指盛弓弩矢器，有隱藏義，與翳同源假借，共同義素爲隱藏。"医"示源。
諄——悻	幸	諄爲怒言，悻爲怒，同源，共同義素爲怒。幸爲吉而免凶，義與諄、悻較遠，聲符僅示聲。
鷊——皜	高	鷊，古音在沃部。鷊、皜同源，共同義素爲白。《說文》："高，崇也。"高義與鷊、皜義遠，聲符僅示聲。
露——落	各	落，古音在鐸部。露之《方言》義與落之本義同源，共同義素爲荒敗。《說文》："路，道也，从足从各。"徐鍇繫傳："从足各聲。"《說文》："洛，从水各聲。"《說文》："各，異辭也。"各義與露、落義遠，聲符輾轉示聲。
梳——流	㐬	聲符爲訓釋字和被釋字共同部份。王念孫《廣雅疏證》將秄梳釋爲浮流，可能與籽在油上浮動義有關。二者同源。聲符僅示聲。
穠——濃	農	農、穠、濃三字同源，共同義素爲多。聲符示聲。
秣——末	末	秣、末同源，共同爲碎屑。聲符示源示聲。

雙聲同聲符有 27 條。其中聲符爲訓釋字和被釋字共同部分的最多，有 21 例，聲符爲訓釋字的有 4 例，聲符爲被釋字的有 2 例。

聲符爲訓釋字和被釋字共同部分的 21 例中，訓釋字和被釋字詞義關係有同源、義近等。

其中同源有 17 例，如"露——落"，《說文》："露，潤澤也。从雨路聲。"遼希麟《續一切經音義》卷八引《切韻》："露，泄也，敗漏也。"《方言》卷三："露，敗也。"《荀子·富國篇》："入其境，其田疇穢，都邑露。"王念孫雜誌："露者，敗也。謂都邑敗壞也。"落，古音在鐸部。《說文》："凡艸曰零，木曰落。从艸洛聲。"引申爲荒廢。《隋書·李諤傳》："降及後代，風教漸落。"《爾雅·釋詁下》："落，死也。"《書·舜典》："帝乃殂落。"孔穎達疏："蓋殂爲往也。言人命盡而往。落者，若草木葉落也。"露之《方言》義與落之本義同源，共同義素爲荒敗。

義近有 3 例，且主要是本義與借義義近，如"懽——摧"，懽，《說文》無此字。《廣雅·釋詁一》："懽，憂也。"《玉篇·心部》："懽，悲傷也。"《廣韻·灰韻》："懽，傷也。"《說文》："摧，擠也。从手崔聲。"借義爲沮喪。《詩·邶風·北門》："我入自外，室人交徧摧我。"毛傳："摧，沮也。"鄭玄箋："刺譏之言。"摧之借義與懽之本義義近假借，皆有憂傷義。

　　義遠有1例："氈——搜"。氈，《說文》無此字。氈，古音在魚部。《廣雅》："氈，罽也。"《玉篇·毛部》："氈，毛布也。"《廣韻·虞韻》："氈，毛布。"搜，古音在侯部。《說文》："搜，曳聚也。从手婁聲。"氈指毛布，搜指曳聚，毛布與曳聚之間關聯較遠。

　　訓釋字和被釋字同源有17例，其中訓釋字和被釋字共同聲符示源示聲的有1例：俺——掩——奄。剩餘16例聲符都僅示聲。對於"俺——掩——奄"，俺、掩共同聲符爲奄。俺、掩同源，共同義素爲掩藏。《說文》："奄，覆也。"《廣韻》："奄，藏也。"奄通作掩。俺、掩、奄三者同源，共同義素爲掩藏。

　　聲符爲訓釋字有4例。詞義關係中，同源有2例，義近有2例。

　　訓釋字（聲符）和被釋字同源的是：鈇——夭、粖——末。

　　對於"鈇——夭"，《玉篇·長部》："鈇，鈇脁，長也。"《廣雅·釋詁四》："鈇，長也。"《集韻·号韻》："鈇，長皃。"左思《吳都賦》："爾乃地勢坱圠，卉木鈇蔓。"呂向注："卉木鈇蔓，言草木盛長而蔓延。"《說文》："夭，屈也。从大象形。"《書·禹貢》："厥草惟夭，厥木惟喬。"《漢書·地理志上》："篠簜既敷，中夭木喬。"顏師古注："夭，盛貌也。"鈇、夭同源，共同義素爲盛長。聲符有示源功能。

　　對於"粖——末"，《說文·弼部》："糏，涼州謂鬻爲糏。从鬻，糏聲。粖，糏或省从末。"《爾雅·釋言》："糏，糜也。"桂馥《札樸·鄉里舊聞·粖糊》："沂州南境，以大豆大麥細屑爲糏，謂之粖糊。"《說文》："末，木上曰末。从木，一在其上。"徐灝《說文解字注箋》："木梢曰末，故於木上作畫，指事。"《玉篇·木部》："末，端也。"粖、末同源，共同爲碎屑。聲符示源示聲。

　　訓釋字（聲符）和被釋字義近的是：颰——肅、矮——委（積）。

　　對於"颰——肅"，《廣雅》："颰，風也。"引申爲疾風。《廣韻·屋韻》："颰，風聲。"《集韻·屋韻》："颰，寒風。"《說文》："肅，持事振敬也。从聿在𣶒上，戰戰兢兢也。"借義爲急。《爾雅·釋詁上》："肅，疾也。"又："肅，速也。"王念孫《廣雅疏證》："《楚辭·七諫》：'商風肅而害生兮。'王逸注云：'肅，急貌。'"颰之引申義與肅之借義義近，皆有急速義。

　　對於"矮——委（積）"，《廣雅·釋詁三》："矮，多也。"《集韻·戈韻》："矮，燕人謂多曰矮。"《說文》："委，委隨也。"借義爲積。《公羊傳·桓公十四年》："御廩者何？粢盛委之所藏也。"何休注："委，積也。"《文選·揚雄〈甘泉賦〉》："瑞穰穰兮委如山。"李善注："委，積也。"矮之本義與委之借義義近，皆有積多義。聲符爲被釋字有 2 例，即"莫——慔""医——翳"。訓釋字和被釋字同源。

聲符爲被釋字有 2 例，詞（字）義關係中，同源假借有 1 例，義近有 1 例。

訓釋字和被釋字（聲符）同源的爲"医——翳"。《說文》："医，盛弓弩矢器也。从匚从矢。《國語》云：'兵不解医。'"《說文解字注》："今《國語》作翳，假借字。韋曰：'翳，所以蔽兵也。'案古翳隱翳薈字皆當於医義引申，不當借華蓋字也。翳行而医廢矣。"《說文》："翳，華蓋也。从羽殹聲。"朱駿聲《說文通訓定聲》："以羽覆車蓋，所謂羽葆幢也。"翳指用羽毛制成的車蓋。《文選·揚雄〈甘泉賦〉》："迺登夫鳳凰兮而翳華芝。"李善注："韋昭曰：鳳凰爲車飾也。翳，隱也。"《方言》卷十三："翳，掩也。"郭璞注："謂掩覆也。"《說文》："殹，擊中聲也。从殳医聲。"《說文解字注》："此字本義亦未見。《西部》醫从殹，王育說殹，惡姿也，一曰殹，病聲也。此與擊中聲義近。"徐灝箋："殹，呻吟聲，故云擊中聲。而王育說病聲也。"《方言》卷十二："殹，幕也。"郭璞注："謂蒙幕也。殹音翳。"殹有蒙幕義，與翳義近。医指盛弓弩矢器，有隱藏義，與翳同源假借，共同義素爲隱藏。医有示源功能。

訓釋字和被釋字（聲符）義近的爲"莫——慔"。《說文》："莫，日且冥也。从日在艸中。"借義爲勉勵。《淮南子·繆稱訓》："其謝之也，猶未之莫與。"高誘注："莫，勉之也。"《說文》："慔，勉也。从心莫聲。"《說文解字注》："勉者，彊也。"《爾雅》："慔慔，勉也。"郭璞："皆自勉強。"慔之本義與莫之借義義近，皆有勉勵義。聲符示聲。

（二）同形符有 8 例

雙聲同形符有 8 例，其詞（字）義關係如下表：

A——B	形符	詞（字）義關係
恩——患	心	患、恩同源，共同義素爲患。患者心憂，與形符詞義有關。
溽——濡	氵	溽，古音在屋部。濡，古音在侯部。濡、溽同源，共同義素爲濕。形符氵與濕有關。
蘽——蕨	艸	蕨、蘽同源，共同義素爲花。《說文》："艸，百卉也。"形符艸與花詞義有關。

续表

A——B	形符	詞（字）義關係
陵——隆	阝	陵、隆同源，共同義素爲高。《爾雅·釋地》："大陸曰阜。"阜指土地高大，與高義有關。
蘤——芛	艸	蘤、芛同源，共同義素爲華。形符艸與華詞義有關。
烈——爛	火	烈、爛同源，共同義素爲火熱。形符火與共同義素"火熱"有關。
柯——榦	木	榦，古音在元部。榦、柯同源，共同義素爲柄。形符"木"與共同義素"柄"有關。
膹——肥	肉	肥，古音在微部。膹、肥同源，共同義素爲肉。形符"肉"即共同義素。

　　雙聲同形符有 8 例，詞（字）義關係全部是同源：愳——患、溽——濡、蘽——蓏、陵——隆、蘤——芛、烈——爛、柯——榦、膹——肥。共同形符皆有共同義素有關聯。如"溽——濡"，《說文》："溽，濕暑也。从水辱聲。"《廣雅·釋詁一》："溽，濕也。"《說文》："濡，水，出涿郡故安，東入漆涑。从水需聲。"《禮記·曲禮上》："濡肉齒決，乾肉不齒決。"孔穎達疏："濡，濕也。濕軟不可用手擘，故用齒斷決而食之。"《廣雅·釋詁二》："濡，漬也。"《集韻·虞韻》："濡，沾濕也。"濡、溽同源，共同義素爲濕。共同義素與"水"有關聯。

　　（三）字形結構相異有 56 例

A——B	詞（字）義關係
闟——荼	闟、荼同源，共同義素爲疲弱。
役——爲	役之引申義與爲之借義義近，皆有作爲義。
畩——懦	畩、懦同源，共同義素爲鬆軟土地。
溥——逼	笮去汁需擠壓、壓迫，溥、逼同源，共同義素爲壓迫。
箪——蔽	箪之本義與蔽之引申義義近，皆有遮蔽義。
篋——編	篋、編同源，共同義素爲編連。
劼——茂	劼之本義與茂之借義義近，皆有勉勵義。
暮——冥	暮、冥同源，共同義素爲暗。
輖——緜	輖有纏束義，與緜同源，共同義素爲纏。
釘到——顛到	釘、顛並端母字，二詞同源。
禪——澹	禪本義有澹然安定義，與澹借義義近，皆有安義。
條——治	治，古音在之部。條之借義與治之借義義近，皆有治理義。

续表

A——B	詞（字）義關係
篤——刮	篤、刮同源，共同義素爲刷。
踦——傾	踦、傾同源，共同義素爲傾斜。
期——極	期之引申義與極之引申義義近，皆有期限義。
捝——儀	捝、儀同源，共同義素爲擬度。
帙——委	帙、委同源，共同義素爲屈曲，且帙、委爲古今字。
裛——蘊	裛之借義與蘊之本義義近，皆有盛義。
悅——忽	悅之本義與忽之借義義近，皆指狂安。
緫——怳	緫、怳同源，共同義素爲模糊。
懟——遺	懟、遺同源，共同義素爲忘。
昱——燿	昱、燿同源，共同義素爲明。
嘞——洪	嘞、洪同源，共同義素爲大。
稶——衛	稶指羽毛，起保護作用，衛指護衛，同源，共同義素爲保護。
蘦蒿——輿	蘦蒿，依王念孫，當爲聯綿詞，指蘆葦嫩芽，有始義，與權輿同源，共同義素爲初始。
臨——隆	臨之借義與隆之本義義近，皆有大義。
臝——露	臝之本義與露之借義義近，皆有露出義。
廩——斂	廩、斂同源，共同義素爲藏。
欞——羅	欞之借義與羅之本義義近，皆指網。
蛉——篒	蜻蛉、蒼篒在青色義上相近，以一般詞解釋聯綿詞。
興——喜	興之引申義與喜之本義義近，皆指喜。
興——歆	興之引申義與歆之本義義近，皆指喜。
靫——蔽	靫之本義與蔽之引申義義近，皆指隱蔽。
孚——剖	剖、孚義遠，二者屬音近假借關係。
袚——拂	袚、拂同源，共同義素爲除。
簿——比	"簿"多比次爲之，簿、比同源，共同義素爲比次。
絇——蔑	絇、蔑同源，共同義素爲微細。
著——丁	"著"有補義，丁即釘字，釘有釘補義，同源，共同義素爲補。
軸——持	軸、持同源，共同義素爲支撑。
趡——造	趡之本義與造之借義義近，皆指倉促。
死——澌	死、澌同源，共同義素爲盡。
騒——蕭	騒之本義與蕭之借義義近，皆指憂愁。
餐——差	餐之本義與差之《方言》義同源，共同義素爲熟飯。

续表

A——B	詞（字）義關係
縶——拘	縶、拘同源，共同義素爲纏束。
康——空	康、空同源，共同義素爲空。
鍇——劼	鍇之本義與劼之借義義近，皆有堅固義。
胺——瘇	胺、瘇同源，共同義素爲臃腫。
隱——意	隱之引申義與意之引申義義近，皆指思度。
㞩——隱	㞩、隱同源，共同義素爲藏。
吻——荒（忽）	吻、荒同源，共同義素爲模糊。
或——有	“有”與“或”之異文“域”字音近通借。
檽——闌	檽、闌同源，共同義素爲遮蔽物。
櫳——牢籠	櫳、牢同源，共同義素爲圈欄。
毦——（蒙）戎	《說文》：“戎，兵也。”戎或假借爲茸。《說文》：“茸，艸茸茸皃。”毦之本義與戎之假借義義近，皆指柔軟毛。
險——巇	險、巇同源，共同義素爲險難。
妯——儔	儔，古音在之部。妯之《方言》義與儔之借義義近假借，皆有匹儷義。

雙聲字形結構相異有56例，詞（字）義關係有同源、義近等。同源有32例，義近有20例，其他有4例。可見雙聲字形結構相異的詞（字）義關係以同源爲主。

同源有32例，如“骫——委”，《說文》：“骫，骨耑骫奊也。从骨丸聲。”《說文解字注》：“骫奊者，謂屈曲之狀。”《玉篇·骨部》：“骫，骨曲也。”《廣雅·釋詁一》：“骫，曲也。”《呂氏春秋·必己篇》：“尊則虧，直則骫。”高誘注：“骫，曲也。直不可久，故曰直則骫。”《漢書·淮南厲王劉長傳》：“皇帝骫天子正法而許大王，甚厚。”顏師古注：“骫，古委字。”《說文》：“委，委隨也。从女从禾。”徐鉉曰：“委，曲也，取其禾穀垂穗委曲之皃。故从禾。”骫、委同源，共同義素爲屈曲，且骫、委爲古今字。

“餈——羞”屬本義與《方言》義同源關係。《廣雅》：“饙謂之餈。”《說文·食部》：“饙，滫飯也。”《說文》：“羞，進獻也。”《方言》卷十二：“羞，熟也。”郭璞注：“熟食爲羞。”《儀禮·聘禮》：“燕與羞俶，獻無常數。”鄭玄注：“羞謂禽羞，雁鶩之屬，成熟煎和也。”餈之本義與羞之《方言》義同源，共同義素爲熟飯。

義近有 20 例, 可分幾種情況:

引申義與借義義近, 即 "役——爲", 《說文》: "役, 戍邊也。从殳从彳。" 引申爲 "爲"。《國語·齊語》: "桓公親見之, 遂使役官。" 韋昭注: "役, 爲也。"《說文》: "爲, 母猴也。" 借義爲 "作爲"。《爾雅》: "作, 爲也。" 役之引申義與爲之借義義近, 皆有作爲義。

借義與借義義近, 即 "條——(條)治", 《說文》: "條, 小枝也。" 借義爲教。《廣韻·蕭韻》: "條, 教也。"《說文》: "治, 水, 出東萊曲城陽丘山, 南入海, 从水台聲。" 借義爲修治。《玉篇·水部》: "治, 修治也。" 條之借義與治之借義義近, 皆有治理義。

引申義與引申義義近, 如 "期——極", 《說文》: "期, 會也。从月其聲。" 引申爲期限。《莊子·則陽》: "今計物之數, 不止於萬, 而期曰萬物者, 以數之多者號而讀之也。" 成玄英疏: "期, 限也。"《說文》: "極, 棟也。从木亟聲。" 引申爲終窮。《呂氏春秋·大樂》: "天地車輪, 終則復始, 極則復反, 莫不咸當。" 高誘注: "極, 窮。"《玉篇·木部》: "極, 盡也。" 期之引申義與極之引申義義近, 皆有期限義。

本義與引申義義近, 如 "興——喜", 《說文》: "興, 起也。" 引申爲喜樂。《墨子·非樂上》: "昔者齊康公興樂萬。" 孫詒讓《墨子閒詁》引俞樾云: "興猶喜也。"《說文》: "喜, 樂也。" 興之引申義與喜之本義義近, 皆指喜。

《方言》義與借義義近假借, 即 "姕——儔"。《說文》: "姕, 動也。"《集韻·屋韻》: "姕, 《方言》: '今關西兄弟婦相呼爲姕娌。'"《說文》: "儔, 翳也。" 又指匹偶。徐鍇《說文繫傳》: "儔, 匹儷也。" 朱駿聲《說文通訓定聲》: "姕, 假借爲儔。" 姕之《方言》義與儔之借義義近假借, 皆有匹儷義。

其他情況有 4 例: 釘到——顛到、(蜻)蛉——(蒼)筤、孚——剖、或——有。前兩例屬於聯綿詞間的同源, 後兩例有一例義遠, 一例假借關係。

對於 "孚——剖", 《說文》: "孚, 卵孚也。一曰信也。"《說文》: "剖, 判也。"《廣雅·釋詁一》: "剖, 分也。" "孚" 沒有 "剖" 義。王念孫《廣雅疏證》: "孚之言剖也。《淮南子·泰族訓》: '蛟龍伏寢於淵而卵剖於陵。' 唐瞿曇悉達《開寶占經·龍魚蟲蛇占篇》引此剖作孚。" 可知剖、孚義遠, 屬於音近關係。

　　對於 "或——有"，《說文》："或，邦也，从口从戈以守一。一，地也，域，或又从土。"《廣雅》："域，有也。"《說文》："有，不宜有也。"朱駿聲《說文通訓定聲·頤部》認爲 "有" 假借爲 "或"，即域字。《詩·商頌·玄鳥》："方命厥后，奄有九有。"毛傳："九有，九州也。"《老子·第十四章》："執古之道，以禦今之有。"劉師培注："有即域之假字也，有通作或，或即古域字。""有" 與 "或" 之異文 "域" 字有假借關係。

第三節　"之言" 疊韻研究

　　首先討論疊韻部分正文及聲韻關係，進而從形體、詞義兩方面展開論述。

一　疊韻部分正文及聲韻情況

　　疊韻有 231 例：

正文	A	聲	韻	B	聲	韻	聲韻關係
鼻之言自也。（1983：4 卷一上釋詁）	鼻	並	脂	自	从	脂	準旁紐疊韻
封之言豐也。（1983：5 卷一上釋詁）	封	幫	東	豐	滂	東	旁紐疊韻
袞之言渾也。（1983：6 卷一上釋詁）	袞	見	諄	渾	匣	諄	準旁紐疊韻
䱷之言奢也。《說文》："䱷，下奢也。"（1983：6 卷一上釋詁）	䱷	端	魚	奢	書	魚	準旁紐疊韻
方之言荒。（1983：7 卷一上釋詁）	荒	曉	陽	方	幫	陽	準旁紐疊韻
撫之言幠也。（1983：7 卷一上釋詁）	撫	滂	魚	幠	曉	魚	準旁紐疊韻
鄭注《禮器》云："致之言至也。"（1983：7 卷一上釋詁）	致	端	脂	至	章	脂	準雙聲疊韻
察者，《書大傳》云："祭之爲言察也。"察者，至也，人事至，然後祭。（1983：7 卷一上釋詁）	祭	精	月	察	初	月	準旁紐疊韻
《周官·天府》注云："祿之言穀也。"（1983：8 卷一上釋詁）	祿	來	屋	穀	見	屋	準旁紐疊韻

续表

正文	A	聲	韻	B	聲	韻	聲韻關係
《禮器》：“天地之祭，宗廟之事，父子之道，君臣之義，倫也。”鄭注云：“倫之言順也。”（1983：9卷一上釋詁）	倫	來	文	順	船	文	準旁紐疊韻
夐之言迥也。（1983：12卷一上釋詁）	夐	曉	耕	迥	匣	耕	旁紐疊韻
超之言迢也。（1983：12卷一上釋詁）	超	透	宵	迢	定	宵	旁紐疊韻
佚之言秩秩然也。（1983：13卷一上釋詁）	佚	匣	質	秩	定	質	準旁紐疊韻
揣之言墮也。（1983：13卷一上釋詁）	揣	透	果	墮	定	果	旁紐疊韻
磔之言開拓也。（1983：14卷一上釋詁）	磔	端	鐸	拓	章	鐸	準雙聲疊韻
《王制》：“有虞氏養國老於上庠。”鄭注云：“庠之言養也。”（1983：16卷一上釋詁）	庠	邪	陽	養	匣	陽	準旁紐疊韻
陸之言薅也。（1983：20卷一上釋詁）	陸	曉	歌	薅	溪	歌	準旁紐疊韻
剿之言絕也。（1983：21卷一上釋詁）	剿	初	月	絕	從	月	準旁紐疊韻
趹之言發越也。（1983：22卷一上釋詁）	趹	曉	月	越	匣	月	準旁紐疊韻
厭之言豔也。（1983：26卷一下釋詁）	厭	影	談	豔	以	談	準旁紐疊韻
綻之言閒也，《文選·長笛賦》注引服虔《漢書注》“衣服解閒”，音士莧切，聲與綻相近。（1983：28卷一下釋詁）	綻	定	元	閒	匣	元	準旁紐疊韻
沘之言訾也。（1983：30卷一下釋詁）	沘	清	支	訾	精	支	旁紐疊韻
瞭之言察也。（1983：32卷一下釋詁）	瞭	清	月	察	初	月	準雙聲疊韻
賊之言被也。（1983：36卷一下釋詁）	賊	幫	歌	被	並	歌	旁紐疊韻
汔之言訖也，《說文》：“汔，水涸也。”（1983：40卷一下釋詁）	汔	曉	術	訖	見	術	準旁紐疊韻

续表

正文	A	聲	韻	B	聲	韻	聲韻關係
扜之言弙也,《說文》: "弙, 滿弓有所鄉也。" 字亦作扜。《呂氏春秋・壅塞篇》: "扜弓而射之。" 高誘注云: "扜, 引也," 古聲竝與扜同。(1983: 41 卷一釋詁)	弙	影	魚	扜	見	魚	準雙聲疊韻
闇之言覬覦也, 桓二年《左傳》云: "下無覬覦。" "覬闇, 覦欲聲相近。《漢書・武五子傳》廣陵王胥見上年少無子, 有覬覦心。即覬覦也。(1983: 42 卷一釋詁)	覬	見	微	闇	溪	微	旁紐疊韻
濂之言枯也。(1983: 45 卷二上釋詁)	濂	見	魚	枯	溪	魚	旁紐疊韻
炋之言槁也。(1983: 46 卷二上釋詁)	炋	曉	宵	槁	溪	宵	準旁紐疊韻
璺之言釁也。《方言》: "秦晉器破而未離謂之璺。" (1983: 46 卷二上釋詁)	璺	明	文	釁	曉	文	準旁紐疊韻
由之言道也。(1983: 51 卷二上釋詁)	由	匣	幽	道	定	幽	準旁紐疊韻
《士喪禮・下篇》注云: "賻之言補也, 助也。" (1983: 51 卷二上釋詁)	賻	並	魚	補	幫	魚	旁紐疊韻
《士喪禮・下篇》注云: "賻之言補也, 助也。" (1983: 51 卷二上釋詁)	賻	並	魚	助	崇	魚	準雙聲疊韻
掜之言刲也。(1983: 52 卷二上釋詁)	掜	見	支	刲	溪	支	旁紐疊韻
笙之言星也。《周官・內饔》: "豕盲眡而交睫。" 腥當爲星, 肉有如米者似星, 星與笙聲近義同。(1983: 53 卷二上釋詁)	星	心	耕	笙	審	耕	準雙聲疊韻
㦸之言蔽也。《說文》: "蔽蔽, 小草也。" 《召南・甘棠篇》: "蔽芾甘棠。" 《毛傳》云: "蔽芾, 小貌。" 蔽與㦸聲近義同。(1983: 54 卷二上釋詁)	蔽	幫	月	㦸	並	月	旁紐疊韻
矧之言引也。(1983: 55 卷二上釋詁)	矧	書	真	引	匣	真	準旁紐疊韻
挺之言延也。(1983: 55 卷二上釋詁)	挺	書	元	延	匣	元	準旁紐疊韻

续表

正文	A	聲	韻	B	聲	韻	聲韻關係
紲之言曳也。（1983：60 卷二下釋詁）	紲	心	月	曳	匣	月	準旁紐疊韻
佁之言待也，止也。（1983：64 卷二下釋詁）	佁	匣	之	待	定	之	準旁紐疊韻
壯之言創也。（1983：67 卷二下釋詁）	壯	莊	陽	創	初	陽	旁紐疊韻
滰之言竟。（1983：68 卷二下釋詁）	滰	羣	陽	竟	見	陽	旁紐疊韻
阻之言齟齬也。（1983：70 卷二下釋詁）	阻	莊	魚	齟	崇	魚	旁紐疊韻
				齬	疑	魚	
隤之言摧隤，巘皆傾衰之義也。（1983：70 卷二下釋詁）	隤	定	微	摧	從	微	準雙聲疊韻
諲之言誕也。（1983：71 卷二下釋詁）	諲	透	元	誕	定	元	旁紐疊韻
《曲禮》注："富之言備也。"（1983：71 卷二下釋詁）	富	幫	之	備	並	之	旁紐疊韻
詄之言失。（1983：72 卷二下釋詁）	詄	定	質	失	書	質	準旁紐疊韻
《禮器》："君子之於禮也，有擷而播也。"鄭注云："擷之言芟也。"（1983：73 卷三上釋詁）	擷	初	談	芟	生	談	旁紐疊韻
鄭注云："辜之言枯也。"（1983：74 卷三上釋詁）	辜	見	魚	枯	溪	魚	旁紐疊韻
庀之言偏頗也。（1983：80 卷三上釋詁）	庀	幫	歌	頗	滂	歌	旁紐疊韻
醜之言儔也。（1983：80 卷三上釋詁）	醜	昌	幽	儔	定	幽	準旁紐疊韻
顢之言聯緜也。（1983：82 卷三上釋詁）	顢	明	元	聯	來	元	準旁紐疊韻
敊之言拂也。（1983：88 卷三上釋詁）	敊	並	術	拂	滂	術	旁紐疊韻
軮之言亢。（1983：92 卷三下釋詁）	軮	溪	陽	亢	見	陽	旁紐疊韻
綝之言禁也。（1983：92 卷三下釋詁）	綝	透	侵	禁	見	侵	準旁紐疊韻
侅之言兼該也。（1983：93 卷三下釋詁）	侅	溪	之	該	見	之	旁紐疊韻
葼之言總也，叢也。（1983：94 卷三下釋詁）	葼	精	東	叢	從	東	旁紐疊韻
雪之言刷也。（1983：97 卷三下釋詁）	雪	心	月	刷	生	月	準雙聲疊韻

续表

正文	A	聲	韻	B	聲	韻	聲韻關係
卉之言彚也。(1983：99 卷三下釋詁)	卉	曉	微	彚	匣	微	旁紐疊韻
尚之言掌也。(1983：99 卷三下釋詁)	尚	禪	陽	掌	章	陽	準旁紐疊韻
扴之言升，皆上出之義也。(1983：100 卷三下釋詁)	扴	章	蒸	升	書	蒸	準旁紐疊韻
賦之言鋪，直鋪陳今之政教善惡。(1983：100 卷三下釋詁)	賦	幫	魚	鋪	滂	魚	旁紐疊韻
擓之言會也。(1983：101 卷三下釋詁)	擓	見	月	會	匣	月	準旁紐疊韻
閜之言撝也。(1983：106 卷三下釋詁)	閜	匣	歌	撝	曉	歌	旁紐疊韻
遭之言纏繞也。(1983：108 卷四上釋詁)	遭	端	元	纏	透	元	旁紐疊韻
甾之言哉也。(1983：108 卷四上釋詁)	甾	莊	之	哉	精	之	準旁紐疊韻
《文選·長門賦》注引《七略》云："雅琴者，琴之言禁也，雅之言正也，君子守正以自禁也。"(1983：110 卷四上釋詁)	琴	羣	侵	禁	見	侵	旁紐疊韻
錈之言卷曲。(1983：110 卷四上釋詁)	錈	溪	元	卷	羣	元	旁紐疊韻
結之言詰屈也。(1983：110 卷四上釋詁)	結	見	質	詰	溪	質	旁紐疊韻
曙者，《說文》："睹，旦明也。"《文選·魏都賦》注引《說文》作曙，《管子·形勢篇》云："曙戒勿怠。"曙之言明著也。(1983：111 卷四上釋詁)	曙	禪	魚	著	端	魚	準旁紐疊韻
炎之言炎炎也。《說文》引《小雅·節南山篇》"憂心炎炎。"今本作憂心如惔。(1983：111 卷四上釋詁)	炎	定	談	炎	匣	談	準旁紐疊韻
卓之言灼灼也。(1983：111 卷四上釋詁)	卓	端	藥	灼	章	藥	準雙聲疊韻
煊之言宣明也。(1983：111 卷四上釋詁)	煊	泥	元	宣	心	元	準旁紐疊韻
旭之言皓皓也。《說文》："旭，日旦出皃，讀若好，一曰明也。"(1983：112 卷四上釋詁)	旭	曉	幽	皓	匣	幽	旁紐疊韻
徵之言證明也。(1983：112 卷四上釋詁)	徵	端	蒸	證	章	蒸	準雙聲疊韻

续表

正文	A	聲	韻	B	聲	韻	聲韻關係
《白虎通義》云："喪之言下葬之也。"（1983：113 卷四上釋詁）	喪	心	陽	葬	精	陽	旁紐疊韻
窖之言奧也。（1983：113 卷四上釋詁）	窖	見	幽	奧	影	幽	準雙聲疊韻
窔之言寥寥深也。（1983：113 卷四上釋詁）	窔	見	幽	寥	來	幽	準旁紐疊韻
粹之言萃也。（1983：115 卷四上釋詁）	粹	心	微	萃	從	微	旁紐疊韻
聰之言通。（1983：116 卷四上釋詁）	聰	清	東	通	透	東	準雙聲疊韻
昔之言夕也，夕、昔古通用。（1983：118 卷四上釋詁）	昔	心	鐸	夕	邪	鐸	旁紐疊韻
珚之言捆也。（1983：119 卷四上釋詁）	珚	羣	文	捆	溪	諄	旁紐疊韻
飂之言颻颻也。（1983：121 卷四下釋詁）	飂	來	幽	颻	生	幽	準旁紐疊韻
跌之言失也。（1983：127 卷四下釋詁）	跌	定	質	失	書	質	準旁紐疊韻
磧之言摘也。（1983：129 卷四下釋詁）	磧	端	錫	摘	定	錫	旁紐疊韻
踦之言偏倚也。（1983：132 卷四下釋詁）	踦	溪	歌	倚	影	歌	準旁紐疊韻
負與背古聲相近，故皆訓爲後。《明堂位》："天子負斧依。"鄭注云："負之言背也。"（1983：133 卷四下釋詁）	負	並	之	背	幫	之	旁紐疊韻
毗之言比也。（1983：139 卷五上釋詁）	毗	滂	脂	比	並	脂	旁紐疊韻
洴之言拼。（1983：150 卷五上釋詁）	洴	並	耕	拼	幫	耕	旁紐疊韻
擗之言擘，皆謂擊也。（1983：150 卷五上釋詁）	擗	滂	錫	擘	並	錫	旁紐疊韻
過之言過也。（1983：160 卷五下釋詁）	過	匣	歌	過	見	歌	準旁紐疊韻
局之言曲也。（1983：166 卷五下釋詁）	局	羣	屋	曲	溪	屋	旁紐疊韻
喹之言叱也。（1983：167 卷五下釋詁）	喹	端	質	叱	昌	質	準旁紐疊韻
薄之言傅也，迫也。（1983：168 卷五下釋詁）	薄	並	鐸	迫	幫	鐸	旁紐疊韻

续表

正文	A	聲	韻	B	聲	韻	聲韻關係
角之言觸也。（1983：170 卷五下釋詁）	角	見	屋	觸	昌	屋	準旁紐疊韻
觳之言孺也，字本作𣪘，通作觳。（1983：200 卷六下釋親）	觳	泥	侯	孺	日	侯	準旁紐疊韻
脰之言豎立也。（1983：202 卷六下釋親）	脰	定	侯	豎	禪	侯	準旁紐疊韻
倩之言婧也。《說文》："婧，有才也。"（1983：202 卷六下釋親）	倩	清	耕	婧	從	耕	旁紐疊韻
脅之言夾也。（1983：204 卷六下釋親）	脅	曉	盍	夾	見	盍	準旁紐疊韻
肚之言都也，食所都聚也。（1983：204 卷六下釋親）	肚	定	魚	都	端	魚	旁紐疊韻
胻之言梗也。（1983：205 卷六下釋親）	胻	匣	陽	梗	見	陽	準旁紐疊韻
礎之言苴也。（1983：209 卷七上釋宮）	礎	初	魚	苴	精	魚	準旁紐疊韻
碼之言藉也。（1983：209 卷七上釋宮）	碼	心	鐸	藉	從	鐸	旁紐疊韻
磌之言鎮壓也。（1983：209 卷七上釋宮）	磌	定	真	鎮	端	真	旁紐疊韻
梯之言次第也。（1983：209 卷七上釋宮）	梯	透	脂	第	定	脂	旁紐疊韻
除之言敘也。（1983：209 卷七上釋宮）	除	定	魚	敘	邪	魚	準旁紐疊韻
複之言複也。（1983：209 卷七上釋宮）	複	滂	沃	複	幫	沃	旁紐疊韻
庾之言亦聚也。（1983：209 卷七上釋宮）	庾	匣	侯	聚	從	侯	準旁紐疊韻
廥之言會也。（1983：209 卷七上釋宮）	廥	見	月	會	匣	月	準旁紐疊韻
寺之言止也。《後漢書·光武帝紀》注引《風俗通義》云："諸官府所止皆曰寺。"（1983：210 卷七上釋宮）	寺	邪	之	止	章	之	準旁紐疊韻
甃之言聚也，脩也。（1983：210 卷七上釋宮）	甃	莊	幽	脩	心	幽	準旁紐疊韻
檻之言監制也。（1983：210 卷七上釋宮）	檻	匣	談	監	見	談	準旁紐疊韻
椑之言比密也。（1983：210 卷七上釋宮）	椑	並	脂	比	幫	脂	旁紐疊韻

续表

正文	A	聲	韻	B	聲	韻	聲韻關係
《說文》："閌，門廉也。"閌之言介也，亦夾輔之名也（1983：211卷七上釋宮）	閌	匣	月	介	見	月	準旁紐疊韻
俾之言庫也，倪亦庫也。（1983：212卷七上釋宮）	俾	幫	支	庫	並	支	旁紐疊韻
檄與杙之言皆直也。（1983：213卷七上釋宮）	杙	匣	職	直	端	職	準旁紐疊韻
	檄	章	職				
術之言共也。（1983：213卷七上釋宮）	術	來	東	共	羣	東	準旁紐疊韻
欙之言厥也。凡木形之直而短者謂之欙。（1983：213卷七上釋宮）	欙	羣	月	厥	見	月	旁紐疊韻
術之言率也。人所率由也。《說文》："術，邑中道也。"（1983：213卷七上釋宮）	術	船	物	率	審	物	旁紐疊韻
趉之言駿也。（1983：214卷七上釋宮）	趉	清	諄	駿	精	諄	旁紐疊韻
阡之言伸也，直度之名也。（1983：214卷七上釋宮）	阡	清	真	伸	書	真	準旁紐疊韻
杻之言紐也。卷三云："紐，束也。"（1983：216卷七上釋宮）	杻	透	幽	紐	泥	幽	旁紐疊韻
桎之言窒，械之言礙，皆拘止之名也。（1983：216卷七上釋宮）	桎	章	質	窒	端	質	準雙聲疊韻
《召南·采蘋篇》："維錡及釜。"《傳》云："有足曰錡。"錡之言踦也。（1983：218卷七下釋器）	錡	羣	歌	踦	溪	歌	旁紐疊韻
盂之言迂曲也。（1983：219卷七下釋器）	盂	匣	魚	迂	影	魚	旁紐疊韻
盎之言卷曲也。（1983：220卷七下釋器）	盎	羣	元	卷	見	元	旁紐疊韻
籯之言盛受也。（1983：220卷七下釋器）	籯	喻	耕	盛	禪	耕	準旁紐疊韻
籅之言貯也，所以貯米也。（1983：222卷七下釋器）	籅	章	魚	貯	端	魚	準雙聲疊韻
匧之言挾也。《爾雅》："挾，藏也。"《說文》："匧，械藏也，或作篋。"（1983：223卷七下釋器）	匧	溪	葉	挾	匣	葉	準旁紐疊韻
罥之言縮也，挂也。（1983：224卷七下釋器）	罥	見	元	縮	影	元	準雙聲疊韻
鞠之言鉤也。（1983：224卷七下釋器）	鞠	羣	侯	鉤	見	侯	旁紐疊韻

正文	A	聲	韻	B	聲	韻	聲韻關係
判之言片也，今人言版片是也。（1983：225 卷七下釋器）	版	幫	元	片	滂	元	旁紐疊韻
緺之言苟細也，字通作阿。（1983：226 卷七下釋器）	緺	影	歌	苟	匣	歌	旁紐疊韻
纚之言紒也，所以紒髮也。（1983：229 卷七下釋器）	纚	溪	元	紒	見	元	旁紐疊韻
帗之言墳也。《爾雅》云："墳，大也。"《說文》："楚謂大巾曰帗。"（1983：229 卷七下釋器）	帗	滂	文	墳	並	文	旁紐疊韻
鬕之言蠢蠢然也。（1983：234 卷七下釋器）	蠢	昌	文	鬕	書	文	旁紐疊韻
紟之言禁也。（1983：235 卷七下釋器）	紟	羣	侵	禁	見	侵	旁紐疊韻
楮之言題署也。《廣韻》："楮，標記物之處也。"（1983：236 卷七下釋器）	楮	端	魚	署	禪	魚	準旁紐疊韻。
櫛之言節也，其齒相節次也。（1983：236 卷七下釋器）	櫛	莊	質	節	精	質	準雙聲疊韻
綰之言綰也。（1983：238 卷七下釋器）	綰	匣	元	綰	影	元	旁紐疊韻
軒之言扞蔽也。《說文》："軒，曲輈藩車也。"（1983：238 卷七下釋器）	軒	曉	元	扞	匣	元	旁紐疊韻
軒之言紆也。（1983：239 卷七下釋器）	軒	匣	魚	紆	影	魚	旁紐疊韻
輫之言棐也。（1983：239 卷七下釋器）	輫	並	微	棐	幫	微	旁紐疊韻
轓之言藩屏也。（1983：240 卷七下釋器）	轓	滂	元	藩	幫	元	旁紐疊韻
輪之言員也，運也。（1983：241 卷七下釋器）	輪	來	文	員	匣	文	準旁紐疊韻
輪之言員也，運也。（1983：241 卷七下釋器）	輪	來	文	運	匣	文	準旁紐疊韻
錕之言緄也。（1983：241 卷七下釋器）	錕	見	文	緄	匣	文	準旁紐疊韻
軑之言鈴制也。（1983：241 卷七下釋器）	軑	定	月	制	章	月	準旁紐疊韻
緤之言曳。（1983：242 卷七下釋器）	緤	心	月	曳	匣	月	準旁紐疊韻

续表

正文	A	聲	韻	B	聲	韻	聲韻關係
《少儀》云："犬則執緤，牛則執紖，馬則執靮。"緤、紖、靮，皆引也。緤之言曳，紖之言引，靮之言扚也。《玉篇》："扚，引也。"（1983：242 卷七下釋器）	紖	定	真	引	喻	真	旁紐疊韻
楰之言亦枸也。（1983：243 卷七下釋器）	楰	初	侯	枸	見	侯	準旁紐疊韻
骼之言垎也。《說文》："垎，土乾也，一曰堅也。"義與骼相近。（1983：244 卷八上釋器）	骼	見	鐸	垎	匣	鐸	準旁紐疊韻
胾之言裁也。《說文》："胾，大臠也。"《曲禮》："左殽右胾。"鄭注云："殽，骨體也。胾，切肉也。殽在俎，胾在豆。"（1983：245 卷八上釋器）	胾	莊	之	裁	從	之	準旁紐疊韻
胜之言汁也。字亦作渻，《士昏禮》："大羹渻在爨。"鄭注云："大羹渻，煮肉汁也。"今文渻作汁，《少儀》云："凡羞有渻者不以齊。"（1983：245 卷八釋器）	胜	溪	緝	汁	章	緝	準旁紐疊韻
糈之言疏，皆分散之貌也。（1983：247 卷八上釋器）	糈	心	魚	疏	生	魚	準雙聲疊韻
飦之言闤也，今人通呼餌之闤者爲飦。（1983：247 卷八上釋器）	飦	疑	元	闤	匣	元	準雙聲疊韻
醰之言淫也。韋昭注《晉語》云："淫，久也。"（1983：248 卷八上釋器）	醰	從	侵	淫	喻	侵	準旁紐疊韻
按對之言哉也。《爾雅》："哉，始也。"麴爲酒母，故謂之對。（1983：249 卷八上釋器）	對	從	之	哉	精	之	旁紐疊韻
案菹之言租也。（1983：249 卷八上釋器）	菹	莊	魚	租	精	魚	準雙聲疊韻
𥺁之言繁縟。（1983：251 卷八上釋器）	𥺁	心	屋	縟	日	屋	準旁紐疊韻
鈹之言破也。（1983：252 卷八上釋器）	鈹	滂	歌	破	並	歌	旁紐疊韻
鏨之言斬也。《說文》："鏨，小鑿也。"（1983：252 卷八上釋器）	鏨	從	談	斬	莊	談	準旁紐疊韻

正文	A	聲	韻	B	聲	韻	聲韻關係
鐅之言撥也。《大雅·蕩》箋云："撥，猶絕也。"（1983：253 卷八上釋器）	鐅	滂	月	撥	幫	月	旁紐疊韻
鉏之言除也。《說文》："鉏，立薅斫也。"（1983：254 卷八上釋器）	鉏	崇	魚	除	定	魚	準雙聲疊韻
枸之言均也。（1983：256 卷八上釋器）	枸	精	真	均	見	真	準雙聲疊韻
輴之言屯聚。（1983：256 卷八上釋器）	輴	端	文	屯	定	文	旁紐疊韻
箈之言䐑也，編之䐑然整齊也。（1983：258 卷八上釋器）	箈	初	錫	䐑	崇	錫	旁紐疊韻
掊之言掊擊也。（1983：258 卷八上釋器）	掊	幫	之	棓	並	之	旁紐疊韻
殳之言投也。投亦擊也。《釋名》云："殳，殊也，有所撞挃於車上，使殊離也。"（1983：259 卷八上釋器）	殳	禪	侯	投	定	侯	準旁紐疊韻
梠之言剚也，剚入土中也。（1983：260 卷八上釋器）	梠	邪	之	剚	莊	之	準旁紐疊韻
柫之言拂也。《說文》："拂，過擊也。"（1983：260 卷八上釋器）	柫	幫	物	拂	滂	物	旁紐疊韻
韣之言鍵閉也。《方言》："所以藏弓謂之韣。"（1983：262 卷八上釋器）	韣	見	元	鍵	羣	元	旁紐疊韻
茀之言制也，二者皆可以弋飛鳥制羅之也。（1983：263 卷八上釋器）	制	並	物	茀	滂	物	旁紐疊韻
程瑤田《通藝錄》："……劍首名鐔。鐔之言覃也。是于者非覃之形乎？"（1983：264 卷八上釋器）	覃	定	侵	鐔	邪	侵	準旁紐疊韻
鋏之言剡也。《爾雅》云："剡，利也。"（1983：265 卷八上釋器）	剡	喻	談	鋏	定	談	旁紐疊韻
鏦之言摐也。《釋言篇》云："摐，撞也。"（1983：265 卷八上釋器）	鏦	清	東	摐	初	東	準雙聲疊韻
《方言》："矛鐏謂之釬，釬之言榦也。"（1983：265 卷八上釋器）	釬	匣	元	榦	見	元	準旁紐疊韻

正文	A	聲	韻	B	聲	韻	聲韻關係
苴之言苴也。苴者，藉也。言所以藉牲體也。（1983：268 卷八上釋器）	苴	精	魚	俎	莊	魚	準旁紐疊韻
厥之言蹶也，謂中足爲横距之象。《周禮》："爲之距。"（1983：268 卷八上釋器）	厥	見	月	蹶	羣	月	旁紐疊韻
虡與虜同。虡之言舉也。所以舉物也。義與筍虡相近。郭注以爲即筍虡，殆非也。（1983：268 卷八上釋器）	虡	羣	魚	舉	見	魚	旁紐疊韻
桯之言經也。横經其前也。牀前長几謂之桯，猶牀邊長木謂之桯。（1983：268 卷八上釋器）	桯	透	耕	經	見	耕	準旁紐疊韻
豆之言亦聚也，聚升之量也。（1983：269 卷八上釋器）	豆	定	侯	聚	從	侯	準雙聲疊韻
斛之言輸也。卷三云："輸，聚也。"按斟六斗曰斛，六斛四斗曰鍾。（1983：270 卷八上釋器）	斛	匣	侯	輸	書	侯	準旁紐疊韻
秅之言都也。都亦聚也。《掌客》疏云："秅者，束之總名是也。"（1983：270 卷八上釋器）	秅	定	魚	都	端	魚	旁紐疊韻
筥之言旅也。鄭注《樂記》云："旅，俱也。"《周官・掌客》注云："四秉曰筥，讀如棟梠之梠是也。"（1983：270 卷八上釋器）	筥	見	魚	旅	來	魚	準旁紐疊韻
彤之言融也，赤色著明之貌。（1983：271 卷八上釋器）	彤	定	冬	融	匣	冬	準旁紐疊韻
又云黇，白黄色也，謂黄色之薄者也。黇之言沾也。卷一云："沾，薄也。"（1983：272 卷八上釋器）	黇	透	談	沾	端	談	旁紐疊韻
皛之言皎皎也。《說文》："皛，顯也。"《文選》潘岳《關中詩》注引《倉頡篇》云："皛，明也。"（1983：272 卷八上釋器）	皛	匣	宵	皎	見	宵	準旁紐疊韻
旳之言灼灼也。《說文》："旳，明也。"（1983：272 卷八上釋器）	旳	端	藥	灼	章	藥	準雙聲疊韻
櫬之言親也。（1983：274 卷八上釋器）	櫬	初	真	親	清	真	準雙聲疊韻

续表

正文	A	聲	韻	B	聲	韻	聲韻關係
檮之言盛受也。（1983：274 卷八上釋器）	檮	定	幽	受	禪	幽	準旁紐疊韻
池之言施也，言德之無不施也。（1983：275 卷八下釋樂）	池	定	歌	施	書	歌	準旁紐疊韻
柷之言俶。（1983：277 卷八下釋樂）	柷	章	藥	俶	昌	藥	旁紐疊韻
霶之言砰訇也。《玉篇》："霶，補孟切，雷也。"《集韻》云："雷聲也。"（1983：283 卷九上釋天）	霶	幫	耕	砰	滂	耕	旁紐疊韻
霶之言砰訇也。《玉篇》："霶，補孟切，雷也。"《集韻》云："雷聲也。"（1983：283 卷九上釋天）	霶	幫	耕	訇	曉	耕	準旁紐疊韻
鄭玄注："壇之言坦也，坦明貌也。"（1983：288 卷九上釋天）	壇	定	元	坦	透	元	旁紐疊韻
雩之言吁嗟也。（1983：288 卷九上釋天）	雩	匣	魚	吁	曉	魚	旁紐疊韻
禨之言祈也。（1983：290 卷九上釋天）	禨	見	微	祈	羣	微	旁紐疊韻
秋之言成就也。（1983：292 卷九上釋地）	秋	清	幽	就	從	幽	旁紐疊韻
藪之言聚也，草木禽獸之所聚也。（1983：292 卷九上釋地）	藪	心	侯	聚	從	侯	旁紐疊韻
靴之言扰也。（1983：297 卷九上釋地）	靴	從	侵	扰	端	侵	準旁紐疊韻
桂之言刲也。《說文》："桂，册又可以劃麥，河内用之。"（1983：297 卷九釋地）	桂	見	支	刲	溪	支	旁紐疊韻
垛之言宰也，宰亦高貌也。（1983：298 卷九下釋地）	垛	清	之	宰	精	之	旁紐疊韻
陘之言徑也，字通作徑。（1983：299 卷九下釋地）	陘	匣	耕	徑	見	耕	準旁紐疊韻
隒之言廉也。《鄉飲酒禮》："設席于堂廉。"鄭注云："側邊曰廉。"是其義也。（1983：299 卷九下釋地）	隒	疑	談	廉	來	談	準旁紐疊韻
畎之言穿也。字或作甽。（1983：302 卷九下釋水）	畎	見	元	穿	昌	元	準旁紐疊韻
湍之言遄也。《爾雅》："遄，疾也。"其無石而流疾者，亦謂之湍。（1983：302 卷九下釋水）	湍	透	元	遄	禪	元	準旁紐疊韻

续表

正文	A	聲	韻	B	聲	韻	聲韻關係
磧之言積也。（1983：303 卷九下釋水）	磧	清	錫	積	精	錫	旁紐疊韻
案造之言曹也，相比次之名也。（1983：305 卷九下釋水）	造	清	幽	曹	从	幽	旁紐疊韻
薔蘼之言儲與也。（1983：327 卷十上釋草）	薔	章	魚	儲	定	魚	準旁紐疊韻
	蘼	邪	魚	與	匣	魚	準旁紐疊韻
甾之言才生也。（1983：336 卷十上釋草）	甾	莊	之	才	从	之	準旁紐疊韻
薠蔓之言權輿也。（1983：336 卷十上釋草）	薠	溪	元	權	羣	元	旁紐疊韻
芙蓉之言敷蓉也。（1983：339 卷十上釋草）	芙	並	魚	敷	滂	魚	旁紐疊韻
樝之言酢也。《說文》云："樝，果似棃而酢。"亦作樝。（1983：353 卷十釋草）	樝	莊	魚	酢	清	魚	準旁紐疊韻
椑之言卑也，以其卑下也。（1983：356 卷十上釋草）	椑	並	支	卑	幫	支	旁紐疊韻
蠤之言慅也。（1983：358 卷十下釋蟲）	蠤	清	錫	慅	初	錫	準雙聲疊韻
蠤之言蚰也。（1983：358 卷十下釋蟲）	蠤	透	月	蚰	泥	月	旁紐疊韻
蠉之言回旋也。（1983：363 卷十下釋蟲）	蠉	曉	元	旋	邪	元	旁紐疊韻
蜿蟺之言宛轉也。（1983：363 卷十下釋蟲）	蟺	禪	元	轉	端	元	準旁紐疊韻
禹之言聥也，亦知聲之名也。（1983：364 卷十下釋蟲）	禹	匣	魚	聥	見	魚	準旁紐疊韻
鯖之言萊也。《方言》云："萊，小也。"《爾雅》云："貝大者魧小者鯖。"（1983：366 卷十下釋魚）	鯖	精	錫	萊	清	錫	旁紐疊韻
盒之言合也。（1983：370 卷十下釋魚）	盒	見	緝	合	匣	緝	準旁紐疊韻
鶖之言摯也。（1983：378 卷十下釋鳥）	鶖	清	幽	摯	精	幽	旁紐疊韻
彀之言穀也。《說文》云："穀，乳也，从子殼聲。"（1983：378 卷十下釋鳥）	彀	溪	侯	穀	見	侯	旁紐疊韻
麑之言兒也，弱小之稱也。（1983：384 卷十下釋獸）	麑	疑	支	兒	日	支	準旁紐疊韻

续表

正文	A	聲	韻	B	聲	韻	聲韻關係
劇之言虔也。《方言》："虔，殺也。"義與割通。今俗謂牡豬去勢者曰犍豬。聲如建。（1983：385 卷十下釋獸）	劇	見	元	虔	羣	元	旁紐疊韻
《唐風·采苓》箋云："旃之言焉也。"（1983：139 卷五上釋詁）	旃	章	元	焉	影	元	準雙聲疊韻
幰之言扞蔽也。《眾經音義》卷十四引《倉頡篇》云："布帛張車上位幰。"《釋名》云："幰，憲也。所以御熱也。"（1983：236 卷七下釋器）	幰	曉	元	扞	匣	元	旁紐疊韻
样之言愓也，卷三云："愓，直也。"样、愓立音羊，其義同也。（1983：257 卷八上釋器）	样	喻	陽	愓	定	陽	旁紐疊韻
鋟之言鑯也。卷四云："鑯，銳也。"（1983：254 卷八上釋器）	鋟	清	談	鑯	精	談	旁紐疊韻
扒之言別也。（1983：148 卷五上釋詁）	扒	幫	月	別	並	月	旁紐疊韻

據考，"之言"疊韻韻類關係分佈中，以元部最多，有 31 例，其次是魚部，有 29 例。

韻部	數量	韻部	數量	韻部	數量
之部	13	職部	2	蒸部	2
支部	6	錫部	6	耕部	10
魚部	29	鐸部	5	陽部	11
侯部	10	屋部	4	東部	5
宵部	7	藥部	4		
幽部	12	覺部	1	冬部	1
微部	7	物部	5	文部	12
脂部	5	質部	7	真部	7
歌部	13	月部	19	元部	31
		緝部	2	侵部	7
		盍部	2	談部	9

疊韻情況下的聲轉關係如下表：

大類	疊韻		
次類	旁組疊韻	準旁組疊韻	準雙聲疊韻
數量	108	97	27
比重	46.55%	41.81%	11.64%

　　可見，疊韻情況下的聲轉關係以旁組爲主，其次是準旁紐。準雙聲的比重較少。

二　疊韻部分形義關係考

A——B	字形結構有關		字形結構相異	A——B	字形結構有關		字形結構相異
	同聲符	同形符			同聲符	同形符	
怡——待			√	虜——舉			√
富——備			√	筥——旅			√
絯——(兼)該	√			雩——吁(嗟)	√		
甾——哉			√	薢茩——儲與	√		
負——背			√	芙蓉——敷蕖			√
寺——止			√	樝——酢			√
械——礙			√	禹——瑀	√		
𢦏——裁	√			穀——孺			√
尌——哉			√	脛——豎立	√		
棓——掊擊	√			庚——聚			√
柤——刜			√	鞠——鞘	√		
㝡——宰			√	槲——枸		√	
甾——才(生)			√	殳——投	√		
泚——訾	√			豆——聚			√
㩃——刌			√	斞——斔			√
俾——庳	√			藪——聚			√
桂——刲	√			觳——教	√		
椑——卑	√			超——迢	√		
魔——兒	√			灼——槁			√
觰——奢	√			撫——憮	√		
抓——乎			√	晶——皎皎			√

续表

A——B	同聲符	同形符	字形結構相異	A——B	同聲符	同形符	字形結構相異
賄——補	✓			濾——枯			✓
賻——助			✓	由——道			✓
阻——齟齬	✓			旭——皓皓			✓
辜——枯	✓			窖——奧			✓
賦——鋪			✓	窬——寥寥			✓
曙——明著	✓			麗——颺飂		✓	
礎——苴			✓	鼇——脩			✓
除——敘	✓			杍——紐			✓
盂——迂曲	✓			檮——(盛)受			✓
齹——貯			✓	秋——成就			✓
帾——(題)署	✓			造——曹			✓
軒——紆	✓			鼇——擎	✓		
楈——疏	✓			闚——覬覦	✓		
菹——租	✓			隤——摧隤			✓
鉏——除			✓	醜——儔			✓
俎——苴	✓			卉——彙			✓
粹——萃	✓			汔——訖	✓		
緋——棐	✓			敹——拂			✓
機——祈		✓		術——率			✓
鼻——自	✓			梻——拂	✓		
致——至	✓			茀——刜	✓		
纰——比	✓			佾——秩秩			✓
梯——次第	✓			誅——失	✓		
桎——比密	✓			結——詰屈	✓		
揣——墮	✓			跌——失	✓		
陸——虧			✓	喫——叱		✓	
贁——被	✓			桎——窒	✓		
庋——偏頗	✓			祭——察	✓		
櫛——節	✓			劓——絕			✓
圂——撝	✓			蹳——發越	✓		
踦——偏倚	✓			瞭——察	✓		

续表

A——B	同聲符	同形符	字形結構相異	A——B	同聲符	同形符	字形結構相異
遄——過	√			黹——蔽	√		
錡——踦	√			紲——曳			√
絅——苛（細）	√			雪——刷			√
鈹——破	√			襘——會	√		
樴——直			√	膾——會	√		
杙——直			√	閉——介	√		
磶——摘	√			麜——厥	√		
澼——擗	√			軨——鈴制			√
籅——䐈			√	緤——曳			√
磧——積	√			鏺——撥	√		
蟲——懺	√			厰——厲	√		
鰿——䱹			√	肚——都			√
磔——開拓	√			薑——蛆		√	
昔——夕			√	胙——汁			√
薄——迫			√	盒——合	√		
碣——藉			√	脅——夾			√
骼——垎	√			匧——挾	√		
祿——穀			√	扚——升	√		
局——曲			√	徵——證明			√
角——觸		√		夐——迥			√
氉——繁縟			√	笙——星星			√
卓——灼灼			√	洴——拼	√		
旳——灼灼	√			倩——婧	√		
梲——俶			√	籑——盛受			√
復——複	√			桱——經			√
帠——硏（旬）			√	方——荒			√
帠——（硏）旬			√	庠——養			√
陘——徑	√			壯——創			√
濜——竟	√			池——施	√		
軓——軝	√			尚——掌	√		
喪——葬			√	胻——梗			√

A——B	字形結構有關		字形結構相異	A——B	字形結構有關		字形結構相異
	同聲符	同形符			同聲符	同形符	
夒——叢			√	聰——通			√
衕——共	√			鏦——摐	√		
肜——融			√	衮——渾			√
倫——順			√	壨——靁		√	
趁——駿	√			帗——墳			√
矤——引	√			鬆——蠢蠢然	√		
輪——員			√	輪——運			√
錕——緷			√	慉——屯（聚）			√
磌——鎮壓	√			阡——伸			√
絇——引	√			枸——均	√		
櫬——親	√			綻——開			√
挻——延	√			譠——誕		√	
顠——聯（絲）			√	遵——纏繞			√
鬈——卷曲	√			煊——宣明	√		
封——豐			√	秅——都			√
扒——別			√	益——卷曲	√		
罥——綰			√	判——片			√
纗——紊		√		纋——綰		√	
軒——扞蔽	√			轐——藩屏	√		
膊——剔	√			鈗——圜			√
鞬——鍵閉	√			釬——榦			√
壇——坦		√		䀎——穿			√
湍——遄	√			藫蔰——權輿	√		
蠉——回旋			√	蜿蟺——宛轉			√
劇——虐	√			旃——焉			√
幝——扞蔽			√	撼——感	√		
綝——禁	√			琴——禁			√
紟——禁			√	醓——淫			√
鐔——蕈	√			䩥——扰	√		
厭——饜			√	撕——芟			√
天——炎炎		√		檻——監制	√		

续表

A——B	字形結構有關		字形結構相異	A——B	字形結構有關		字形結構相異
	同聲符	同形符			同聲符	同形符	
鏨——斬	√			鎩——剟	√		
跕——沾	√			陳——廉	√		
珚——捆			√	样——惕			√
鍨——鐵		√					

　　疊韻形體關係中，字形結構有關的有 120 例，字形結構相異的有 111
例。在字形結構有關的情況中，同聲符有 107 例。說明疊韻形體結構關係
中，以字形結構有關爲主，字形結構相異爲輔。字形結構有關中，又以同
聲符爲主。

（一） 疊韻中的同聲符問題
　　疊韻同聲符有 107 例，其詞（字）義關係如下表。

A 之言 B	聲符	詞（字）義關係
硋——（兼）該	亥	硋之本義與該之借義義近，皆指多。《說文》："亥，荄也。十月微陽起，接盛陰。" 聲符與硋、該義遠，僅示聲。
棓——捨擊	音	棓、捨同源，共同義素爲打。《說文》："音，相與語唾而不受也。" 音義表拒絕。聲符與棓、捨義遠，聲符僅示聲。
沘——訾	此	沘之借義與訾之本義義近，皆思度。《說文》："此，止也。" 聲符與沘、訾義遠，聲符僅示聲。
絓——刲	圭	絓、刲同源，共同義素爲割。《說文》："圭，瑞玉也。" 聲符與絓、刲義遠，聲符示聲。
觰——奢	者	觰或作奓，奢字籀文亦爲奓，二者同源，共同義素爲大。《說文》："者，別事詞也。" 聲符與觰、奢義遠，聲符僅示聲。
撫——幠	無	撫之借義與幠之借義義近，皆有 "有" 義。無可作幠，朱駿聲《說文通訓定聲·豫部》："無，假借爲幠。"《荀子·禮論》："無帾絲歶縷翣，其須以象菲帷幬尉也。" 楊倞注："無，讀爲幠，幠，覆也，所以覆尸者也。《士喪禮》'幠用斂衾夷衾'是也。" 無與撫、幠義遠，聲符僅示聲。
阻——齟齬	且	阻、齟同源，共同義素爲不正。《說文》："且，薦也。" 聲符與阻、齟義遠，聲符僅示聲。
辜——枯	古	辜之本義與枯之借義義近，皆指磔。《說文》："古，故也。" 聲符與辜、枯義遠，聲符僅示聲。
曙——明著	者	曙、著同源，共同義素爲明。《說文》："者，別事詞也。" 聲符與曙、著義遠，聲符僅示聲。
除——敘	余	除、敘義近且同源，共同義素爲次第。《說文》："余，語之舒也。" 聲符與除、敘義遠，聲符僅示聲。

续表

A之言B	聲符	詞（字）義關係
盂——迂曲	于	盂有曲義，盂、迂義近且同源，共同義素爲曲。《說文》："于，於也。"聲符與盂、迂義遠，聲符僅示聲。
帾——（題）署	者	帾、署義近且同源，共同義素爲題記。《說文》："者，別事詞也。"聲符與帾、署義遠，聲符僅示聲。
軒——紆	于	軒、紆皆有曲義，義近且同源，共同義素爲曲。《說文》："于，於也，象氣之舒于。"聲符與軒、紆義遠，聲符僅示聲。
菹——租	且	菹之本義與租之引申義義近，皆指積。《說文》："且，薦也。"聲符與菹、租義遠，聲符僅示聲。
粹——萃	卒	粹通作萃。粹、萃同源通用，共同義素爲齊聚。《說文》："卒，隸人給事者衣曰卒。卒，衣有題識者。"聲符與粹、萃義遠，聲符僅示聲。
輫——棐	非	輫之《方言》義與棐之本義同源，共同義素爲車箱部件。《說文》："非，違也。"聲符與輫、棐義遠，聲符僅示聲。
捐——墮		捐、墮同源，共同義素爲落。
賊——被	皮	賊、被同源，共同義素爲加。《說文》："皮，剝取獸革者謂之皮。"聲符與賊、被義遠，聲符僅示聲。
庬——偏頗	皮	庬、頗同源，共同義素爲偏邪。《說文》："皮，剝取獸革者謂之皮。"聲符與庬、頗義遠，聲符僅示聲。
闓——撝	爲	闓、撝同源，共同義素爲開。《說文》："爲，母猴也。"聲符與闓、撝義遠，聲符示聲。
踦——偏倚	奇	踦、倚同源，共同義素爲依靠。《說文》："奇，異也。"奇通作倚。《集韻·紙韻》："倚，依也。或作奇。"《易·說卦》："参天兩地而倚數。"陸德明釋文："倚，馬融云依也，蜀才作奇，通。"聲符與踦、倚義遠，聲符僅示聲。
錡——踦	奇	錡、踦同源，共同義素爲足。《說文》："奇，異也。"聲符與錡、踦義遠，聲符僅示聲。
綃—苛（細）	可	綃、苛同源，共同義素爲細。《說文》："可，肯也。"聲符與綃、苛義遠，聲符僅示聲。
磃——擿	啻	磃、擿同源，共同義素爲擊。《說文》："啻，語時，不啻也。"聲符與磃、擿義遠，聲符僅示聲。
澼——擗	辟	澼、擗同源，共同義素爲擊。《說文》："辟，法也。"聲符與澼、擗義遠，聲符僅示聲。
磧——積	責	磧、積同源，共同義素爲積。《說文》："責，求也。"聲符與磧、積義遠，聲符僅示聲。
骼——垎	各	骼、垎同源，共同義素爲堅。《說文》："各，異辭也。"聲符與骼、垎義遠，聲符僅示聲。
旳——灼灼	勺	旳、灼同源，共同義素爲明。《說文》："勺，挹取也。"聲符與旳、灼義遠，聲符示聲。
磌——鎮壓	真	磌爲柱下石，有安重義，磌、鎮同源，共同義素爲安。《說文》："真，僊人變形而登天也。"聲符與磌、鎮義遠，聲符僅示聲。
鞬——鍵閉	建	鞬指藏弓的袋子，鍵指關門東西，同源，共同義素爲閉藏。《說文》："建，立朝律也。"聲符與鞬、鍵義遠，聲符示聲。

A 之言 B	聲符	詞（字）義關係
耑——遄	耑	遄、湍同源，共同義素爲急速。《說文》："耑，物初生之題也，上象生形，下象其根也。"聲符與湍、遄義遠，聲符示聲。
綝——禁	林	綝、禁同源，共同義素爲止。《說文》："林，平土有叢木曰林。"聲符與綝、禁義遠，聲符僅示聲。
超——迢	召	超、迢同源，共同義素爲遠。《說文》："召，評也。"聲符與超、迢義遠，聲符僅示聲。
闦——覬覦	豈	闦之借義與覬之本義義近，皆有希望義。《說文》："豈，還師振旅樂也。一曰欲也，登也。从豆微省聲。"豈有欲義，朱駿聲《說文通訓定聲》："豈假借爲覬。"聲符示聲。
汔——訖	乞	汔即《說文》汽字。汔、訖同源，共同義素爲盡。《廣韻》："乞，求也。"聲符與汔、訖義遠，聲符僅示聲。
柫——拂	弗	柫、拂同源，共同義素爲擊打。《說文》："弗，撟也。"聲符與柫、拂義遠，聲符示聲。
茀——制	弗	茀之引申義與制之本義義近，皆有除治義。《說文》："弗，撟也。"聲符與茀、制義遠，聲符僅示聲。
結——詰屈	吉	結，古音在質部。結之借義與詰之借義義近，皆有彎曲義。《說文》："吉，善也。"聲符示聲。
桎——窒	至	桎之引申義與窒之本義義近，皆指阻塞。《說文》："至，鳥飛从高下至地也。"至與窒有通假關係。聲符詞義上與桎、窒無涉，聲符僅示聲。
跋——發越	戉	跋、越同源通用，共同義素爲超越。《說文》："戉，斧也。"聲符與跋、越義遠，聲符僅示聲。
際——察	祭	際、察同源，共同義素爲察。《說文》："祭，祭祀也。"《廣韻·祭韻》："祭，察也。"祭偶有察義，非常訓。聲符與際、察義遠，聲符僅示聲。
鏺——撥	發	撥義遠，聲符僅示聲。
厥——蹶	厥	厥之引申義與蹶之借義義近，皆指短。《說文》："厥，發石也。"厥與厥、蹶義遠，聲符示聲。
洴——拼	并	洴之本義與拼之假借字"抨"義義近，皆有擊義。《說文》："并，相从也。"聲符與洴、拼義遠，聲符僅示聲。
倩——婧	青	倩、婧同源，共同義素爲美好。《說文》："青，東方色。木生火，从生丹，丹青之信言象然。"聲符與倩、婧義遠，聲符僅示聲。
縱——摐	从	縱、摐同源，共同義素爲撞擊。《說文》："从，隨行。"聲符與縱、摐義遠，聲符示聲。
益——卷曲	火	益有曲義，卷亦有曲義，二者同源，共同義素爲曲。
虆——卷曲	火	虆、卷同源，共同義素爲曲。
轓——藩屏	番	轓或通作藩。轓、藩同源通用。共同義素爲屏。《說文》："藩，屏也。从艸潘聲。"藩的聲符爲潘。《說文》："潘，淅米汁也。一曰水名，在河南滎陽，从水番聲。"潘、轓的聲符爲番，番爲轓、藩的最終聲符。《說文》："番，獸足謂之番。"聲符與轓、藩義遠，聲符僅示聲。

A之言B	聲符	詞（字）義關係
藬蒢——權輿	藬	藬蒢，當爲聯綿詞，指蘆葦初生，有始義，與權輿同源，共同義素爲初始。聲符示聲。
尯——扰	尤	尯、扰同源，共同義素爲挖掘。《說文》："尤，淫淫，行貌，从人出門。"聲符與尯、扰義遠，聲符僅示聲。
鋏——剡	炎	鋏、剡同源通用，共同義素爲鋒利。《說文》："炎，火光上也。"聲符與鋏、剡義遠，聲符僅示聲。
陳——廉	兼	陳、廉同源，共同義素爲邊。《說文》："兼，并也。"聲符與陳、廉義遠，聲符僅示聲。
鐔——蕈	覃	蕈指傘菌一類的植物。蕈、鐔同源，共同義素爲傘狀物。《說文》："覃，長味也。"聲符與蕈、鐔義遠，聲符僅示聲。
胆——豎立	豆	頸多直立，胆、豎同源，共同義素爲豎立。《說文》："豆，古食肉器也。"聲符與胆、豎義遠，聲符僅示聲。
磔——開拓	石	磔之引申義與拓之借義義近，皆有開張義。《說文》："石，山石也。"聲符僅示聲。
彀——穀	殼殼	彀、穀同源，共同義素爲幼雛待哺乳。《說文》："殼，从上擊下也。一曰素也。"聲符示聲。
池——施	也	《玉篇》："池，停水。"筆者推測當从水也聲。也、池皆歌部字。《周禮·秋官·雍氏》："雍氏掌溝瀆澮池之禁。"鄭玄注："池謂陂障之水道也。"《說文》："施，旗兒。从㫃也聲。"池、施義遠，二者當爲音近假借關係。《說文》："也，女陰也。"聲符僅示聲。
稰——疏	疋	稰之借義與疏之引申義義近，皆指分散。《說文》："疋，足也。上象腓腸，下从止。"《說文解字注》："'記'下云'疋'也，是爲轉注，後代改疋爲疏耳，疋、疏古今字。"聲符與疏爲古今字關係，聲符示聲。
俾——庳	卑	俾指矮墻，有短義，庳亦有短小義，二者同源，共同義素爲短小。《說文》："卑，賤也，執事也。"朱駿聲《說文通訓定聲》："此字即椑之古文，圓榼也，酒器，象形，才持之，如今偏提，一手可攜者，其器橢圓，有柄。"《廣雅·釋言》："卑，庳也。"卑與俾庳義近，聲符示源。
俎——苴	且	俎、苴同源，共同義素爲墊。《說文》："且，薦也。"《說文》："薦，獸之所食艸也。"引申爲草墊。《楚辭·劉向〈九歎·逢紛〉》："薜荔飾而陸離薦兮。"王逸注："薦，臥席也。"聲符與俎、苴義近，聲符有示源示聲功能。
梯——次第	弟	梯有次第義，與第同源，共同義素爲次第。《說文》："弟，韋束之次弟也。从古字之象。丰，古文弟，从古文韋省，丿聲。"《說文解字注》："以韋束物，如輈五束，衡三束之類。束之不一，則有次弟也。引申爲凡次弟之弟，兄弟之弟，爲豈弟之弟。"朱芳圃《殷周文字釋叢》："弟象繩索束弋之形。繩之束弋，輾轉圍繞，勢如螺旋，而次弟之義生焉。"聲符與梯、第義近，聲符有示源示聲功能。
鈹——破	皮	鈹、破同源，共同義素爲破。《說文》："皮，剝取獸革者謂之皮。"《廣雅·釋詁三》："皮，離也。"又《釋言》："皮，剝也。"聲符與鈹、破義近，聲符有示聲示源功能。

A 之言 B	聲符	詞（字）義關係
蠚——慔	束	蠚之本義與慔之《方言》義同源，共同義素爲刺痛。《說文》："束，木芒也。象形，讀若刺。"聲符與蠚、慔義近，聲符有示聲示源功能。
復——複	复	復、複同源，共同義素爲重複縈迂。《集韻・屋韻》："夏，《說文》：'行故道也。'隸作复。"行故道有重複義，聲符與復、複義近，聲符有示聲示源功能。
陘——徑	巠	陘、徑同源，共同義素爲路。《說文》："巠，水脈也。"水脈即水道。聲符與陘、徑同源，聲符有示源示聲功能。
趁——駿	夋	趁、駿同源，共同義素爲迅速。《說文》："夋，行夋夋也。一曰倨也。"徐鍇《說文繫傳》："夋夋，舒遲也。"聲符與趁、駿義相反而相關，皆有行走義，聲符有示聲示源功能。
軒——扞蔽	干	軒、扞同源，共同義素爲遮禦。《說文》："干，犯也。"《方言》卷九："盾，自關而東或謂之瞂，或謂之干，關西謂之盾。"毛傳："干，扞也。"聲符與軒、扞義近，聲符有示聲示源功能。
雩——吁（嗟）	于	雩指祇雨祭祀時發出的聲音，吁指驚呼聲，雩、吁同源，共同義素爲驚呼。《說文》："于，於也。象氣之舒于。从丂从一，一者，其氣平之也。"聲符義爲呼氣，與雩、吁義近，聲符有示聲示源功能。
軥——鉤	句	軥、鉤同源，共同義素爲曲。《說文》："句，曲也。"聲符與軥、鉤義近，聲符有示聲示源功能。
萩——揫	秋	萩之《方言》義與揫之《方言》義同源，共同義素爲小。《說文》："秋，禾穀熟也。"《爾雅・釋天》："秋爲白藏。"郭璞注："氣白而收藏。"邢昺疏："言秋之氣和，則色白而收藏也。"聲符與萩、揫義近，聲符示聲示源。
匧——挾	夾	匧、挾同源，共同義素爲藏。《說文》："夾，持也。"聲符與匧、挾義近，聲符有示聲示源功能。
鬈——蠢蠢然	春	鬈、蠢同源，共同義素爲動。《說文》："春，推也，从艸从日，艸，春時生也，屯聲。"《說文解字注》："日、艸、屯者，得時艸生也。屯字象草木之初生，會意兼形聲。"春可假借爲蠢。朱駿聲《說文通訓定聲・屯部》："春，假借爲蠢。"聲符與鬈、蠢義近，聲符具有示聲示源功能。
构——均	勻	梳絲不亂，使其整齊，與平均義近，构、均同源，共同義素爲平均、均衡。《說文》："勻，少也。"《玉篇・勹部》："勻，齊也。"《集韻・諄韻》："勻，均也。"聲符與构、均義近，聲符有示聲示源功能。
戠——裁	戈	戠、裁同源，共同義素爲剪切。《說文》："戈，傷也。"《說文解字注》："謂受刃也。"聲符有示聲示源功能。
椑——卑	卑	椑、卑同源，共同義素爲向下。聲符示源。
麑——兒	兒	麑、兒同源，共同義素爲幼。聲符示源。
鼻——自	自	鼻、自爲古今字關係。
致——至	至	致、至同源，共同義素爲到。聲符示源示聲。

续表

A 之言 B	聲符	詞（字）義關係
纰——比	比	纰、比同源，共同義素爲合并，聲符示聲示源。
桩——比密	比	桩、比同源，共同義素爲密。
過——過	過	過之《方言》義與過之本義同源，共同義素爲過度。聲符有示聲示源功能。
澆——竟	竟	澆本義指浚乾漬米，指讓水流盡，含有窮盡義，澆、竟同源，共同義素爲盡、完。聲符有示聲示源功能。
軓——亢	亢	軓有高義，軓、亢同源，共同義素爲高。聲符有示聲示源功能。
衖——共	共	衖、共同源，共同義素爲共同。聲符示源示聲。
矧——引	引	矧之借義與引之引申義義近，皆有長久義。聲符示聲。
紖——引	引	紖、引同源，共同義素爲牽引。聲符有示源示聲功能。
櫬——親	親	櫬指棺材，有親身之意，櫬、親同源，共同義素爲親近。
挺——延	延	挺、延同源，共同義素爲長。聲符有示聲示源功能。
劇——虐	虐	劇之本義與虐之《方言》義同源，共同義素爲殺。聲符有示聲示源功能。
藷藇——儲與	儲與	藷藇即山藥。儲與，疊韻字，擬音，聲符示聲。
詄——失	失	詄、失同源，共同義素爲失去。聲符示聲示源。
跌——失	失	聲符爲訓釋字。跌之引申義與失之引申義義近，皆有過差義。聲符示聲。
櫛——節次	節	櫛、節同源，共同義素爲約束。聲符示聲示源。
撿——會	會	撿、會同源，共同義素爲會合。
廥——會	會	廥、會同源，共同義素爲聚合。
閒——介	介	閒、介同源，共同義素爲處於某某之間。聲符示聲示源。
絜——厥	厥	絜之本義與厥之引申義義近假借，皆指短。聲符示聲。
盒——合	合	盒、合同源，共同義素爲合壟。聲符示聲示源。
扨——升	升	扨、升同源，共同義素爲上升。聲符有示聲示源功能。
煊——宣明	宣	煊、宣同源，共同義素爲傳布。
檻——監制	監	檻之引申義與監之引申義義近，指關押。聲符示聲。
禹——蝺	禹	禹爲知聲蟲，禹、蝺同源，共同義素爲知聲。聲符示源示聲。
殳——投	殳	殳、投同源，共同義素爲投。
祭——察	祭	察之借義與祭之借義義近，皆指至。聲符示聲。
俏——蔽	俏	蔽之本義與俏之借義義近，皆指小。聲符示聲。
尚——掌	尚	掌、尚爲同源通用關係，共同義素爲主管。

疊韻同聲符有 107 例。聲符爲訓釋字和被釋字共同部分共有 75 例，

聲符爲訓釋字有 27 例, 聲符爲被釋字有 5 例。

聲符爲訓釋字和被釋字共同部分的 75 例中, 聲符僅示聲的有 59 例, 聲符示源示聲的有 16 例。

聲符爲訓釋字和被釋字共同部分, 聲符僅示聲的有 59 例。訓釋字和被釋字詞義關係比較複雜, 有同源、義近等特點。

同源有 45 例, 其中同源且通用的有 5 例: 粹——萃、跋——發越、轓——藩屛、轓——藩屛、鋏——剡。如"粹——萃",《說文》: "粹, 不雜也。从米卒聲。"粹通作萃。朱駿聲《說文通訓定聲·履部》: "粹, 假借爲萃。"《荀子·正名》: "凡人之取也, 所欲未嘗粹而來也; 其去也, 所惡未嘗粹而往也。"楊倞注: "粹, 全也。凡人意有所取, 其欲未嘗全來; 意有所去, 其惡未嘗全去, 皆所不適意也。"劉師培補釋: "粹與萃同, 萃即聚也。"王念孫《廣雅疏證》: "王逸注《離騷》云: '至美曰純, 齊同曰粹。'"《廣雅》: "粹, 同也。"《廣雅》所訓當本此。《說文》: "萃, 艸兒, 从艸卒聲。讀若瘁。"朱駿聲《說文通訓定聲》: "萃, 按草聚貌。"《易·萃》: "象曰萃, 聚也。"《左傳·宣公二年》: "楚師方壯, 若萃於我, 吾師必盡。"杜預注: "萃, 集也。"粹、萃同源通用, 共同義素爲齊聚。

本義與《方言》義同源的有 1 例: 輫——棐。輫,《說文》無此字。《方言》卷九: "箱謂之輫。"《廣韻·皆韻》: "輫, 車箱。"《說文》: "棐, 輔也。从木非聲。"指輔正弓弩的器具。《說文解字注》: "棐, 蓋弓檠之類。"一說夾車之木。朱駿聲《說文通訓定聲·履部》: "棐者, 夾車之木。"輫之《方言》義與棐之本義同源, 共同義素爲車箱部件。

義近有 13 例, 具體分爲以下幾種:

第一種情況是本義與借義義近, 如"泚——訾",《說文》: "泚, 清也。从水此聲。"借義爲思度。《廣雅·釋詁一》: "泚, 度也。"《說文》: "訾, 不思稱意也。从言此聲。"《國語·齊語六》: "桓公召而與之語, 訾相其質, 足以成此事, 誠可立而授之。"韋昭注: "訾, 量也。"《廣韻·支韻》: "訾, 思也。"泚之借義與訾之本義義近, 皆指思度。

第二種情況是借義與借義義近, 如"撫——幠",《說文》: "撫, 安也。从手無聲。一曰循也。"借義爲有。《禮記·文王世子》: "西方有九國焉, 君王其終撫諸。"鄭玄注: "撫猶有也。"《廣雅·釋詁一》: "撫, 有也。"《說文》: "幠, 覆也。从巾無聲。"借義爲有。《爾雅·釋言》:

"憮，有也。"郭璞注引《詩·魯頌·閟宮》："遂憮大東。"撫之借義與憮之借義義近，皆有"有"義。

第三種情況是本義與引申義義近，《說文》："菹，酢菜也。从艸沮聲。"《說文》："沮，水，出漢中房陵，東入江。从水且聲。""且"爲最終聲符。徐鍇《繫傳》："以米粒和酢以漬菜也。"王筠《說文句讀》："酢，今作醋，古呼酸爲醋，酢菜猶今之酸菜，非以醋和之。《聲類》：'菹，藏菜也。'《釋名》：'菹，阻也，生釀之，使阻於寒溫之間，不得爛也。'"《說文》："租，田賦也，从禾且聲。"引申爲積。《廣韻·模韻》："租，積也。"《詩·豳風·鴟鴞》："予所蓄租，予口卒瘏。"陸德明釋文引《韓詩》："租，積也。"菹之本義與租之引申義義近，皆指積。

第四種情況是引申義與借義義近。《集韻·月韻》："蹶，俎名，足有橫。"《禮記·明堂位》："俎，有虞氏以梡，夏後氏以蹶。"鄭玄注："蹶之言蹷也。謂中足爲橫距之象，《周禮》謂之距。"指夏代祭祀時陳列犧牲的器具，有四足，足間有橫距。《說文》："蹷，僵也。从足厥聲。一曰跳也，亦讀若橜。"借義爲短。《廣雅·釋詁二》："蹶，短也。"蹶之引申義與蹷之借義義近，皆指短。

其他有1例：池——施。池、施屬於音近假借，詞義無關。

聲符爲訓釋字和被釋字共同部分，聲符有示源示聲功能的有16例，聲符示源示聲則訓釋字和被釋字都同源。

聲符爲訓釋字有27例。詞義關係有同源、義近、其他三種。

同源有21例，其中本義與《方言》義同源有2例：過——過、劇——虔。如"劇——虔"，劇，《說文》無此字。玄應《一切經音義》卷十一引《通俗文》："以刀去陰曰劇也。"《廣韻·元韻》："劇，以刀去牛勢。"《集韻·僊韻》："劇，削也。"《說文》："虔，虎行貌。"《方言》卷一："虔，殺也。秦晉之北鄙，燕之北郊，翟縣之郊謂賊爲虔。"又卷三："虔，殺也。青徐淮楚之間曰虔。"《左傳·成公十三年》："芟夷我農功，虔劉我邊陲。"杜預注："虔、劉皆殺也。"劇之本義與虔之《方言》義同源，共同義素爲殺。

義近有4例，可分以下幾種情況。

第一種情況是借義與引申義義近，如"矤——引"，《爾雅·釋言》："矤，況也。"郝懿行義疏："矤者，矧之或體也。《說文》云：'矧，況詞也。从矢引省聲。'今經典通作矤，不省。"借義爲長。《廣雅·釋詁二》："矤，長也。"《說文》："引，開弓也。"引本義爲開弓，引申爲延長。《易·繫辭上》："引而伸之。"《爾雅·釋詁上》："引，長也。"矤之借義與引之引申義義近，皆有長久義。

第二種情況是引申義與引申義義近，如"跌——失"，《說文》："跌，踢也。从足失聲。一曰越也。"《方言》卷十三："跌，蹷也。"《玉篇·足部》："跌，仆也。"引申爲過失。慧琳《一切經音義》卷三十二引《廣雅》："跌，差也。"《荀子·王霸》："此夫過舉蹞步而覺跌千里者夫！"楊倞注："跌，差也。"《說文》："失，縱也。"引申爲過錯。《增韻·質韻》："失，過也。"跌之引申義與失之引申義義近，皆有過差義。

第三種情況是本義與引申義義近，即"棜——厥"，《說文》："棜，杙也。"《集韻·月韻》："棜，或書作橜。"《爾雅·釋宮》："橜謂之闑。"郭璞注："門闑。"《說文解字注·木部》："門梱、門橜、闑，一物三名矣，謂當門中設木也。"《儀禮·士冠禮》："闑西閾外西面。"鄭玄注："闑，門橜。"《說文》："厥，發石也。"徐灝《說文注箋·厂部》："發石謂之厥，因之謂石爲厥。"《荀子·大略》："和之璧，井里之厥也，玉人琢之，爲天子寶。"楊倞注："厥，石也。"引申爲短。《玉篇·厂部》："厥，短也。"厥又與橜通。《莊子·達生》："吾處身也，若厥株拘。"陸德明釋文："厥，本或作橜。"棜之本義與厥之引申義義近假借，皆指短。

其他有 2 例：薝萏——儲與、鼻——自。"薝萏——儲與"，儲與，疊韻字，擬音，詞義無關。"鼻——自"爲古今字關係。

聲符爲被釋字有 5 例，詞義關係有同源 3 例，義近 2 例。

同源 3 例，其中"尚——掌"同源且通用。《說文》："尚，曾也，庶幾也。"徐灝《說文解字注箋》："尚者，尊上之義，向慕之稱。尚之言上也，加也。曾猶重也，亦加也。故訓爲曾，庶幾也。"朱駿聲《說文通訓定聲·壯部》："尚，假借爲掌。"《韓非子·內儲說下》："宰人頓首服死罪曰：'竊欲去尚宰人也。'"陳奇猷集釋引焦竑曰："秦置尚書，又有尚沐、尚席，古字少，故多省文以轉注，合《周禮》之言，則諸尚字皆古掌字省文。"《淮南子·覽冥》："夫瞽師庶女，位賤尚葈，權輕飛羽。"高誘注："尚，主也。"《說文》："掌，手中也。从手尚聲。"由手中引申爲主管。《周禮·天官·凌人》："凌人掌冰。"鄭玄注："杜子春讀掌冰爲主冰也。"《孟子·滕文公上》："舜使益掌火，益烈山澤而焚之，禽獸逃匿。"趙岐注："掌，主也。"掌、尚爲同源通用關係，共同義素爲主管。

義近 2 例：祭——察（借義與借義義近）、㡀——蔽（本義與借義義近）。對於“祭——察”，《說文》：“祭，祭祀也。”借義爲至。《廣韻·祭韻》：“祭，至也。”《說文》：“察，覆也。从宀祭聲。”《說文解字注》：“从宀者，取覆而審之，从祭爲聲，亦取祭必詳察之意。”借義爲至。《廣雅·釋詁一》：“察，至也。”察之借義與祭之借義義近，皆指至。對於“㡀——蔽”，《說文》：“㡀，敗衣也。”借義爲小。《廣雅·釋詁二》：“㡀，小也。”蔽，古音在月部。《說文》：“蔽，蔽蔽，小草也。从艸敝聲。”蔽之本義與敝之借義義近，皆指小。

（二）疊韻同形符有 13 例

A 之言 B	形符	詞（字）義關係
禨——祈	示	禨、祈同源，共同義素爲祭祀。
角——觸	角	角、觸同源，共同義素爲觸。
纏——縶	糸	纏、縶同源，共同義素爲束縛。
壇——坦	土	壇、坦同源通用，共同義素爲安。
芺——炎	火	芺、炎同源，共同義素爲光明。
樛——枸	木	樛、枸同源，共同義素爲曲木。
飂——飈	風	飂、飈同源，共同義素爲風。
喧——叱	口	喧、叱同源，共同義素爲呵。
蠹——蛆	虫	蠹、蛆同源，共同義素爲毒蟲。
璺——釁		璺字本義與釁字借義義近，皆指裂縫。
譠——誕	言	譠、誕同源，共同義素爲欺。
縲——縮	糸	縲、縮同源，共同義素爲連貫。
鋟——鐵	釒	鋟、鐵同源通用，共同義素爲刻。

疊韻同形符有 13 例。詞（字）義關係有同源、義近兩種。

同源有 12 例，其中有 2 例屬於同源通用：壇——坦、鋟——鐵。如“鋟——鐵”，《玉篇·金部》：“鋟，以爪刻版也。”《集韻·鹽韻》：“鋟，刻也。”《廣雅·釋器》：“鋟，錐也。”《集韻·鹽韻》：“鋟，《博雅》：‘銳也。’”《說文·金部》：“鐵，鐵器也。一曰鐫也。从金鐵聲。”《說文解字注》：“蓋銳利之器。”《集韻·鹽韻》：“鋟，刻也，或作鐵。”鋟、鐵同源通用，共同義素爲刻。

義近有 1 例：璺——釁，屬於本義與借義義近。璺，《說文》無此字。《方言》卷六："器破而未離謂之璺。"《素問·六元正紀大論》："厥陰所至爲風府爲璺啟。"王冰注："璺，微裂也。啟，開坼也。"《說文》："釁，血祭也。"借義爲裂縫。《說文解字注》："凡坼罅謂之釁。"璺字本義與釁字借義義近，皆指裂縫。

（三）疊韻字形結構相異有 111 例

A 之言 B	詞（字）義關係
佁——待	佁、待同源，共同義素爲等。
富——備	富、備同源，共同義素爲富有。
菑——哉	菑之借義與義與哉之借義義近，皆有開始義。
負——背	負、背同源，共同義素爲負擔。
寺——止	寺、止同源，共同義素爲至。
械——礙	械、礙同源，共同義素爲限制。
甹——哉	甹之本義與哉之借義義近，皆有開始義。
枏——剸	枏、剸同源，共同義素爲插。
埰——宰	埰之《方言》義與宰之借義義近，皆有墳墓義。
菑——才	"菑"指初耕反草，"才"指艸木初生，菑、才同源，共同義素爲初。
掜——刲	掜之《方言》義與刲之本義同源，共同義素爲割。
抓——弙	抓、弙同源，共同義素爲引弓。
濾——枯	濾、枯同源，共同義素爲乾。
賻——助	賻，《說文》無此字。賻、助同源，共同義素爲幫助。
賦——鋪	賦本義爲斂，又借指一種寫書體式，與鋪的引申義義近。
肚——都	肚、都義近，皆有聚義。
礎——苴	"礎"指柱下石基，"苴"指鞋中草墊，二者同源，共同義素爲基底。
餾——貯	餾、貯同源，共同義素爲盛。
鉏——除	鉏之本義與除之借義義近，皆有除去義。
陸——隳	陸、隳同源，共同義素爲損壞。
樴——直	樴之本義與直之引申義義近，皆有直義。
杙——直	杙之本義與直之引申義義近，皆有直義。
籍——賾	賾之引申義與籍之引申義義近，皆有積義。
鰿——菜	鰿、菜同源，共同義素爲小。
昔——夕	昔之借義與夕之本義義近通用，皆指傍晚。
薄——迫	薄、迫同源，共同義素爲逼近。
碼——藉	碼、藉同源，共同義素爲墊。

A 之言 B	詞（字）義關係
祿——穀	祿之本義與穀之引申義義近，皆指福。
局——曲	局、曲同源，共同義素爲曲。
粃——縟	粃之本義與縟之引申義義近，皆有裝飾義。
卓——灼	卓之引申義與灼之本義義近，皆有明義。
枳——俶	枳、俶同源，共同義素爲始。
窏——砰	窏、砰同源，共同義素爲響聲。
窏——訇	窏、訇同源，共同義素爲響聲。
喪——葬	喪、葬同源，共同義素爲死亡。
夏——叢	夏、叢同源，共同義素爲聚。
彤——融	彤之本義與融之引申義義近，皆有鮮亮義。
倫——順	倫、順同源，共同義素爲順序。
輪——員	輪、員同源，共同義素爲圓形。
錕——繩	錕之《方言》義與繩之本義同源，共同義素爲束縛。
顡——聯	顡之《方言》義與聯之本義同源，共同義素爲連續。
冐——綰	冐、綰同源，共同義素爲繫掛。
蜎——旋	蜎、旋同源，共同義素爲迴旋。
幰——扞	幰、扞同源，共同義素爲抵禦。
紟——禁	紟、禁音近通假。
嫕——豔	嫕、豔同源，共同義素爲好。
珝——捆	珝、捆同源，共同義素爲齊。
虡——舉	虡、舉同源，共同義素爲高舉。
筥——旅	筥之本義與旅之引申義義近，皆有共同義。
芙蓉——敷蕍	芙蓉花開，象外鋪開，芙蓉、敷蕍同源。
樝——酢	酢爲樝之性狀，二者同源，共同義素爲酸。
穀——孺	穀、孺同源，共同義素爲孺子。
庚——聚	庚、聚同源，共同義素爲聚集。
豆——聚	《說文》："豆，古食肉器也。"又指容器。豆、聚同源，共同義素爲聚。
輿——輪	輿之本義與輪之借義義近，皆有聚義。
藪——聚	藪、聚同源，共同義素爲聚集。
炚——槁	《說文》："槀，木枯也。"炚、槁同源，共同義素爲乾。
晶——皎	晶、皎同源，共同義素爲白。
由——道	由之《方言》義與道之引申義義近，皆有輔助義。

续表

A 之言 B	詞（字）義關係
旭——皓	皓即晧字。旭、皓同源，共同義素爲白。
窨——奥	窨指地窨，屬幽隱之處。奥指室中隱奥之處。窨、奥同源，共同義素爲隱藏。
宩——寠	宩之本義與寠之引申義義近，皆有隱藏義。
毷——脩	毷之引申義與脩之假借字"修"義義近，皆有修理義。
杅——紐	杅、紐同源，共同義素爲束。
檮——受	檮之本義與受之《方言》義同源，共同義素爲盛。
秋——成就	秋、就同源，共同義素爲成。
造——曹	造之借義與曹之引申義義近，皆有組合義。
隤——摧隤	隤、摧同源，共同義素爲折壞。
醜——儔	醜之借義與儔之借義義近，皆有同類義。
卉——彙	卉之本義與彙之借義義近，皆有種類義。
攽——拂	攽、拂同源，共同義素爲擊。
術——率	術之本義與率之借義義近，皆有遵循義。
佾——秩	佾之本義與秩之借義義近，皆有次序義。
劋——絶	劋、絶同源，共同義素爲斷絶。
紲——曳	紲、曳同源，共同義素爲牽引。
雪——刷	雪之引申義與刷之本義義近同，皆有掃除義。
軑——鈐	軑之本義與鈐之借義義近，皆指車轄。
緤——曳	緤、曳同源，共同義素爲牽制。
肶——汁	肶、汁爲古今字關係。
脅——夾	脅、夾同源，共同義素爲夾持。
徵——證	徵、證同源，共同義素爲驗明。
敻——迥	敻、迥同源，共同義素爲遠。
笙——星	笙之《方言》義與星之本義同源，共同義素爲小。
籭——盛	籭之《方言》義與盛之本義同源，共同義素爲盛放。
桱——經	桱、經同源，共同義素爲橫。
方——荒	方之借義與荒之借義義近，皆有"有"義。
庠——養	庠、養同源，共同義素爲養。
壯——創	壯、創，古音在陽部。壯之《方言》義與創之本義同源，共同義素爲傷。
脀——梗	脀、梗同源，共同義素爲梗端。
封——豐	封之本義與豐之《方言》義同源，共同義素爲大。

续表

A 之言 B	詞（字）義關係
聰——通	聰、通同源，共同義素爲明了。
袞——渾	袞之借義與渾之引申義義近，皆有大義。
爺——墳	爺之本義與墳之借義義近，皆有大義。
慉——屯	慉之本義與屯之借義義近，皆有聚義。
阡——伸	阡之本義與伸之引申義義近，皆有伸直義。
綻——閒	綻、閒同源，共同義素爲"空隙"。
邅——纏	邅、纏同源，共同義素爲纏繞。
判——片	判、片同源，共同義素爲分。
䑰——圜	䑰之《方言》義與圜之本義同源，共同義素爲圓形。
釬——銲	釬、銲同源，共同義素爲夾持。
䍋——穿	䍋、穿同源，共同義素爲穿過。
蘿蓆——權輿	蘿蓆，依王念孫，當爲聯綿詞，指蘆葦嫩芽，有始義，與權輿同源，共同義素爲初始。
蜿蟺——宛轉	蜿蟺，聯綿詞，《說文》："轉，運也。"《玉篇》："轉，迴也。"蜿蟺、宛轉，同源。
旃——焉	旃之借義與焉之借義義近，皆表代詞。
琴——禁	琴、禁同源，共同義素爲禁止。
醰——淫	醰指久釀，淫指久雨，二者同源，共同義素爲久。
撕——芟	撕、芟同源，共同義素爲削除。
輪——運	輪、運同源，共同義素爲運動。
样——惕	样之《方言》詞義與惕之本義同源，共同義素爲平直。
扒——別	扒、別同源，共同義素爲分。
秏——都	秏、都同源，共同義素爲聚集。

　　疊韻字形結構相異有 111 例，詞（字）義關係主要是同源和義近。據統計，同源有 77 例，義近有 32 例，其他情況有 2 例。說明疊韻字形結構相異詞義關係以同源爲主，其次是義近。

　　同源有 77 例，其中本義與《方言》義義近有 10 例：摡——刉、錕——緷、顠——聯（縣）、檮——（盛）受、籔——盛受、笙——星星、壯——創、封——豐、䑰——圜、样——惕。如"摡——刉"，摡，《說文》無此字。《方言》卷二："摡，裁也。梁益之間，裂帛爲衣曰摡。"《說文》："刉，刺也。"王筠《說文句讀》："殺羊刺其耳下，異於他牲，故謂之刲。"《廣雅·釋詁三》："刲，屠也。"《廣韻·齊韻》："刲，割也。"揆之《方言》義與刲之本義同源，共同義素爲割。

義近有 32 例，具體如下：

第一種情況是借義與《方言》義義近，如"埰——宰"，《方言》卷十三："冢，秦晉之間謂之墳，或謂之埰。"《說文》："宰，皋人在屋下執事者。"借義爲墳墓。《公羊傳·僖公三十三年》："宰上之木拱矣。"何休注："宰，冢也。"王念孫《廣雅疏證》："埰之言宰也，宰亦高貌也。"朱駿聲《說文通訓定聲》："宰，假借爲冢。"《荀子·大略篇》："皋如也。"楊倞注："皋當爲宰，宰，冢也，宰如，高貌。"埰之《方言》義與宰之借義義近，皆有墳墓義。

第二種情況是本義與借義義近，如"昔——夕"，《說文》："昔，乾肉也。"借義爲夜。《廣雅·釋詁四》："昔，夜也。"《莊子·天運》："蚊虻噆膚，則通昔不寐矣。"陸德明釋文："昔，夜也。"《史記·楚世家》："其樂非特朝昔之樂也，其獲非特梟鴈之實也。"司馬貞索隱："昔猶夕也。"《說文》："夕，莫也。"夕可通作昔。《史記·吳王濞列傳》："吳王不肖，有宿夕之憂，不敢自外，使喻其驩心。"昔之借義與夕之本義義近且通用，皆指傍晚。

第三種情況是借義與借義義近，如"醜——儔"，《說文》："醜，可惡也。"借義爲類。《廣雅·釋詁三》："醜，類也。"《說文解字注·鬼部》："醜，凡云醜類也者，皆謂醜，即疇之假借字。疇者，今俗之儔類字也。"《說文》："儔，翳也。"借義爲同類。徐鍇《說文繫傳》："儔，匹儷也。"《玉篇·人部》："儔，侶也。"醜之借義與儔之借義義近，皆有同類義。

第四種情況是本義與引申義義近，如"肚——都"，肚，《說文》無此字。《玉篇·肉部》："肚，腹肚。"《廣雅·釋親》："胃謂之肚。"《說文》："都，有先君之舊宗廟曰都。"又引申爲聚。《廣雅》："都，聚也。"肚之本義與都之引申義義近。

第五種情況是《方言》義與引申義義近，即"由——道"，由，《說文》無此字。《方言》："由，輔也。"《廣雅·釋詁二》："由，助也。"《易·頤》："由頤，厲，吉。利涉大川。"高亨注："由頤，輔助而養之也。"《說文》："道，所行道也。"《莊子·田子方》："其諫我也似子，其道我也似父。"成玄英疏："訓導我也，似父之教我。"由之《方言》義與道之引申義義近，皆有輔助義。

第六種情況是引申義與假借字義義近，即"甃——脩"，《說文》："甃，井壁也。"桂馥《說文義證·瓦部》："甃，《五經文字》：'甃，甎壘井。'《風俗通》：'甃井，聚甎修井也。'《易》：'井甃。'《釋文》：'馬云："爲瓦裏下達上也。"'馥案：虞翻云：以瓦甓壘井稱甃。"《易·井》："井甃，無咎。"孔穎達疏："子夏曰：'甃亦治也。以甎壘井，脩井之壞，謂之爲甃。'"引申爲脩井。《說文》："脩，脯也。"又通作修，指修理。《說文》："修，飾也。"甃之引申義與脩之假借字"修"義義近，皆有修理義。

第七種情況是引申義與借義義近，如"造——曹"，《說文》："造，就也。"借義爲比舟。《爾雅·釋水》："天子造舟。"郭璞注："比船爲橋。"陸德明釋文："造，《廣雅》作艁。"邢昺疏："言造舟者，比船於水，加版於上，即今之浮橋。"《詩·大雅·大明》："造舟爲梁，不顯其光。"孔穎達疏引《釋水》李巡注："比其舟而渡曰造舟。"楊樹達《積微居小學述林·〈詩〉造舟爲梁解》："按注家說造舟爲比舟，其義誠是，然造訓爲比，古書訓詁未見。余謂造當讀爲聚，造舟謂聚合其舟也。"《說文》："曹，獄之兩曹也。在廷東，从棘，治事者，从曰。"引申爲組、偶。《小爾雅·廣言》："曹，偶也。"《楚辭·招魂》："分曹並進，遒相迫些。"王逸注："曹，偶也。"造之借義與曹之引申義義近，皆有組合義。

其他有 2 例：

紟——禁，屬於音近假借，《說文》："紟，衣系也。"《說文解字注》："聯合衣襟之帶也。今人用銅鈕非古也，凡皆帶皆曰紟。"《說文》："禁，吉凶之忌也。"朱駿聲《說文通訓定聲·臨部》："禁，假借爲紟。"《荀子·非十二子》："其纓禁緩，其容簡連。"楊倞注："禁緩未詳。或曰讀爲紟。紟，帶也，言其纓大如帶而緩也。"詞義聯繫較遠。

脧——汁，屬古今字關係。脧，《說文》無此字。《廣雅·釋器》："臡謂之脧。"俞正燮《癸巳類稿》卷三："渧、脧，皆古汁字。"《說文》："汁，液也。"蔡邕《薦邊文禮書》："函牛之鼎以烹雞，多汁則淡而不可食，少汁則焦而不可熟。"據此，則脧、汁爲古今字關係。

第四節 "之言"對轉（旁對轉、異類相轉）研究

對轉（旁對轉、異類相轉）有41例。本節首先討論聲韻關係，進而從形義關係展開論述。

一 對轉（旁對轉、異類相轉）正文及聲韻關係

正文	A	聲	韻	B	聲	韻	聲韻關係
《方言》："撠，到也。"撠之言造也。造亦至也。造與撠古雙聲。（1983：7卷一上釋詁）	撠	生	沃	造	清	幽	準旁紐對轉
拌之言播棄也。（1983：13卷一上釋詁）	拌	滂	元	播	幫	歌	幫滂旁紐歌元陰陽對轉
痵之言秧也。（1983：15卷一上釋詁）	痵	從	鐸	秧	端	宵	準旁紐旁對轉
臺之言相等也。（1983：23卷一上釋詁）	臺	定	之	等	端	蒸	端定旁紐之蒸陰陽對轉
辯之言俾也。俾亦使也。《書序》："王俾榮伯作賄，肅慎之命。"馬融本俾作辯。是辯俾雙聲同義。（1983：39卷一下釋詁）	辯	並	元	俾	幫	支	幫並旁紐支元異類相轉
佺之言堅緻也。（1983：40卷一下釋詁）	佺	章	質	緻	定	脂	準旁紐對轉
庋之言偏頗也。（1983：80卷三上釋詁）	庋	幫	歌	偏	滂	元	幫滂旁紐歌元陰陽對轉
緂之言切也，謂切撚之使緊也，亦通作切。（1983：107卷三下釋詁）	緂	滂	脂	切	清	質	準雙聲對轉
頓之言委頓也。（1983：117卷四上釋詁）	頓	端	諄	委	影	微	準旁紐對轉
糞之言肥饒也。（1983：129卷四下釋詁）	糞	幫	諄	肥	並	微	幫並旁紐微諄陰陽對轉
適之言枝也，相枝梧也。（1983：158卷五下釋詁）	適	審	錫	枝	章	支	審章旁紐支錫陰入對轉
薄之言傅也，迫也。（1983：7卷一上釋詁）	薄	並	鐸	傅	幫	魚	幫並旁紐魚鐸陰入對轉
愲之言喟然也。（1983：195卷六上釋訓）	愲	匣	物	喟	溪	微	準旁紐對轉
膊之言輔也，兩肩謂之膊，義亦同也。（1983：204卷六下釋親）	膊	滂	鐸	輔	並	魚	滂並旁紐魚鐸對轉

续表

正文	A	聲	韻	B	聲	韻	聲韻關係
槿之言比密也。（1983：210 卷七上釋宮）	槿	並	脂	密	明	質	並明旁紐脂質對轉
桎之言窒，械之言礙，皆拘止之名也。（1983：216 卷七上釋宮）	械	匣	職	礙	疑	之	準雙聲對轉
匶之言容也。（1983：223 卷七下釋器）	匶	定	屋	容	喻	東	喻定旁紐東屋對轉
霤之言覆也。（1983：224 卷七下釋器）	霤	並	之	覆	滂	覺	滂並旁紐之覺旁對轉
按，帬之言圍也，圍繞要下也，故又謂之繞領。（1983：231 卷七下釋器）	帬	羣	文	圍	匣	微	準旁紐對轉
綦之言戒也。（1983：235 卷七下釋器）	戒	見	職	綦	羣	之	旁紐對轉
輓之言緜連也。（1983：240 卷七下釋器）	輓	明	之	連	來	元	準旁紐異類相轉
轐之言附著也。（1983：240 卷七下釋器）	轐	幫	屋	附	並	侯	幫並旁紐侯屋對轉
骨之言覈也。《說文》："骨，肉之覈也。"（1983：244 卷八上釋器）	骨	見	物	覈	匣	錫	準旁紐異類相轉
酎之言純也。（1983：248 卷八上釋器）	酎	定	幽	純	禪	諄	準旁紐異類相轉
澱之言定也，其滓定在下也。（1983：250 卷八上釋器）	澱	定	文	定	端	耕	端定旁紐文耕異類相轉
砥之言縝密也。（1983：254 卷八上釋器）	砥	章	脂	密	明	質	準旁紐對轉
校之言較也。《爾雅》云："較，直也。"（1983：257 卷八上釋器）	校	匣	宵	較	見	藥	準旁紐對轉
剞之言阿曲。（1983：264 卷八上釋器）	剞	見	歌	曲	溪	屋	見溪旁紐歌屋異類相轉
敵之言蔽扞也。《說文》："敵，盾也。"（1983：266 卷八上釋器）	敵	並	月	扞	匣	元	準旁紐對轉
椇之言句曲也。《明堂位》正義云："枳椇之樹，其枝多曲橈。"故陸機《草木疏》云："椇曲來巢，殷俎足似之也。"（1983：268 卷八上釋器）	椇	見	侯	曲	溪	屋	見溪旁紐屋侯陰入對轉
櫝之言容也，義與匶匶同，亦通作匶。（1983：274 卷八上釋器）	櫝	定	屋	容	匣	東	準旁紐對轉

续表

正文	A	聲	韻	B	聲	韻	聲韻關係
霆之言哼哼然也。《廣韻》云："霆,雷也,出《韓詩》。"(1983:283 卷九上釋天)	霆	端	脂	哼	定	文	端定旁紐脂文旁對轉
案沙之言斯白也。《詩·小雅·瓠葉》箋云："斯,白也。"今俗語斯、白字作鮮,齊魯之間聲近斯,斯沙古音相近,實與根皆白,故謂之白參。(1983:321 卷十上釋草)	斯	心	支	沙	生	歌	心生準雙聲支歌異類相轉
芨之言本也。本、芨聲義相近。(1983:336 卷十上釋草)	芨	並	月	本	幫	文	幫並旁紐文月旁對轉
蜦之言曲也。(1983:363 卷十下釋蟲)	蜦	羣	沃	曲	溪	屋	溪羣旁紐屋盍異類相轉
案鯤亦黏滑之稱,鯤之言糦。《釋詁》云:"糦,黏也。"(1983:366 卷十下釋魚)	鯤	定	支	糦	禪	錫	準旁紐支錫對轉
《玉篇》:"籔,或作箈箈籔。"《方言》又作縮。縮、箈、籔、籔四字,古聲立相近。籔之言縮也。(1983:222 卷七下釋器)	縮	生	覺	籔	審	之	準雙聲旁對轉
襆之言附著也。(1983:240 卷七下釋器)	襆	幫	屋	著	端	魚	準雙聲旁對轉
晰之言明哲也。(1983:112 卷四上釋詁)	晰	心	錫	哲	端	月	準旁紐異類相轉
骹之言較也。《爾雅》:"較,直也。"(1983:24 卷八上釋器)	骹	溪	宵	較	見	藥	旁紐宵藥對轉
榟之言歹也。(1983:353 卷十上釋草)	榟	泥	脂	歹	疑	月	準旁紐旁對轉

聲韻關係具體數量比重如下表:

聲韻關係	準旁紐對轉	旁紐對轉	準旁紐旁對轉	旁紐異類相轉	準雙聲對轉	旁紐旁對轉	準旁紐異類相轉	準雙聲異類相轉	準雙聲旁對轉
數量	10	13	2	4	2	3	4	1	2
比重	24.39%	31.71%	4.88%	9.76%	4.88%	7.32%	9.76%	2.44%	4.88%

數據顯示,在對轉、旁對轉、異類相轉關係中,以旁紐對轉爲主,其次是準旁紐對轉。

二　對轉（旁對轉、異類相轉）形義關係考

A——B	字形結構有關		字形結構相異	A——B	字形結構有關		字形結構相異
	同聲符	同形符			同聲符	同形符	
膊——輔	√			撖——造			√
侄——緻	√			紃——切	√		
椑——密			√	砥——縝密			√
適——枝			√	愒——喝	√		
械——礙			√	綦——戒			√
軵——附			√	棋——曲			√
校——較	√			匵——容			√
櫃——容			√	厥——扜			√
鯤——鯹	√			拌——播		√	
旖——頗	√			臺——等			√
頓——委			√	糞——肥			√
帬——圍			√	晰——哲			√
痍——秩	√			罟——覆			√
辯——俾			√	薄——傅	√		
沙——斯白			√	簉——縮			√
鞔——連		√		梀——歺			√
骨——覈			√	霝——哼哼			√
酎——純			√	澱——定			√
軵——著			√	劊——曲			√
茇——本			√	蜩——曲			√
骹——較	√						

　　統計可知，在對轉（旁對轉）字形關係中，字形結構相異的有 29 例，字形結構相關的有 12 例。可知對轉（旁對轉）形體關係中，以字形結構相異爲主。字形結構相關中，有 10 例屬於同聲符問題，只有 2 例是同形符問題。在字形結構相關中，以同聲符爲主。

（一）對轉（旁對轉、異類相轉）中同聲符的詞（字）義關係

A——B	聲符	形義關係
腑——輔	甫	腑，古音在鐸部。腑本義爲曬肉。引申爲脅。輔本義指綁在車輪外用以夾轂的兩條直木，可增强車輪載重。引申爲面頰、輔助。腑之引申義與輔之引申義義近，皆指面頰。《說文》："甫，男子美稱也。从用父，父亦聲。"甫與腑、輔義較遠，聲符僅示聲。
侄——緻	至	侄字借義與緻字本義義近。《說文》："緻，送詣也，从夊至聲。"《說文》："至，鳥飛从高下至地也。"聲符與侄、緻義遠，聲符僅示聲。
校——較	爻	較，古音在藥部。較（較）指車廂兩旁板上的横木，士大夫以上的乘車，較上飾有曲銅鉤。較即較字。《爾雅》："較，直也。"郭璞注："正直也。"校、較同源，共同義素爲直木。《說文》："爻，交也。"聲符與訓釋字和被釋字無關，聲符僅示聲。
鯷——糦	是	鯷、糦同源，共同義素爲粘。《說文》："是，直也。"聲符與訓釋字和被釋字無關，聲符僅示聲。
庪——頗	皮	頗，古音在歌部。庪、頗同源，共同義素爲偏。《說文》："皮，剝取獸革者謂之皮。"聲符與訓釋字和被釋字詞義無關，聲符僅示聲。
疿——秭	宋	疿、秭義遠，僅音近。《說文》："宋，止也，从木盛而一横止之也。"聲符與訓釋字和被釋字無關，聲符僅示聲。
薄——傅	尃	薄，古音在鐸部。傅，古音在魚部。薄的本義與傅的借義義近，都指"至、逼近"。《說文》："尃，布也。从寸甫聲。"聲符與訓釋字和被釋字義遠，聲符僅示聲。
緫——切	切	切，古音在質部。訓釋字和被釋字音近通假。聲符僅示聲。
愲——喟	胃	喟，古音在微部。愲、喟同源，共同義素爲歎息。《說文》："胃，穀府也。"聲符與訓釋字和被釋字詞義無關，聲符僅示聲。
骹——較	交	骹，古音在宵部。較，古音在藥部。骹有直義，骹、較同源，共同義素爲直。《說文》："交，交頸也。"聲符僅示聲。

　　同聲符共有10例，其中聲符爲訓釋字有1例，聲符爲訓釋字和被釋字共同部分有9例。聲符爲訓釋字和被釋字共同部分中，聲符僅示聲的有9例。可見，在同聲符中，聲符示聲是主要情況。

　　聲符爲訓釋字和被釋字共同部分中，訓釋字和被釋字同源的有6例。

　　聲符爲訓釋字和被釋字共同部分中，義近的有2例，可分爲兩種，一是引申義與引申義義近，一是本義與借義義近。

　　引申義與引申義義近：腑——輔。《說文》："腑，薄脯，腑之屋上。从肉尃聲。"《說文》："尃，布也，从寸甫聲。"甫爲腑的隱含聲符。《釋名·釋飲食》："腑，迫也，薄椓肉迫著物使燥也。""腑"由本義曬肉引申爲脅。《周禮·天官·醢人》"豚拍"，鄭玄注引鄭司農云："鄭大夫杜

子春皆以拍爲膊，謂脅也，或曰豚拍肩也。"《說文》："輔，人頰車也。從車甫聲。""輔"本義指綁在車輪外用以夾轂的兩條直木，可增強車輪載重，引申爲面頰、輔助。膊之引申義與輔之引申義義近，皆指面頰。

本義與借義義近：薄——傅。《說文》："薄，林薄也，一曰蠶薄，從艸溥聲。"《說文》："溥，大也。從水專聲。"專爲薄的隱含聲符。《說文解字注》："《吳都賦》：'傾藪薄。'劉注曰：'薄，不入之叢也。'案林木相迫不可入曰薄。"《楚辭·九章·涉江》："腥臊並御，芳不得薄兮。"洪興祖補注："薄，迫也，逼近之意。"《說文》："傅，相也。從人專聲。"借義爲迫近。《詩·小雅·菀柳》："有鳥高飛，亦傅於天。"鄭玄箋："傅，至也。"薄的本義與傅的借義義近，都指"至、逼近"。

聲符爲訓釋字和被釋字共同部分中，其他有1例：疧——秜（音近）。《說文》："疧，瑕也。從疒氐聲。"《說文解字注》："疧之言疵也。"《廣雅·釋詁一》："疧，病也。"《說文》："秜，五稷爲秜。從禾氐聲。一曰數億至萬曰秜。"《廣雅·釋詁一》："秜，積也。"疧、秜義遠，僅音近。

（二）對轉（旁對轉、異類相轉）中同形符的詞（字）義關係

對轉同形符有2例，詞（字）義關係爲義近。

如"拌——播"，拌，《說文》無此字。《方言》卷十："楚人凡揮棄物，謂之拌。"《廣雅·釋詁一》："拌，棄也。"《說文》："播，種也。一曰布也。"本義爲播種，引申爲捨棄。《書·多方》："爾乃屑播天命。"孔傳："是汝乃盡播棄天命。"拌，古音在元部。播，古音在歌部。拌之《方言》義與播之引申義義近。

又如"轙——連"，《說文》："轙，車伏兔下革也。從車慶聲。"《說文解字注》："謂以鞇固之於軸上也。鞇者，生革可以爲縷束也。"《說文》："連，員連也。從辵從車。"《說文解字注》："即古文輦也。"《廣雅·釋詁二》："連，續也。"連，古韻在元部。連之引申義"連續"揭示轙之本義部分特徵。

（三）對轉（旁對轉、異類相轉）中字形相異的詞（字）義關係

A之言B	形義關係
楼——密	楼之本義與密之引申義義近，皆有密集義。
適——枝	《方言》詞與枝字引申義義近，皆有分散、抵觸之義。

续表

A 之言 B	形義關係
械——礙	械、礙同源，共同義素爲限制。
樕——附	附之引申義"附著"揭示樕之本義某部分特徵。
槝——容	槝、容同源，共同義素爲盛。
頓——委	頓、委同源，共同義素爲下垂。
帾——圍	帾、圍同源，共同義素爲圍繞。
辯——俾	辯、俾借義義近，皆有"使"義。
沙——斯	沙、斯義遠，音近。
籔——縮	《方言》義與《方言》義同源，共同義素爲漉米器。
骨——覈	骨、覈同源，共同義素爲實。
酎——純	酎之本義與純之引申義義近，皆有純粹義。
霆——啍	啍之引申義與霆本義義近，皆有重遲義。
芰——本	芰、本同源，共同義素爲根。
樕——著	樕、著同源，共同義素爲附著。
晣——哲	晣、哲同源，共同義素爲明智。
摵——造	造，古音在幽部。摵之《方言》義與造之本義同源，共同義素爲到達。
砥——密	砥之本義與密之引申義義近，皆有堅實義。
綦——戒	綦之借義與戒之本義義近，皆有預防義。。
棋——曲	棋、曲同源，共同義素爲曲。
匲——容	匲、容同源，共同義素爲盛。
厫——扞	厫、扞同源，共同義素爲抵禦。
臺——等	臺之《方言》義與等之引申義義近，皆有等齊義。
糞——肥	糞之引申義與肥之引申義義近，皆有肥沃義。
罸——覆	罸、覆同源，共同義素爲蓋。
澱——定	澱、定同源，共同義素爲安定。
剖——曲	剖、曲同源，共同義素爲曲。
蜎——曲	蜎、曲同源，共同義素爲彎曲。
槷——歺	槷、歺同源，共同義素爲死。

對轉（旁對轉、異類相轉）字形結構相異有 29 例，詞（字）義關係以同源爲主，義近爲輔。

　　同源有 18 例，其中《方言》義與本義同源有 1 例：摵——造。摵，《說文》無此字。《說文新附》："摵，捎也。从手戚聲。"《方言》卷十三："摵，到也。"《廣雅·釋詁一》："摵，至也。"《說文》："造，就也。"《廣雅·釋言》："造，詣也。"《小爾雅·廣詁一》："造，適也。"《書·盤庚中》："誕告用亶其有眾，咸造勿褻在王庭。"孔傳："造，至也。"摵之《方言》義與造之本義同源，共同義素爲到達。

　　《方言》義與《方言》義同源有 1 例：籅——縮。《方言》卷五："炊籅，或謂之籅。"戴震《方言疏證》："案《廣雅·釋器》'籆匚，籅也'本此。籆即籅之正體。"《說文》："籅，漉米籔也。"《急就篇》第三章："笘篰篗筥籅算籌。"顏師古注："籅，炊之漉米箕也。"元王禎《農書》卷十五："今人亦呼飯箕爲撜箕，南曰籅，北曰撜；南方用竹，北方用柳，皆漉米器，或盛飯，所以供造酒食，農家所先。南北名制不同，而其用則一。"《說文》："縮，亂也，从糸宿聲，一曰蹴也。"《方言》卷五："炊籅謂之縮。"郭璞注："縮，漉米籅也。"《方言》義與《方言》義同源，共同義素爲漉米器。

　　義近有 10 例，可分爲以下幾種：

　　第一種是本義與引申義義近，如"椔——密"，《說文》："椔，椔柆也。从木丵省聲。"指古代官署前阻擋行人的障礙物。又指牢。《廣雅》："椔，牢也。"《說文》："密，山如堂者。从山宓聲。"《說文解字注》："密，主謂山，假爲精密字而本義廢矣。"《爾雅·釋山》："山如堂者，密。"郭璞注："形如堂室者。"引申爲閉。《禮記·樂記》："使之陽而不散，陰而不密。"鄭玄注："密之言閉也。"椔之本義與密之引申義義近，皆有密集義。

　　第二種情況是《方言》義與引申義義近，如"適——枝"，《說文》："適，之也。"《方言》："適，牾也。"郭璞注："相觸牾也。"戴震《方言疏證》："《說文》：'牾，逆也。'"《玉篇·午部》："牾，相觸也，逆也。"《說文》："枝，木別生枝條也。"《廣韻·支韻》："枝，枝柯。"《易·繫辭下》："中心疑者其辭枝。"孔穎達疏："中心於事疑惑，則其心不定，其辭分散，若開枝也。"適之《方言》義與枝之引申義義近，皆有分散、抵觸之義。

　　第三種情況是借義與借義義近，如"辯——俾"，《說文》："辯，治也。从言在辡之間。"辯借義爲"使"。《廣雅·釋詁一》："辯，使

也。"《說文》:"俾,益也。从人卑聲。一曰俾,門侍人。"俾借義爲
"使"。《爾雅·釋詁下》:"俾,使也。"《詩·大雅·民勞》:"式遏寇
虐,無俾民憂。"毛傳:"俾,使也。"辯、俾借義義近,皆有"使
動"義。

第四種情況是本義與借義義近,如"綦——戒",《說文·糸部》:
"綥,帛蒼艾色。或从其。"《書·顧命》:"四人綦弁,執戈上刃。"孔穎
達疏引鄭玄曰:"青黑曰綦。"綦借爲鞋帶。《廣雅·釋器》:"其紟謂之
綦。"《儀禮·士喪禮》:"夏葛履,冬白屨,皆繶緇絇純,組綦繫于踵。"
鄭玄注:"綦,屨係也,所以拘止屨也。"《說文》:"戒,警也。"《易·
萃》:"君子以除戎器,戒不虞。"孔穎達疏:"修治戎器,以戒備不虞
也。"綦之借義與戒之本義義近,皆有預防義。

第五種情況是引申義與引申義義近,如"糞——肥",《說文》:"糞,
棄除也。"《說文解字注》:"古謂除穢曰糞,今人直謂穢曰糞,此古義今
義之別也。"引申肥饒。《廣雅·釋詁四》:"糞,饒也。"《說文》:"肥,
多肉也。"引申爲肥沃。《廣雅·釋詁二》:"肥,盛也。"《荀子·富國
篇》:"掩地表畝,刺中殖穀,多糞肥田,是農夫眾庶之事也。"糞之引申
義與肥之引申義義近,皆有肥沃義。

義遠有 1 例:

沙——斯(白)。《說文》:"沙,水散石也。"《周禮·天官·內饔》:
"鳥麷色而沙鳴,貍。"鄭玄注:"沙,澌也。"《禮記·內則》:"鳥麷色
而沙鳴,鬱。"鄭玄注:"沙猶嘶也。"《集韻·禡韻》:"沙,聲澌也。"
《字彙·水部》:"沙,嘶也,聲破曰嘶。"《說文》:"斯,析也。"《詩·
小雅·瓠葉》:"有兔斯首,炮之燔之。"鄭玄箋:"斯,白也。今俗語斯
白之字作鮮,齊魯之間聲近斯。"《廣雅疏證》認爲"斯訓爲沙猶嘶之爲
沙矣"。按《易·旅》:"斯其所。"焦循章句:"斯同澌,竭也。"斯可通
澌,澌又通作嘶。章太炎《新方言·釋形體》:"澌即嘶字。《漢書·王莽
傳》:'大聲而嘶。'釋詁曰:'嘶,聲破也。'今通謂聲破爲'沙喉嚨'。"
沙、斯義遠,音近相轉。

第五節 "之言"旁轉研究

旁轉有 34 例。本節首先討論旁轉聲韻關係,進而討論旁轉形義關係。

一 "之言" 旁轉正文及聲韻關係考

正文	A	聲	韻	B	聲	韻	聲韻關係
熍之言窮也。（1983：40 卷一下釋詁）	熍	溪	東	窮	羣	冬	溪羣旁紐東冬旁轉
闐之言疲茶也。（1983：42 卷一下釋詁）	闐	泥	脂	疲	並	歌	準旁紐旁轉
摻之言纖也。《魏風·葛屨篇》："摻摻女手。" 毛傳云："摻摻，猶纖纖也。" 古詩云："纖纖出素手。" 纖與摻聲近義同。（1983：53 卷二上釋詁）	纖	心	談	摻	生	侵	心生準雙聲侵談旁轉
劈之言糵也。（1983：73 卷三上釋詁）	劈	初	質	糵	疑	月	準旁紐旁轉
《禮運》："龍以爲畜，故魚鮪不淰。" 鄭注云："淰之言閃也。"（1983：83 卷三上釋詁）	淰	泥	侵	閃	書	談	準旁紐旁轉
殕之言腐也。（1983：90 卷三上釋詁）	殕	幫	之	腐	並	侯	幫並旁紐之侯旁轉
蕁之言欑聚也。（1983：93 卷三下釋詁）	蕁	精	諄	欑	從	元	旁紐旁轉
臥之言委也。（1983：117 卷四上釋詁）	臥	疑	歌	委	影	微	準旁紐旁轉
朓之言佻佻然也。（1983：130 卷四下釋詁）	朓	泥	幽	佻	透	宵	透泥旁紐宵幽旁轉
甃之言聚也，脩也。（1983：210 卷七上釋宮	甃	莊	幽	聚	從	侯	準旁紐旁轉
斗之言斟。（1983：221 卷七下釋器）	斗	端	侯	斟	見	幽	準旁紐旁轉
匜之言浚也。（1983：222 卷七下釋器）	匜	邪	元	浚	心	文	旁紐旁轉
輨之言關也。橫亘之名也。（1983：241 卷七下釋器）	輨	溪	文	關	見	元	見溪旁紐文元旁轉
轊之言銳也。（1983：241 卷七下釋器）	轊	邪	質	銳	餘	月	準旁紐旁轉
劂之言屈折也。《說文》："剞劂，曲刀也。" 副與劂同。（1983：164 卷八上釋器）	劂	見	月	屈	溪	物	見溪旁紐物月旁轉
棋之言枳棋也，謂曲橈之也。（1983：268 卷八上釋器）	棋	見	侯	枳	章	之	見章準雙聲之侯旁轉
釜之言府也。卷三云："府，聚也。"（1983：269 卷八上釋器）	釜	並	魚	府	幫	侯	幫並旁紐魚侯旁轉

续表

正文	A	聲	韻	B	聲	韻	聲韻關係
鍾之言充也。（1983：277 卷八下釋樂）	鍾	章	東	充	昌	冬	章昌旁紐東冬旁轉
稭之言剖也。（1983：297 卷九上釋地）	稭	並	侯	剖	滂	之	滂並旁紐之侯旁轉
稵之言離遝也。《齊民要術》："至春稵種。"注云："離而種之曰稵。"（1983：297 卷九下釋地）	稵	透	脂	離	來	歌	準旁紐旁轉
窞之言淡也。《說文》："窞，坎中小坎也。"（1983：303 卷九下釋水）	窞	定	談	淡	書	侵	準旁紐旁轉
勺藥之言適歷也。（1983：309 卷十上釋草）	勺	禪	藥	適	審	錫	旁紐旁轉
箘之言圓也。（1983：335 卷十上釋草）	箘	羣	文	圓	匣	元	準旁紐元文旁轉
菌之言蔄嘽也。（1983：339 卷十上釋草）	菌	匣	侵	蔄	心	談	準旁紐旁轉
檣之言殄也。鄭注《周官·稻人》云："殄，病也，絕也。"（1983：353 卷十上釋草）	檣	章	元	殄	定	文	準旁紐元文旁轉
樞之言邱也。（1983：353 卷十上釋草）	樞	影	侯	邱	溪	之	準旁紐旁轉
蔑之言剝也。（1983：353 卷十上釋草）	蔑	滂	鐸	剝	幫	屋	幫滂旁紐屋鐸旁轉
蜻蛉之言蒼筤也。（1983：362 卷十下釋蟲）	蜻	精	耕	蒼	清	陽	精清旁紐耕陽旁轉
蛄蠍之言詰屈也。皆象其狀。了子猶蛄蠍耳。（1983：363 卷十下釋蟲）	蠍	見	月	屈	溪	物	見溪旁紐物月旁轉
鰌之言皛也。（1983：367 卷十下釋魚）	鰌	見	宵	皛	匣	幽	準旁紐旁轉
怖之言勃然也。（1983：47 卷二上釋詁）	怖	滂	月	勃	並	術	滂並旁紐術月旁轉
糗之言炒。（1983：246 卷八上釋器）	糗	溪	幽	炒	初	侯	準雙聲旁轉
乳與酒，古聲近而義同。《北堂書鈔》引《春秋說題辭》云："酒之言乳也。"（1983：248 卷八上釋器）	乳	日	侯	酒	精	幽	準旁紐旁轉
姁之言昫也。（1983：117 卷四上釋詁）	姁	心	諄	昫	書	真	準旁紐旁轉

具體聲韻關係如下表:

大類	"之言"旁轉中的聲類關係		
小類	旁紐旁轉	準旁紐旁轉	準雙聲旁轉
數量	15	16	3
比重	44.12%	47.06%	7.32%

可見，旁轉中的聲類情況主要在旁紐、準旁紐中。

二　旁轉形義關係考

A——B	字形結構有關		字形結構相異	A——B	字形結構有關		字形結構相異
	同聲符	同形符			同聲符	同形符	
熿——窮			√	鍾——充			√
闛——疲			√	穚——離			√
摻——纖			√	淰——閃			√
蕁——欑			√	窘——濱			√
菡萏——蘭嗒			√	劈——檗	√		
殕——腐			√	棋——枳		√	
秄——剖	√			櫃——邱			√
蜻蛉——蒼筤			√	臥——委			√
跳——佻佻	√			瞀——聚			√
斗——斜		√		匹——浚			√
輨——關			√	箘——圓			√
檇——殄			√	闕——屈折			√
蠍——屈			√	釜——府			√
勺藥——適歷			√	襆——剝			√
鰤——鰝			√	怖——勃			√
糒——炒			√	酒——乳			√
姁——昫	√			轄——銳			√

旁轉字形結構中，字形結構有關的情況有 6 例，其中同聲符只有 4 例，同形符只有 2 例。字形結構相異的有 28 例。可見，旁轉更傾向於"不限形體"，只強調"之言"所聯接的 A、B 之間韻部相轉。

（一）旁轉中同聲符的詞（字）義關係

A之言B	聲符	形義關係
秔——剖	音	秔則剖開。秔、剖同源，共同義素爲分開。《說文》："音，相與語唾而不受也。"聲符與秔、剖義遠，聲符僅示聲。
朓——佻佻	兆	朓本義與佻借義義近，皆有獨行義。《說文》："兆，灼龜坼也。"聲符與訓釋字和被釋字義遠，聲符僅示聲。
劈——檗	辟	劈、檗同源，共同義素爲餘。《說文》："辟，皐也。"聲符與訓釋字和被釋字詞義無關，聲符僅示聲。
姁——眴	旬	姁之借義與眴之借義義近，皆指狂。《說文》："旬，徧也。"聲符僅示聲。

　　旁轉同聲符只有 4 例，聲符與訓釋字、被釋字只有示聲關係，詞（字）義無關。訓釋字和被釋字之間同源的有 2 例，如"秔——剖"，秔，《說文》無此字。《玉篇》："秔，耕器，耜屬。"爲名詞。《集韻》："秔，《博雅》：'鑼秔，耕也。'"爲動詞。《說文》："剖，判也。从刀音聲。"秔、剖同源，共同義素爲分開。

　　訓釋字和被釋字義近的有 2 例，如"朓——佻佻"，朓，《說文》無此字。《廣雅·釋詁四》："朓，長也。"《廣韻·皓韻》："朓，朕朓，長兒。"《說文》："佻，愉也。从人兆聲。"義爲獨行。《詩·小雅·大東》："佻佻公子，行彼周行。"毛傳："佻佻，獨行貌。"佻本義爲愉，借義爲獨行。朓之本義與佻之借義義近，皆有獨行義。

　　對於"姁——眴"，《說文》："姁，鈞適也，男女併也。从女旬聲。"借義爲狂。《廣雅·釋詁四》："姁，狂也。"《說文》："旬，目搖也。眴，旬或从旬。"借義爲狂。《莊子·德充符》："仲尼曰：'丘也嘗使楚矣，適見純子食於其死母者，少焉眴若皆棄之而走。'"陸德明釋文："眴，司馬云驚貌。"姁之借義與眴之借義義近，皆指狂。

（二）旁轉中同形符的詞（字）義關係

　　同形符情況有兩例，其中"斗——斠"爲同源關係，"棋——枳棋"爲同義詞關係。

　　對於"斗——斠"，《說文》："斗，十升也。"《漢書·律曆志上》："十升爲斗……斗者，聚升之量也。"《說文》："斠，挹也。从斗冓聲。"徐灝《說文解字注箋》："斠，酌也。"《廣雅·釋詁二》："斠，抒也。"斗，古音在侯部。斗、斠同源，共同義素爲盛。

對於"棋——枳椇"，棋，《說文》無此字。《廣韻·虞韻》："棋，枳椇。"《集韻·噳韻》："棋，枳椇，木名，曰白石李。"《禮記·明堂位》："俎，有虞氏以梡，夏後氏以嶡，殷以椇，周以房俎。"鄭玄注："椇之言枳椇也，謂曲橈之也。"孔穎達疏："枳椇之樹，其枝多曲橈，故陸璣《草木疏》云：'椇曲來巢，殷俎似之'，故云曲橈之也。"陳澔《禮記集說》："椇者，俎之足間橫木，爲曲橈之形，如枳椇之樹枝也。"《說文》："枳，木似橘。"棋即枳椇，枳即枸橘。枳與棋不同，棋與枳椇爲同義詞。

(三) 旁轉字形結構相異的詞（字）義關係

A之言B	形義關係
熻——窮	熻、窮同源，共同義素爲盡。
闡——疲	闡、疲同源，共同義素爲弱。
摻——纖	摻、纖同源，共同義素爲細小。
蕁——欑	蕁、欑同源，共同義素爲聚。
菡萏——蓞嗿	菡萏、蓞嗿同源，共同義素爲含苞未放。
殕——腐	殕、腐同源，共同義素爲腐敗。
蜻蛉——蒼筤	蒼筤，聯綿詞，即蜻蛉之轉音，蒼筤、蜻蛉爲同源詞。
輯——關	輯、關同源，共同義素爲橫軸。
槢——殄	槢之本義與殄之引申義義近，皆有枯死義。
蟩——屈	詰屈、蛣蟩爲同源詞。
勺藥——適厤	勺藥，聯綿詞，勺藥即適厤之轉音，勺藥、適厤爲同源詞。
鱎——皛	鱎、皛同源，共同義素爲白。
糗——炒	糗、炒同源，共同義素爲炒。
鍾——充	鍾之借義與充之借義義近，皆有充足義。
稝——離	犂與離通。稝之本義與離之借義義近。稝、犂同源。
淰——閃	淰、閃同源，共同義素爲忽見忽不見。
窞——濱	窞、濱同源，共同義素爲距離深。
轊——銳	義爲芒端、鋒利等。轊指車軸端，銳指芒端，有銳利義，轊、銳同源，共同義素爲銳利。
櫖——邱	櫖借義爲梒，義爲枯死樹，邱借義爲墳墓、廢墟，櫖之借義與邱之借義義近。
臥——委	臥有安義，委亦有安適義，臥之引申義與委之引申義義近。
甓——聚	砌井壁需聚塼，與聚會義近。甓之引申義與聚之本義義近。

A 之言 B	形義關係
匠——浚	匠、浚同源，共同義素爲挹取。
箇——圓	箇指箭竹小而圓，箇、圓同源，共同義素爲圓。
厰——屈折	厰、屈同源，共同義素爲曲。
釜——府	釜本義有聚義，府本義亦有聚義，釜、府同源，共同義素爲聚藏。
僕——剝	僕、剝同源，共同義素爲脱落。
怖——勃	怖、勃同源，共同義素爲怒。
酒——乳	酒的引申義與乳的引申義義近，皆有乳化義。

旁轉字形結構相異有 28 例，其詞（字）義關係以同源爲主。據考，同源有 21 例，如"熍——窮"，熍，《說文》無此字。《廣雅·釋詁一》："熍，盡也。"《集韻·東韻》："熍，曝也。"又《集韻·東韻》："熍，爐也。"《說文》："窮，極也。从穴躬聲。"《列子·湯問》："飛衛之矢先窮。"張湛注："窮，盡也。"熍、窮同源，共同義素爲盡。

義近有 7 例。根據具體詞義關係又可分爲 5 種，討論如下：

第一種情況爲"A 本義與 B 引申義義近"，即"檆——殄"。《玉篇·木部》："檆，木瘤也。"《廣韻·獮韻》："檆，木瘤。"又指枯木。《說文》："殄，盡也。"《爾雅·釋詁上》："殄，盡也。"又《釋詁下》："殄，絕也。"又引申爲病。《周官·地官·稻人》："凡稼澤，夏以水殄草而芟夷之。"鄭玄注："殄，病也。"檆之本義與殄之引申義義近，皆有枯死義。

第二種情況爲"A 引申義與 B 本義義近"，即"甃——聚"，《說文》："甃，井壁也。"《說文解字注》："井壁者，謂用塼爲井垣也。"引申爲砌井壁。桂馥《說文義證·瓦部》："甃，《五經文字》：'甃，甎壘井。'《風俗通》：'甃井，聚塼脩井也。'《易》：'井甃。'釋文：'馬云爲瓦裏下達上也。'《干》云：'以甎壘井曰甃。'馥案：'虞翻云：以瓦甓壘井稱甃。'"《說文》："聚，會也。"砌井壁需聚塼，與聚會義近。甃之引申義與聚之本義義近。

第三種情況爲"A 借義與 B 借義義近"，如"櫨——邱"，櫨，《說文》無此字。《爾雅·釋木》："櫨，莖。"郭璞注："今之刺榆。"又《廣雅·釋木》："櫨，梀也。"《說文》："邱，地名。"又通作丘。義爲墳墓。

《文心雕龍・檄移》："發邱摸金，誣過其虐。"又義爲廢墟。《廣雅・釋詁三》："邱，空也。"檽借義爲栜，義爲枯死樹，邱借義爲墳墓、廢墟，檽之借義與邱之借義義近。

第四種情況爲"A 本義與 B 借義義近"，如"秶——離（邌）"；秶，《說文》無此字。《廣雅・釋地》："秶，種也。"《玉篇・耒部》："秶，種也。"《廣韻・霽韻》："秶，不耕而種。"《說文》："離，離黃，倉庚也。鳴則蠶生。"《廣雅・釋詁二》："離，去也。"《方言》卷六："參，蠡，分也。齊曰參，楚曰蠡，秦晉曰離。"《廣雅・釋詁一》："離，分也。"《玉篇・牛部》："犂，耕具也。"《廣韻・齊韻》："犂，耕也。"犂與離通。《禮記・少儀》："牛羊之肺，離而不提心。"鄭玄注："提猶絕也，到離之不絕。"陸德明釋文本作"犂"，曰："犂，本又作離，同。"秶之本義與離之借義義近。秶、犂同源。

第五種情況爲"A 引申義與 B 引申義義近"，如"酒——乳"，《說文》："酒，就也，所以就人性之善惡。一曰造也，吉凶所造也。"《釋名・釋飲食》："酒，酉也。釀之米麴酉澤，久而味美也。"《說文》："乳，人及鳥生子曰乳，獸曰產。"《廣雅・釋詁一》："乳，生也。"引申爲孵化。《篇海類編・干支類・乙部》："乳，孚也。"酒引申義生發，與乳引申爲孵化義近。

第六節　"之言"通轉研究

"之言"通轉有 8 例，本節首先討論通轉的聲韻關係，進而討論形體關係。

一　"之言"通轉正文及聲韻關係

正文	A	聲	韻	B	聲	韻	聲韻關係
鬐之言墮落也。（1983：90 卷三上釋詁）	鬐	定	歌	落	來	鐸	準旁紐通轉
渫之言擎。（1983：150 卷五上釋詁）	渫	澄	月	擎	從	談	準旁紐通轉
綼之言卑小也。《方言》注云："綼，細餅麴也。"（1983：249 卷八上釋器）	綼	並	脂	卑	幫	支	幫並旁紐支脂通轉

正文	A	聲	韻	B	聲	韻	聲韻關係
敡之言提也，提，擊也。（1983：258 卷八上釋器）	敡	透	脂	提	定	支	透定旁紐支脂通轉
枷之言攲也。卷三云："攲，擊也。"（1983：260 卷八上釋器）	枷	見	歌	攲	溪	魚	見溪旁紐魚歌通轉
策之言齊也。編竹木謂之，均齊平正，故謂之策。（1983：268 卷八上釋器）	策	初	錫	齊	从	脂	準旁紐通轉
舶之言博大也。（1983：304 卷九下釋水）	舶	並	月	博	幫	鐸	幫並旁紐月鐸通轉
緤、紲、靮，皆引也。緤之言曳，紲之言引，靮之言扚也。《玉篇》："扚，引也。"（1983：242 卷七下釋器）	緤	心	葉	曳	餘	月	準旁紐葉月通轉

在"之言"通轉中，旁紐通轉和準旁紐通轉各有 4 例。

二　通轉形義關係考

通轉形體關係中，字形結構相異的有 5 例，字形結構有關的有 3 例即同聲符情況。

同聲符 3 例中，同源有 2 例，義近有 1 例。訓釋字和被釋字同源有 2 例，且聲符僅示聲：潵——擎、敡——提。潵、擎同源，共同義素爲擎。《說文》："敝，帗也，一曰敗衣也。"敡，《說文》無此字。敡、提同源，共同義素爲持。《說文》："是，直也。"聲符"是""敝"與各訓釋字和被釋字詞義都無關，聲符僅示聲。

義近有 1 例，即"鵯——卑"，聲符"卑"即訓釋字。鵯，《說文》無此字。鵯之《方言》詞義與卑之引申義義近。

字形結構無關的有 5 例，其中同源有 4 例，義近有 1 例。

同源 4 例：鬐——（墮）落，鬐、落同源，共同義素爲落下。枷——攲，枷、攲同源，共同義素爲擊打。舶——博，舶，《說文》無此字。《玉篇》："舶，大船。"舶、博同源，共同義素爲大。緤——曳，緤，古音在月部。緤、曳同源，共同義素爲牽制。

義近有 1 例：策——齊。《說文》："策，馬箠也。"本義指馬鞭。借指簡冊。《說文》："齊，禾麥吐穗上平也。"《廣雅》："齊，整也。"策、齊義近。策之借義與齊之本義義近。

通轉條件下，“之言”所連接的 A、B 之間也主要以同源爲主，義近的比較少。

第七節　“之言”特殊關係考

“之言”特殊形式可分爲以下幾種。

一　“A 之言 AB 也”有 8 例

具體音形義關係如下：

拘之言拘礙也。（1983：33 卷一下釋詁）

按，拘，古音在侯部。義爲制止。《說文》：“拘，止也。”《玉篇·句部》：“拘，拘檢也。”《廣雅·釋詁一》：“拘，隔也。”《說文》：“礙，止也。”拘即拘礙，以多音節詞釋單音詞。

竦之言竦踊也。（1983：64 卷二下釋詁）

按，《說文》：“竦，敬也。”《廣雅·釋詁上》：“竦，上也。”《廣雅·釋詁二》：“竦，跳也。”《說文》：“踊，跳也。”竦、踊皆跳義，竦即竦踊。以多音節詞釋單音詞。

孑之言孑然小也。（1983：69 卷二下釋詁）；

按，《說文》：“孑，無右臂也。”《釋名·釋兵》：“盾，狹而短者曰孑盾，車上所持者也。孑，小稱也。”《玉篇·了部》：“孑，短也。”孑本義爲無右臂，借義爲小。“孑然小”即“孑”義。

委之言委積也。（1983：157 卷五上釋詁）；

按，委，古音在微部，義爲委隨、委積等。《說文》：“委，委隨也。”《公羊傳·桓公十四年》：“御廩者何？粢盛委之所藏也。”何休注：“委，積也。”委積即委。以多音節詞釋單音詞。

援之言援引，皆憂思相牽引之貌也。（1983：191 卷六上釋訓）；

按，援，古音在元部。義爲援引等。《說文》：“援，引也。”援引即援。多音節詞釋單音節詞。

紟之言相紟帶也。（1983：232 卷七下釋器）；

按，紟，古音在侵部。《說文·糸部》：“紟，衣系也。”《說文解字注》：“聯合衣襟之帶也，今人用銅鈕非古也，凡結帶皆曰紟。”紟即聯合衣襟之帶,即相紟帶。

陵之言陵遲也。(1983:298 卷九下釋地);

按,《說文》:"陵,大阜也。"借義爲衰微。《玉篇·阜部》:"陵,遲也。"陵遲即陵。多音節詞釋單音節詞。

邱之言邱虛也。(1983:299 卷九下釋地)

按,《說文》:"邱,地名。"邱與丘同,指小山、墳墓、廢墟等。《廣雅》:"邱,空也。"邱虛即空曠的廢墟。多音節詞釋單音節詞。

以上 8 例"A 之言 AB 也"功能上主要是單音節詞與多音節合成詞相互訓釋,且多音節合成詞中包含這個單音節詞。

二 "A 之言 BA(也)"有 9 例

跌之言差跌也。(1983:154 卷五上釋詁)

按,跌,古音在質部,義爲失足、差錯等。《說文》:"跌,踢也。一曰越也。"《說文繫傳》:"跌踢,邁越不拘也。"《方言》卷十三:"跌,蹷也。"《玉篇·足部》:"跌,仆也。"慧琳《一切經音義》卷三十二引《廣雅》:"跌,差也。"《荀子·王霸》:"此夫過舉蹞步而覺跌千里者夫。"楊倞注:"跌,差也。"跌即差也,差跌即跌。以多音節詞釋單音節詞。

嵯之言嶵嵯。(1983:126 卷四下釋詁)

按,嵯,古音在支部。《史記·司馬相如列傳》:"嶄巖參嵯。"張守節正義引顏師古注:"參嵯,不齊也。"《廣韻·支韻》:"嵯,參嵯不齊。"嵯即參嵯。

峨之言嶺峨。(1983:126 卷四下釋詁)

按,《說文》:"峨,嵯峨也。"嶺,《說文》無此字。《楚辭·東方朔〈七諫·怨世〉》:"世沈淖而難論兮,俗嶺峨而嶵嵯。"王逸注:"嶺峨,不齊貌。"嶺峨即峨,義爲不齊。王念孫《廣雅疏證》云:"嶵嶺、嵯峨爲疊韻,嶺峨、嶵嵯爲雙聲也。"

項之言直項也。(1983:202 卷六下釋親)

《說文》:"項,頭後也。"《廣韻》:"項,頸項。"王念孫《廣雅疏證》:"《漢書·息夫躬傳》云:'有直項之名。'是項與直同義。""項"沒有"直","直項","直"脩飾"項",說明其人耿直。

塍之言兆塍也。(1983:215 卷七上釋宮)

按,《說文》:"塍,稻中畦也。"《廣雅·釋宮》:"塍,隄也。"《說文》："𤆖，灼龜坼也。兆，古文兆省。"兆與垗通。《爾雅·釋言》："兆，域也。"郭璞注："謂塋界。"郝懿行疏："兆者，垗之假借也。"兆指區域，塍隄岸，二者義近。

纍之言係纍也。（1983：238 卷七下釋器）

按，纍，古音在脂部，義爲大索，纏繞等。《說文》："纍，綴得理也。一曰大索也。"《詩·周南·樛木》："南有樛木，葛藟纍之。"陸德明釋文："纍之，纏繞也。"朱熹注："纍猶繫也。"《廣雅·釋言》："纍，拘也。"係纍即纍，以多音節詞釋單音節詞。

衊之言污衊也。（1983：244 卷八上釋器）

按，《說文》："衊，污血也。"《集韻·末韻》："衊，汙也。"污衊即衊，此多音節詞釋單音節詞。

白之言明白也。（1983：272 卷八上釋器）

按，白，古音在鐸部。義爲白色等。《說文》："白，西方色也，陰用事，物色白。"《禮記·曾子問》："當室之白，尊于東房，是謂陽厭。"鄭玄注："當室之白，謂西北隅得戶明者也。"明白即白，此以多音節詞釋單音節詞。

蓊之言鬱蓊而起也。凡上起謂之鬱，亦謂之蓊。（1983：340 卷十上釋草）

按，蓊，《說文》無此字。《玉篇·艸部》："蓊，木茂也。"《廣韻·東韻》："蓊，蓊鬱，草木盛兒。"《說文》："鬱，木叢生者。"《文選·木華〈海賦〉》："㵐濆淪而滀漯，鬱沏迭而隆退。"李善注："鬱，盛貌。"鬱、蓊義近，鬱蓊即蓊也。

以上9例"A之言BA也"功能上與"A之言AB也"相似，都是多音節詞和單音節詞相互解釋，且多音節詞中的一個詞就是被解釋的那個單音節詞。

三 "A之言AA（然）也"有5例

喝之言喝喝然也。（1983：81 卷三上釋詁）

按，《說文》："喝，傷暑也。"《廣雅·釋詁三》："喝，煩也。"《集韻·曷韻》："喝，熱也。"《素問·刺瘧論》："先寒後熱，熇熇喝喝然。"王冰注："喝喝，熱盛也。"

堂之言堂堂也。（1983：112 卷四上釋詁）

按，《說文》："堂，殿也。"《廣雅·釋詁四》："堂，明也。"《釋名·釋宮室》："堂猶堂堂也，高顯貌也。"

菁之言菁菁然盛也。（1983：335 卷十上釋草）

按，《說文》："菁，韭華也。"引申爲茂盛。《詩·唐風·杕杜》："有杕之杜，其葉菁菁。"毛傳："菁菁，葉盛也。"陸德明釋文："菁，本又作青，同。"

莽之言莽莽也。（1983：337 卷十上釋草）

按，《說文》："莽，南昌謂犬善逐兔艸中爲莽。"玄應《一切經音義》卷十一引《說文》："木叢生曰榛，衆草曰莽也。"《左傳·哀公元年》："吳日敝於兵，暴骨如莽。"杜預注："草之生於廣野莽莽然，故曰草莽。"《小爾雅·釋言》："莽，草也。"

歷之言歷歷也。（1983：296 卷九上釋地）

按，《說文》："歷，過也。"借義爲稀疏。《管子·地員》："赤壚歷彊肥。"尹知章注："歷，疏也。"《廣雅疏證》亦引《管子》此篇。歷歷當亦爲稀疏義。

AA 不是單純疊音詞，而是重疊式合成詞，且重疊式合成詞就是由其中的單音節詞重疊而來。"A 之言 AA 也"功能上主要是以重疊式合成詞釋單音節詞，詞義相近或相同。

第八節　"之言"來源考

《廣雅疏證》大量利用"之言"來疏通詞的音義關係。據統計，"之言"共有 731 例。"之言"的來源有王念孫自己發明的，也有不少來自以往學者的訓詁成果。現將王念孫自己發明的稱爲"無來源"的，將來自以往學者訓詁成果的稱爲"有來源"的，以"之言"的聲韻特徵爲標記，製成表格，分析比例，討論特點。

大類	之言											
小類	雙聲疊韻部分		雙聲部分		疊韻部分		對轉部分		旁轉部分		總計	
次類	有來源	無來源	有來源	無來源	有來源	無來源	有來源	無來源	有來源	無來源	有來源	無來源
數量	10	303	6	83	15	218	1	40	2	32	32	699
比重	3.30%	7.23%	6.88%	2.5%	6.25%	4.73%						

"有來源"的共有34例，占"之言"總量的4.58%。具體到各個部份，有比較均衡的分布，占各部分的比重也不大。說明"有來源"的"之言"比重並不大，"無來源"的"之言"有較大比重。可見王念孫在《廣雅疏證》中使用的"之言"主要是原創性的。王念孫在對"之言"A、B各自形音義複雜層次深入分析的基礎上，"引伸觸類"的系聯疏通了大量具有音義關係的詞。

雙聲疊韻部分有10例：

《大雅·既醉篇》："其類維何，室家之壼。"鄭箋云："壼之言梱也。"（1983：7　卷一上釋詁）

鄭注《大學》云："戾之言利也。"（1983：8　卷一上釋詁）

《祭法》："遠廟爲祧。"鄭注云："祧之言超也。"（1983：12　卷一上釋詁）

《大雅·常武》箋云："敬之言警也。"敬、警、憼聲近而義同。（1983：13　卷一上釋詁）

《玉藻》："疾趨則欲發而手足毋移。"鄭注云："移之言靡迤也。"移與迤古亦雙聲。故鄭眾讀迤爲移矣。（1983：70　卷二下釋詁）

鞮者，《王制》："西方曰狄鞮。"鄭注云："鞮之言知也。"（1983：78　卷三上釋詁）

《鄘風·君子偕老》傳："審諦如帝。"正義引《春秋運斗樞》云："帝之言諦也。"（1983：86　卷三上釋詁）

《周官·媒氏》注云："媒之言謀也。"（1983：112　卷四上釋詁）

鄭注《士冠禮》云："絇之言拘，以爲行戒。"是也。（1983：224　卷七下釋器）

《少牢饋食禮》注云："俎，距，脛中當橫節也。棋之言句曲也。"《明堂位》正義云："枳椇之樹，其枝多曲橈。"故陸機《草木疏》云："椇曲來巢。"殷俎足似之也。（1983：268　卷八上釋器）

雙聲部分有6例：

《小雅·天保篇》："無不爾或承。"鄭箋云："或之言有也。"或即邦域之域。域、有一聲之轉。（1983：6　卷一上釋詁）

《學記》："不興其藝，不能樂學。"鄭注曰："興之言喜也，歆也。"（1983：33　卷一下釋詁）

鄭注《曲禮》云："死之言澌也。"（1983：40　卷一下釋詁）

《說文》："甈，康瓠破罌也。"徐鍇《傳》曰："康之言空也，破則空也。"（1983：46 卷二上釋詁）

《大雅·生民篇》："載燔載烈。"鄭箋云："烈之言爛也。"（1983：49 卷二上釋詁）

《表記》鄭注云："役之言爲也。"（1983：326 卷十上釋草）

疊韻部分有 15 例：

鄭注《禮器》云："致之言至也。"（1983：7 卷一上釋詁）

察者，《書大傳》云："祭之爲言察也。"察者，至也，人事至，然後祭。（1983：7 卷一上釋詁）

《周官·天府》注云："祿之言穀也。"（1983：8 卷一上釋詁）

《禮器》："天地之祭，宗廟之事，父子之道，君臣之義，倫也。"鄭注云："倫之言順也。"（1983：9 卷一上釋詁）

《王制》："有虞氏養國老於上庠。"鄭注云："庠之言養也。"（1983：16 卷一上釋詁）

《士喪禮·下篇》注云："賵之言補也，助也。"（1983：51 卷二上釋詁）

《曲禮》注云："富之言備也。"（1983：71 卷二下釋詁）

《禮器》："君子之於禮也，有撕而播也。"鄭注云："撕之言芟也。"（1983：73 卷三上釋詁）

《周官·掌戮》："殺王之親者，辜之。"鄭注云："辜之言枯也。"（1983：74 卷三上釋詁）

《文選·長門賦》注引《七略》云："雅琴者，琴之言禁也，雅之言正也，君子守正以自禁也。"（1983：110 卷四上釋詁）

《白虎通義》云："喪之言下葬之也。"（1983：113 卷四上釋詁）

《明堂位》："天子負斧依。"鄭注云："負之言背也。"（1983：133 卷四下釋詁）

程瑤田《通藝錄》："……劍首名鐔。鐔之言蕈也。是于于者非蕈之形乎。"（1983：264 卷八上釋器）

《祭法》云："燔柴於泰壇，祭天也，瘞埋於泰折，祭地也，用騂犢埋少牢於泰昭，祭時也，幽宗，祭星也，雩宗，祭水旱也，四坎壇，祭四方也，山林川谷邱陵，能出雲，爲風雨，見怪物，皆曰神，有天下者祭百神，諸侯在其地則祭之，亡其地則不祭。"鄭玄注："壇之言坦也，坦明

貌也。”（1983：288 卷九上釋天）

　　諸、旃，之也。皆一聲之轉也。諸者，之於之合聲，故諸訓爲之，又訓爲於。旃者，之焉之合聲，故旃訓爲之，又訓爲焉。《唐風·采苓》箋云：“旃之言焉也。”（1983：139 卷五上釋詁）

　　對轉部分有 1 例：

　　《漢書·景帝紀》：“高廟酎，奏《武德》《文始》《五行》之舞。”顔師古注：“張晏曰：‘正月旦作酒，八月成，名曰酎。酎之言純也。至五帝時，因八月嘗酎會諸侯廟中，出金助祭，所謂酎金也。’師古曰：‘酎，三重釀，醇酒也，味厚，故以薦宗廟。’”

　　旁轉部分有 2 例：

　　《禮運》：“龍以爲畜，故魚鮪不淰。”鄭注云：“淰之言閃也。”（1983：83 卷三上釋詁）

　　《北堂書鈔》引《春秋說題辭》云：“酒之言乳也。”《太平御覽》引《春秋元命包》云：“文王四乳，是爲含良。善法酒旗，布恩舒明。”宋均注云：“乳，酒也。”（1983：248 卷八上釋器）

　　從内容上看，這 33 例 “之言” 中：

　　來自《詩經》的有 5 例：《大雅·既醉篇》鄭箋、《大雅·常武》鄭箋、《小雅·天保篇》鄭箋、《大雅·生民篇》鄭箋、《唐風·采苓》鄭箋

　　來自《尚書》的有 1 例：《書大傳》

　　來自《禮記》的有 14 例：《祭法》《玉藻》《王制》《學記》《曲禮》《表記》《禮器》《禮器》《王制》《曲禮》《禮器》《明堂位》《祭法》《禮運》

　　來自《周禮》的有 3 例：《周官·媒氏》《周官·天府》《周官·掌戮》

　　來自《儀禮》的有 3 例：《士冠禮》《少牢饋食禮》《士喪禮·下篇》

　　來自緯書的有 2 例：正義引《春秋運斗樞》《北堂書鈔》引《春秋說題辭》

　　來自《說文》的有 1 例：《說文》徐鍇繫傳

　　來自《漢書》的有 1 例：《漢書·景帝紀》顔師古注引張晏

　　來自《七略》的有 1 例：《文選·長門賦》注引《七略》

　　來自《白虎通義》的有 1 例：《白虎通義》

程瑤田《通藝錄》的有 1 例:程瑤田《通藝錄》

由上可見,《廣雅疏證》所引"之言"內容主要來自《禮記》,其次是《詩經》。

從"之言"發明者來看,這 33 例"之言":

來自鄭玄箋注的有 25 例:《大雅·既醉篇》鄭箋、《大雅·常武》鄭箋、《小雅·天保篇》鄭箋、《大雅·生民篇》鄭箋、《唐風·采苓》鄭箋、《祭法》《玉藻》《王制》《學記》《曲禮》《表記》《禮器》《禮器》《王制》《曲禮》《禮器》《明堂位》《祭法》《禮運》《周官·媒氏》《周官·天府》《周官·掌戮》《士冠禮》《少牢饋食禮》《士喪禮·下篇》

來自緯書的有 2 例:正義引《春秋運斗樞》《北堂書鈔》引《春秋說題辭》

來自《尚書大傳》的有 1 例:《書大傳》

來自《白虎通義》的有 1 例:《白虎通義》

來自劉歆的有 1 例:《文選·長門賦》注引《七略》

來自張晏的有 1 例:《漢書·景帝紀》顏師古注引張晏

來自徐鍇的有 1 例:《說文繫傳》

來自程瑤田的有 1 例:《通藝錄》

可見《廣雅疏證》所引"之言"用例,以鄭玄爲主。

從"之言"來源的時代來看,這 34 例"之言":

來自漢魏以前(包括漢魏)的有 31 例:《大雅·既醉篇》鄭箋、《大雅·常武》鄭箋、《小雅·天保篇》鄭箋、《大雅·生民篇》鄭箋、《唐風·采苓》鄭箋、《祭法》《玉藻》《王制》《學記》《曲禮》《表記》《禮器》《禮器》《王制》《曲禮》《禮器》《明堂位》《祭法》《禮運》《周官·媒氏》《周官·天府》《周官·掌戮》《士冠禮》《少牢饋食禮》《士喪禮·下篇》《召南·采蘋篇》毛傳、《魯頌·駉篇》毛傳、正義引《春秋運斗樞》《北堂書鈔》引《春秋說題辭》《書大傳》《白虎通義》《文選·長門賦》注引《七略》、

來自漢魏以後的有 3 例:《漢書·景帝紀》顏師古注引張晏、《說文繫傳》《通藝錄》。

可見《廣雅疏證》所引"之言"文獻以漢魏以前爲主,所引漢魏以後文獻極少。

總之,王念孫《廣雅疏證》所引"之言"文獻,時代上以漢魏以前

爲主，來源上以鄭玄爲主，内容上以鄭玄所注《三禮》爲主。說明王念孫在《廣雅疏證》"之言"訓釋中吸收了不少漢代訓詁材料。

第九節　本章小結

將《廣雅疏證》"之言"音形義關係及數量比例製成表格，討論如下。

"之言"是《廣雅疏證》訓釋術語中量最多的。去除特殊形式（某之言某某也），共有 709 例。基於求同存異的原則，從雙聲疊韻、雙聲、疊韻、對轉、旁對轉、通轉等關係梳理其聲韻關係。數據顯示，雙聲疊韻的量最多，有 303 例，疊韻其次，有 231 例。說明"之言"連接的訓釋字和被釋字間聲韻關係上存在聲疊韻同或單純韻同的關係。

字形結構有關包含同聲符和同形符兩種情況，形體相異指字形結構不同。從形體關係上看，字形結構有關的共有 397 例，形體相異的共有 312 例。說明"之言"連接的兩個詞（字）之間以字形結構有關爲主，字形結構相異爲輔。在字形結構有關的情況下，同聲符部分有 355 例，同形符部分僅有 42 例。說明字形結構有關時，以同聲符情況爲主。同聲符的總量超過了字形相異的總量。說明"之言"連接的兩個詞（字）之間多有共同的聲符。具體到各個部分，在雙聲疊韻、疊韻關係中，字形結構有關的情況都超過了字形相異的情況，而在雙聲、對轉、旁轉、通轉關係中，字形結構有關的情況略低於字形相異的情況。說明聲疊韻同時，"之言"條件下，字形間的共性增大。在雙聲疊韻、雙聲、疊韻關係中，字形結構有關時，同聲符的情況遠高於同形符的情況。這些都顯示了"之言"條件下，"音——形"之間的相互聯繫相互制約的關係。

"之言"連接的兩個詞（字）之間有同源、義近、假借字、古今字、異體字、擬音、正俗字、義遠、狀形、同義等關係。數據顯示，同源的量最大，有 509 例，占 71.79%。義近有 161 例，占 22.7%。其他情況量也不多。說明"之言"連接的兩個詞（字）詞義關係上多同源。具體到各個部分，同源的比重也較大。在雙聲疊韻 302 例中，同源有 218 例，占 72.43%。雙聲 93 例中，同源有 63 例，占 67.74%。疊韻 231 例中，同源有 174 例，占 75.32%。對轉 41 例中，同源有 25 例，占 60.98%。旁轉

《廣雅疏證》訓詁術語 "之言" 音形義關係及其數量比例

形體關係＼聲韻關係	雙聲疊韻·同聲符·為訓釋字	雙聲疊韻·同聲符·共同部分	雙聲疊韻·同聲符·為被釋字	雙聲疊韻·同形符	雙聲疊韻·形體相異	雙聲·同聲符·為訓釋字	雙聲·同聲符·共同部分	雙聲·同聲符·為被釋字	雙聲·同形符	雙聲·形體相異	疊韻·同聲符·為訓釋字	疊韻·同聲符·共同部分	疊韻·同聲符·為被釋字	疊韻·同形符	疊韻·形體相異	對轉·同聲符·為訓釋字	對轉·同聲符·共同部分	對轉·同形符	對轉·形體相異	旁轉·共同部分	旁轉·同形符	旁轉·形體相異	通轉·同聲符	通轉·形體相異	詞義總計
同源	61	89	6	15	49	2	17	1	8	33	21	61	3	12	77		6		18	2	1	21	2	4	509
義近	12	17	1	1	28	2	3			20	4	13	2	1	32		2	2	10	2		7	1	1	161
假借字	3	4	1	1	1		1			1		1													13
古今字	2		1	1	1						1														6
異體字	4																								4
擬音	1				1																				2
正俗字											1														1
義遠		2			2										1		1		1						7
狀形										1					1						1				3
同義										1						1						1			3
形體總計	83	112	9	17	82	4	21	2	8	56	27	75	5	13	111	1	9	2	29	4	2	29	3	5	709
聲韻總計			303					91					231				41				35			8	709

說明：古今字、假借字、異體字、正俗字遵循一般的定義，同源指在聲韻相同或相近的情況下，本義與本義、或本義與方言義或方言義與方言義同源；義近指本義與引申義、借義與借義、借義與引申義、引申義與引申義之間詞義無關，一般存在與聯結繫同（字）中；義遠指兩名之間詞義聯繫較遠；狀形指二者之間有修飾被修飾關係；同義指二者音義全同，詞義全同。將"之言"之前的詞稱為被釋字，"之言"之後的詞稱為訓釋字，"為訓釋字"指聲符為訓釋字，"為被釋字"指聲符為被釋字，"共同部分"指聲符為訓釋字和被釋字共同部分。

35 例中，同源有 24 例，占 68.57%。通轉 8 例中，同源有 5 例，占 62.5%。在雙聲疊韻同聲符 203 例中，同源有 155 例，占 76.35%。在雙聲同聲符 28 例中，同源有 21 例，占 75%。在疊韻同聲符 107 例中，同源有 79.44%。顯示了雙聲疊韻或者雙聲、疊韻與各自同聲符情況下，同源比重呈正相關的特點。同聲符包含聲符示聲示源的兩種可能。段玉裁在《說文解字注》中論及"聲"與"義"的關係，"聲與義同原，故諧聲之偏旁多與字義相近，此會意形聲兩兼之字致多也"①。聲與義同原，即聲符示聲示源。說明"之言"條件下，"音——義"關係具有雙重性。一方面，聲疊韻同可能同源；另一方面，在聲疊韻同的條件下，"之言"連接的兩個詞（字）具有了相同聲符後，更有可能同源。張志樵在《王念孫訓詁述評》② 一文中對漢字承擔的語言義的區分，認爲漢字承擔的語言義有"所轄義"和"使用義"的不同，"所轄義"即"詞典義"，"使用義"受人們用字規範的制約。這種說法是適切的。"所轄義"與"所轄義"之間的義近關係，我們稱爲同源，而"使用義"和"使用義"之間的義近關係，我們稱爲義近。從數據中可見，《廣雅疏證》"之言"術語更多地顯示了"所轄義"（即本義）間的關係。

　　"之言"的功能多樣，不單純是疏通詞義，顯示同源。還有校勘版本、辨明文字俗體等作用。可見，"之言"顯示的問題不僅僅屬於語言學範疇，更屬於語文學範疇。

　　"之言"特殊關係有"A 之言 AB 也" 8 例、"A 之言 BA（也）" 9 例、"A 之言 AA（然）也" 5 例。前兩種主要是複音節合成詞釋單音詞，後者主要是重疊式合成詞釋單詞。黃焯在《古今聲類通轉表》中說，"雙聲疊韻之源是疊字，疊字即單字"③。這種形式也類似於以本字釋本字。但是，"以本字釋本字之法，有違於以已知推未知之訓詁原則（雖釋者與被釋者詞性有動靜之別），故雖遠見於古籍而其後漸廢"④。《廣雅疏證》"之言"疊字訓單字不多，或許與此有關。

---

① 段玉裁：《說文解字注》，浙江古籍出版社 1998 年版，第 2 頁。

② 張志樵：《王念孫訓詁述評》，《四川師範大學學報》（社會科學版）1992 年第 2 期。

③ 黃焯：《古今聲類通轉表》，上海古籍出版社 1983 年版，第 290 頁。

④ 沈兼士：《右文說在訓詁學上之沿革及其推闡》，葛信益、啟功整理，見《沈兼士學術論文集》，中華書局 1986 年版，第 76 頁。

从"之言"來源上看,之言"有來源"的共有 32 例,占"之言"總量的 4.58%。具體到各個部分,有比較均衡的分布,占各部分的比重也不大。說明"有來源"的"之言"比重竝不大,而"無來源"的"之言"占較大比重。可見王念孫在《廣雅疏證》中使用的"之言"主要是原創性的。而這 32 例"有來源"的"之言",經分析發現,時代上以漢魏以前爲主,來源上以鄭玄爲主,内容上以鄭玄所注《三禮》爲主。說明王念孫對漢代訓詁成就有所吸收繼承。

待考有 4 例,這四例字形難釋,闕疑。瞌之言潛也。(1983:20 卷一上釋詁) 縞之言暠暠然也。(1983:227 卷七下釋器) 桴之言比附也。(1983:305 卷九下釋水) 踦之言傾敧也。(1983:80 卷三上釋詁)

第四章 《廣雅疏證》"聲近義同"研究

本章分別從兩個詞間、三個詞間、四個詞間、五個詞間"聲近義同"展開討論。

第一節 兩個詞間"聲近義同"研究

本節首先分析兩個詞間"聲近義同"與別的術語混用情況,進而從音、形、義三個維度展開論述。

一 "聲近義同"與其他術語的混用

正文	A	聲	韻	B	聲	韻	聲韻關係
辣之言烈也。《呂氏春秋·本味篇》:"辛而不烈。"烈與辣聲近義同。(1983:48卷二上釋詁)	烈	來	月	辣	來	月	雙聲疊韻
筮之言星星也。《周官·內饔》:"豕盲眡而交睫。"腥當爲星,肉有如米者似星,星與筮聲近義同。(1983:53卷二上釋詁)	星	心	耕	筮	生	耕	準雙聲疊韻
摻之言纖也。《魏風·葛屨篇》:"摻摻女手。"毛傳云:"摻摻,猶纖纖也。"古詩云:"纖纖出素手。"纖與摻聲近義同。(1983:53卷二上釋詁)	纖	心	談	摻	生	侵	準雙聲旁轉
㹐之言蔽也。《說文》:"蔽蔽,小草也。"《召南·甘棠篇》:"蔽芾甘棠。"《毛傳》云:"蔽芾,小貌。"蔽與㹐聲近義同。(1983:54卷二上釋詁)	蔽	幫	月	㹐	並	月	旁紐疊韻
按閩之言摫也。《說文》:"摫,裂也。"摫與閩聲近義同。(1983:106卷三下釋詁)	閩	匣	歌	摫	曉	歌	旁紐疊韻

续表

正文	A	聲	韻	B	聲	韻	聲韻關係
厲之言浮也……厲與浮聲近義同。（1983：10卷一上釋詁）	厲	來	月	浮	來	月	雙聲疊韻

聲近義同與其他術語的混用共有6例。考察發現，這6例主要是與"之言"的混用。一般是在"A之言B"後接著說"A、B聲近義同"。A、B的音義關係已經在"之言"部分論述過，茲不贅述。

二 兩個詞間"聲近義同"正文及聲韻關係考

去除與其他術語混用的情況後共有123例。

正文	A	聲	韻	B	聲	韻	關係
《說文》："伴，大貌。"伴與般亦聲近義同。凡人憂則氣斂，樂則氣舒，故樂謂之般，亦謂之凱，亦謂之般，義相因也。（1983：5卷一上釋詁）	伴	並	元	般	並	元	雙聲疊韻
廢與癈亦聲近義同。（1983：5卷一上釋詁）	廢	幫	月	癈	幫	物	雙聲旁轉
《賈子·容經篇》云："祜，大福也。"祜與胡亦聲近義同。（1983：5卷一上釋詁）	祜	匣	魚	胡	匣	魚	雙聲疊韻
俺與奄亦聲近義同。大則無所不覆，無所不有，故大謂之幠，亦謂之奄；覆謂之奄，亦謂之幠；有謂之幠，亦謂之撫，亦謂之奄；矜憐謂之撫掩，義並相因也。（1983：5卷一上釋詁）	俺	影	談	奄	影	談	雙聲疊韻
《大雅·烝民篇》："柔嘉維則。"柔與懷亦聲近義同。（1983：8卷一上釋詁）	柔	日	幽	懷	日	幽	雙聲疊韻
賓者，《楚辭·天問》："啟棘賓商。"王逸注云："賓，列也。"《小雅·常棣篇》："儐爾籩豆。"毛傳云："陳也。"儐與賓聲近義同。（1983：13卷一上釋詁）	儐	幫	真	賓	幫	真	雙聲疊韻
《莊子·天地篇》："子往矣，無乏吾事。"《釋文》云："乏，廢也。"乏與覂亦聲近義同。（1983：13卷一上釋詁）	乏	並	盍	覂	幫	侵	旁組旁對轉

续表

正文	A	聲	韻	B	聲	韻	關係
掆者，《說文》："掆，撮取也，或作掭。"又云："菥，上摘山巖空青珊瑚墮之。"《周禮》有菥蔟氏，菥與掭聲近義同。（1983：18 卷一上釋詁）	菥	透	錫	掭	定	月	旁紐異類相轉
《爾雅》："慘，憂也。"慘與暫聲近義同。（1983：20 卷一上釋詁）	慘	清	侵	暫	从	談	旁紐旁轉
（《廣雅》）卷四云："惰，愁也。"惰與濟聲近義同。（1983：20 卷一上釋詁）	惰	从	脂	濟	精	脂	旁紐疊韻
堵與屠聲近義同。（1983：20 卷一上釋詁）	堵	端	魚	屠	定	魚	旁紐疊韻
弛與阤亦聲近義同。（1983：20 卷一上釋詁）	弛	書	歌	阤	定	歌	疊韻
《玉篇》："撠，挃也。"挃、撠亦聲近義同。（1983：21 卷一上釋詁）	挃	端	質	撠	端	質	雙聲疊韻
釗與刖聲近義同。（1983：21 卷一上釋詁）	釗	章	宵	刖	端	沃	準雙聲旁對轉
鋌與逞亦聲近義同。（1983：21 卷一上釋詁）	鋌	定	耕	逞	透	耕	旁紐疊韻
均與佝亦聲近義同。（1983：22 卷一上釋詁）	佝	邪	真	均	見	真	疊韻
《說文》："駙，疾也。"駙與拊亦聲近義同。（1983：22 卷一上釋詁）	駙	並	侯	拊	滂	侯	旁紐疊韻
卉與颶亦聲近義同。（1983：22 卷一上釋詁）	卉	曉	物	颶	曉	物	雙聲疊韻
決與趹亦聲近義同。（1983：22 卷一上釋詁）	決	見	月	趹	見	月	雙聲疊韻
簪、鬻聲近義同，古或通用也。（1983：22 卷一上釋詁）	簪	精	侵	鬻	邪	侵	疊韻
憯與鬻亦聲近義同。（1983：22 卷一上釋詁）	憯	清	侵	鬻	邪	侵	疊韻
亶與誕聲近義同。（1983：24 卷一上釋詁）	亶	端	元	誕	定	元	旁紐疊韻
覶與嫡亦聲近義同。（1983：25 卷一上釋詁）	覶	來	歌	嫡	來	元	雙聲對轉
祖者，《說文》："祖，事好也。"祖與珇聲近義同。（1983：26 卷一下釋詁）	祖	从	魚	珇	精	魚	旁紐疊韻

续表

正文	A	聲	韻	B	聲	韻	關係
遒與媨亦聲近義同。（1983：26 卷一下釋詁）	媨	清	覺	遒	从	幽	對轉
挺與逞亦聲近義同。（1983：27 卷一下釋詁）	挺	定	耕	逞	透	耕	旁紐疊韻
霍與劇亦聲近義同。（1983：28 卷一下釋詁）	霍	曉	鐸	劇	溪	鐸	疊韻
胥與覻亦聲近義同。（1983：32 卷一下釋詁）	胥	心	魚	覻	清	魚	旁紐疊韻
谷與郤聲近義同。（1983：33 卷一下釋詁）	谷	見	藥	郤	溪	鐸	旁紐旁轉
姑與沾亦聲近義同。（1983：34 卷一下釋詁）	姑	昌	談	沾	端	談	疊韻
駿與孩聲近義同。（1983：37 卷一下釋詁）	駿	匣	之	孩	匣	之	雙聲疊韻
戚與俶亦聲近義同。（1983：37 卷一下釋詁）	戚	清	覺	俶	昌	覺	疊韻
《說文》："瞤，目動也。"瞤與瞬亦聲近義同。（1983：37 卷一下釋詁）	瞤	日	真	瞬	日	元	雙聲旁轉
《說文》："潏，涌出也。"潏與矞亦聲近義同。（1983：40 卷一下釋詁）	潏	餘	質	矞	餘	質	雙聲疊韻
素與索聲近義同。（1983：40 卷一下釋詁）	素	心	魚	索	心	鐸	雙聲對轉
鮮與斯亦聲近義同。故《小雅·瓠葉》箋云："今俗語斯白之字作鮮，齊魯之間聲近斯矣。"（1983：41 卷一下釋詁）	鮮	心	元	斯	心	支	雙聲異類相轉
爵與釂亦聲近義同。（1983：41 卷一下釋詁）	爵	精	藥	釂	精	藥	雙聲疊韻
翦與煎聲近義同。（1983：41 卷一下釋詁）	翦	精	元	煎	精	元	雙聲疊韻
逞與鋌聲近義同。（1983：41 卷一下釋詁）	逞	透	耕	鋌	定	耕	旁紐疊韻
墨與梅亦聲近義同。（1983：43 卷二上釋詁）	墨	明	職	梅	明	之	雙聲對轉
糒與焦亦聲近義同。（1983：45 卷二上釋詁）	糒	並	職	焦	並	職	雙聲疊韻
鞏、焪聲近義同。（1983：45—46 卷二上釋詁）	焪	溪	蒸	鞏	羣	東	旁紐旁轉
赫與捇亦聲近義同。（1983：47 卷二上釋詁）	赫	曉	鐸	捇	曉	鐸	雙聲疊韻

续表

正文	A	聲	韻	B	聲	韻	關係
霍與劐亦聲近義同。（1983：47卷二上釋詁）	霍	曉	鐸	劐	溪	鐸	疊韻
闞與虓聲近義同。（1983：47卷二上釋詁）	闞	曉	談	虓	曉	元	雙聲通轉
隱與殷聲近義同。（1983：48卷二上釋詁）	隱	影	文	殷	影	文	雙聲疊韻
《爾雅》："苦，息也。"苦與尵亦聲近義同。（1983：49卷二上釋詁）	苦	溪	魚	尵	見	魚	旁紐疊韻
熱與爇亦聲近義同。（1983：49卷二上釋詁）	熱	日	月	爇	日	月	雙聲疊韻
焯與灼亦聲近義同。（1983：49卷二上釋詁）	焯	章	藥	灼	章	藥	雙聲疊韻
矯與趫亦聲近義同。（1983：56卷二上釋詁）	趫	羣	宵	矯	見	宵	旁紐疊韻
撩與料聲近義同。（1983：57卷二上釋詁）	撩	來	宵	料	來	宵	雙聲疊韻
曳與跩亦聲近義同。（1983：64卷二下釋詁）	曳	匣	月	跩	透	月	疊韻
《初學記》引《論語》摘衰聖云："鳳有九苞，六曰冠短周，七曰距銳周。亦短也。"周與舠聲近義同。（1983：68卷二下釋詁）	周	章	幽	舠	端	宵	準雙聲旁轉
恭與拱亦聲近義同。（1983：69卷二下釋詁）	恭	見	東	拱	見	東	雙聲疊韻
髾與墮聲近義同。（1983：72卷三上釋詁）	墮	定	歌	髾	端	歌	旁紐疊韻
《說文》："柔，搏飯也。"柔與糉亦聲近義同。（1983：73卷三上釋詁）	柔	見	元	糉	溪	元	旁紐疊韻
甄瓽者，《廣韻》："甄瓽，屑瓦洗器也。"《方言》："磑，或謂之磄。"郭璞注："即磨也。"磄與甄聲近義同。（1983：76卷三上釋詁）	磄	清	脂	甄	初	支	準雙聲通轉
《說文》："秋，穀孰也。"秋與酋亦聲近義同。（1983：78卷三上釋詁）	秋	清	幽	酋	匣	幽	疊韻
《爾雅》："訰訰，亂也。"訰與頓聲近義同。（1983：79卷三上釋詁）	訰	章	文	頓	端	文	準雙聲疊韻

续表

正文	A	聲	韻	B	聲	韻	關係
《周語》：“滑夫二川之神。”韋昭注云：“滑，亂也。”滑與猾通。《洪範》：“汩陳其五行。”汩與猾亦聲近義同。（1983：79 卷三上釋詁）	汩	見	物	滑	匣	物	疊韻
疙者，《眾經音義》卷十六引《通俗文》云：“小癡曰疙。”《說文》：“忥，癡皃。”忥與疙聲近義同。（1983：80 卷三上釋詁）	忥	曉	微	疙	疑	物	對轉
《玉篇》：“炳，乃困切，熱也。”《呂氏春秋・必己篇》云：“不食穀實，不衣芮溫。”芮與炳聲近義同。（1983：81 卷三上釋詁）	芮	日	月	炳	泥	文	旁對轉
華與譁聲近義同。（1983：82 卷三上釋詁）	譁	曉	魚	華	曉	魚	雙聲疊韻
《方言》：“娌，耦也。”娌與釐，亦聲近義同。（1983：82 卷三上釋詁）	釐	來	之	娌	來	之	雙聲疊韻
瀰與彌亦聲近義同。（1983：83 卷三上釋詁）	瀰	明	脂	彌	明	支	雙聲通轉
湍與圖亦聲近義同。（1983：85 卷三上釋詁）	湍	透	元	圖	禪	元	疊韻
《鹽鐵論・非鞅篇》：“坌土之基，雖良匠不能成其高。”竝與坌聲近義同。（1983：85 卷三上釋詁）	坌	幫	文	坌	並	文	旁紐疊韻
《說文》：“朾，撞也。”朾與打亦聲近義同。（1983：87 卷三上釋詁）	朾	定	耕	打	端	耕	旁紐疊韻
暴與撲聲近義同。（1983：87 卷三上釋詁）	暴	並	藥	撲	並	覺	雙聲旁轉
提與擿聲近義同。（1983：88 卷三上釋詁）	提	端	支	擿	定	錫	旁紐對轉
揘、攩聲近義同。（1983：88 卷三上釋詁）	揘	匣	陽	攩	端	陽	疊韻
落與露亦聲近義同。（1983：90 卷三下釋詁）	落	來	鐸	露	來	魚	雙聲對轉
悛與竣亦聲近義同。（1983：92 卷三下釋詁）	悛	清	文	竣	清	文	雙聲疊韻

续表

正文	A	聲	韻	B	聲	韻	關係
《爾雅》："裒，多也。"裒與捊亦聲近義同。（1983：93 卷三下釋詁）	裒	並	侯	捊	並	之	雙聲旁轉
寇與夠聲近義同。（1983：93 卷三下釋詁）	寇	溪	侯	夠	見	侯	旁紐疊韻
蹲與莝亦聲近義同。（1983：94 卷三下釋詁）	蹲	从	文	莝	精	文	旁紐疊韻
《說文》："欑，積竹杖，一曰叢木，皆聚之義也。"又云："儹，聚也。"亦與欑聲近義同。（1983：94 卷三下釋詁）	儹	精	元	欑	从	元	旁紐疊韻
卷一云："揲，積也。"揲與葉亦聲近義同。（1983：94 卷三下釋詁）	揲	船	盍	葉	匣	盍	疊韻
徐與餘亦聲近義同。（1983：95 卷三下釋詁）	徐	邪	魚	餘	匣	魚	疊韻
挈與闋聲近義同。（1983：98 卷三下釋詁）	挈	溪	月	闋	溪	質	雙聲旁轉
弛與施亦聲近義同。（1983：98 卷三下釋詁）	弛	書	支	施	書	歌	雙聲異類相轉
鼳與員亦聲近義同。（1983：99 卷三下釋詁）	鼳	匣	文	員	匣	文	雙聲疊韻
崇與宗亦聲近義同。（1983：99 卷三下釋詁）	崇	崇	冬	宗	精	冬	疊韻
述、尳聲近義同。（1983：99 卷三下釋詁）	述	羣	幽	尳	羣	幽	雙聲疊韻
攝與擸亦聲近義同。（1983：102 卷三下釋詁）	攝	書	盍	擸	來	盍	疊韻
《爾雅》："支，載也。"支與歧亦聲近義同。（1983：103 卷三下釋詁）	支	章	支	歧	見	支	疊韻
卞與疲亦聲近義同。（1983：105 卷三下釋詁）	卞	並	元	疲	滂	元	旁紐疊韻
蠆與惡聲近義同。（1983：105 卷三下釋詁）	蠆	影	鐸	惡	影	鐸	雙聲疊韻
《方言》："箄，析也。"箄與捭亦聲近義同。（1983：106 卷三下釋詁）	箄	幫	支	捭	幫	支	雙聲疊韻
墐與新亦聲近義同。（1983：110 卷四上釋詁）	新	見	文	墐	羣	文	旁紐疊韻
冟與鬁亦聲近義同。（1983：110 卷四上釋詁）	冟	書	錫	鬁	透	支	對轉

正文	A	聲	韻	B	聲	韻	關係
覝與天亦聲近義同。(1983：111 卷四上釋詁)	覝	來	談	天	定	談	疊韻
休與旭亦聲近義同。(1983：112 卷四上釋詁)	休	曉	幽	旭	曉	幽	雙聲疊韻
純與燉亦聲近義同。(1983：112 卷四上釋詁)	燉	透	文	純	禪	文	疊韻
蠲，古讀若圭。亦與烓聲近義同。(1983：112 卷四上釋詁)	蠲	見	元	烓	影	支	異類相轉
暴與襮聲近義同。(1983：113 卷四上釋詁)	暴	並	藥	襮	幫	鐸	旁紐旁轉
憎與怯亦聲近義同。(1983：115 卷四上釋詁)	憎	曉	盍	怯	溪	盍	疊韻
骼與赿聲近義同。(1983：117 卷四上釋詁)	赿	匣	鐸	骼	見	鐸	疊韻
訇與砿聲近義同。(1983：121 卷四下釋詁)	訇	曉	耕	砿	曉	陽	雙聲旁轉
尪與匡亦聲近義同。(1983：123 卷四下釋詁)	尪	影	陽	匡	溪	陽	疊韻
孤與弧聲近義同。(1983：123 卷四下釋詁)	孤	見	魚	弧	匣	魚	疊韻
輒與坳亦聲近義同。(1983：125 卷四下釋詁)	坳	泥	盍	輒	端	緝	旁紐旁轉
龜與皸聲近義同。(1983：134 卷五上釋詁)	皸	見	文	龜	見	文	雙聲疊韻
《爾雅》："將，資也。" 郭璞注云："謂資裝。" 裝、將聲近義同。(1983：142 卷五上釋詁)	裝	莊	陽	將	精	陽	準雙聲疊韻
紾與振亦聲近義同。(1983：146 卷五上釋詁)	振	章	文	紾	章	文	雙聲疊韻
蔟、族聲近義同。(1983：149 卷五上釋詁)	蔟	清	屋	族	從	屋	旁紐疊韻
鑽與鐫聲近義同。(1983：156 卷五上釋詁)	鑽	精	元	鐫	精	元	雙聲疊韻
碕與陭亦聲近義同。(1983：158 卷五下釋詁)	陭	影	歌	碕	羣	歌	疊韻
齊與濟聲近義同。(1983：175 卷六上釋詁)	齊	從	脂	濟	精	脂	旁紐疊韻
翹與嶢亦聲近義同。(1983：176 卷六上釋詁)	翹	羣	宵	嶢	疑	宵	旁紐疊韻
騷與慅亦聲近義同。(1983：177 卷六上釋詁)	騷	心	幽	慅	心	幽	雙聲疊韻

续表

正文	A	聲	韻	B	聲	韻	關係
恇與伀亦聲近義同。（1983：180 卷六上釋訓）	恇	溪	陽	伀	章	陽	旁紐疊韻
斫與魼聲近義同。（1983：222 卷七下釋器）	魼	章	魚	斫	端	魚	疊韻
篋與䉛亦聲近義同。（1983：222 卷七下釋器）	篋	幫	元	䉛	並	耕	旁紐異類相轉
卷與紒，攘與纕竝聲近義同。（1983：237 卷七下釋器）	紒	見	元	卷	見	元	雙聲疊韻
卷與紒，攘與纕竝聲近義同。（1983：237 卷七下釋器）	攘	日	陽	纕	心	陽	疊韻
鈑、輨聲近義同。（1983：240 卷七下釋器）	鈑	幫	元	輨	幫	元	雙聲疊韻
餲與䬦聲近義同。（1983：250 卷八上釋器）	餲	匣	月	䬦	曉	月	旁紐疊韻
樘與橿聲近義同。（1983：258 卷八上釋器）	樘	羣	陽	橿	見	陽	旁紐疊韻
繪與䋣亦聲近義同。（1983：273 卷八上釋器）	繪	匣	月	䋣	影	月	疊韻
箇之言圓也。《說文》云："圜謂之囷，方謂之京。"是囷、圓聲近義同。（1983：335 卷十上釋草）	圓	匣	元	囷	溪	文	旁轉
鼸與谽聲近義同。（1983：387 卷十下釋獸）	鼸	匣	談	谽	羣	侵	旁轉

　　《廣雅疏證》"聲近義同"主要分佈在《釋詁》中，有 113 例，占相當大的比重，剩餘的 10 例分佈在《釋訓》《釋器》釋獸》《釋草》中。

类目	雙聲疊韻	準旁紐疊韻	旁紐疊韻	雙聲旁轉	雙聲對轉	旁紐對轉	旁紐旁轉	旁紐旁轉	準旁紐旁轉	準旁紐對轉	雙聲異類相轉	準雙聲旁轉	準雙聲對轉	準雙聲通轉	準雙聲疊韻	雙聲通轉	準旁紐對轉	旁紐異類相轉
数量	34	29	25	6	4	2	1	5	2	1	2	1	1	2	2	2	2	2

　　數據顯示，"聲近義同"中的"聲近"主要指"雙聲疊韻""準旁紐疊韻""旁紐疊韻"這三種情況。其他的情況量上不多，但種類較多，顯示了"聲近"的廣泛性。

三　兩個詞間 "聲近義同" 形體關係考

A——B	字形結構有關		字形結構相異	A——B	字形結構有關		字形結構相異
	同聲符	同形符			同聲符	同形符	
伴——般			√	廢——㿃			√
祜——胡	√			俺——奄	√		
柔——㮮			√	挺——逞			√
儐——賓	√			乏——覂	√		
晢——振			√	憯——暜			√
憜——濟	√			堵——屠	√		
弛——陁		√		挃——揲	√		
釗——刌		√		鋌——逞			√
均——徇			√	駙——拊	√		
卉——颰			√	決——赽	√		
簪——驚		√		憎——鷥		√	
亶——誕			√	覶——嫚	√		
祖——珇	√			遒——婤	√		
霍——劇			√	胥——覻			√
谷——郤	√			姑——沽	√		
駭——孩	√			戚——俶			√
瞙——頓			√	潚——裔	√		
素——索		√		鮮——斯			√
爵——醮	√			翦——煎	√		
逞——鋌			√	墨——梅			√
糒——焦	√			鼛——熇			√
赫——捇			√	霍——劇	√		
闚——蚗			√	隱——殷			√
苦——盬	√			熱——爇	√		
焯——灼		√		矯——趫	√		
撩——料			√	曳——跩			√
周——紹			√	恭——拱	√		
髯——𡑞	√			粢——糤			√
硬——齻	√			秋——酉			√

续表

A——B	字形結構有關		字形結構相異	A——B	字形結構有關		字形結構相異
	同聲符	同形符			同聲符	同形符	
訰——頓	√			汩——猾			√
忿——疙			√	芮——炳	√		
華——譁	√			娌——釐	√		
瀰——彌	√			湍——圂	√		
坴——坴		√		打——打	√		
暴——攥	√			提——摘		√	
揰——攛		√		落——露			√
俊——竣	√			哀——婞			√
寇——夠			√	蹲——莩	√		
儹——攢	√			揲——葉	√		
徐——餘	√			絜——闅	√		
弛——施		√		覞——員	√		
崇——宗	√			逑——尳			√
攝——撮		√		支——攱	√		
卞——疲			√	蛋——惡	√		
箄——捭	√			墐——靳			√
皂——黐			√	覎——夭	√		
休——旭			√	純——燉			√
躅——娃			√	暴——襙	√		
憎——怯		√		舳——趉	√		
匈——砍			√	尪——匡	√		
孤——弧	√			輞——坉			√
龜——鞁			√	裝——將			√
軫——振			√	蔟——族	√		
鑽——鐫		√		碕——陭	√		
齊——濟	√			翹——嶢	√		
騷——慅	√			悑——侮	√		
䣄——髊		√		箯——鞭			√
攘——纏	√			卷——綣	√		
軬——輻		√		餲——餲	√		
橩——櫃		√		繪——黵	√		
困——圓		√		鎌——鉻		√	

　　兩個詞之間"聲近義同"形體關係中，字形結構有關有 79 例，字形結構相異有 44 例，可見以字形結構有關爲主。在字形結構有關的 79 例中，同聲符有 61 例，同形符有 18 例，可見又以同聲符爲主。"聲近義同"中的"聲近"暗含了"同聲符"這種情況。

四　兩個詞間"聲近義同"詞（字）義關係考

從同聲符、同形符、形體相異三部分展開論述。

（一）同聲符部分詞（字）義關係考

A——B	聲符	詞（字）義關係
祜——胡	古	祜之本義與胡之借義義近，皆爲大。共同聲符與"大"義義遠。
儐——賓	賓	儐之借義與賓之借義義近，皆義爲陳列。二者又爲假借關係。
憏——濟	齊	憏之本義與濟之借義義近，皆指憂。《說文》："齊，禾麥吐穗上平也。"共同聲符與"憂"義義遠。
祖——俎	者	俎之《方言》義與祖之本義同源，共同義素爲美好。《說文》："且，薦也。"共同義素與共同聲符無關。
谷——郤	谷	谷與郤之音近假借字迺同源，共同義素爲曲。
駭——挍	亥	駭、挍同源，共同義素爲動。《說文》："亥，荄也。"共同聲符義與共同義素無關。
爵——釂	爵	釂之本義與爵之借義義近，皆爲盡。
糒——燋	葡	糒之本義與燋之《方言》義同源，共同義素爲乾。《說文》："葡，具也。"共同聲符與"乾"義義遠。
苦——怙	古	苦之借義與怙之本義義近，皆有息義。
磑——娸	妻	磑、娸同源，共同義素爲磨。《說文》："妻，婦與夫齊者也。"共同聲符與"磨"義無關。
訰——頓	屯	訰之本義與頓之借義義近，皆爲亂。
華——譁	華	華之音近假借字"化"義與"譁"之借義義近，皆爲變化。
瀰——彌	彌	瀰、彌同源，共同義素爲"深"，且可假借
暴——摻	暴	暴之借義與摻之本義義近，皆爲"擊打"。
悛——竣	夋	悛、竣同源，共同義素爲止。《說文》："夋，行夋夋也，一曰倨也。"悛、竣共同義素與"倨"義相近。
儹——攢	贊	儹、攢同源，共同義素爲聚。《說文》："贊，見也。"共同義素與聲符義無關。
徐——餘	余	徐之方言義與餘之引申義義近，皆有"皆"義。
崇——宗	宗	崇之借義與宗之引申義義近，皆有"聚集"義。崇、宗在"高"義上可假借。
箄——捭	卑	箄之《方言》義與捭之借義義近，皆有"開"義。
孤——弧	瓜	孤之借義與弧之引申義義近，皆有違戾義。

续表

A——B	聲符	詞（字）義關係
齊——濟	齊	齊之重疊借義與濟之重疊借義義近，皆有敬義。
騷——慅	蚤	騷之引申義與慅之借義義近，皆有憂愁義。
攘——纕	襄	攘之借義與纕之本義義近，皆有捋起衣袖義。《說文》："襄，漢令，解衣耕謂之襄。"襄有解義，與"捋起衣袖"義近。
俺——奄	奄	俺、奄同源，共同義素爲大。
乏——覂	乏	乏之借義與覂之借義義近，皆有"廢棄"義，且可假借，皆有廢棄義。
堵——屠	者	屠、堵義遠。
挃——撴	至	撴之本義與挃之借義義近，皆指刺。又可假借。
駙——拊	付	駙之本義與拊之《方言》義同源，共同義素爲疾。
決——赽	夬	決之借義與赽之引申義義近，皆有疾義。
亂——嬌	𤔔	亂、嬌同源，共同義素爲好。《說文》："𤔔，治也。幺子相亂，𠬪治之也。讀若亂同，一曰理也。"共同義素與共同聲符義遠。
逎——媨	酋	逎之借義與媨之反訓義義近，皆有美好義。
姑——沾	占	姑之本義與沾之借義義近，皆有輕薄義。
潏——矞	矞	潏、矞同源，共同義素爲出。
翦——煎	前	翦之借義與煎之《方言》義義近，皆有盡義。
霍——矐	霍	霍之借義與矐之《方言》義義近，皆有離散義。
熱——爇	熱	熱、爇同源，共同義素爲熱。
矯——趫	喬	矯之引申義與趫之引申義義近，皆有矯健義。
恭——拱	共	恭之引申義與拱之引申義義近，皆有鞏固義。
芮——焫	內	芮之借義與焫之本義義近，皆有溫暖義。
娌——釐	里	釐孳爲聯綿詞，《方言》義與娌之《方言》義同源，共同義素爲成雙義。
湍——圖	耑	湍之引申義與圖之本義義近，皆有圓義。
朾——打	丁	朾、打同源，共同義素爲擊。《說文》："丁，夏時萬物丁實。"共同聲符與共同義素無關。
蹲——蕁	尊	蹲之借義與蕁之本義義近，皆有聚義。
揲——葉	枼	揲之引申義與葉之《方言》義義近，皆有積聚義。
栔——闕	韧	栔之引申義與闕之本義義近，皆爲空缺。
覞——員	員	覞、員同源，共同義素爲多。
支——歧	支	支之引申義與歧之本義義近，皆有載義。
蝁——惡	亞	蝁、惡同源，共同義素爲害。《說文》："亞，醜也。"亞可通作惡。共同聲符與共同義素義遠。
晛——𡗜	𡗜	晛之本義與𡗜之《方言》義同源，共同義素爲明。

续表

A——B	聲符	詞（字）義關係
暴——襮	暴	暴之本義與襮之引申義義近，皆有表露義。朱駿聲《説文通訓定聲·衣部》："襮，假借爲暴。"二者義近假借。
骼——趦	各	趦、骼同源，共同義素爲僵直。
尪——匡	王	尪之本義與匡之引申義義近，皆有曲義，尪、匡義近假借。
蔟——族	族	蔟之引申義與族之引申義義近，皆有聚集義。
碕——陭	奇	碕、陭二者反訓義近，皆爲"直"。
翹——嶢	堯	翹之引申義與嶢之本義義近，皆有高義。
恇——偟	王	恇之本義與偟之借義義近，皆有怯義。
卷——桊	尖	卷之引申義與桊之本義義近，皆有卷收義。
餲——鶡	曷	餲、鶡同源，共同義素爲臭。《説文》："曷，何也。"共同義素與共同聲符義無關。
繪——黵	會	繪之借義與黵之本義義近，皆有黑義。
憯——鬻	兓	憯之借義與鬻之借義義近，皆有急疾義。
髶——墮	隋	髶、墮同源，共同義素爲落。

同聲符部分詞（字）義關係比較複雜，同源有 21 例，義近有 39 例，義遠有 1 例。可見同聲符部分詞（字）義關係以義近爲主。

同源有 21 例，可分三種情況：

第一種情況是本義間的同源，有 14 例，如"駭——挍"。《説文·馬部》："駭，驚也。从馬亥聲。"《玉篇·馬部》："駭，驚起也。"《漢書·揚雄傳上》："回猋肆其碭駭兮。"顔師古注："駭，動也。"《玉篇·手部》："挍，撼動也。"《廣雅·釋詁一》："挍，動也。"駭、挍同源，共同義素爲動。

第二種情況是本義與方言義間的同源，有 6 例，如"糒——僃"。《説文》："糒，乾飯也。从米葡聲。"《玉篇·米部》："糒，乾飯。"《廣韻·至韻》："糒，糗也。"《集韻·怪韻》："糒，乾餱。"僃，《説文》無此字。《方言》卷七："僃，火乾也。凡以火而乾五穀之類，關西隴冀以往謂之僃。"《玉篇·火部》："僃，同煏。"《玉篇·火部》："煏，火乾也。"糒之本義與僃之《方言》義同源，共同義素爲乾。

第三種情況是本義與本義的假借字同源，有 1 例，即"谷——郤"。《説文·谷部》："谷，口上阿也。"《説文解字注》："《大雅》'有卷者阿’，箋云：‘有大陵卷然曲口上阿，謂口吻已上之肉，隨口卷曲。’”《說文》：“郤，晉大夫叔虎邑也。从邑谷聲。”借義爲間隙。《禮記·曲禮》：“相見於郤地曰會。”鄭玄注：“郤，間也。”《說文·辵部》：“迟，曲行也。从辵只聲。”《莊子·人間世》：“吾行郤曲，無傷吾足。”陸德明釋文：“郤，《字書》作迟。”迟、郤音近假借，詞義無關。谷與郤之音近假借字迟同源，共同義素爲曲。

義近有 39 例，具體情況如下：

第一種情況是借義與本義義近，如“祜——胡”，《說文》：“祜，上諱。”徐鉉《說文校錄》：“此漢安帝名也。福也。當从示，古聲。”《爾雅·釋詁下》：“祜，福也。”又“祜，厚也。”邢昺疏：“祜者，福厚也。”《說文》：“胡，牛顄垂也。从肉古聲。”借義爲大。《逸周書·謚法》：“胡，大也。”祜之本義與胡之借義義近，皆有大義。

第二種情況是借義與借義義近，如“儐——賓”。《說文》：“儐，導也。从人賓聲。擯，儐或从手。”借義爲陳列。《詩·小雅·常棣》：“儐爾籩豆，飲酒之飫。”毛傳：“儐，陳。”《說文》：“賓，所敬也。从貝宀聲。”《玉篇·貝部》：“賓，客也。”借義爲陳列。《楚辭·天問》：“啟棘賓商。”王逸注：“賓，列也。”儐之借義與賓之借義義近，皆義爲陳列。二者又爲假借關係。

第三種情況是引申義與《方言》義義近，即“揲——葉”。《說文》：“揲，閱持也。从手枼聲。”引申爲積。《易·繫辭上》：“揲之以四。”焦循章句：“揲，積也。”《說文》：“葉，艸木之葉也。从艸枼聲。”《方言》卷三：“葉，聚也……楚通語也。”《淮南子·俶真》：“枝解葉貫，萬物百族，使各有經紀條貫。”揲之引申義與葉之《方言》義義近，皆有積聚義。

第四種情況是借義與《方言》義義近，如“箪——捭”，《說文》：“箪，筱箪也。”《說文解字注》：“絫呼曰筱箪，單呼曰箪。”《方言》卷十三：“箪，篆也……篆小者，南楚謂之篓，自關而西秦晉之間謂之箪。”郭璞注：“今江南亦名籠爲箪。”戴震《方言疏證》：“江東呼小籠爲箪。”箪，本義爲竹籠，《方言》卷十三：“箪，析也。”錢繹《方言箋疏》：“析謂之箪，析竹爲器亦謂之箪。”《說文》：“捭，兩手擊也。从手卑聲。”借義爲擘開。《廣雅·釋詁三》：“捭，開也。”《禮記·禮運》：“其燔黍捭豚。”孔穎達疏：“捭析豚肉加于燒石之上而孰之，故云捭豚。”陸德明釋文："揹，卜麥反，或作擗，又作擘，皆同。"箄之《方言》義與揹之借義義近，皆有"開"義。

第五種情況是音近假借字與借義義近，即"華——譁"，《說文》："譁，讙也。从言華聲。"《方言》卷三："譁，涅，化也。燕、朝鮮、洌水之間曰涅，或曰譁。"《說文·華部》："華，榮也。从艸从𠌶。"王念孫《廣雅疏證》："《風俗通義》云：'西方崋山，崋者，華也，萬物滋然變華於西方也。'華與譁聲近義同。"《說文》："化，教行也。"華、化音近假借。華之音近假借字"化"義與"譁"之《方言》義義近，皆爲變化。

第六種情況是方言義與引申義義近，即"徐——餘"。《說文》："徐，安行也，从彳余聲。"《公羊傳·成公十五年》："魯人徐傷歸父之無後也。"何休注："徐者，皆共之辭也。關東語。"《說文·食部》："餘，饒也。从食余聲。"引申爲皆、全部。《玉篇·食部》："餘，皆也。"徐之方言義與餘之引申義義近，皆有"皆"義。

第七種情況是借義與引申義義近，如"崇——宗"。《說文》："崇，嵬高也。从山宗聲。"借義爲聚集。《玉篇·山部》："崇，積也。"又《玉篇·山部》："崇，眾也。"《小爾雅·廣詁》："崇，叢也。"《說文》："宗，尊祖廟也。"引申爲眾。《逸周書·程典》："商王用宗讒。"孔晁注："宗，眾也。"崇之借義與宗之引申義義近，皆有"聚集"義。崇、宗在"高"義上可假借。《爾雅·釋詁上》："崇，高也。"郝懿行《爾雅義疏》："崇，通作宗。《書》云：'是崇是長。'《漢書·谷永傳》作'是宗是長。'崇通作宗。"

第八種情況是借義與反訓義義近，即"遒——嬌"，《說文》："遒，迫也。从辵酋聲。逎，遒或从酉。"借義爲好。《文選·班固〈答賓戲〉》："《說難》既遒，其身乃囚。"李善注引應劭曰："遒，好也。"嬌即敵字。《說文》："敵，醜也。一曰老嫗也。从女酋聲。"反訓爲美好。《正字通·女部》："敵，《六書統》：玃也。"《說文》："玃，直好兒，一曰嬌也。从女瞿聲。"遒之借義與嬌之反訓義義近，皆有美好義。

第九種情況是反訓義與反訓義義近，即"碕——陭"。《玉篇·石部》："碕，曲岸頭。"反訓爲綿長。《文選·郭璞〈江賦〉》："厓陳爲之泐嶭，碕嶺爲之嵒崿。"李善引許慎《淮南子》注曰："碕，長邊也。"《說文·阜部》："陭，上黨陭氏阪也。从阜奇聲。"本義爲地名，借義爲曲。《說苑·建本》:“夫本不正者末必陭,始不盛者終必衰。”反訓義爲直。《集韻·紙韻》:“陭,隑也。”《方言》卷十三:“隑,陭也。”郭璞注:“江南人呼梯爲隑,所以隑物而登者也。”碕、陭二者反訓義近,皆爲“直”。

第十種情況是引申義與引申義義近,如“矯——趫”。《說文》:“矯,揉箭鉗也。从矢喬聲。”引申爲強。《玉篇·矢部》:“矯,強也。”《禮記·中庸》:“故君子和而不流,強哉矯。”鄭玄注:“矯,強貌。”《說文》:“趫,善緣木走之才。从走喬聲。讀若王子蹻。”引申爲矯健。《玉篇·走部》:“趫,善走也。”《六書故·人九》:“趫,輕疌也。”矯之引申義與趫之引申義義近,皆有矯健義。

第十一種情況是引申義與本義義近,如“湍——圌”。《說文》:“湍,疾瀨也。从水耑聲。”引申爲水縈洄。《孟子·告子上》:“性猶湍水也。”趙岐注:“湍者,圜也,謂湍湍縈水也。”《玉篇·口部》:“圌,圜也。”《釋名·釋宮室》:“圌,以草作之,團團然也。”湍之引申義與圌之本義義近,皆有圓義。

義遠有1例,即“堵——屠”。《說文·土部》:“堵,垣也。五版爲一堵。从土者聲。”《說文·尸部》:“屠,刳也。从尸者聲。”引申爲分裂。《楚辭·天問》:“何勤子屠母,而死分竟地?”王逸注:“屠,裂剝也。”《廣韻·模韻》:“屠,裂也。”堵,沒有訓“裂”義者,屠、堵義遠。

(二)同形符部分詞(字)義關係考

A——B	形符	詞(字)義關係
弛——阤	也	弛之引申義與阤之本義義近,皆有毀壞義。
釗——刜	刀	釗、刜同源,共同義素爲削。共同形符與共同義素有關。
簪——鬵	兓	簪之借義與鬵之借義義近,皆有疾義。簪、寁假借,鬵、疌假借,寁、疌義近,皆有疾義,故簪、鬵義近。
素——索	糸	素之引申義與索之借義義近,皆有盡義。
焯——灼	火	焯、灼同源,共同義素爲明,且有假借關係。
軬——轓	車	軬、轓同源,共同義素爲藩屏車塵。共同義素與共同形符有關。
橈——橿	木	橈、橿同源,共同義素爲柄。共同義素與共同形符有關。
囷——圓	囗	囷、圓同源,共同義素爲圜。《說文》:“囗,回也,象回帀之形。”共同義素與共同形符有關。

续表

A——B	形符	詞（字）義關係
提——擿	手	提之引申義與擿之本義義近，皆有投擲義。
鼳——鼢	鼠	鼳、鼢同源，共同義素爲鼠。共同義素即共同形符。
坴——塒	土	坴、塒同源，共同義素爲塵物。共同義素與共同形符有關。又可假借。
揰——攕	手	揰、攕同源，共同義素爲擊。共同義素與共同形符有關。
弛——施	也	弛之引申義與施之引申義義近，皆有改易義。
攝——攝	手	攝、攝異文。攝、攝同源，共同義素爲持。共同義素與共同形符有關。
憎——怯	心	憎、怯同源，共同義素爲怯。共同義素與共同形符有關。
鑽——鐫	金	鑽、鐫同源，共同義素爲穿鑿。共同義素與共同形符有關。
罃——罍	缶	罃、罍同源，共同義素爲盛米器。《說文》："罃，東楚名缶曰罃。"共同義素與共同形符有關。

17 例同形符的"聲近義同"詞（字）義關係中，有 12 例屬於同源關係，4 例屬於義近關係。

同源有 12 例，其中有 3 例同源且假借，即焯——灼、坴——塒、攝——攝。如"焯——灼"，《說文》："焯，明也。从火卓聲。《周書》曰：'焯見三有俊心。'"《漢書·揚雄傳上》："焯爍其陂。"顏師古注："焯，古灼字也。"《集韻·藥韻》："焯，通作灼。"《說文》："灼，炙也。从火勺聲。"《玉篇·火部》："灼，明也。"焯、灼同源，共同義素爲明，且有假借關係。

義近有 4 例，可分四種情況：

第一種情況是引申義與引申義義近，即"弛——施"，《說文》："弛，弓解也。从弓从也。"由弓解引申爲延緩。《爾雅·釋詁下》："弛，易也。"郭璞注："相延易。"《戰國策·魏策》："請弛期更日。"《說文》："施，旗皃。从㫃也聲。"由旗之延展引申爲延易。《詩·大雅·皇矣》："施于孫子。"鄭玄箋："施猶易也，延也。"《漢書·董仲舒傳》："施虖方外。"顏師古注："施亦延也。"《詩·周南·葛覃》："施于中谷。"毛傳："施，移也。"《荀子·儒效》："若夫充虛之相施易也。"楊倞注："施，讀曰移。"《論語·微子》："君子不施其親。"何晏集解引孔安國曰："施，易也。"《集韻·紙韻》："施，改易也。"弛之引申義與施之引申義義近，皆有改易義。

　　第二種情況是引申義與本義義近,如"提——摘",《說文》:"提,挈也。从手是聲。"引申爲擲。《集韻·薺韻》:"提,擲也。"《戰國策·燕策三》:"(荊軻)乃引其匕首提秦王。"《說文》:"摘,搔也。从手適聲。一曰投也。"提之引申義與摘之本義義近,皆有投擲義。

　　第三種情況是引申義與借義義近,即"素——索",《說文》:"素,白緻繒也。从糸烝,取其澤也。"引申爲空。《易·漸·象傳》:"不素飽也。"李鼎祚集解引虞翻曰:"素,空也。"《論衡·量知》:"素者,空也。"《說文》:"索,艸有莖葉可作繩索。从𣍘糸。"借義爲空、盡。《書·牧誓》:"牝雞之晨,惟家之索。"孔傳:"索,盡也。"《玉篇·索部》:"索,盡也。"《小爾雅·廣言二》:"索,空也。"素之引申義與索之借義義近,皆有盡義。

　　第四種情況是借義與借義義近,即"簪——鬵",《說文》:"兂,首笄也。从人匕,象簪形。簪,俗兂。从竹从朁。"借義爲急速。《易·豫》:"由豫,大有得,勿疑,朋盍簪。"王弼注:"簪,疾也。"朱駿聲《說文通訓定聲·臨部》:"兂簪假借爲寁。"《說文·宀部》:"寁,居之速也。"王筠《說文釋例》:"夫居之安,乃是物情,居之速豈是物情哉?故知寁字之意,重速不重居也,與疌同意同音。"《說文·鬲部》:"鬵,大釜也。一曰鼎大上小下若甑曰鬵。"借義爲疾。《廣雅·釋詁一》:"鬵,疾也。"朱駿聲《說文通訓定聲·鬲部》:"鬵假借爲疌。"《說文》:"疌,疾也。"簪之借義與鬵之借義義近,皆有疾義。簪、寁假借,鬵、疌假借,寁、疌義近,皆有疾義,故簪、鬵義近。

　　說明在16例同形符"聲近義同"中,詞(字)義關係以同源爲主。

　　(三)字形結構相異部分詞(字)義關係考

A——B	詞(字)義關係
伴——般	伴之本義與般之《方言》義同源,共同義素爲大。
柔——𤓯	柔、𤓯同源,共同義素爲柔,且二者屬異文關係。
均——徇	均、徇義無關。《廣雅疏證》:"《商子·弱民篇》:'齊疾而均速。'均與徇亦聲近義同。"均有平均義,當與齊義近,王念孫所訓,當受"齊"義類化有關。
卉——颮	"卉"可能受"泪"義類化進而有疾義。卉之引申義與颮之本義義近,皆有疾義。
亶——誕	亶之引申義與誕之反訓義義近,皆有誠實義。

A——B	詞（字）義關係
挺——逞	挺之借義與逞之借義義近，皆有緩解義。
霍——劚	霍之借義與劚之《方言》義義近，皆有解散義。
睭——頓	睭、頓同源，共同義素爲動。
逞——鋌	逞之借義與鋌之《方言》義義近，皆有盡義。
闚——烍	闚之借義與烍之引申義義近，借有怒義。
撩——料	撩之本義與料之引申義義近，皆有料理義。
周——皟	"周"訓"短"，不見於故訓。王氏此訓，恐受"短"義類化有關。
忿——疫	忿、疫同源，共同義素爲癡。
寇——夠	寇之《方言》義與夠之本義同源，共同義素爲多。
卞——疫	疫、卞義較遠，《左傳·定公三年》："莊公卞急而好潔。"王氏所訓，恐將"好潔"相反類推有關。
皀——糫	皀、糫同源，共同義素爲黏著飯。
休——旭	"休"由本義止息借義爲盛壯，蓋又"休"受"烈光"類化，即與"旭"之本義義近。
蠲——炷	蠲之借義與炷之《方言》義義近，皆有明義。
旬——砳	旬、砳同源，共同義素爲聲。
皸——皵	皸之引申義與皵之本義義近，皆有乾裂義。
軫——振	軫之引申義與振之借義義近，皆有收斂義。
廢——夽	廢之借義與夽之本義義近，皆有大義。
慘——曙	慘之引申義與曙之《方言》義義近，皆有憂義。
鋌——逞	鋌之借義與逞之方言義義近，皆有疾走義。
胥——覘	胥之借義與覘之本義義近，皆有視義。
戚——俶	戚，憂傷，王念孫認爲戚與俶義同，皆有動義。顯示王氏將"戚"看作受"心有動"的類化而有"動"義。戚之借義與俶之引申義義近，皆有動義。
鮮——斯	鮮之借義與斯之引申義義近，皆有盡義。
墨——挴	墨之引申義與挴之《方言》義義近，皆有貪義。
鞏——熇	鞏之《方言》義與熇之本義同源，共同義素爲乾。
隱——殷	隱之借義與殷之假借字義近，皆有傷痛義。
曳——跰	曳之引申義與跰之《方言》義義近，皆有跳義。
柔——糅	柔之本義與糅之引申義義近，且可假借。朱駿聲《說文通訓定聲·米部》："糅，假借爲柔。"
秋——酋	秋、酋同源，共同義素爲熟。
汩——猾	汩之反訓義與猾之本義義近，皆爲亂。
哀——綷	哀之引申義與綷之本義義近，皆有多義。

续表

A——B	詞（字）義關係
逑——尵	逑之借義與尵之本義義近，皆有急迫義。
墐——靳	墐之引申義與靳之本義義近，皆有黏義。
純——燉	純、燉音近假借。
輒——坳	輒之引申義與坳之本義義近，皆有靜義。
筬——鉼	筬之借義與鉼之本義義近，皆指盛東西的器物。
晢——搢	晢、搢同源，共同義素爲摘取。
赫——抹	赫之借義與抹之本義義近。
落——露	落之引申義與露之引申義義近，皆有敗義。
裝——將	裝之引申義與將之借義義近，皆有行資義。

　　字形相異有 44 例，詞（字）義關係中同源有 10 例，義近有 27 例，詞義同化關係有 6 例，音近假借有 1 例。說明字形相異的 44 例詞（字）義關係中，以義近爲主。

　　同源有 10 例，其中有 3 例屬於本義與《方言》義同源，即寇——夠、鞏——焾、伴——般。

　　義近有 27 例，可分 11 種情況：

　　第一種情況是借義與本義義近，如"廢——奰"，《說文》："廢，屋頓也。从广發聲。"借義爲大。《爾雅·釋詁上》："廢，大也。"《列子·楊朱》："凡此諸閼，廢虐之主。"張湛注："廢，大也。"《說文》："奰，大也。从大弗聲。讀若'予違汝弼。'"錢大昕《十駕齋養新錄·奰》："經典不見奰字。《詩》：'佛時仔肩。'毛傳：'佛，大也。'佛、奰古今字。"廢之借義與奰之本義義近，皆有大義。

　　第二種情況是本義與引申義義近，如"撩——料"。《說文》："撩，理也。从手尞聲。"《說文》："料，量也。从斗，米在其中。"引申爲理。《玉篇·斗部》："料，理也。"撩之本義與料之引申義義近，皆有料理義。

　　第三種情況是反訓義與本義義近，即"汩——猾"。《說文》："汩，治水也。从水曰聲。"《說文解字注》："引申之凡治皆曰汩。"《集韻·沒韻》："汩，治也。"《書·洪範》："汩陳其五行。"孔安國傳："汩，亂也。"《小爾雅·廣言》："汩，亂也。"王筠《說文句讀·水部》："僞孔傳以汩訓亂，則美惡不嫌同詞也。"汩訓爲亂，當爲反訓。猾，《說文》

無此字,《玉篇·犬部》:"猾,亂也。"《書·舜典》:"蠻夷猾夏。"孔安國傳:"猾,亂也。"《漢書·刑法志》:"蠻夷猾夏。"顏師古注:"猾,亂也。"汨之反訓義與猾之本義義近,皆爲亂。

第四種情況是引申義與反訓義義近,即"亶——誕"。《說文》:"亶,多穀也。從亩旦聲。"引申爲厚實。《爾雅·釋詁下》:"亶,厚也。"《爾雅·釋詁上》:"亶,信也。"邢昺疏:"皆謂誠實不欺也。"《書·盤庚中》:"誕告用亶其有眾。"孔傳:"大告用誠於眾。"陸德明釋文:"亶,誠也。"《說文》:"誕,詞誕也。從言延聲。"義爲虛妄的話。反訓爲誠。《廣雅·釋詁一》:"誕,信也。"亶之引申義與誕之反訓義義近,皆有誠實義。

第五種情況是借義與借義義近,即"挺——逞"。《說文》:"挺,拔也。從手廷聲。"借義爲緩解。《禮記·月令》:"(仲夏之月)挺重囚,益其食。"鄭玄注:"挺猶寬也。"《後漢書·臧宮傳》:"宜小挺緩,令得逃亡。"李賢注:"挺,解也。"《說文》:"逞,通也。從辵呈聲。楚謂疾行爲逞。《春秋傳》曰:'何所不逞欲。'"借義爲緩解。《方言》卷十二:"逞,解也。"《論語·鄉黨》:"出,降一等,逞顏色,怡怡如也。"邢昺疏:"下階一級則舒氣,故解其顏色。"《左傳·隱公九年》:"先者見獲,必務進,進而遇覆,必速奔,後者不救,則無繼矣。乃可以逞。"杜預注:"逞,解也。"挺之借義與逞之借義義近,皆有緩解義。

第六種情況是借義與《方言》義義近,如"蠲——炷"。《說文》:"蠲,馬蠲也。從虫、目,益聲。《明堂·月令》曰:'腐艸爲蠲。'"借義爲明。《爾雅·釋言》:"蠲,明也。"《左傳·襄公十四年》:"惠公蠲其大德,謂我諸戎,是四嶽之裔冑也,毋是翦棄。"杜預注:"蠲,明也。"《說文》:"炷,行竈也。從火圭聲。讀若回。"《方言》卷十二:"炷,明也。"蠲之借義與炷之《方言》義義近,皆有明義。

第七種情況是引申義與《方言》義義近,如"慘——瞛"。《說文》:"慘,毒也。從心參聲。"引申爲憂愁。《爾雅·釋詁下》:"慘,憂也。"《玉篇·心部》:"慘,愁也。"《詩·陳風·月出》:"月出照兮,佼人燎兮,舒夭紹兮,勞心慘兮。"陸德明釋文:"慘,憂也。"瞛,《說文》無此字。《方言》卷一:"瞛,憂也。宋衛或謂之慎,或曰瞛。"郭璞注:"瞛者,憂而不動也。"慘之引申義與瞛之《方言》義義近,皆有憂義。

第八種情況是借義與方言義義近,即"鋋——逞"。《說文》:"鋋,銅鐵樸也。从金廷聲。"借義爲疾走。《左傳·文公十七年》:"鋌而走險,急何能擇!"杜預注:"鋌,疾走貌。"《說文》:"逞,通也,从辵呈聲,楚謂疾行爲逞。《春秋傳》曰:'何所不逞欲。'"鋌之借義與逞之方言義義近,皆有疾走義。

第九種情況是借義與引申義義近,如"闞——虓"。《說文》:"闞,望也。从門敢聲。"借義爲怒聲、虎聲。《廣韻·豏韻》:"闞,虎聲。"《說文》:"虓,䝞屬。从虎九聲。"引申義爲虎怒貌。《玉篇·虎部》:"虓,虎怒貌。"闞之借義與虓之引申義義近,借有怒義。

第十種情況是引申義與引申義義近,即"落——露"。《說文》:"落,凡艸曰零,木曰落。从艸洛聲。"引申爲荒廢。《莊子·天地》:"夫子闔行邪?無落吾事。"成玄英疏:"落,廢也。"《說文》:"露,潤澤也。从雨路聲。"引申爲洩露。希麟《續一切經音義》卷八引《切韻》:"露,泄也,敗漏也。"《方言》卷三:"露,敗也。"落之引申義與露之引申義義近,皆有敗義。

第十一種情況是借義與假借字義義近,即"隱——殷"。《說文》:"隱,蔽也,从阜㥯聲。"借義爲痛。《詩·邶風·柏舟》:"耿耿不寐,如有隱憂。"毛傳:"隱,痛也。"孔穎達疏:"如人有痛疾之憂,言憂之甚也。"《楚辭·九章·悲回風》:"孰能思而不隱兮,照彭咸之所聞。"王逸注:"隱,憂也。"《說文》:"殷,作樂之盛稱殷,从䏍殳。《易》曰:'殷薦之上帝。'"殷沒有傷痛義,殷當借爲慇,《說文》:"慇,痛也。从心殷聲。"桂馥《說文義證》:"慇,或通作殷。"《爾雅·釋訓》:"慇慇,憂也。"陸德明釋文:"慇慇,今作殷殷。"隱之借義與殷之假借字義義近,皆有傷痛義。

詞義同化關係有 6 例:均——徇、周——䚡、卞——疲、休——旭、戚——俶、卉——飆。這種詞義同化有點類似於蔣紹愚先生所說的"相因生義","A 詞原來只和 B 詞的一個義位相通。由於類推作用,A 詞又取得了 B 詞的另一個義位的意義 B2,甚至取得了 B 這個字的假借意義 B2'。這就叫詞的'相因生義'"[1]。羅積勇先生在《論漢語詞義演變中的"相因生義"》一文中詳細討論了毗鄰"相因生義"的成因,認爲"意義

---

[1]　蔣紹愚:《論詞的"相因生義"》,見《漢語詞彙語法史論文集》,商務印書館 2000 年版,第 97 頁。

相因生義的形成與思維定式有密切關係，能夠促進思維定式形成的因素，也能促使意義相因義的出現。其實毗鄰相因義的形成，也與思維定式有一定的關係，由於兩個詞經常連在一起構成一個穩固的詞組，並且這個詞組在語言中出現的頻率很高，兩個詞的共現性得到鞏固和加強，便爲相因生義的發生創造了必要的條件。但是，毗鄰相因義的最後形成，還與這個詞組（'甲乙'或'乙甲'）中的乙詞的語義磨損有關。所謂乙詞的語義磨損是指它在詞組的具體使用過程中，其本身意義變得越來越模糊。正是由於這種模糊，'甲乙（乙甲）詞組才會被認爲是同義復詞'。"[1] 此處"詞義同化"現象的成因與思維定式和語義磨損都有關。並且結合例子看，思維定式或許是導致語義磨損的一個原因。思維定式造成語義模糊，進而爲語義磨損奠定基礎。

如"均——徇"，《說文》："均，平，徧也，从土从勻，勻亦聲。"《玉篇·土部》："均，平也。"《說文》："徇，疾也。从人旬聲。"均、徇本義無關。王念孫《廣雅疏證》："《商子·弱民篇》：'齊疾而均速。'均與徇亦聲近義同。""均"有平均義，當與"齊"義近，"均"與"徇"聲近義同，則"均"當受"速"義同化。"均"義由於思維定式產生語義模糊，進而受"速"義同化，語義磨損。

又如"周——䂹"，《說文》："周，密也。从用口。"䂹，《說文》無此字。《玉篇·矢部》："䂹，犬短尾。"王念孫《廣雅疏證》："《初學記》引《論語·摘衰聖》云：'鳳有九苞。六曰冠短周，七月距銳鉤。'周亦短也。周與䂹聲近義同。""周"訓"短"，不見於故訓，恐受"短"義同化所致。

音近假借有1例，即"純——燉"。《說文》："純，似也。从糸屯聲。《論語》曰：'今也純儉。'"燉，《說文》無此字。《玉篇·火部》："燉，火盛兒。"《廣韻·魂韻》："燉，火色。"純、燉義無關。朱駿聲《說文通訓定聲·屯部》："純，假借爲燉。"純、燉音近假借。

第二節　三個詞間的"聲近義同"研究

本節從音、形、義三部分討論三個詞間"聲近義同"音義問題。

---

① 羅積勇：《詞彙與修辭學散論》，中國社會科學出版社2013年版，第9—10頁。

一　三個詞間"聲近義同"正文

三個詞間"聲近義同"共有24例，正文如下：

1. 黨、讜、昌，聲近義同。（1983：8 卷一上釋詁）

2. 別者，《說文》："攽，分也。"引《洛誥》："乃惟孺子攽。"今本作頒。鄭注訓頒爲分，徐邈音甫云反，《玉篇》："攽，悲貧反。"別、攽、頒聲近義同。（1983：20 卷一上釋詁）

3. 《爾雅》："迅，疾也。""駿，速也。"郭璞注云："駿猶迅也。"亦與徇聲近義同。（1983：22 卷一上釋詁）

4. 《荀子·強國篇》："劉盤盂刎牛馬。"楊倞注云："劉，割也。"《方言》："蠡，分也。楚曰蠡，秦晉曰離。"離、蠡、劉，亦聲近義同。（1983：28 卷一下釋詁）

5. 《管子·小問篇》："管仲曰：'國必有聖人。'桓公曰：'然。'"《呂氏春秋·重言篇》"然"作"譆"。《說苑·權謀篇》作"歖"。譆、歖與欸亦聲近義同。（1983：34 卷一下釋詁）

6. 《魯頌·泮水篇》："角弓其觩。"鄭箋云："觩，持弦急也。"《說文》："疛，腹中急痛也。"並與糾聲近義同。（1983：35 卷一下釋詁）

7. 扡之言移也。移加之也。趙策云："知伯來請地，不與，必加兵于韓矣。"韓子《十過篇》加作移。是移與扡同義。《玉篇》："扡音與紙、與支二切。"《集韻》又音他可切。《小雅·小弁篇》："舍彼有罪，予之佗矣。"《毛傳》云："佗，加也。"佗與扡亦聲近義同。（1983：46 卷二上釋詁）

8. 烖、惔、炎並聲近義同。（1983：49 卷二上釋詁）

9. 焆者，《眾經音義》卷四引《埤倉》云："焆焆，熱皃也。"《廣韻》引《字林》云："熱氣焆焆。"《爾雅》："燼燼，熏也。"郭璞注云："旱熱熏炙人。"《大雅·云漢篇》："蘊隆蟲蟲。"毛傳云："蟲蟲而熱。"《釋文》蟲，《韓詩》作焆。焆、燼、蟲並聲近義同。（1983：49 卷二上釋詁）

10. 摯，斂也。《漢書·律歷志》云："秋，䎹也。物䎹斂乃成孰。"《說文》云："䎹，收束也，從韋糫聲，或從手秋聲作摳。"又云："糫，小也。"糫訓爲小，䎹、摯訓爲斂，物斂則小，故《方言》云："斂物而細謂之摯。"摯、䎹、糫並聲近義同。（1983：53 卷二上釋詁）

11.《説文》：“餕，小餟也。”餕與莈、鋭亦聲近義同。（1983：54卷二上釋詁）

12.《書》大傳：“以朝乘車輲輪送至于家。”鄭注云：“言輲輪，明其小也。”《小雅·小宛篇》云：“惴惴小心。”《齊策》云：“安平君以惴惴之即墨，三里之城，五里之郭，敝卒七千，禽其司馬，而反千里之齊。”竝與耑聲近義同。（1983：54卷二上釋詁）

13.《釋名》云：“山旁隴閒曰涌。涌猶桶，桶狹而長也。”亦與筩聲近義同。（1983：55卷二上釋詁）

14. 擿者，《説文》：“擿，搔也。”《列子·黄帝篇》：“指擿無痟癢。”《釋文》云：“擿，搔也。”故搔頭謂之擿。《説文》云：“體骨擿之可會髮者。”《鄘風·君子偕老篇》：“象之揥也。”毛傳云：“揥，所以摘髮也。”《釋文》：“摘，本又作擿。”《正義》云：“以象骨搔首，因以爲飾。故云所以摘髮。”擿、摘、揥聲近義同。（1983：62卷二下釋詁）

15. 恁者，班固《典引》：“勤恁旅力。”蔡邕注云：“恁，思也。”《後漢書·班固傳》注引《説文》云：“恁，念也。”《爾雅》：“諗，念也。”《小雅·四牡篇》云：“將母來諗。”恁、諗、念聲近義同。（1983：65卷二下釋詁）

16.《莊子·天道篇》云：“膠膠擾擾乎。”《太元·元離篇》云：“死生相摎，萬物乃纏。”范望注：“摎，謂相擾也。”竝與㺜聲近義同。（1983：80卷三上釋詁）

17. 稛，與下圉字同。《説文》：“稛，絭束也。”《齊語》：“稛載而歸。”韋昭注云：“稛，絭也。”《管子·小匡篇》作攎。哀二年《左傳》：“羅無勇，麇之。”杜預注云：“麇，束縛也。”《釋文》：“麇，邱隕反。”稛、圉、麇聲近義同。今俗語猶謂束物爲稛矣。（1983：86卷三上釋詁）

18. 拍者，《釋言》云拍，搏也。搏、拍、拍竝聲近義同。（1983：87卷三上釋詁）

19. 钀、钀、疑三字聲近義同。（1983：117卷四上釋詁）

20. 蕎、䕘、湘，聲近義同。（1983：135卷五上釋詁）

21. 卷四云：“慎，恐也。”“憒，亦恐也。”《玉篇》：“憒，心動也。”《方言》：“蛩憒，戰慄也。荊吳曰蛩憒。”蛩憒又恐也。竝與愼聲近義同。（1983：137卷五上釋詁）

22.《説文》：“叜，亂也，讀若穰。”“孃，擾煩也。”竝與愼聲近義

同。（1983：34 卷一下釋詁）

23.《文選·高唐賦》："振陳磑磑。"《思元賦》："行積冰之磑磑兮。"李善注並引《方言》："磑，堅也。"《釋名》云："鎧，猶墢也。"墢，堅重之言也。竝與磑聲近義同。（1983：40 卷一下釋詁）

24.《說文》："卜，灼剝龜也。"剝、朴、卜聲近義同。（1983：105 卷三下釋詁）

二　三個詞間"聲近義同"聲韻及形體關係考

A	聲	韻	B	聲	韻	C	聲	韻	聲韻關係			形體關係		
									A–B	A–C	B–C	A–B	B–C	A–C
黨	端	陽	讜	端	陽	昌	昌	陽	雙聲疊韻	準旁組疊韻	準旁組疊韻	同聲符	無關	無關
別	幫	真	攽	幫	文	頒	並	文	雙聲旁轉	旁紐旁轉	旁紐疊韻	同聲符	同聲符	同聲符
徇	邪	真	駿	精	文	迅	心	真	旁紐旁轉	準旁組疊韻	旁組旁轉	無關	無關	無關
離	來	歌	蠡	來	支	劙	來	支	雙聲異類轉	雙聲異類轉	雙聲疊韻	無關	無關	同聲符
譆	曉	之	歆	曉	之	欨	曉	微	雙聲疊韻	雙聲通轉	雙聲通轉	同聲符	無關	同形符
觓	羣	幽	疛	見	幽	糾	見	幽	旁組疊韻	旁組疊韻	雙聲疊韻	同聲符	同聲符	同聲符
佗	透	歌	扐	匣	支	移	喻	歌	準旁組異類相轉	準旁紐疊韻	準旁組異類相轉	無關	無關	同形符
夭	定	談	惔	定	談	炎	匣	談	雙聲疊韻	準旁組疊韻	準旁組疊韻	同形符	同形符	同聲符
焻	定	東	爞	定	冬	蟲	定	冬	雙聲旁轉	雙聲旁轉	雙聲疊韻	同形符	無關	同聲符
摯	精	幽	鞻	精	幽	糙	莊	藥	雙聲疊韻	準雙聲旁對轉	準雙聲旁對轉	無關	無關	同聲符
苪	喻	月	銳	喻	月	說	書	月	雙聲疊韻	準旁組疊韻	準旁組疊韻	同聲符	同聲符	同聲符
輇	禪	元	惴	章	歌	耑	端	元	旁紐對轉	準旁組疊韻	準雙聲對轉	同聲符	同聲符	同聲符
涌	喻	東	桶	透	東	筩	定	東	準旁組疊韻	準旁組疊韻	旁組疊韻	同聲符	同聲符	同聲符
擿	定	錫	摘	端	錫	掅	透	錫	旁紐疊韻	旁組疊韻	旁組疊韻	同聲符	同形符	同形符

续表

A	聲	韻	B	聲	韻	C	聲	韻	聲韻關係			形體關係		
									A–B	A–C	B–C	A–B	B–C	A–C
恁	日	侵	念	泥	侵	諗	書	侵	準旁組疊韻	旁組疊韻	準旁組疊韻	同形符	同形符	同聲符
膠	見	幽	摎	見	幽	嫪	曉	幽	雙聲疊韻	準旁組疊韻	準旁組疊韻	同聲符	同聲符	同聲符
稛	溪	文	圂	溪	文	麕	羣	文	雙聲疊韻	旁組疊韻	旁組疊韻	同聲符	同形符	同聲符
搏	幫	鐸	拍	滂	鐸	柏	明	鐸	旁組疊韻	旁組疊韻	旁組疊韻	同形符	同形符	同聲符
朴	滂	屋	剝	幫	屋	卜	幫	屋	旁組疊韻	旁組疊韻	雙聲疊韻	無關	同聲符	無關
鼣	疑	之	懝	疑	之	疑	疑	之	雙聲疊韻	雙聲疊韻	雙聲疊韻	同聲符	同聲符	同聲符
蕎	書	陽	鸘	書	陽	湘	心	陽	雙聲疊韻	準雙聲疊韻	準雙聲疊韻	同形符	無關	無關
蛩	羣	東	憒	見	東	憒	見	東	旁組疊韻	旁組疊韻	雙聲疊韻	無關	無關	同形符
孃	泥	陽	憒	泥	陽	罥			雙聲疊韻			同聲符	無關	無關
磑	疑	微	塏	溪	微	鎧	溪	微	旁組疊韻	雙聲疊韻	雙聲疊韻	同聲符	同聲符	同聲符

三個詞之間的"聲近義同"共有24例，其聲韻關係和形體關係分別分成 A–B、A–C、B–C 三種類型72對進行討論。據考，A–B 之間聲韻關係中雙聲疊韻有10例，旁組疊韻有7例，雙聲旁轉有2例，旁組旁轉有1例，雙聲旁對轉有1例，旁對轉有1例，旁組對轉有1例。可見A–B之間以雙聲疊韻爲主，其次是旁組疊韻。A–C 之間聲韻關係中旁組疊韻有8例，疊韻有7例，旁組旁轉有1例，雙聲異類相轉有1例，雙聲通轉有1例，雙聲旁轉有1例，準雙聲旁對轉有1例，準雙聲疊韻有1例。可見 A–C 之間聲韻關係以旁組疊韻和準旁組疊韻爲主。B–C 之間聲韻關係中雙聲疊韻有7例，準旁組疊韻有5例，旁組疊韻有6例，旁組旁轉有1例，雙聲通轉有1例，異類相轉有1例，準雙聲旁對轉有1例，準雙聲對轉有1例，準雙聲疊韻有1例。可見 B–C 之間聲韻關係以雙聲疊韻爲主，其次是準旁組疊韻，旁組疊韻。綜上來看，A–B、A–C、B–C之間聲韻關係以雙聲疊韻、旁組疊韻、準旁組疊韻爲主。也就是說，三個詞間"聲近義同"中的"聲近"，主要指聲疊韻同或聲近韻同。

　　形體關係上，A－B之間同聲符有 13 例，同形符有 5 例，字形無關有 6 例。A－C 之間字形無關有 10 例，同聲符有 9 例，同形符有 5 例。B－C 之間字形無關有 5 例，同聲符有 15 例，同形符有 4 例。可見 A－B、A－C、B－C 之間形體關係上看，以同聲符爲主。

三　三個詞間"聲近義同"詞（字）義關係考

A	B	C	A－B	A－C	B－C
黨	讜	昌	黨、讜音近假借	黨、昌音近假借	讜、昌同源，共同義素爲美言
別	攽	頒	別、攽同源，共同義素爲分。	別與頒音近假借字"攽"同源。	攽、頒爲異文關係，音近假借
佝	駿	迅	駿之引申義與佝之本義義近	迅、佝同源，共同義素爲疾	迅之本義與駿之引申義義近
離	蠡	劙	離、蠡、劙三者《方言》義同源，皆有分解義。	離、蠡、劙三者《方言》義同源，皆有分解義。	離、蠡、劙三者《方言》義同源，皆有分解義。
譆	歖	欸	譆、歖異文，音近假借，詞義無關	欸《方言》義與譆本義同源，共同義素爲應聲	欸與歖之假借字"譆"同源
觓	疛	糾	觓之引申義與疛之本義義義近	觓之引申義與糾之引申義義近	疛之本義與糾之引申義義近
佗	扷	移	佗、扷同源，共同義素爲加。	移之引申義與佗之本義義近，皆有施加義。	移之引申義與扷之本義義近，皆有施加義。
炗	惔	炎	炗、惔、炎三者屬異文，同源且假借，共同義素爲熱。	炗、惔、炎三者屬異文，同源且假借，共同義素爲熱。	炗、惔、炎三者屬異文，同源且假借，共同義素爲熱。
焗	爐	蠱	焗、爐、蠱三者爲異文關係。焗、爐同源，共同義素爲熏熱	焗、爐、蠱三者爲異文關係。焗、蠱音近假借	焗、爐、蠱三者爲異文關係。爐、蠱音近假借
摰	難	糕	摰、難同源且有重文關係，共同義素爲小。	難、糕同源，共同義素爲小。	摰、糕同源，共同義素爲小。
莪	銳	鈗	銳、鈗、莪三者同源，共同義素爲小。	銳、鈗、莪三者同源，義素爲小。	銳、鈗、莪三者同源，共同義素爲小。
輴	惴	尚	輴、惴、尚三者同源，共同義素爲小。共同聲符有示源作用。	輴、惴、尚三者同源，共同義素爲小，共同聲符有示源作用。	輴、惴、尚三者同源，共同義素爲小，共同聲符有示源作用。
涌	桶	筩	涌、桶、筩同源，共同義素爲長。	涌、桶、筩同源，義素爲長。	涌、桶、筩同源，義素爲長。
擿	摘	掃	擿之本義與摘之引申義義近且假借。	擿、掃同源，共同義素爲搔	摘之引申義與掃之本義義近。
惗	念	諗	惗、念同源，共同義素爲思念	惗之本義與諗之借義義近，皆有思念義。	諗之借義與念之本義義近，皆有思念義。

续表

A	B	C	A－B	A－C	B－C
膠	摎	獠	膠之借義與摎之引申義義近，皆有擾義。	膠之借義與獠之本義義近，皆有擾義。	摎之引申義與獠之本義義近，皆有擾義。
稛	圍	麋	稛、圍異體	稛之本義與麋之借義義近，可假借	圍之本義與麋之借義義近，假借
搏	拍	拍	搏、拍、拍同源，共同義素爲擊打。	搏、拍、拍同源，共同義素爲擊打。	搏、拍、拍同源，共同義素爲擊打。
朴	剝	卜	剝之本義與朴之借義義近，有離義	朴之借義與卜之本義義近，有離義	剝、卜同源，共同義素爲裂
戁	憕	疑	戁、憕同源，共同義素爲恐	戁之本義與疑之引申義義近，皆有恐義	憕之本義與疑之引申義義近，皆有恐義
蔪	鬺	湘	蔪、鬺義近假借	蔪、湘音近假借	鬺、湘音近假借
蛋	憤	憤	蛋之《方言》義與憤之本義同源，共同義素爲恐	蛋之《方言》義與憤之本義同源，共同義素爲恐	憤、憤同源，共同義素爲恐
孃	憒	殷	殷、孃、憒同源，共同義素爲雜亂。	殷、孃、憒同源，共同義素爲雜亂。	殷、孃、憒同源，義素爲雜亂。
磑	塏	鎧	鎧、塏、磑同源，共同義素爲堅。	鎧、塏、磑同源，共同義素爲堅。	鎧、塏、磑同源，共同義素爲堅。

三個詞間 "聲近義同" 詞（字） 義關係比較複雜，有同源、義近以及各種詞義關係都存在的情況等。

三個詞間 "聲近義同" 共有 24 例，可拆分成兩兩對應的 72 對，其中同源的有 42 例：讙——昌、別——攽、別——頒、迅——徇、離——蠡、離——劙、蠡——劙、欸——譆、欸——歆、佗——扡、夭——恢、夭——炎、恢——炎、焆——燭、摯——齹、齹——糕、摯——糕、銳——餤、銳——茢、餤——茢、輲——惴、輲——耑、惴——耑、涌——桶、涌——箱、桶——箱、摘——掃、怘——念、搏——拍、搏——拍、拍——拍、剝——卜、戁——憕、蛋——憤、蛋——憤、憤——憤、殷——孃、殷——憒、孃——憒、鎧——塏、鎧——磑、塏——磑。其中本義與《方言》義同源有 3 例：欸——譆、蛋——憤、蛋——憤。《方言》義與《方言》義同源有 3 例：離——蠡、離——劙、蠡——劙。本義與假借字義同源有 2 例：別——頒（與頒音近假借字同源）、欸——歆（與歆假借字譆同源）。

三個詞間 "聲近義同" 共有 24 例，三者之間的詞（字） 義關係有如下特點。

1. 三者之中存在多種詞義關係的有 12 例：

黨——讜——昌；別——放——頒；迅——駿——侚；譆——歆——欨；移——佗——拸；炯——爐——蟲；摘——摘——掃；忢——諗——念；稛——圍——麇；剝——朴——卜；魏——懝——疑；蕎——鬲——湘

2. 三者義近的有 2 例：

觓——疛——糾；膠——摎——獟；

3. 三者同源的有 10 例：

離——蠡——劙；天——忝——炎；挈——羹——糕；銳——餤——莅；輴——惴——崙；涌——桶——筩；搏——拍——拓；蛮——愭——愭——慎；嫛——嬢——愭；鎧——壋——磴

第 1 種情況是三者之中存在多種詞義關係，可分爲幾種情況：

（1）音近假借與同源共同出現有 4 例：黨——讜——昌；別——放——頒；譆——歆——欨；炯——爐——蟲；

（2）同源和義近共同出現有 6 例：迅——駿——侚；移——佗——拸；摘——摘——掃；忢——諗——念；剝——朴——卜；魏——懝——疑

（3）義近假借與異體共同出現有 1 例：稛——圍——麇

（4）義近假借與音近假借共同出現有 1 例：蕎——鬲——湘

現分別討論。對於音近假借與同源共同出現部分，如“黨——讜——昌”。《說文》：“黨，不鮮也。从黑尚聲。”借義爲善。《荀子·非相》：“文而致實，博而黨正，是士君子之辯者也。”楊倞注：“黨與讜同，謂直言也。”王先謙《荀子集解》引郝懿行曰：“黨、讜古今字。讜言即昌言，謂善言也。”讜，《說文》無此字。《說文新附》：“讜，直言也，从言黨聲。”《玉篇·言部》：“讜，直言也，善言也。”《漢書·敍傳下》：“讜言訪對，爲世純儒。”顏師古注：“讜，善言也。”《說文》：“昌，美言也。从日从曰，一曰日光也。《詩》曰：‘東方昌矣。’”王念孫《廣雅疏證》：“黨者，《逸周書·祭公解》云：‘王拜手稽首黨言。’漢張平子碑云：‘黨言允諧。’《孟子·公孫丑篇》：‘禹聞善言則拜。’趙岐注引《皋陶謨》：‘禹拜讜言。’今本作昌言，《史記·夏紀》作美言。黨、讜、昌聲近義同。”王念孫從異文角度論證黨、讜、昌音義關係。今考黨、讜音近假借，讜、昌同源，共同義素爲美言，黨、昌音近假借。

對於同源和義近共同出現部分，如"迅——駿——伺"。《說文》："迅，疾也。从辵卂聲。"《說文》："駿，馬之良材者。从馬夋聲。"引申爲迅速。《爾雅·釋詁上》："駿猶迅速，亦疾也。"《說文》："伺，疾也。"迅之本義與駿之引申義義近，迅、伺同源，共同義素爲疾。駿之引申義與伺之本義義近。

對於義近假借與異體共同出現部分，即"稇——圌——麇"。《說文》："稇，絭束也。从禾困聲。"《說文解字注》："絭束，謂以繩束之。"《集韻·混韻》："稇，亦作圌。"《說文》："麇，麕也。从鹿困省聲。"借義爲束縛。《左傳·哀公二年》："（趙）羅無勇，麇之。"杜預注："麇，束縛也。"朱駿聲《說文通訓定聲·屯部》："麇，假借爲稇。"稇、圌異體，稇之本義與麇之借義義近，且可假借，圌之本義與麇之借義義近，且可假借。

對於義近假借與音近假借共同出現部分，即"鬺——鬺——湘"。《說文》："鬺，煮也。从鬲羊聲。"《集韻·陽韻》："鬺，《說文》：'煮也。'或作鬺。"《玉篇·鬲部》："鬺，煮也。"《玉篇·鬲部》："鬺同鬺。"《漢書·郊祀志上》："皆嘗享上帝鬼神。"顏師古注："鬺享，煮而祀也。"《說文》："湘，水。出零陵陽海山，北入江。从水相聲。"假借爲鬺。《詩·召南·采蘋》："于以湘之，維錡及釜。"毛傳："湘，亨也。"鬺、鬺義近假借。鬺、湘音近假借。鬺、湘音近假借。

義近的有2例，如"觓——疛——糾"。《說文》："觓，角皃。从角丩聲。《詩》：'兕觥其觓。'"《玉篇·角部》："觓，角皃。"《說文》："疛，腹中急也。从疒丩聲。"《說文》："糾，繩三合也。从糸丩聲。"引申爲迅急。《楚辭·九章·悲回風》："糾思心以爲纕兮。"王逸注："糾，戾也。"《玉篇·丩部》："糾，戾也，急也。"王念孫《廣雅疏證》："《魯頌·泮水篇》：'角弓其觓'鄭箋云：'觓，持弦急也。'《說文》：'疛，腹中急痛也。'竝與糾聲近義同。"王念孫所引鄭玄對"觓"字訓釋當爲"觓"字引申義。觓之引申義與疛之本義義近，觓之引申義與糾之引申義義近，疛之本義與糾之引申義義近，皆有急義。

三者同源的有10例，如"離——蠡——劙"。《說文》："離，離黃，倉庚也，鳴則蠶生，从隹离聲。"借義爲分。《方言》卷六："參、離，分也。齊曰參，楚曰蠡，秦晉曰離。"《列子·仲尼》："馬非馬，形名離也。"張湛注："離猶分也。"《方言》卷六："參、離，分也。齊曰參，楚曰蠡，秦晉曰離。”郭璞注：“謂分割也。”劙，《說文》無此字。《方言》卷十三：“劙，解也。”《玉篇·刀部》：“劙，解也。”《廣韻·支韻》：“劙，分破也。”離、蠡、劙三者《方言》義同源，皆有分解義。

第三節　四個詞間“聲近義同”研究

本節從四個詞間“聲近義同”正文、音、形、義等方面展開論述。

四個詞間“聲近義同”正文

1. 宋魏邠陶之間曰憮，或曰俺。又云韓鄭曰憮，晉魏曰俺，《爾雅》：“憮，愛也。”“憮，撫也。”注云：“憮，愛撫也。”憮與慔通。又“矜憐，撫掩之也。”注云：“撫掩，猶撫拍、謂慰恤也。”撫掩與憮俺，聲近義同。俺、愛，一聲之轉。愛之轉爲俺，猶薆之轉爲掩矣。（1983：17卷一上釋詁）

2. 枳句與迟曲亦聲近義同。（1983：33卷一下釋詁）

3. 《大雅·民勞篇》：“以謹繾綣。”傳云：“繾綣，反覆也。”繾綣與展轉，聲近義同。（1983：196卷六上釋訓）

四個詞間的“聲近義同”共有3例。仔細考察發現，第一例是“聲近義同”與“一聲之轉”共同出現。第三例中，“繾綣”與“展轉”分別是聯綿詞。

（一）四個詞間“聲近義同”音形關係考

A	聲	韻	B	聲	韻	C	聲	韻	D	聲	韻	聲韻關係				形體關係			
												A–B	A–C	B–D	C–D	A–B	A–C	B–D	C–D
撫	滂	魚	掩	影	談	憮	明	魚	俺	影	談	準旁組通轉	旁組疊韻	雙聲疊韻	準旁組通轉	同形符	同聲符	同聲符	同形符
枳	章	支	句	見	侯	迟	溪	錫	曲	溪	屋	準雙聲旁轉	準旁組對轉	旁組對轉	雙聲旁轉	相異	同聲符	相異	相異
繾	溪	元	綣	溪	元	展	端	元	轉	端	元	雙聲疊韻	準旁組疊韻	準旁組疊韻	雙聲疊韻	同形符	相異	相異	相異

四個詞間“聲近義同”中，聲韻關係多樣，形體關係也有各種情況。第一個例子的聲韻關係中，聲類上主要是旁紐和雙聲；韻類上有通轉和疊韻兩種。形體關係上主要是同聲符和同形符。第二個例子的聲韻關係中，

聲類上主要是旁紐雙聲，韻類上主要是對轉、旁轉。形體關係上主要是字形相異，只有 1 對同聲符情況。第三個例子的聲韻關係中，聲類上主要是雙聲，韻類上主要是疊韻。形體關係主要是字形相異，只有 1 同形符情況。

（二）　四個詞間“聲近義同”詞（字）義關係考

A	B	C	D	A–B關係	A–C關係	B–D關係	C–D關係
撫	掩	憮	俺	撫、掩同源，共同義素爲撫愛	撫、憮同源，共同義素爲愛	掩、俺同源，共同義素爲愛撫	憮、俺同源，共同義素爲愛
枳	句	迟	曲	枳、句同源，共同義素爲曲	枳、迟同源，共同義素爲曲	句、曲同源，共同義素爲曲	迟、曲同源，共同義素爲曲
繾	綣	展	轉	聯綿詞	無關	無關	展、轉義近，展轉又爲聯綿詞

　　四個詞間聲近義同共有 3 例，可拆分成兩兩對應的 12 對，其中同源有 8 對：撫——掩、撫——憮、掩——俺、憮——俺、枳——句、枳——迟、句——曲、迟——曲。從每例詞義關係上看，第一例和第二例是同源，第三例是聯綿詞。在聯綿詞中，“繾綣”之間詞義無關，“展轉”之間詞義相近，“繾綣”與“展轉”之間詞義相近，皆有不相離義。可見，四個詞之間的聲近義同中的“義同”主要指的是同源。

第四節　五個詞間“聲近義同”研究

本節從五個詞間“聲近義同”正文、音、形、義諸方面展開論述。

一　五個詞間“聲近義同”正文

五個詞之間的“聲近義同”有 2 例，正文如下：

1. 舀、扰、肬、揄、挑五字，竝聲近義同。（1983：51 卷二上釋詁）
2. 撰、僎、譔並通。《堯典》：“共工方鳩僝功。”《釋文》：“僝，徐音撰。馬云具也。”僝亦與撰通。《說文》：“顨，選具也。”“巽，具也。”“巺，具也。”並與撰聲近義同。（1983：90 卷三下釋詁）

二　五個詞間"聲近義同"聲韻關係考

A	聲	韻	B	聲	韻	C	聲	韻	D	聲	韻	E	聲	韻	A-B	A-C	A-D	A-E	B-C	B-D	B-E	C-D	C-E	D-E
舀	喻	幽	扰	端	侵	阠	喻	幽	揄	喻	侯	挑	透	宵	準旁紐異類相轉	雙聲疊韻	雙聲旁轉	準旁紐旁轉	準旁紐異類相轉	準旁紐異類相轉	旁紐異類相轉	雙聲旁轉	準旁紐旁轉	準旁紐旁轉
傛	崇	元	頙	崇	元	燡	心	文	異	心	文	撰	崇	元	雙聲疊韻	準旁紐旁轉	準旁紐旁轉	雙聲疊韻	準旁紐旁轉	準旁紐旁轉	雙聲疊韻	雙聲疊韻	準旁紐旁轉	準旁紐旁轉

　　五個詞間"聲近義同"共有2例，聲韻關係可以分爲A-B、A-C、A-D、A-E、B-C、B-D、B-E、C-D、C-E、D-E 10種情況，在第一例中，準旁紐旁轉有3例，準旁紐旁對轉有3例，雙聲旁轉有2例，旁紐旁對轉有1例，雙聲疊韻有1例。第二例中，準旁紐旁轉有6例，雙聲疊韻有4例。可見在這兩例中，聲類上以雙聲爲主，韻類上以旁轉爲主。

三　五個詞間"聲近義同"形體關係考

A	B	C	D	E	A-B	A-C	A-D	A-E	B-C	B-D	B-E	C-D	C-E	D-E
舀	扰	阠	揄	挑	相異	同形符	相異	相異	同聲符	同形符	同形符	相異	相異	同形符
傛	頙	燡	異	撰	相異	相異	相異	相異	同聲符	相異	相異	相異	相異	同聲符

　　五個詞間"聲近義同"共有2例，形體關係可以分爲A-B、A-C、A-D、A-E、B-C、B-D、B-E、C-D、C-E、D-E 10種情況，在第一例中，字形結構相異的有5例，同形符有4例，同聲符有1例。在第二例中，字形相異有8例，同聲符有2例。可見五個詞間"聲近義同"形體關係以字形結構相異爲主。

四　五個詞間"聲近義同"詞（字）義關係考

A	B	C	D	E	A-B	A-C	A-D	A-E	B-C	B-D	B-E	C-D	C-E	D-E
舀	扰	阠	揄	挑	舀扰異體	舀阠異體	舀揄義近假借	舀、挑同源	扰、阠異體	扰、揄義近假借	扰、挑同源	阠、揄義近假借	阠、挑同源	揄之引申義與挑之方言義義近

续表

A	B	C	D	E	A－B	A－C	A－D	A－E	B－C	B－D	B－E	C－D	C－E	D－E
僝	𩕄	顨	巽	撰	僝、𩕄同源，共同義素爲具	僝、顨義遠	僝、巽同源，義素爲具	撰、僝同源，義素爲具	𩕄、顨義遠	𩕄、巽同源，義素爲具	撰、𩕄同源，義素爲具	顨、巽義近假借	撰、顨義遠	撰、巽同源，義素爲具

五個詞間“聲近義同”詞（字）義關係可以化歸到兩個詞間的詞（字）義關係問題，共20對。其中同源的有9對：舀——挑、抌——挑、𦥷——挑、僝——𩕄、僝——巽、撰——僝、𩕄——巽、撰——𩕄、撰——巽。

總體上看，這兩組的詞義關係比較複雜。第一例中，有異文情況，有義近假借情況，還有同源情況。第二例主要是同源和詞義較遠兩種情況。這兩組詞義關係都不是簡單的“聲近義同”可以概括的。異文情況如“舀——𦥷”，《說文》：“舀，抒臼也。从爪臼。《詩》：‘或簸或舀。’抌，舀或从手，从冘。𦥷，舀或从臼冘。”舀、抌、𦥷異文。義近假借如“舀——揄”，《說文》：“揄，引也。从手俞聲。”引申爲舀。《詩·大雅·生民》：“或舂或揄，或簸或蹂。”鄭玄箋：“揄，抒臼也。”《玉篇·手部》：“揄，抒臼也。”《說文解字注》：“假揄爲舀。”可知舀、揄假借。同源如“僝——𩕄”，僝，《說文》無此字。《書·堯典》：“共工方鳩僝功。”陸德明釋文引馬云：“僝，具也。”《玉篇·人部》：“僝，具也。”《說文》：“𩕄，選具也。从二頁。”可知，僝、𩕄同源，共同義素爲具。

第五節　本章小結

“聲近義同”可以分成兩個詞間的、三個詞間的、四個詞間的、五個詞間的四種，現將其音形義關係及數量製成表格，討論如下：《廣雅疏證》兩個詞間“聲近義同”（去除與別的術語混用例）共有122例，主要分佈在《釋詁》中，有112例，占相當大的比重，剩餘的11例分佈在《釋訓》《釋器》《釋獸》《釋草》中。从聲韻關係上看，“聲近義同”中的“聲近”主要指“雙聲疊韻”“準旁紐疊韻”“旁紐疊韻”這三種情況。其他的情況不多，但種類較多，顯示了“聲近”的廣泛性。兩個詞

"聲近義同"音形義特點與數量

大類	小類	聲韻關係																		形體關係			詞義關係						
音形義關係		雙聲疊韻	準旁紐疊韻	旁紐疊韻	雙聲旁轉	雙聲對轉旁轉	旁紐對轉	旁紐旁轉	準旁紐旁對轉	準旁紐旁轉	雙聲異類相轉	準雙聲旁轉	準雙聲通轉	準雙聲疊韻	準雙聲對轉	雙聲通轉	準旁紐對轉	準旁紐通轉	旁紐異類相轉	同聲符	同形符	形體相異	同源	義近	義遠假借	音近假借	詞義同化	音近假借義近	異體
	兩個詞間	34	29	25	6	4	2	5	2	1	2	1	2	2	2	2	2	2	2	61	18	43	43	71	1	1	6		
	三個詞間	17	14	21	3	1	1	3		1	1	2	1	2	1	1		1		37	14	21	42	17	3	8		3	1
	四個詞間	3	2	1	1				1										2	3	3	6	8	1					
	五個詞間	5		2	2			9	3									2	1	3	4	13	9	1	3			4	3

間"聲近義同"形體關係中，字形結構有關有 79 例，字形結構相異有 43 例，可見以字形結構有關爲主。在字形結構有關的 79 例中，同聲符有 61 例，同形符有 18 例，可見又以同聲符爲主。"聲近義同"中的"聲近"暗含了"同聲符"這種情況。同聲符部分詞（字）義關係比較複雜，同源有 43 例，義近有 71 例，義遠有 1 例，音近假借有 1 例，詞義同化有 6 例。詞義類化指某詞受前後詞義影響而具有與前後詞語相近的意義。詞義同化顯示了"聲近義同"中相因生義的特點。可見，同聲符部分詞（字）義關係以義近爲主，但又有多種特點。

三個詞間"聲近義同"共有 24 例，其聲韻關係和形體關係分別分成 A-B、A-C、B-C 三種類型進行討論。綜上來看，A-B、A-C、B-C 之間聲韻關係以雙聲疊韻、旁紐疊韻、準旁紐疊韻爲主。也就是說，三個詞間"聲近義同"中的"聲近"，主要指聲疊韻同或聲類的相近。形體關係上看，以同聲符爲主。詞（字）義關係比較複雜，有同源、義近、義近假借、音近假借、異體等。

四個詞間"聲近義同"共有 3 例。聲韻關係上主要是旁紐或雙聲，形體上多不同。詞（字）義關係上，主要是同源。可見，四個詞間"聲近義同"中的"義同"主要指同源關係。

五個詞間"聲近義同"共有 2 例，聲韻關係可以分爲 A-B、A-C、A-D、A-E、B-C、B-D、B-E、C-D、C-E、D-E 10 種情況，在這兩例中，聲類上以雙聲爲主，韻類上旁轉爲主。形體關係上以字形結構相異爲主。五個詞之間的"聲近義同"詞（字）義關係可以化歸到兩個詞之間的詞（字）義關係問題。總體上看，這兩組的詞（字）義關係比較複雜，有異文、義近假借、同源、義遠等情況。

詞（字）義關係上，兩個詞間"聲近義同"主要以義近爲主，與三個詞間、四個詞間、五個詞間"聲近義同"以同源爲主不同。形體關係上，兩個詞間、三個詞間"聲近義同"主要以同聲符爲主，其次是形體相異。而四個詞間、五個詞間"聲近義同"主要以形體相異爲主，同聲符的情況較少。聲韻關係上，兩個詞間、三個詞間、四個詞間、五個詞間聲韻關係都以雙聲疊韻爲主。

音形義比較後發現，兩個詞間、三個詞間、四個詞間、五個詞間"聲近義同"顯示了功能上相互交錯的特點。

第五章 《廣雅疏證》"猶"研究

本章從六個部分對《廣雅疏證》訓釋術語"猶"進行研究，即"A 猶 B 也"研究、"某某猶某某也"研究、"某猶某某也"研究、"猶言"研究、"猶"連接鏈各個音義短句研究以及"猶"與其他術語共同使用研究六部分。

第一節 "A 猶 B 也"研究①

本節從"A 猶 B 也"正文及來源、音、形、義等方面展開討論。

一 "A 猶 B 也"正文及來源考

"A 猶 B 也"正文如下：

1. 有猶友也，故《釋名》云："友，有也，相保有也。"（1983：6 卷一上釋詁）

2. 虞者，《大雅·雲漢》五章云："羣公先正，則不我聞。"六章云："昊天上帝，則不我虞。"聞猶恤問也。虞猶撫有也。則不我虞，猶言亦莫我有也。則不我聞，猶言亦莫我聞也。其三章云："昊天上帝，則不我遺。"四章云："羣公先正，則不我助。"遺猶問也。助猶虞也。故《廣雅》又云："虞，助也。"（1983：6 卷一上釋詁）

3. 助猶虞也。（1983：6 卷一上釋詁）

4. 哀與愛聲義相近，故憮憐既訓爲愛而又訓爲哀。《呂氏春秋·報更篇》："人主胡可以不務哀士。"高誘注云："哀，愛也。"《檀弓》云："哭而起，則愛父也。"愛猶哀也。（1983：17 卷一上釋詁）

---

① 本章部分内容曾以《〈廣雅疏證〉"某猶某也"研究》爲題發表於《湖北工程學院學報》2015 年第 2 期。

5. 《爾雅》："迅，疾也。駿，速也。"郭璞注云："駿猶迅也。"亦與侚聲近義同。（1983：22 卷一上釋詁）

6. 《文選·高唐賦》："振陳磑磑。"《思元賦》："行積冰之磑磑兮。"李善注並引《方言》："磑，堅也。"《釋名》云："鎧，猶塏也。塏，堅重之言也。"並與磑聲近義同。（1983：40 卷一下釋詁）

7. 《爾雅》："服，事也。"《周官·大司馬》注云："任猶事也。"是服與任同義。（1983：43 卷二上釋詁）

8. 《釋名》云："山旁隴閒曰涌。涌猶桶。桶，狹而長也。"亦與箭聲近義同。（1983：55 卷二上釋詁）

9. 鄭注《月令》云："暢猶充也。"《說文》："充，長也。"《秦風·小戎篇》："文茵暢轂。"毛傳云："暢轂，長轂也。"暢與畼通。（1983：55 卷二上釋詁）

10. 夐者，文十四年《穀梁傳》："夐入千乘之國。"范甯注云："夐猶遠也。"（1983：55 卷二上釋詁）

11. 荼者，《方言》："荼，借也。"郭注云："荼猶徒也。"按荼蓋賒之借字。賒、荼古聲相近。（1983：59 卷二下釋詁）

12. 井上六："井收勿幕。"王弼注云："幕猶覆也。"（1983：62 卷二下釋詁）

13. 賵者，《太平御覽》引《春秋說題辭》云："賵之爲言覆也。"隱元年："天王使宰咺來歸惠公仲子之賵。"服虔注《左傳》云："賵，覆也。"《正義》云："謂覆被亡者也。"《公羊傳》："車馬曰賵。"何休注亦云："賵猶覆也。"冒、賵、覆古聲竝相近。（1983：61 卷二下釋詁）

14. 《後漢書·馬援傳》："擊牛醨酒。"李賢注云："醨猶濾也。"（1983：68 卷二下釋詁）

15. 契猶挈也。（1983：86 卷三上釋詁）

16. 闊猶括也。（1983：86 卷三上釋詁）

17. 鈯猶拙也。方俗語轉耳。（1983：89 卷三上釋詁）

18. 葆猶苞也。《小雅·斯干篇》："如竹苞矣。"毛傳云："苞，本也。"（1983：96 卷三下釋詁）

19. 施讀當如施于中谷之施。《周南·葛覃》傳云："施，移也。"《大雅·皇矣篇》："施于孫子。"鄭箋云："施猶易也，延也。"《喪服傳》："絕族無施服。"鄭注云："在旁而及曰施。"義竝相同。《爾雅》：

"弛，易也。"郭璞注云："相延易。"弛與施亦聲近義同。（1983：98 卷三下釋詁）

20. 刑、成聲相近。《王制》云："刑者，侀也。侀者，成也。一成而不可變，故君子盡心焉。"《大傳》："財用足，故百志成；百志成，故禮俗刑。"鄭注云："刑猶成也。"（1983：100 卷三下釋詁）

21. 邐者，《淮南子·俶真訓》："夫貴賤之於身也，猶條風之時麗也。"高誘注云："麗，過也。"麗與邐通。《大射儀》："中離維綱。"鄭注云："離猶過也，獵也。"離與邐古亦雙聲。（1983：104 卷三下釋詁）

22. 凡言憋者，皆惡之義也。《周官·司弓矢》："句者謂之獘弓。"鄭注云："獘猶惡也。"徐邈音扶滅反。獘與憋聲義亦同。故《大司寇》以邦成獘之，故書獘爲憋矣。（1983：105 卷三下釋詁）

23. 揩猶揹也，方俗語有侈斂耳。（1983：114 卷四上釋詁）

24. 易、與、如也，皆一聲之轉也。……與、如、若，亦一聲之轉。與訓爲如，又有相當之義。襄二十五年《左傳》："申鮮虞與閭邱嬰乘而出，行及弇中，將舍。嬰曰：'崔慶其追我。'鮮虞曰：'一與一，誰能懼我。'"杜預注云："弇中，狹道也。道狹，雖眾無所用。"按，與猶當也。言狹道之中，一以當一，雖眾無所用也。（1983：138 卷五上釋詁）

25. 彖，挩也。《說文》："彖，豕走挩也。"挩與脫通。脫、彖聲相近。彖猶遯也。遯或作遂。《漢書·匈奴傳贊》："遂逃竄伏。"字從辵彖聲。彖、遯聲亦相近。（1983：164 卷五下釋言）

26. 劉向《熏爐銘》云："彫鏤萬獸，離婁相加。"《說文》："廔，屋麗廔也。"離婁、麗廔聲與連遱皆相近，故《離·彖傳》云："離，麗也。"王弼注《兌卦》云："麗猶連也。"鄭注《士喪禮》云："古文麗爲連。"（1983：196 卷六上釋訓）

27. 《漢書·李廣傳》："諸妄校尉以下。"張晏注云："妄猶凡也。"諸妄猶諸凡，諸凡猶都凡耳。妄與亡慮之亡聲相近。諸妄，亦疊韻也。（1983：197 卷六上釋訓）

28. 礩之言質也，鄭注《曲禮》云："質猶本也。"礩在柱下，如木之有本，故曰礩字，通作質。（1983：209 卷七上釋宮）

29. 拂猶被也，言以弱阿被牀之四壁。（1983：227 卷七下釋器）

30. 褾猶表也，表謂衣領也。（1983：229 卷七下釋器）

31. 帠猶扈也。（1983：230 卷七下釋器）

32. 枸猶拘也。（1983：243 卷七下釋器）

33. 帳之言振也。《中庸》："振河海而不泄。"鄭注云："振猶收也。"《方言》注云："帳，《廣雅》作振。字音同耳。"（1983：243 卷七下釋器）

34. 寎猶寢也。（1983：248 卷八上釋器）

35. 鏺之言撥也。《大雅·蕩》箋云："撥猶絕也。"（1983：253 卷八上釋器）

36. 鍱猶集也。（1983：253 卷八上釋器）

37. 鍱猶葉也。（1983：253 卷八上釋器）

38. 稷之言總也。《說文》："總，聚束也。"故《掌客》注云："稷猶束也。"（1983：270 卷八上釋器）

39. 又祊之爲言倞也。（《郊特牲》）注云："倞猶索也。"（1983：289 卷九上釋天）

40. 都猶豬也。（1983：293 卷九上釋地）

41. 鑼猶耙也，方俗語有輕重耳。（1983：297 卷九上釋地）

42. 洰猶洪也，字亦作淇。（1983：303 卷九下釋水）

43. 《大戴禮·公冠篇》："推遠稚免之幼志。"盧辯注云："免猶弱也。"聲義與娩相近。（1983：384 卷十下釋獸）

《廣雅疏證》"A 猶 B 也"共有 43 例，其中《釋詁》有 24 例，《釋言》有 1 例，《釋訓》有 2 例，《釋宮》有 1 例，《釋器》有 10 例，《釋天》有 1 例，《釋地》有 2 例，《釋水》有 1 例，《釋獸》有 1 例。可見《廣雅疏證》"A 猶 B 也"主要分佈在《釋詁》和《釋器》部份。

《廣雅疏證》訓詁術語"A 猶 B 也"文獻來源上可分爲直接來源和間接來源兩部分。直接來源即"A 猶 B 也"直接來源於某文獻，間接來源指該術語是由王念孫將相關文獻加工得成。

直接來源有 22 例：

《爾雅》："迅，疾也。駿，速也。"郭璞注云："駿猶迅也。"

《釋名》云："鎧猶塏也。"

《周官·大司馬》注云："任猶事也。"

鄭注《月令》云："暢猶充也。"

《方言》："荼，借也。"郭注云："荼猶徒也。"

《公羊傳》："車馬曰賵。"何休注亦云："賵猶覆也。"

井上六：“井收勿幕。”王弼注云：“幕猶覆也。”

《後漢書·馬援傳》：“擊牛釃酒。”李賢注云：“釃猶濾也。”

《大雅·皇矣篇》：“施于孫子。”鄭箋云：“施猶易也，延也。”

《王制》云：“刑者，侀也。侀者，成也。一成而不可變，故君子盡心焉。”《大傳》：“財用足，故百志成；百志成，故禮俗刑。”鄭注云：“刑猶成也。”

《大射儀》：“中離維綱。”鄭注云：“離猶過也，獵也。”

《周官·司弓矢》：“句者謂之獎弓。”鄭注云：“獎猶惡也。”

《離·象傳》云：“離，麗也。”王弼注《兌卦》云：“麗猶連也。”

《漢書·李廣傳》：“諸妄校尉以下。”張晏注云：“妄猶凡也。”

文十四年《穀梁傳》：“夐入千乘之國。”范甯注云：“夐猶遠也。”

鄭注《曲禮》云：“質猶本也。”

《中庸》：“振河海而不泄。”鄭注云：“振猶收也。”

《大雅·蕩》箋云：“撥猶絕也。”

故《掌客》注云：“稯猶束也。”

《郊特牲》注云：“𢗥猶索也。”

《大戴禮·公冠篇》：“推遠稚免之幼志。”盧辯注云：“免猶弱也。”

《釋名》云：“山旁隴閒曰涌。涌猶桶。桶，狹而長也。”

間接來源有 2 例：

《釋名》云：“友，有也，相保有也。”（王念孫：友猶有也。）

《呂氏春秋·報更篇》：“人主胡可以不務哀士。”高誘注云：“哀，愛也。”（王念孫：哀猶愛也。）

直接來源和間接來源共有 24 例，占《廣雅疏證》“A 猶 B 也”的一半多。這 24 例文獻時間層次上以先秦兩漢文獻爲主。內容旁及經史子部以及小學著作，且以傳箋注釋爲主。具體情況是王弼注《兌卦》1 次，王弼注《井卦》1 次，《周官》3 次（《大司馬》注 1 次，《司弓矢》鄭注 1 次，《掌客》注 1 次），《禮記》5 次（《月令》鄭注 1 次，《王制》鄭注 1 次，《曲禮》鄭注 1 次，《郊特牲》注 1 次，《中庸》鄭注 1 次），《大戴禮·公冠篇》盧辯注 1 次，《儀禮·大射儀》鄭注 1 次，《公羊傳》何休注 1 次，《穀梁傳》范甯注 1 次，《詩》2 次（《大雅·皇矣篇》鄭箋 1 次，《大雅·蕩》箋 1 次），《爾雅》1 次，《釋名》2 次，《漢書·李廣傳》張晏注 1 次，《後漢書·馬援傳》李賢注 1 例。可見，在傳箋註釋中又以鄭玄注《三禮》爲主。

二 有來源的"A猶B也"音形義問題

本節從聲韻關係、形體關係、詞（字）義關係三方面討論有來源的
"A猶B"音義問題。

（一）聲韻關係考

A	聲	韻	B	聲	韻	聲韻關係
駿	精	文	迅	心	真	旁紐旁轉
礚	疑	微	塏	溪	微	旁紐疊韻
任	日	侵	事	崇	之	準旁紐通轉
暢	透	陽	充	昌	冬	準雙聲旁轉
茶	定	魚	徒	定	魚	雙聲疊韻
睧	滂	冬	覆	滂	覺	雙聲對轉
幕	明	鐸	覆	滂	覺	旁紐旁轉
施	匣	歌	易	匣	鐸	雙聲通轉
刑	匣	耕	成	禪	耕	準旁紐疊韻
離	來	歌	過	見	歌	準旁紐疊韻
獘	並	月	惡	影	鐸	準旁紐通轉
麗	來	支	連	來	元	雙聲異類相轉
妄	明	陽	凡	並	談	旁紐通轉
夐	曉	耕	遠	匣	元	旁紐異類相轉
質	章	質	本	幫	諄	準雙聲對轉
振	章	諄	收	書	幽	旁紐異類相轉
撥	幫	月	絕	從	月	準旁紐疊韻
稷	精	東	束	書	屋	準旁紐對轉
倞	來	陽	索	心	鐸	準旁紐對轉
免	明	元	弱	日	藥	準旁紐異類相轉
涌	喻	東	桶	透	東	準旁紐疊韻
有	匣	之	友	匣	之	雙聲疊韻
愛	影	物	哀	影	微	雙聲對轉
釃	生	歌	㳑	來	魚	準旁紐通轉

"A猶B也"有來源的共有24例，其聲韻關係有雙聲疊韻2例，雙

聲對轉 2 例，雙聲通轉 1 例，旁紐旁轉 2 例，旁紐通轉 1，旁紐異類相轉 2 例，旁紐疊韻 1 例，準旁紐疊韻有 4 例，準雙聲旁轉 1 例，準雙聲旁對轉 1 例，準旁紐通轉 3 例，準旁紐對轉 2 例，雙聲對轉有 2 例，雙聲異類相轉 1 例，準旁紐異類相轉有 1 例。可見，有來源的 A、B 聲韻關係以準旁紐疊韻爲主，其次是準旁紐通轉。

（二）形體關係考

A——B	字形結構有關		字形結構相異	A——B	字形結構有關		字形結構相異
	同聲符	同形符			同聲符	同形符	
駿——迅			√	磑——塏	√		
任——事			√	暢——充			√
荼——徒			√	暓——覆			√
幕——覆			√	施——易/延			√
刑——成			√	離——過/獵			√
獘——惡			√	麗——連			√
妄——凡			√	复——遠			√
質——本			√	振——收			√
撥——絕			√	稷——束			√
倞——索			√	免——弱			√
涌——桶	√			有——友			√
愛——哀			√	釃——濾			√

　　“A 猶 B 也”有來源的共有 24 例，其字形結構以形體相異爲主，有 22 例。字形結構有關的只有兩例，且全部是同聲符的。說明這些有來源的 A、B 之間以形體相異爲主。

（三）詞（字）義關係考

　　從形體結構相異和形體有關兩部分討論有來源的“A 猶 B 也”詞義關係。

　　1. 字形結構相異的詞（字）義關係考

A——B	詞（字）義關係
駿——迅	駿之引申義與迅之本義義近。
任——事	任之引申義與事之本義義近。

A——B	詞（字）義關係
荼——徒	音近，雙聲疊韻。
幕——覆	幕、覆同源，共同義素爲覆蓋。
刑——成	刑之引申義與成之本義義近。
樊——惡	樊之假借引申義與惡之本義義近。
妄——凡	音近，旁紐通轉。
質——本	質之借義與本之引申義義近。
撥——絕	撥之借義與絕之本義義近。
倞——索	倞之借音義與索之借義義近。
愛——哀	愛之借義與哀之本義義近。
暢——充	暢之借義與充之借義義近。
膰——覆	膰之引申義與覆之本義義近。
施——易/延	施之借音義與易之引申義義近。
離——過/獵	離之借義與過之本義義近。
麗——連	麗之引申義與連之引申義義近。
夏——遠	夏、遠同源，共同義素爲遠。
振——收	振之借義與收之引申義義近。
稷——束	稷、束同源，共同義素爲圍繞。
有——友	有之本義與友之引申義義近。
免——弱	音近，旁對轉。
釃——濾	釃、濾同源，共同義素爲濾去渣。

字形結構相異共有 22 例。詞義關係有同源、義近、音近三種。同源有 4 例：幕—覆（旁紐旁轉）、夏—遠（旁紐旁對轉）、稷—束（對轉）、釃——濾（通轉）。義遠有 3 例：荼—徒、妄—凡、免—弱。義近有 15 例，具體情況如下：

第一種情況是本義與引申義義近，即"有——友"，《說文》："有，不宜有也。"《說文》："友，同志爲友。從二又，相交友也。""友"由本義"同志爲友"引申爲"相保有"。《釋名·釋言語》："友，有也，相保有也。"二者義近。

第二種情況是引申義與本義義近，如"駿——迅"，《說文》："馬之良材也。"引申爲迅速。《爾雅·釋詁上》："駿，速也。"《說文》："迅，疾也。"二者義近。

　　第三種情況是引申義與引申義義近，即"麗——連"，《說文》："麗，旅行也。鹿之性見食急則必旅行。"引申爲結伴、連接。《易·兌》："象曰：麗澤兌。君子以朋友講習。"《說文·辵部》："連，負車也。"《說文解字注》："連即古文輦也。"引申爲聯合。二者義近。

　　第四種情況是假借引申義與本義義近，即"獘——惡"。假借引申義指一個詞由本義經過假借形成假借義，後引申形成新的詞義，字形也隨之改變的情況。《說文·犬部》："獘，頓仆也。"《說文解字注》："獘本因犬仆製字，假借爲凡仆之偁，俗又引申爲利弊字，遂改其字作弊，訓'困也''惡也'。""獘"本義爲犬頓仆，假借爲一般的仆，又引申爲利弊字，形成新的字形"弊"。"弊"與"惡"義近。

　　第五種情況是借音義與引申義義近，即"施——易"。借音義指一個詞經過借音形成新的詞義。《說文》："施，旗皃。"施，由書母借音爲匣母。《荀子·儒效》："若夫充虛之相施易也。"楊倞注："施讀若移，移易，謂使實者虛，虛者實也。"《說文》："易，蜥易，蝘蜓，守宮也，象形。《秘書》說，日月爲易，象陰陽也。一曰從勿。"二者義近。

　　第六種情況是借義與引申義義近，如"質——本"。《說文》："質，以物相贅。"借義爲本質、本體。《論語·衛靈公》："君子義以爲質，禮以行之。"《說文》："本，木下曰本。從木，一在其下。"引申爲根本。《論語·學而》："君子務本，本立而道生。"何晏注："本，基也。"二者義近。

　　第七種情況是借義與本義義近，如"愛——㤅"。《說文》："愛，行貌。從夂㤅聲。"《說文》："㤅，惠也。從心旡聲。"朱珔《說文假借義證》："今惠㤅字皆借愛字爲之而㤅廢，即愛之本義亦廢矣。"愛，本義爲行，借義爲惠。《說文》："㤅，閔也。"二者義近。

　　第八種情況是借義與借義義近，如"暢——充"。《玉篇·申部》："暢，達也，通也。"借義爲滿。《禮記·月令》："（仲冬之月）命之曰暢月。"《說文·儿部》："充，長也，高也。"借義爲滿、實。《左傳·襄公三十一年》："寇盜充斥。"二者義近。

　　可見，有來源的"A猶B也"中A、B之間詞義關係以義近爲主。義近的具體表現比較複雜。在本義、引申義、借義等之間有錯綜複雜的聯繫。

2. 字形結構有關的詞（字）義關係考

字形結構有關主要指同聲符情況。有 2 例，分別為義近和義遠例。義近即"涌—桶"（引申義與本義義近）。義遠指"鎧—塏"。《說文》："鎧，甲也。從金豈聲。"《說文》："塏，高燥也。從土豈聲。"鎧、塏義遠。

三　來源於王念孫自造的"A 猶 B 也"音形義問題

從音、形、義三部分討論無來源的"A 猶 B 也"音義問題。

（一）聲韻關係考

A	聲	韻	B	聲	韻	聲韻關係
遺	匣	微	問	明	諄	準旁紐對轉
助	崇	魚	虞	疑	魚	準旁紐疊韻
契	溪	月	擦	匣	質	準旁紐旁轉
闊	溪	月	括	見	月	旁紐疊韻
鈯	定	物	拙	章	月	準旁紐旁轉
葆	幫	幽	苞	幫	幽	雙聲疊韻
揞	影	侵	揜	影	談	雙聲旁轉
與	匣	魚	當	端	陽	準旁紐對轉
彖	透	元	遯	定	文	旁紐旁轉
拂	滂	術	被	並	歌	旁紐旁對轉
裱	幫	宵	表	幫	宵	雙聲疊韻
岤	匣	魚	扈	匣	魚	雙聲疊韻
枸	見	侯	拘	見	侯	雙聲疊韻
矦	清	侵	寑	清	侵	雙聲疊韻
鍡	清	緝	集	從	緝	旁紐疊韻
鍱	喻	盍	葉	喻	盍	雙聲疊韻
都	端	魚	豬	端	魚	雙聲疊韻
羅	幫	歌	柀	滂	支	旁紐異類相轉
䒿	匣	東	洪	匣	東	雙聲疊韻

　　來源於王念孫自造的共有 19 例，A、B 之間聲韻關係中，雙聲疊韻有 8 例，雙聲旁轉有 1 例，旁紐旁對轉有 1 例，旁紐異類相轉有 1 例，旁紐

旁轉有 1 例，準旁紐對轉有 2 例，準旁紐疊韻有 1 例，旁紐疊韻有 2 例，準旁紐旁轉有 2 例。可見來源於王念孫自造的 A、B 之間聲韻關係以雙聲疊韻爲主，準旁紐旁轉、準旁紐對轉其次。說明王念孫自造“A 猶 B”聲韻關係顯示了雙聲疊韻的特點。

（二）形體關係考

A——B	字形結構有關		字形結構相異	A——B	字形結構有關		字形結構相異
	同聲符	同形符			同聲符	同形符	
助——虞			√	遺——問			√
闊——括	√			契——潔	√		
葆——苞		√		鈯——拙	√		
與——當			√	揞——揜		√	
裱——表	√			象——遯			√
枸——拘	√			拂——被			√
蕶——寢			√	帍——扈	√		
鏶——集	√			鍱——葉	√		
都——豬	√			羅——袚			√
陙——洪	√			——			

“A 猶 B 也”來源於王念孫自造的共有 19 例，據統計，字形結構相異的有 7 例，字形結構有關的有 12 例。在字形結構有關的情況里，同聲符的有 10 例，同形符的有 2 例。由上分析，A、B 之間字形結構多有關係，且以同聲符爲主。說明王念孫在“猶”術語中傾向于利用形體間的相同聲符進行訓釋。

（三）詞（字）義關係考

从形體結構相異和形體有關兩部分展開討論。

1. “A 猶 B 也”字形結構相異部份詞義關係考

A——B	詞（字）義關係
助——虞	助之本義與虞之借義義近。
與——當	與之引申義與當之引申義義近。
遺——問	遺之借音義與問之引申義義近。
象——遯	象、遯同源，共同義素爲跑。

续表

A——B	詞（字）義關係
拂——被	拂之借義與被之借義義近。
㒿——䶕	㒿、䶕同源，共同義素爲耕。
㝱——寢	㝱之本義與寢之引申義義近。

字形結構相異的情況有 7 例，其中義近有 5 例，同源有 2 例。同源 2 例爲：㒿——遘（旁紐旁轉）、㒿——䶕（旁紐旁對轉）。

義近有以下情況：

第一種情況是本義與借義義近，即"助——虞"。《說文》："助，左也。从力且聲。"《說文》："虞，騶虞也。白虎黑文，尾長於身。仁獸，食自死之肉。"借義爲助。《廣雅·釋詁二》："虞，助也。"二者義近。

第二種情況是引申義與引申義義近，即"與——當"。《說文》："與，黨與也。"引申爲敵對。《左傳·襄公二十五年》："一與一，誰能懼我。"《說文》："當，田相值也。"引申爲相當。《玉篇·田部》："當，直也。"二者義近。

第三種情況是本義與引申義義近，即"㝱——寢"。《廣雅·釋器》："㝱謂之瞳。"《說文》："寢，病臥也。"引申爲伏藏。《正字通·宀部》："寢，伏也。"

第四種情況是借義與引申義義近，即"遺——問"。《說文》："遺，亡也。"借義爲贈。《楚辭·九歌·湘君》："采芳洲兮杜若，將以遺兮下女。"王逸注："遺，與也。"《說文》："問，訊也。"引申爲聘問、贈送。《詩·鄭風·女曰雞鳴》："知子之順之，雜佩以問之。"毛傳："問，遺也。"遺、問義近。

2. "A 猶 B 也"字形結構有關的詞（字）義關係考

從同聲符部分和同形符部分討論字形結構有關的詞（字）義問題。

（1）同聲符部分

A——B	聲符	詞（字）義關係
闋——括	953 4	闋与括義相反，當爲反訓。
裱——表	表	裱之《方言》義與表之本義同源，共同義素爲衣。

续表

A——B	聲符	詞（字）義關係
枸——拘	句	枸、拘同源，共同義素爲彎曲。《説文》："句，曲也。"共同聲符有示源作用。
鏶——集	集	鏶、集音近。
都——豬	者	都之引申義與豬之假借字瀦義近。共同聲符"者"義與都、豬義無關。
陙——洪	共	洪之引申義與陙之本義義近。
契——揳	契	契、揳同源，共同義素爲約束。聲符"契"有示源作用。
鈯——拙	出	鈯、拙同源，共同義素爲遲鈍。《説文》："出，進也。"聲符與鈯、拙義無關。
帍——扈	戶	帍之本義與扈之借義義近。《説文》："戶，護也，半門曰戶。"共同聲符和帍之本義與扈之借義義近。
鍱——葉	枼	鍱、葉同源，共同義素爲葉片。《説文》："枼，楄也，枼，薄也，从木世聲。"共同聲符有示源作用。

同聲符有10例。詞（字）義關係有反訓、義近、同源、音近義遠等。其中反訓有1例：闊——括。音近義遠有1例：鏶——集。同源有5例，其中4例共同聲符有示源作用，如：裱——表。裱，《説文》無此字。《方言》卷四："帍裱謂之被巾。"郭璞注："婦人領巾也。"《廣韻·笑韻》："裱，領巾也。"《説文》："表，上衣也。"裱之《方言》義與表之本義同源，共同聲符示源示聲。

有1例沒有示源作用：鈯、拙同源，共同義素爲遲鈍。《説文》："出，進也。"聲符與鈯、拙義無關。

義近有3例，有以下幾種情況：

第一種情況是引申義與某字的假借字義義近，即"都——豬"。《説文》："都，有先君之舊宗廟曰都。从邑者聲。《周禮》距國五百里爲都。"引申爲聚集。《廣雅·釋地》："都，聚也。"《説文》："豬，豕而三毛叢居者。从豕者聲。"朱駿聲《説文通訓定聲·豫部》："豬，字亦作瀦。"《書·禹貢》："大野既豬，東原底平。"孔傳："水所停曰豬。"都之引申義與豬之假借字瀦義近。

第二種情況是本義與引申義義近，即"陙——洪"。《玉篇·阜部》："陙，坑也。"《説文》："洪，洚水也。"引申爲大。《爾雅·釋詁上》："洪，大也。"陙之本義與洪之引申義義近。

第三種情況是本義與借義義近，即"帍——扈"。《玉篇·巾部》：

“帔，婦人巾也。”《說文》：“扈，夏后同姓所封，戰于甘者，在鄠，有扈谷、甘亭。从邑戶聲。”借義爲披帶。《楚辭·離騷》：“扈江離與辟芷兮，紉秋蘭以爲佩。”王逸注：“扈，被也。”帔之本義與扈之借義義近。

（2）同形符部分

A——B	形符	詞（字）義關係
葆——苞	艸	葆之引申義與苞之引申義義近，皆指“本”。共同形符“艸”義與葆、苞有關。
搮——揂	扌	搮、揂《方言》同源，共同義素爲覆蓋，共同義素與共同形符“手”義有關。

同形符有 2 例，其中義近有 1 例，指引申義與引申義義近，即“葆——苞”，《說文》：“葆，艸盛皃。从艸保聲。”引申爲本。王念孫《廣雅疏證》：“葆訓爲本，謂草木叢生本蓊然也。”《說文》：“苞，艸也。南陽以爲麤履。从艸包聲。”引申爲根莖。《詩·商頌·長發》：“苞有三蘖，莫遂莫達。”毛傳：“苞，本，蘖，餘也。”葆、苞義近。

同源有 1 例，《方言》義與《方言》義同源，即“搮——揂”。《方言》卷六：“搮，揂，錯，摩，滅也。荊楚曰搮，吳揚曰揂，周秦曰錯，陳之東鄙曰摩。”《說文》：“自關以東謂取曰揂，一曰覆也，从手弇聲。”搮、揂《方言》義同源，共同義素爲覆蓋。

第二節　“某某猶某某也”研究

本節將從“AA 猶 BB 也”研究、“AB 猶 BA 也”研究、“AB 猶 CD 也”研究、“AB 猶 CB 也”研究、“AB 猶 AC 也”研究、“AB 猶 CA 也”研究六部分展開討論。

一　“AA 猶 BB 也”研究

從“AA 猶 BB 也”正文、聲韻關係、形體關係、詞（字）義關係等方面展開討論。

（一）正文分析

“AA 猶 BB 也”正文：

1. 《爾雅》：“夢夢，亂也。儚儚，惽也。”《莊子·胠篋篇》：“故天

下每每大亂．”李頤注云：“猶昏昏。每每，亦夢夢也．”聲相近，故義相同矣。（1983：23 卷一上釋詁）

 2. 瀏瀏猶飂飂也。（1983：178 卷六上釋詁）

 3. 炤炤猶昭昭也。（1983：178 卷六上釋詁）

 4. 諤諤猶詻詻也。（1983：179 卷六上釋詁）

 5. 矆矆猶杲杲也。（1983：179 卷六上釋詁）

 6. 緜緜猶蔓蔓耳。（1983：179 卷六上釋詁）

 7. 翾翾猶繽繽，羣飛貌也。（1983：180 卷六上釋詁）

 8. 翯翯猶翾翾也。（1983：181 卷六上釋詁）

 9. 驫驫猶儦儦也。（1983：181 卷六上釋詁）

 10. 莫莫猶莽莽也。（1983：184 卷六上釋訓）

 11. 瓜瓞奉奉猶言麻麥幪幪也。（1983：184 卷六上釋訓）

 12. 奕奕猶驛驛也。（1983：185 卷六上釋訓）

 13. 眇眇猶邈邈耳。（1983：186 卷六上釋訓）

 14. 欽欽猶坎坎也。（1983：187 卷六上釋訓）

 15. 轋轋猶闐闐也。（1983：187 卷六上釋訓）

 16. 鈴鈴猶轔轔也。（1983：187 卷六上釋訓）

 “AA 猶 BB 也”主要出現在《廣雅》卷六上《釋訓》中。這一卷主要分析“重言”的訓釋問題。如“顯顯，察察，著也”“洞洞，屬屬，切切，恂恂，闇闇，翼翼，濟濟，畏畏，祗祗，敬也”等。王念孫用“AA 猶 BB 也”疏通兩個“重言詞”間的形音義關係。

 （二）“AA 猶 BB 也”聲韻關係考

A	聲	韻	B	聲	韻	聲韻關係
每	明	之	昏	曉	諄	準旁紐通轉
瀏	來	幽	飂	來	幽	雙聲疊韻
炤	章	宵	昭	章	宵	雙聲疊韻
諤	疑	鐸	詻	疑	鐸	雙聲疊韻
矆	匣	鐸	杲	見	宵	準旁紐旁對轉
緜	明	元	蔓	明	元	雙聲疊韻
翾	滂	真	繽	滂	真	雙聲疊韻
翯	曉	元	翾	曉	元	雙聲疊韻

续表

A	聲	韻	B	聲	韻	聲韻關係
鬺	幫	幽	儦	幫	宵	雙聲旁轉
莫	明	鐸	莽	明	陽	雙聲對轉
奉	幫	東	幪	明	東	旁紐疊韻
奕	匣	鐸	驛	匣	鐸	雙聲疊韻
眇	明	宵	邈	明	藥	雙聲對轉
欽	溪	侵	坎	溪	談	雙聲旁轉
轀	影	文	闐	定	真	準旁紐旁轉
鈴	來	耕	轔	來	真	雙聲通轉

"AA 猶 BB 也"共有 16 例，聲韻關係主要有雙聲疊韻 7 例，準旁紐通轉 1 例，準旁紐旁對轉 1 例，雙聲旁轉 2 例，雙聲對轉 2 例，旁紐疊韻 1 例，準旁紐旁轉 1 例，雙聲通轉 1 例。可見"AA 猶 BB 也"聲韻關係以雙聲疊韻爲主，雙聲旁轉、雙聲對轉其次。

（三）"AA 猶 BB 也"形體關係考

A——B	字形結構有關		字形結構相異	A——B	字形結構有關		字形結構相異
	同聲符	同形符			同聲符	同形符	
每每——昏昏			√	瀏瀏——飀飀			√
炤炤——昭昭	√			謣謣——詻詻		√	
曤曤——杲杲			√	緜緜——蔓蔓			√
翻翻——繽繽	√			翢翢——翿翿		√	
鬺鬺——儦儦			√	莫莫——莽莽		√	
奉奉——幪幪			√	奕奕——驛驛			√
眇眇——邈邈			√	欽欽——坎坎	√		
轀轀——闐闐			√	鈴鈴——轔轔			√

"AA 猶 BB 也"共有 16 例，據考察，字形結構相異的有 10 例，字形結構有關的有 6 例，其中同聲符 3 例，同形符 3 例。可見，以字形結構相異的爲主。

（四）"AA 猶 BB 也"詞（字）義關係考

本節從字形結構相異和字形結構有關兩部分論述。

1. 字形結構相異的詞（字）義關係問題

A——B	詞（字）義關係
每每——昏昏	每之借義與昏之本義義近。
曜曜——杲杲	曜，《說文》無此字。曜之本義與果之引申義義近。
驫驫——儦儦	驫、儦同源，共同義素爲行。
莑莑——幪幪	莑之本義與幪之借義義近。
眇眇——邈邈	眇之引申義與邈之本義義近。
輥輥——閫閫	輥之本義與閫之引申義義近。
瀏瀏——飂飂	瀏、飂音近假借。
緜緜——蔓蔓	緜之本義與蔓之引申義義近。
奕奕——驛驛	奕之引申義與驛之借義義近。
鈴鈴——轔轔	鈴、轔同源，共同義素爲小聲。

　　字形結構相異共有10例，其詞（字）義關係主要以義近爲主，有7例，同源有2例，音近假借有1例。義近有7例，具體特點如下：

　　第一種情況是借義與本義義近，如"每——昏"。《說文》："每，艸盛上出也。"《說文》："昏，日冥也。從日氏聲。氏者，下也。一曰民聲。""每"本義與"昏"義遠，借義迨重疊後與"昏昏"義近。《莊子·胠篋》："故天下每每大亂。"成玄英疏云："每每，昏昏貌也。"陸德明釋文引李云："每每，猶昏昏也。"《廣雅疏證》所訓當來源於此。

　　第二種情況是本義與引申義義近，如"眇——邈"。《說文》："眇，一目小也。從目從少，少亦聲。"《方言》卷十二："眇，小也。"引申爲微眇、眇遠。《說文新附·辵部》："邈，遠也。"眇之引申義與邈之本義義近。

　　第三種情況是引申義與借義義近，即"奕——驛"。《說文》："奕，大也。從大亦聲。《詩》曰：'奕奕梁山。'"引申爲盛大。《文選·謝惠連〈秋懷詩〉》："奕奕河宿爛。"李周翰注："奕奕，長盛貌。"《說文》："驛，置騎也。"借義爲盛。《廣雅》："驛驛，盛也。"奕之引申義與驛之借義義近。

　　同源有2例，即"驫——儦""鈴——轔"。如"驫——儦"，《說文》："驫，衆馬也。從三馬。"王筠《說文句讀》："似挩行字，《字林》：'驫，衆馬行也。'"《廣韻·宵韻》："驫，衆馬走皃。"《說文》："儦，行兒。從人麃聲。"徐鍇《說文繫傳》："儦,行動之兒。"《詩·小雅·吉日》："儦儦俟俟,或羣或友。"毛傳："趨則儦儦,行則俟俟。"陸德明釋文："儦,趨也。《廣雅》云:行也。"麃、儦同源,共同義素爲行。

音近假借有 1 例,即"瀏——飂"。《說文》:"瀏,流清貌。從水劉聲。《詩》曰:'瀏其清矣。'"《楚辭·劉向〈九歎·逢紛〉》:"白露紛以塗塗兮,秋風瀏以蕭蕭。"王逸注:"瀏,風疾貌也。"《說文》:"飂,高風也。"《說文通訓定聲·孚部》:"瀏,假借爲飂。"瀏、飂都是來母幽部,雙聲疊韻,屬音近假借。

2. 字形結構有關的詞(字)義關係問題

本節從同聲符和同形符兩部分展開論述。

(1) 同聲符部分

A——B	同聲符	詞(字)義關係
炤炤——昭昭	召	炤、昭同源,共同義素爲明。《說文》:"召,評也。"共同聲符與共同義素無關。
翻翻——繽繽	賓	翻之本義與繽之借義義近。
欽欽——坎坎	欠	欽之借義與坎之借義義近。

同聲符部分有 3 例,詞義關係中義近有 2 例,同源有 1 例。義近如"翻——繽",翻,《說文》無此字。《玉篇·羽部》:"翻,飛貌。"繽,《說文》無此字。《玉篇》:"繽,繽紛,盛也。"《楚辭·離騷》:"百神翳其備降兮,九疑繽其並迎。"王逸注:"繽,盛也。"借義爲飛貌。《文選·謝靈運〈擬魏太子鄴中集詩〉》:"繽紛戾高鳴。"呂向注:"繽紛,飛貌。"翻之本義與繽之借義義近。

同源有 1 例,即"炤——昭",炤,《說文》無此字。《廣雅》:"炤,明也。"《荀子·天論》:"列星隨旋,日月遞炤。"楊倞注:"炤與照同。"《集韻》"炤,光也。"《說文》:"昭,日明也。從日召聲。"《爾雅·釋詁下》:"昭,光也。"《詩·大雅·既醉》:"君子萬年,介爾昭明。"鄭玄箋:"昭,光也。"炤、昭同源,共同義素爲明。《說文》:"召,評也。"共同聲符與共同義素無關。

（2）同形符部分

A——B	同形符	詞（字）義關係
諤諤——詻詻	言	諤、詻同源，共同義素爲直言。共同形符與共同義素有關。
翎翎——翲翲	羽	翎、翲同源，共同義素爲飛。共同形符與共同義素有關。
莫莫——莽莽	艸	莫、莽同源，共同義素爲茂盛。共同形符與共同義素有關。

同形符有 3 例，詞（字）義關係全部是同源：諤——詻、翎——翲、莫——莽。且共同形符與共同義素都有關係。如"諤——詻"，諤，《說文》無此字。《玉篇·言部》："諤，正直之言。"《廣雅》："諤諤，語也。"《集韻·鐸韻》："諤，諤諤，直言。"《文選·韋賢〈諷諫〉》："瞻瞻詻夫，諤諤黃髮。"李善注："諤諤，正直貌。"詻，古音在鐸部。《說文》："詻，論訟也。傳曰：'詻詻孔子容。'從言各聲。"《六書故·人事四》："詻，辭厲也。"《玉篇·言部》："詻，教令嚴也。"《廣雅》："詻詻，語也。"諤、詻同源，共同義素爲直言。共同形符與共同義素有關。

二　"AB 猶 BA 也"研究

"AB 猶 BA 也"有 1 例，即"髻鬜猶鬜髻，疊韻之轉"。（1983：47卷二上釋詁）

髻鬜，鬜髻屬於聯綿詞。聲韻關係上看，髻、鬜，溪、疑旁紐，月、質旁轉。王念孫認爲"疊韻之轉"，王念孫祭月合併，質屬至部，至祭旁轉。髻、鬜，《說文》無此字。《玉篇·髟部》："髻，髻鬜，禿也。"《集韻·葦韻》："髻，或作鬜。"《玉篇·鐥韻》："鬜，禿也。"髻、鬜同源，共同義素爲禿。《說文》："髟，長髮猋猋也。"共同義素與共同形符有關。髻、鬜可以互訓，說明這兩個聯綿詞是同義復合造成的。

三　"AB 猶 CD 也"研究

本節從"AB 猶 CD"正文及來源、音、形、義等關係展開論述。

（一）"AB 猶 CD 也"正文及來源考

1. 《九歎》王逸注云："靡散猶消滅也。"竝與麋斃同。（1983：20卷一上釋詁）

2. 《方言疏證》云："蔓而猶隱然。"而、如、若、然一聲之轉也。

（1983：63 卷二下釋詁）

3. 饘糜猶䌈綣也。（1983：73 卷三上釋詁）

4. 彷徉猶放蕩耳。（1983：78 卷三上釋詁）

5.《勸學篇》：“南方有鳥焉，名曰蒙鳩。”楊倞注云：“蒙鳩，鷦鷯也。”蒙亦䒷之轉。蒙鳩猶言䒷雀。（1983：122 卷四下釋詁）

6. 混庉猶渾沌耳。（1983：187 卷六上釋訓）

7.《齊風·載驅》傳云：“翱翔，猶彷徉也。”翔與徉古亦雙聲，故《釋名》云：“翔，佯也，言仿佯也。”游戲放蕩謂之仿佯，地勢潢蕩亦謂之仿佯。（1983：191 卷六上釋訓）

8.《楚辭·招魂》云：“西方仿佯無所倚。”廣大無所極。是也。《楚辭·遠遊》：“步徙倚而遙思兮。”《哀時命》注云：“徙倚，猶低佪也。”逍遙、儴佯、徙倚，聲之轉。儴佯、仿佯，聲相近。上言逍遙、儴佯，此言仿佯、徙倚，一也。故《離騷》云：“聊逍遙以相羊。”《遠遊》云：“聊仿佯而逍遙。”《哀時命》云：“獨徙倚而仿佯。”（1983：191 卷六上釋訓）

9. 俳佪，便旋也。此疊韻之變轉也。俳佪之正轉爲盤桓，變之則爲便旋。薛綜注《西京賦》云：”盤桓，便旋也。”便旋猶盤桓耳。（1983：191 卷六上釋訓）

10. 幓纚猶參差耳。（1983：193 卷六上釋訓）

11. 無慮之轉爲孟浪。《莊子·齊物論篇》：“夫子以爲孟浪之言，而我以爲妙道之行也。”李頤注云：“孟浪，猶較略也。”崔譔云：“不精要之貌。”（1983：198 卷六上釋訓）

12. 輂轞猶速獨，足直前之名也。（1983：235 卷七下釋器）

13. 隆屈猶僂句也。（1983：242 卷七下釋器）

14. 蛞蝓之言詰屈也。皆象其狀。孑孒猶蛞蝓耳。（1983：363 卷十下釋蟲）

“AB 猶 CD 也”共 14 例，其來源可分爲兩種，一是來源於文獻的，一是王念孫自造的。來源於文獻的有 6 例，其中直接來源有 5 例：

《九歎》王逸注云：“靡散猶消滅也。”

《方言疏證》云：“蔓而猶隱然。”

《齊風·載驅》傳云：“翱翔，猶彷徉也。”

《哀時命》注云：“徙倚，猶低佪也。”

《莊子·齊物論篇》:"夫子以爲孟浪之言,而我以爲妙道之行也。"李頤注云:"孟浪,猶較略也。"

間接來源有1例:

薛綜注《西京賦》云:"盤桓,便旋也。"便旋猶盤桓耳。

考察這些文獻層次,可以發現,來源於秦漢魏晉的有5例,來源於與王念孫同時代的有1例,即其師戴震的《方言疏證》。王念孫在引用文獻時比較謹慎,主要以先秦兩漢魏晉文獻爲主,偶爾引用同時代的文獻。

(二)"AB 猶 CD 也"聲韻關係考

由於 AB 和 CD 多爲聯綿詞,在討論其聲韻關係時採取 A-B、C-D、A-C、B-D 四種對應的情況,即聯綿詞的兩個字間的聲韻關係和聯綿詞間第一字與第一字、第二字與第二字的聲韻關係。

1. "AB 猶 CD 也"來源於文獻的聲韻關係

A	聲	韻	B	聲	韻	C	聲	韻	D	聲	韻	A-B	A-C	C-D	B-D
蔓	影	微	而	日	之	隱	影	諄	然	日	元	準旁紐通轉	雙聲對轉	準旁紐通轉	雙聲異類相轉
翱	疑	幽	翔	邪	陽	彷	並	陽	徉	匣	陽	準旁紐旁對轉	準旁紐旁對轉	準旁紐疊韻	準旁紐疊韻
徙	心	支	倚	影	歌	低	端	脂	徊	匣	微	準旁紐異類相轉	準旁紐通轉	準旁紐旁轉	準旁紐旁轉
孟	明	陽	浪	來	陽	較	見	藥	略	來	鐸	準旁紐疊韻	準旁紐對轉	準旁紐旁轉	雙聲對轉
便	並	元	旋	邪	元	盤	並	元	桓	匣	元	準旁紐疊韻	雙聲疊韻	準旁紐疊韻	準旁紐疊韻
靡	明	歌	散	心	元	消	心	宵	滅	明	月	準旁紐對轉	準旁紐異類相轉	準旁紐旁對轉	準旁紐對轉

來源於文獻的有6例,A-B 之間聲韻關係有準旁紐疊韻2例、準旁紐旁對轉2例等,C-D 之間聲韻關係是準旁紐疊韻2例、準旁紐旁轉2例等,A-C 之間聲韻關係有準旁紐旁對轉3例等,B-D 之間聲韻關係有準旁紐疊韻2例等。A-B 和 C-D 之間以準旁紐疊韻爲主。說明這些聯綿詞內部之間聲韻關係較密切,外部之間的聲韻也有一定音轉關係。

2. "AB 猶 CD 也"來源於王念孫自造的聲韻關係

A	聲	韻	B	聲	韻	C	聲	韻	D	聲	韻	A-B	A-C	C-D	B-D
㻇	溪	元	㻇	溪	元	繾	溪	元	綣	溪	元	雙聲疊韻	雙聲疊韻	雙聲疊韻	雙聲疊韻

A	聲	韻	B	聲	韻	C	聲	韻	D	聲	韻	A－B	A－C	C－D	B－D
彷	並	陽	徉	匣	陽	放	幫	陽	蕩	定	陽	準旁紐疊韻	旁紐疊韻	準旁紐疊韻	準旁紐疊韻
蒙	明	東	鳩	見	幽	蔑	明	月	雀	精	藥	準旁紐旁對轉	雙聲異類轉	準旁紐異類轉	準雙聲旁對轉
混	匣	諄	庉	定	諄	渾	匣	諄	沌	定	諄	準旁紐疊韻	雙聲疊韻	準旁紐疊韻	雙聲疊韻
摻	生	侵	儷	生	支	參	生	侵	差	初	歌	雙聲異類相轉	雙聲疊韻	旁紐異類相轉	旁紐異類相轉
鞣	心	鐸	醳	定	鐸	速	心	屋	獨	定	屋	準旁紐疊韻	雙聲旁轉	準旁紐疊韻	雙聲旁轉
隆	來	冬	屈	溪	物	僂	來	侯	句	見	侯	準旁紐異類轉	雙聲旁對轉	準旁紐疊韻	旁紐異類相轉
孑	見	月	孓	見	月	蛣	溪	質	蟩	見	月	雙聲疊韻	旁紐旁轉	旁紐旁轉	雙聲疊韻

　　來源於王念孫自造的有8例，A－B之間聲韻關係有準旁紐疊韻3例、雙聲疊韻2例等，C－D之間聲韻關係有準旁紐疊韻4例等，A－C之間聲韻關係有雙聲疊韻3例等，B－D之間聲韻關係有雙聲疊韻3例、旁紐異類相轉2例等。可見A－B和C－D之間以準旁紐疊韻爲主，這和有來源的情況相同。A－C和B－D之間以雙聲疊韻爲主，與"有來源"的情況不同。說明王念孫在系聯聯綿詞時傾向於從聯綿詞間的雙聲疊韻角度入手，反映了王念孫對聯綿詞詞際關係有一定認識。

　　（三）"AB猶CD也"形體關係考

　　對於"AB猶CD"的形體關係考察，也採取A－B、A－C、B－D、C－D四種對應的形式，以便發現這些詞之間的形體關係。

　　1. "AB猶CD也"來源於文獻的形體關係考

AB	CD	A－B	A－C	C－D	B－D
蔓而	隱然	相異	相異	相異	相異
翱翔	彷徉	同形符	相異	同形符	相異
徙倚	低佪	相異	相異	同形符	同形符
孟浪	較略	相異	相異	相異	相異
便旋	盤桓	相異	相異	相異	相異
靡散	消滅	相異	相異	同形符	相異

　　經考察，來源於文獻的 A－B、A－C、C－D、B－D 之間都以字形相異爲主，有 19 例，同形符的情況有 5 例，沒有同聲符的情況。

　　2. "AB 猶 CD 也" 來源於王念孫自造的形體關係考

AB	CD	A—B	A—C	C—D	B—D
鑢粩	繾綣	相異	同聲符	同形符	同聲符
彷徉	放蕩	同形符	同聲符	相異	相異
蒙鳩	葭雀	相異	同形符	相異	相異
混庉	渾沌	相異	同形符	同形符	同聲符
摻襹	參差	同形符	同聲符	相異	相異
糝釋	速獨	同形符	相異	相異	相異
隆屈	僂句	相異	相異	相異	相異
孑孑	蛣蟩	同形符	相異	同形符	相異

　　經考察，來源於王念孫自造的 "AB 猶 CD" 中，A－B、A－C、C－D、B－D 之間形體關係也是以字形相異爲主，有 18 例，但同聲符或同形符的量在各組中與來源於文獻的相比，有所增加，同聲符有 5 例，同形符有 9 例。

　　（四）"AB 猶 CD 也" 詞（字）義關係考

　　對於 "AB 猶 CD" 的詞（字）義關係考察，也採取 A－B、A－C、B－D、C－D 四種對應的形式，以便發現這些詞之間的詞（字）義關係。

　　1. "AB 猶 CD 也" 來源於文獻部分的詞（字）義關係考

A B	C D	A—B	A—C	C—D	B—D	AB—CD
蔓而	隱然	詞義無關	蔓、隱同源，共同義素爲隱蔽	詞義無關	借義與借義義近	義近
翺翔	彷徉	翺之本義與翔之引申義義近	詞義無關	聯綿詞，詞義無關	詞義無關	義近
徙倚	低個	聯綿詞，詞義無關	詞義無關	詞義無關	詞義無關	義近
孟浪	較略	聯綿詞，詞義無關	詞義無關	較之借義與略之借義義近	詞義無關	義近

续表

AB	CD	A——B	A—C	C—D	B—D	AB－CD
便旋	盤桓	聯綿詞，詞義無關	詞義無關	聯綿詞，詞義無關	詞義無關	義近
靡散	消滅	靡之借義與散之引申義義近	靡之借義與消之本義義近	消、滅同源，共同義素爲盡	散之引申義與滅之本義義近	義近

來源於文獻部分的 AB、CD 主要是聯綿詞關係，詞（字）義相近，A－C 之間、B－D 之間詞（字）義多無關，只有雙聲疊韻或聲轉韻轉的關係。

2. "AB 猶 CD 也" 來源於王念孫自造部分的詞（字）義關係

A——B	C—D	A——B	A—C	C—D	B—D	AB－CD
饡䊬	繾綣	借義與借義義近	詞義無關	聯綿詞，詞義無關	詞義無關	義近
彷徉	放蕩	聯綿詞，詞義無關	詞義無關	引申義與借義義近	詞義無關	義近
蒙鳩	蔑雀	詞義無關	借義與借義義近	詞義無關	同源	義近
混庉	渾沌	聯綿詞，詞義無關	義近假借	聯綿詞，詞義無關	詞義無關	義近
襂纚	參差	聯綿詞，詞義無關	詞義無關	聯綿詞，詞義無關	詞義無關	義近
鞣䪏	速獨	聯綿詞，詞義無關	詞義無關	聯綿詞，詞義無關	詞義無關	義近
隆屈	僂句	聯綿詞，詞義無關	詞義無關	聯綿詞，詞義無關	詞義無關	義近
孑孓	蛞蠪	同源	詞義無關	聯綿詞，詞義無關	詞義無關	義近

來源於王念孫自造的部分中，A－B、C－D 也主要是聯綿詞，A－C 之間、B－D 之間詞（字）義多無關。AB 和 CD 之間（字）義相近，聲音相關。

四 "AB 猶 CB 也" 研究

本節從 "AB 猶 CB 也" 正文、音、形、義等方面展開論述。

（一）"AB 猶 CB 也" 正文考

"AB 猶 CB 也" 正文如下：

1. 搖捎猶掉捎也，一作搖消。（1983：37 卷一下釋詁）

2. 《莊子·逍遙遊篇》："瓠落無所容。"梁簡文帝注云："瓠落，猶廓落也。"瓠、竵聲相近，是竵爲橫大致寬也。（1983：90 卷三下釋詁）

3. 流離猶陸離耳。（1983：193 卷六上釋訓）

4. 林離猶陸離。（1983：193 卷六上釋訓）

5. 展極猶伸極也。（1983：195 卷六上釋訓）

6. 嬥榷猶揚搉也。（1983：197 卷六上釋訓）

7. 諸凡猶都凡耳。（1983：197 卷六上釋訓）

8. 《淮南子·俶真訓》："百圍之木，斬而爲犧尊，鏤之以剞劂，雜之以青黃，華藻鎛鮮，龍蛇虎豹，曲成文章。"高誘注云："犧尊，猶疏鏤之尊。"犧古讀若娑，娑與疏聲相近。　（1983：225 卷七下釋器）

9. 《方言》之服鵰猶鶂鵰也，轉之則爲鵰鴟，其變轉則爲鵝鴟也。《廣雅》此條悉本《方言》。（1983：377 卷十下釋鳥）

《廣雅疏證》"AB 猶 CB 也"共有 9 例，其中有 2 例來自文獻，有 7 例是王念孫自造的。這 2 例是：

《莊子·逍遙遊篇》："瓠落無所容。"梁簡文帝注云："瓠落，猶廓落也。"

《淮南子·俶真訓》："百圍之木，斬而爲犧尊，鏤之以剞劂，雜之以青黃，華藻鎛鮮，龍蛇虎豹，曲成文章。"高誘注云："犧尊，猶疏鏤之尊。"

（二）"AB 猶 CB 也"聲韻關係考

本節從來源於文獻和王念孫自造的兩部分展開論述。

1. "AB 猶 CB 也"來源文獻的聲韻關係

A	聲	韻	C	聲	韻	聲韻關係
瓠	匣	魚	廓	溪	鐸	準旁紐對轉
犧	心	歌	疏	生	魚	準旁紐通轉

來源於文獻的兩例聲韻關係中，聲的關係不大，韻的關係較大，一是準旁紐對轉，一是準旁紐通轉。

2. "AB 猶 CB 也" 來源王念孫自造的聲韻關係

A	聲	韻	C	聲	韻	聲韻關係
搖	匣	宵	掉	定	宵	準旁紐疊韻
陸	來	覺	流	來	幽	雙聲對轉
陸	來	覺	林	來	侵	雙聲異類相轉
展	端	元	伸	書	真	準旁紐旁轉
嫴	見	魚	揚	匣	陽	準旁紐對轉
諸	章	魚	都	端	魚	準旁紐疊韻
服	並	職	鶝	並	藥	雙聲旁轉

來源於王念孫自造的聲韻關係中，準旁紐疊韻有 2 例，雙聲對轉有 1 例，雙聲旁轉有 1 例，雙聲異類相轉有 1 例，準旁紐旁轉和準旁紐對轉各有 1 例。這顯示了王念孫自造的"AB 猶 CB"聲韻關係上以準旁紐疊韻爲主要特點。

（三）"AB 猶 CB 也" 形體關係考

1. "AB 猶 CB 也" 來源於文獻部分的形體關係

來源於文獻部分的形體關係有同聲符的，即"瓠——窊"；有字形結構相異的，即"檨——疏"。

2. "AB 猶 CB 也" 來源於王念孫自造的形體關係

A——C	字形結構有關		字形結構相異	A——C	字形結構有關		字形結構相異
	同聲符	同形符			同聲符	同形符	
搖——掉		√		陸——流			√
陸——林			√	展——伸			√
嫴——揚			√	諸——都	√		
服——鶝			√	——			

來源於王念孫自造的形體關係中，有 5 例是字形結構相異的，有 1 例同聲符的，有 1 例同形符的。可見形體關係以字形結構相異爲主。結合聲韻關係看，王念孫自造的"AB 猶 CB"中，顯示了"就古音以求古義，引申觸類，不限形體"的音義特點。

（四）"AB 猶 CB 也" 詞（字）義關係考

1. "AB 猶 CB 也" 來源於文獻部分的詞（字）義關係

"AB 猶 CB 也" 主要考察 A、C 之間的詞（字）義關係。

瓠落——廓落（1983：90 卷三下釋詁）

瓠、廓義遠，聲韻上屬對轉關係。

犧尊——疏鏤之尊（1983：225 卷七下釋器）

《說文·牛部》："犧，宗廟之牲也。"由宗廟之牲引申爲爲尊名。《詩·魯頌·閟宮》："犧尊將將。"毛傳："犧尊，有沙飾也。"陸德明釋文："犧，尊名也。"《說文》："疏，通也。"引申爲刻穿。《管子·問》："大夫疏器：甲兵，兵車，旌旗，鼓鐃，帷幕，帥車之載幾何乘?"尹知章注："疏謂飾畫也。"犧之引申義與疏之引申義義近。"疏鏤"狀"犧"之形狀。

2. "AB 猶 CB 也" 來源於王念孫自造的詞（字）義關係

AB——CB	詞（字）義關係
搖捎——掉捎	搖、掉同源，共同義素爲動。
流離——陸離	流、陸義遠。《廣雅疏證》："陸與流古雙聲。"陸、流皆來母。音近假借。
林離——陸離	林、陸義遠。《廣雅疏證》："陸與林古聲亦相近。"陸、林皆來母。音近假借
展極——伸極	伸、展同源，共同義素爲舒。
嫷㩅——揚㩅	揚與嫷義遠。嫷㩅、揚㩅當爲聯綿詞。
諸凡——都凡	諸、都義遠，疊韻，諸凡、都凡，當爲聯綿詞。
服鶌——鶪鶌	服、鶪義遠，二者爲雙聲旁轉關係。

來源於王念孫自造的"AB 猶 CB 也"詞（字）義關係中，同源有 2 例：搖——掉、展——伸。義遠有 5 例。義遠的 5 例中，A、C 之間一般屬於音近關係，AB 和 CB 多是聯綿詞。

五　"AB 猶 AC 也" 研究

本節從"AB 猶 AC 也"正文及聲韻關係、形義關係等方面展開論述。

（一）"AB 猶 AC 也" 正文及聲韻關係考

正文	A	聲	韻	B	聲	韻	聲韻關係
《方言》注云："鬱悠猶鬱陶也。"凡經傳言鬱陶者皆當讀如皋陶之陶。鬱陶、鬱悠古雙聲。（1983：64 卷二下釋詁）	陶	匣	宵	悠	匣	幽	雙聲旁轉

正文	A	聲	韻	B	聲	韻	聲韻關係
恍、忘聲相近。忽恍猶忽忘耳。 (1983：72 卷二下釋詁)	恍	曉	陽	忘	明	陽	準旁紐疊韻
諸妄猶諸凡。（1983：197 卷六上釋訓）	妄	明	陽	凡	並	談	旁紐通轉
覆慮猶言覆露。（1983：206 卷七上釋宮）	露	來	鐸	慮	來	魚	雙聲對轉
庲、陬聲相近，山庲猶山陬耳。 (1983：300 卷九下釋山)	庲	生	幽	陬	精	侯	準旁紐旁轉

　　《廣雅疏證》"AB 猶 AC 也"共有 5 例，其中有 1 例來源於《方言》郭璞注，其他的都是王念孫自造的。這 5 例聲韻關係較多樣，聲轉關係上有雙聲 2 例，旁紐 1 例，韻轉關係上有旁轉 2 例，對轉 1 例，通轉 1 例，疊韻 1 例。

　　（二）"AB 猶 AC 也"形體及詞（字）義關係考

AB——AC	形義關係
鬱悠——鬱陶	悠之本義與陶之借義義近。
忽恍——忽忘	恍、忘同源，共同義素爲忘。
諸妄——諸凡	妄、凡本義遠，其他義也無關，妄、凡旁紐通轉，僅爲聲轉關係。
覆慮——覆露	露、慮本義遠，其他義也無關，慮、露雙聲對轉，當爲聲轉關係。
山庲——山陬	庲、陬同源，共同義素爲隱匿處。

　　"AB 猶 AC 也" 5 例中，B－C 之間以字形結構相異爲主，有 4 對，字形結構有關有 1 對，即同聲符 1 對。詞（字）義關係比較複雜，義近有 1 例，同源有 2 例，義遠有 2 例。

　　義近指本義和借義義近，即鬱悠——鬱陶。《說文》："悠，憂也。从心攸聲。"《爾雅·釋詁下》："悠，思也。"《廣韻·尤韻》："悠，思也，憂也。"《說文》："陶，再成丘也。"由本義"再成丘"借義爲"鬱陶"。《禮記·檀弓下》："人喜則斯陶。"鄭玄注："陶，鬱陶也。"孔穎達疏："鬱陶者，心初悅而未暢之意也。"朱駿聲《說文通訓定聲》："鬱陶，可訓喜，可訓思，可訓憂。"悠之本義與陶之借義義近。

　　同源 2 例：恍——忘、庲——陬。如"庲——陬"，庲，《說文》無此字。《廣雅·釋言》："庲，匿也。"《廣雅·釋詁四》："庲，隱也。"

《楚辭·九歎·憂苦》："步从容於山廄。"王逸注："廄，隈也。"《說文》："隈，水曲隩也。"《管子·形勢》："大山之隈，奚有於深。"尹知章注："隈，山曲也。"《說文》："陬，阪隅也。"《說文》："阪，坡者曰阪，一曰澤障，一曰山脅也。"《文選·束晳〈補亡詩·白華〉》："白華絳趺，在陵之陬。"李善注："陬，山足也。"廄、陬同源，共同義素爲隱匿處。

義遠 2 例：妄——凡、露——慮。如"露——慮"，《說文》："慮，謀思也。"《說文》："露，潤澤也。"露、慮本義遠，其他義也無關，慮、露雙聲對轉，當爲聲轉關係。

六　"AB 猶 CA 也" 研究

"AB 猶 CA 也" 有 1 例，即"彊曲猶屈彊也。（1983：251 卷八上釋器）"，其中 B、C 之間字形結構相異。聲韻關係上，曲，溪母屋部，屈，溪母物部，曲、屈雙聲異類相轉。詞義關係上曲之本義與屈之引申義義近。《說文》："曲，象器曲受物之形。或說，曲蠶薄也。"《玉篇·曲部》："曲，不直也。"《說文》："屈，無尾也。"《說文解字注》："引申爲凡短之稱。"《淮南子·詮言訓》："聖人無屈奇之服。"高誘注："屈，短也。"無尾引申爲短，曲則短。《說文》："彊，弓有力也。"彊曲、屈彊即毛髮堅硬而彎曲。彊曲、屈彊爲合成詞。

第三節　"某猶某某也" 研究

《廣雅疏證》"某猶某某也" 研究將從"A 猶 AA 也" 研究、"A 猶 BB 也" 研究、"A 猶 BC 也" 研究三部分展開。

一　"A 猶 AA 也" 研究

"A 猶 AA 也" 共有 2 例：

1. 鬱猶鬱鬱也。（1983：64 卷二下釋詁）
2. 悠猶悠悠也。（1983：64 卷二下釋詁）

這兩例都是王念孫自造的訓釋。A 與 AA 的詞義關係上主要是義近。其中，鬱之引申義與鬱鬱義近，悠之本義與悠悠義近。

對於"鬱——鬱鬱"，《說文》："鬱，木叢生者。"引申爲茂盛、愁思。《廣雅》:"鬱,思也。"《文選·顏延之〈直東宮答鄭尚書〉》:"寢興鬱無已。"李周翰注:"鬱,思也。""鬱鬱" 重疊指茂盛、鬱結。《文選·古詩十九首》:"鬱鬱園中柳。"李善注:"鬱鬱,茂盛也。"《資治通鑑·陳紀六》:"意甚鬱鬱。"胡三省注:"鬱鬱者,受抑而氣不得舒也。"鬱之引申義與鬱鬱義近。

對於"悠——悠悠",《說文》:"悠,憂也。"《爾雅·釋詁下》:"悠,思也。"《玉篇·心部》:"悠,思悠悠皃。"文獻多有"悠悠"重疊用例。《詩·小雅·十月之交》:"悠悠我里。"毛傳:"悠悠,憂也。"《楚辭·七諫·初放》:"悠悠蒼天兮。"王逸注:"悠悠,憂貌。"悠之本義與悠悠義近。

二 "A 猶 BB 也" 研究

正文	A	聲	韻	B	聲	韻	聲韻關係
《白虎通義》云:"謂之舜者何?舜猶僢也,言能推信堯道而行之。"《風俗通義》云:"舜者,推也,循也,言其推行道德,循堯緒也。"(1983:91 卷三上釋詁)	舜	書	文	僢	昌	文	旁紐疊韻
員讀若云,《說文》:"員,物數也。《春秋》楚伍員,字子胥。"《爾雅》:"僉、咸、胥,皆也。"是眾之義也。《說文》:"紜,物數紛紜亂也。"《孫子·兵勢篇》云:"紛紛紜紜。"《釋名》云:"雲猶云云眾盛意也。"(1983:99 卷三下釋詁)	雲	匣	文	云	匣	文	雙聲疊韻

《廣雅疏證》"A 猶 BB 也"共有 2 例,都來源於文獻,1 例來源《白虎通義》,1 例來源於《釋名》。

聲韻關係上,舜——僢,旁紐疊韻,雲——云,雙聲疊韻。屬於聲訓。

形體關係上,A、B 之間皆有同聲符關係。舜爲僢聲符,云爲雲聲符。

詞義關係上,有 1 例義遠,有 1 例義近。

對於"舜——僢",《說文》:"舜,艸也。楚謂之葍,秦謂之藑。蔓地連華。象形。"《說文解字注》:"叜,象葉蔓華連之形也。"舜,本義爲艸,其葉蔓華連,引申爲推循。《廣雅》:"舜,推也。"《白虎通義》云:

“謂之舜者何？舜猶僢僢也，言能推信堯道而行之。”僢，《說文》無此字。《玉篇·人部》：“僢，相背也。”《說文·舛部》：“舛，對臥也。”《說文解字注》：“舛，其字亦作僢。”僢，有相背義，沒有推循義，與舜之引申義義遠，僢之重疊“僢僢”文獻不多見，舜與僢僢義遠。

對於“雲——云”，《說文》：“雲，山川气也。从雨，云象雲回轉形。云，古文省雨。”“雲”有“多”義，賈誼《過秦論》：“天下雲集而響應。”“云云”有“多”義。《莊子·在宥》：“萬物云云，各復其根。”成玄英疏：“云云，眾多也。”“云”爲“雲”的古文。云、雲同源，共同義素爲山川气。“雲”“云云”都有眾多義，義近。

三　“A 猶 BC 也”研究

本節從“A 猶 BC 也”正文、聲韻、形體、詞（字）義等方面展開討論。

（一）“A 猶 BC 也”正文

1. 虞者，《大雅·雲漢》五章云：“羣公先正，則不我聞。”六章云：“昊天上帝，則不我虞。”聞猶恤問也。虞猶撫有也。則不我虞，猶言亦莫我有也。則不我聞，猶言亦莫我聞也。其三章云：“昊天上帝，則不我遺。”四章云：“羣公先正，則不我助。”遺猶問也。助猶虞也。故《廣雅》又云：“虞，助也。”（1983：6 卷一上釋詁）

2. 虞者，《大雅·雲漢》五章云：“羣公先正，則不我聞。”六章云：“昊天上帝，則不我虞。”聞猶恤問也。虞猶撫有也。則不我虞，猶言亦莫我有也。則不我聞，猶言亦莫我聞也。其三章云：“昊天上帝，則不我遺。”四章云：“羣公先正，則不我助。”遺猶問也。助猶虞也。故《廣雅》又云：“虞，助也。”（1983：6 卷一上釋詁）

3. 題猶區匬也。（1983：217 卷七上釋宮）

4. 《考工記·輪人注》云：“捎，除也。”聲轉爲筊。筊猶洗刷也。（1983：222 卷七下釋器）

5. 桼猶圈束也。（1983：243 卷七下釋器）

《廣雅疏證》“A 猶 BC 也”共有 5 例，都來自王念孫自造的。分布於卷一《釋詁》和卷七《釋器》兩部分中。

（二）"A 猶 BC 也"聲韻關係考

A	聲	韻	B	聲	韻	C	聲	韻	A–B	A–C	B–C
聞	明	文	恤	心	質	問	明	文	準旁紐旁對轉	雙聲疊韻	準旁紐旁對轉
虞	疑	魚	撫	滂	魚	有	匣	之	準旁紐疊韻	準旁紐旁轉	準旁紐旁轉
題	定	脂	匾	幫	文	匡	透	脂	準旁紐旁對轉	旁紐疊韻	準旁紐旁對轉
筅	心	文	洗	心	文	刷	生	月	雙聲疊韻	準雙聲旁對轉	準雙聲旁對轉
桊	見	元	圈	羣	元	束	書	屋	旁紐疊韻	準旁紐異類相轉	準旁紐異類相轉

在聲韻關係上，A–B 在韻類上有 3 例疊韻，2 例旁對轉，聲類上有 1 例雙聲，1 例旁紐；A–C 在韻類上有 2 例疊韻，1 例旁對轉，1 例旁轉，1 例異類相轉，聲類上有 1 例旁紐，1 例準雙聲；B–C 在韻類上有 3 例旁對轉，1 例旁轉，1 例異類相轉，聲類上有 1 例準雙聲。A–B、A–C 主要是疊韻，B–C 主要是旁對轉。說明"A 猶 BC 也"更多顯示了韻類上的緊密聯繫。

（三）"A 猶 BC 也"形體關係考

A	B	C	A–B	A–C	B–C
聞	恤	問	形體相異	同聲符	形體相異
虞	撫	有	形體相異	形體相異	形體相異
題	匾	匡	形體相異	形體相異	同形符
筅	洗	刷	同聲符	形體相異	形體相異
桊	圈	束	形體相異	形體相異	同形符

說明：筅，《說文》無此字。筅，《廣韻》蘇典切，心母銑韻，古音在諄部，先，《廣韻》蘇前切，心母先韻，古音在諄部，據此推測，"先"當爲筅聲符，洗、筅共同聲符爲"先"。圈，《說文》從口卷聲，束，《說文》從口木，圈、束有共同形符"口"。

"A 猶 BC 也"字形結構從 A—B 之間、A—C 之間、B—C 之間展開討論，共有 15 對，其中字形結構相異的有 11 對，字形結構有關的有 4 對。其中，同聲符有 2 對，同形符有 2 對。可見，"A 猶 BC 也"以字形相異爲主。

(四) "A 猶 BC 也" 詞 (字) 義關係考

A	B	C	A－B詞 （字）義關係	A－C詞 （字）義關係	B－C詞 （字）義關係
聞	恤	問	恤、聞義遠	問、聞義近假借	恤之引申義與問之本義義近
虞	撫	有	虞之借義與撫之借義義近	虞之借義與有之引申義義近	撫之借義與有之引申義義近
題	區	匲	題與區義遠	題與匲義遠	聯綿詞，二者之間義無關
笓	洗	刷	笓之本義與洗之引申義義近	笓之本義與刷之引申義義近	洗之引申義與刷之引申義義近
桊	圈	束	桊、圈義近假借	桊之本義與束之引申義義近	圈之本義與束之引申義義近

　　據考察，"A 猶 BC 也" 詞 (字) 義關係以義近爲主。爲探討 "猶" 所聯繫前後詞語的詞 (字) 義關係，首先討論 A－B、A－C 之間的義近情況，具體如下：

　　第一種情況是引申義與本義義近，如 "笓——洗"。《玉篇·竹部》："笓，笓帚。"《說文》："洗，洒足也。从水先聲。" 引申爲一般的洗。《集韻·銑韻》："洗，潔也。"

　　第二種情況是借義與借義義近，即 "虞——撫"。《說文》："虞，騶虞也。白虎黑文，尾長於身。仁獸，食自死之肉。"《說文解字注》："此字假借而本義隱矣。" 借義爲有。《廣雅》："虞，有也。"《說文》："撫，安也。" 借義爲有。《廣雅·釋詁一》："撫，有也。" 虞之借義與撫之借義義近。

　　第三種情況是借義與引申義義近，如 "虞——有"。"虞" 字訓釋見上條。《說文》："有，不宜有也。" 引申爲相親有。《詩·小雅·四月》："盡瘁以仕，寧莫我有。" 陳奐傳疏："有，相親有也。" 虞之借義與有之引申義義近。

　　第四種情況是義近假借，如 "桊——圈"，《說文·木部》："桊，牛鼻中環也。" 王筠《說文句讀》："《埤倉》：'桊，牛拘也。' 玄應曰：'今江以北皆呼爲拘，以南皆曰桊。' 言環者，以柔木貫牛鼻，而後曲之如環也。亦有用大頭直木者。"《廣雅》："桊，拘也。"《玉篇·木部》："桊，牛拘。" 又 "牛鼻環也。" 朱駿聲《說文通訓定聲》："桊，假借爲圈。"《說文》："圈，養畜之閑也。从囗卷聲。"《說文解字注》："閑，闌也。

《牛部》曰：'牢，閑也，養牛馬圈也。'是牢與圈得通稱也。"《玉篇·口部》："圈，牢也。"粦、圈義近假借。

B-C之間的詞（字）義關係也主要是義近爲主。有的是聯綿詞，作爲一個整體，解釋"猶"之前的詞語，如"匬匭"。

第四節 "猶言"研究

本節從"猶言"正文、聲韻、形體、詞（字）義等方面進行討論。

一 "猶言"正文

《廣雅疏證》"猶言"共有13例，根據"猶言"連接的形式，分成"AB猶CD"部分和其他部分進行討論。

（一）"AB猶言CD"正文部分

1. 揲者，《淮南子·俶真訓》云："橫廓六合，揲貫萬物。"王逸注《離騷》云："貫，累也，揲貫，猶言積累。"《原道訓》云："大渾而爲一，葉累而無根。"《主術訓》云："葉貫萬世而不蕹。"葉與揲通，《本經訓》："積牒璇石以純脩碕。"高誘注云："牒，累也。"牒與揲聲亦相近。（1983：17 卷一上釋詁）

2. 眅弛猶言陂陀。（1983：36 卷一下釋詁）

3. 沮洳猶言漸洳。（1983：37 卷一下釋詁）

4. 鼇孼猶言連生。（1983：82 卷三上釋詁）

5. 懌，見也。《小爾雅》："斁，明也。"《洪範》曰圛，《史記·宋世家》圛作涕。《集解》引鄭氏書注云："圛者，色澤而光明也。"《齊風·載驅篇》："齊子豈弟。"鄭箋云："此豈弟猶言發夕也。"豈讀當爲圛。弟，古文《尚書》以弟爲圛。圛，明也。《爾雅》："愷悌，發也。"發，亦明也。司馬相如《封禪文》："昆蟲圛懌。"亦是發明之意。猶言蟄蟲昭蘇耳。王延壽《魯靈光殿賦》赫燡燡而爥坤。李善注云："燡燡，光明貌。"何晏《景福殿賦》云："鎬鎬鑠鑠，赫弈章灼。"《集韻》引《字林》云："焲，火光也。"是凡與睪雙聲者，皆光明之意也。（1983：112 卷四上釋詁）

6. 提封即都凡之轉。提封萬井，猶言通共萬井耳。提封爲都凡之轉，其字又通作堤、隄，則亦可讀爲都奚反。凡假借之字，依聲託事，本無定體，古今異讀，未可執一。顏注以蘇林音衹爲非，《匡謬正俗》又謂提封之提，不當作隄字，且不當讀爲都奚反，皆執一之論也。(1983：197 卷六上釋訓)

7. 由蜻蛉轉之則爲蚰蛉，爲蜻蜓，又轉之則爲桑根，桑根猶言蒼筤耳。(1983：362 卷十下釋蟲)

"AB 猶言 CD"共有 7 例，主要分佈在《釋詁》《釋訓》《釋蟲》這三篇中。7 例中有 1 例來源於《楚辭》王逸注，剩餘 6 例是王念孫自造訓釋。

(二)"猶言"其他部分

1. 將、臧，聲相近，亦孔之將，猶言亦孔之臧耳。(1983：23 卷一上釋詁)

2. 矞，各本譌作裔，《說文》："矞，滿有所出也。"《玉篇》："矞，出也。"今據以訂正。矞，字亦作潏。《廣韻》："潏，出也。"潏出猶言溢出。溢、涌、矞一聲之轉，故皆訓爲出也。(1983：40 卷一下釋詁)

3. 椓之橐橐猶言椓之丁丁耳。(1983：187 卷六上釋訓)

4. 浦者，旁之轉聲，猶言水旁耳。(1983：299 卷九下釋地)

5. 濱與邊聲相近，水濱猶言水邊，故地之四邊亦謂之濱。(1983：299 卷九下釋地)

6. 按蠡、藺、荔一聲之轉，故張氏注《子虛賦》謂之馬荔。馬荔猶言馬藺也。(1983：347 卷十上釋草)

"猶言"其他部分共有 6 例，主要分佈在《釋詁》《釋訓》《釋地》《釋草》四篇中。這 6 例"猶言"都屬於王念孫自造訓釋。

二　"猶言"聲韻關係考

(一)"AB 猶言 CD"部分聲韻關係考

A	聲	韻	B	聲	韻	C	聲	韻	D	聲	韻	A－B	A－C	B－D	C－D
揲	船	盍	貫	見	元	積	精	錫	縈	來	微	準旁紐通轉	準旁紐異類相轉	準旁紐旁對轉	準旁紐異類相轉
跛	幫	歌	阤	匣	歌	陂	滂	歌	陀	定	歌	準旁紐疊韻	旁紐疊韻	準旁紐疊韻	準旁紐疊韻
沮	精	魚	洳	日	魚	漸	從	談	洳	日	魚	準旁紐疊韻	旁紐通轉	雙聲疊韻	準旁紐通轉
蠡	來	之	孳	精	之	連	來	元	生	生	耕	準旁紐疊韻	雙聲異類相轉	準旁紐旁對轉	準旁紐異類相轉

续表

A	聲	韻	B	聲	韻	C	聲	韻	D	聲	韻	A-B	A-C	B-D	C-D
圍	匣	鐸	懌	匣	鐸	昭	章	宵	蘇	心	魚	雙聲疊韻	準旁紐旁對轉	準旁紐對轉	準旁紐旁轉
提	定	支	封	幫	東	通	透	東	共	羣	東	準旁組對轉	旁紐旁對轉	準旁紐疊韻	準旁紐疊韻
桑	心	陽	根	來	陽	蒼	清	陽	筤	來	陽	準旁組疊韻	旁紐疊韻	雙聲疊韻	準旁紐疊韻

對於"AB 猶言 CD",從 A-B、A-C、B-D、C-D 四個對應考察聲韻關係。發現 A-B 之間以準旁紐疊韻爲主,有 5 例;C-D 之間以準旁紐疊韻爲主,有 3 例,準旁紐異類相轉有 2 例;A-C 之間聲母上以旁紐爲主,有 3 例,韻母上以異類相轉爲主,有 2 例,B-D 之間聲母上有 2 例雙聲,韻母上以疊韻爲主,有 4 例。"AB 猶言 CD 也"顯示了以準旁紐疊韻爲主要特徵的聲韻關係。

(二)"猶言"其他部分聲韻關係考

A	聲	韻	B	聲	韻	A-B
將	精	陽	臧	精	陽	雙聲疊韻
融	匣	物	溢	匣	質	雙聲旁轉
橐橐	透	鐸	丁丁	端	耕	旁紐旁對轉
浦	滂	魚	旁	並	陽	旁紐對轉
濱	幫	真	邊	幫	文	雙聲旁轉
荔	來	支	蘭	來	真	雙聲通轉

"猶言"其他部分可以簡化爲"A 猶言 B"的形式,A、B 之間聲母上以雙聲爲主,有 4 例,旁紐只有 2 例,韻母情況略複雜,旁轉有 2 例,疊韻有 1 例,旁對轉有 1 例,對轉有 1 例,通轉有 1 例。"猶言"其他部分顯示了以雙聲爲主要特徵的聲韻關係。

三 "猶言"形體關係考

(一)"AB 猶言 CD"部分形體關係考

A	B	C	D	A-B	A-C	B-D	C-D
撲	貫	積	縈	形體相異	形體相異	形體相異	形體相異

续表

A	B	C	D	A－B	A－C	B－D	C－D
賊	肔	陂	陀	同形符	同聲符	形體相異	同形符
沮	洳	漸	洳	同形符	同形符	形體相異	形體相異
薝	孳	連	生	形體相異	形體相異	形體相異	形體相異
圍	懌	昭	蘇	形體相異	形體相異	形體相異	形體相異
提	封	通	共	形體相異	形體相異	形體相異	形體相異
桑	根	蒼	筤	同形符	形體相異	同聲符	形體相異

"AB 猶言 CD" 共有 7 例，形體關係从 A－B、A－C、B－D、C－D四個對應進行討論，共有 28 對，其中字形結構相異的有 20 對，字形結構有關的有 8 對。在字形結構有關的 8 對中，同聲符有 2 對，同形符有 6對。可見，這四對以形體結構相異爲主。

（二）"猶言" 其他部分形體關係考

A	B	A—B
將	臧	形體相異
鮋	溢	形體相異
橐橐	丁丁	形體相異
浦	旁	形體相異
濱	邊	形體相異
荔	蘭	同形符

"猶言" 其他部分共有 6 例，形體關係也是以字形結構相異爲主，有5 對，字形結構有關只有 1 例，且是同形符的。

四 "猶言" 詞（字）義關係考

分 "AB 猶言 CD" 和 "猶言" 其他部分兩類討論。

（一）"AB 猶言 CD" 部分詞（字）義關係考

A	B	C	D	A－B 關係	A－C 關係	B－D 關係	C－D 關係	AB－CD 關係
揲	貫	積	纍	揲之引申義與貫之引申義義近	揲之引申義與積之本義義近	貫之引申義與纍之引申義義近	積之本義與纍之引申義義近	義近，皆有積纍義

续表

A	B	C	D	A－B關係	A－C關係	B－D關係	C－D關係	AB－CD關係
賧	毧	陂	陀	毧之引申義與賧之引申義義近	賧之引申義與陂之引申義義近	詞義無關	聯綿詞，詞義無關	義近，皆有聯綿增益之義
沮	洳	漸	洳	沮之借義與洳之本義義近	沮之借義與漸之借義義近	同字	洳之本義與漸之借義義近	義近，皆有漸染義
鼇	孿	連	生	聯綿詞，義無關	義遠	詞義無關	合成詞，義遠	義近，義爲接連而生
圍	懌	昭	蘇	義遠	義遠	義遠	昭之本義與蘇之借義義近	字形假借詞義隨之假借圍懌、昭蘇義近
提	封	通	共	聯綿詞，詞義無關	詞義無關	詞義無關	通之借義與共之本義義近。	義近，義爲大略、總括
桑	桹	蒼	筤	聯綿詞，詞義無關	同源	詞義無關	聯綿詞，詞義無關	桑桹、蒼筤爲聯綿詞，音轉義近

"AB 猶言 CD 也"詞（字）義關係比較複雜，現分成聯綿詞和非聯綿詞兩部分討論。聯綿詞部分有賧毧－陂陀、提封－通共、桑桹－蒼筤三例。"猶言"所連接的聯綿詞的訓釋情況比較複雜。聯綿詞的兩個字間或有義近關係，或意義無關。如"賧毧－陂陀"，"陂陀"爲聯綿詞，而"賧毧"不是聯綿詞，賧之引申義與毧之引申義義近。"陂陀"爲聯綿詞，但"陂"又與"賧"有義近關係，賧之引申義與陂之引申義義近。如"提封－通共"，"提封"是聯綿詞，"通共"不是聯綿詞，通之借義與共之本義義近。如"桑桹－蒼筤"，桑桹、蒼筤都是聯綿詞，但"桑"與"蒼"又有同源關係，"桑"指桑葉，綠色，"蒼"指艸色，含有綠色義，二者同源。

非聯綿詞部分（一般是合成詞）有撲貫－積累、沮洳－漸洳、鼇孿－連生、圍懌－昭蘇四例。對於"撲貫－積累"，撲之引申義與貫之引申義義近。撲之引申義與積之本義義近。積之本義與累之引申義義近。貫之引申義與累之引申義義近。對於"沮洳－漸洳"，沮之借義與洳之本義義近，沮之借義與漸之借義義近，洳之本義與漸之借義義近。對於"鼇孿－連生"，鼇孿，屬《方言》詞，連生爲合成詞，"鼇孿"就是接連而生。對於"圍懌－昭蘇"，懌，本義爲說，圍，本義爲回行，"圍"與

"曎""燡"字假借后即有"曎""燡"字"明"義的義項，字形假借，詞義也跟着假借，"圍懌"即有"明"義，"懌"的實義消失，僅爲補充音節作用。"昭"本義爲"明"，"蘇"本義爲"桂荏"，借義爲"舒"，合成詞"昭蘇"便有"發明"義。圍懌、昭蘇進而義近。

（二）"猶言"其他部分詞（字）義關係考

A	B	詞（字）義關係
將	臧	將、臧《方言》義同源。
㳅	溢	㳅之本義與溢之引申義義近。
橐橐	丁丁	二者重言義近。
浦	旁	浦、旁同源，共同義素爲邊。
濱	邊	濱、邊同源，共同義素爲邊崖
馬荔	馬薍	馬荔即馬薍。荔、薍通轉。

　　"猶言"其他部分共有6例，其中有3例同源，2例義近，1例僅爲音轉關係。

　　同源有3例，如"將——臧"，《說文》："將，帥也。"《爾雅·釋詁上》："將，大也。"《方言》卷一："將，大也。秦晉之間凡人之大謂之奘，或謂壯，燕之北鄙，齊楚之郊或曰京，或曰將，皆古今語也。"《法言·孝至》："夏殷商之道將兮，而以延其光兮。"李軌注："將，大。"《說文》："臧，善也。"《方言》卷十二："臧，厚也。"王念孫《廣雅疏證》："厚謂之臧，猶大謂之將矣。"臧之《方言》義與將之《方言》義同源，共同義素爲大。

　　在義近關係中，有1例本義與引申義義近，即"㳅——溢"，㳅，《廣韻·術韻》："㳅，㳅出。"《集韻·術韻》："㳅，出也。"《說文》："溢，器滿也。"《玉篇·水部》："溢，器滿也。"引申爲出。有1例重言義近，即"橐——丁"，重言橐橐、丁丁義近。《說文·橐部》："橐，囊也。"《詩·小雅·斯干》："椓之橐橐。"毛傳："橐橐，用力也。"朱熹《集傳》："橐橐，杵聲也。"《說文》："丁，夏時萬物皆丁實。"《詩·小雅·伐木》："伐木丁丁。"毛傳："丁丁，伐木聲也。"

　　音轉有1例，即"馬荔——馬薍"。《說文》："薍，莞屬。從艸閻聲。"《玉篇·艸部》："薍，似莞而細，可爲席。"《說文》："荔，艸也。

似蒲而小，根可作刷。从艸劦聲。"《顏氏家訓·書證》引《通俗文》："荔，馬藺。"

第五節 "猶"連接兩個音義短句

本節主要從"某之爲某，猶某之爲某"研究、"某之轉爲某，猶某之轉爲某"研究、"某謂之某，猶某謂之某也"研究、"某之通作某，猶某之通作某"研究、"某與某同訓爲某，猶某與某同訓爲某也"研究以及"某名某，猶某名某也"研究六部分展開。

一 "某之爲某，猶某之爲某"研究

本節從正文、聲韻、形體、詞（字）義關係等方面展開論述。

（一）"某之爲某，猶某之爲某"正文

1. 莾、瓤一聲之轉，莾之爲瓤，猶洴之爲漂。（1983：322卷十上釋草）

2. 蘩母，疊韻也。莠葥，雙聲也。舌、敏、每之聲皆如母。《說文》緐从每聲。經傳作蘩，从敏聲。則蘩之與母，聲亦相近也。蘩之爲言皤也。《爾雅》云："蘩，皤蒿。"《說文》作䕯，云"白蒿也。"又云"皤，老人白也"。白謂之皤，又謂之蘩。蘩、皤聲正相近。皤之爲蘩猶皤之爲蹯也。（1983：341卷十上釋草）

3. 《賁》六四："賁如皤如。"《釋文》："皤，白波反。"荀作波。鄭、陸作蹯，音煩。是其例也。皤、蘩、莠聲亦相近。皤之爲蘩又爲莠，猶披之爲藩又爲防也。《士喪禮·下篇》："設披。"今文披皆爲藩。《周官·喪祝》："掌大喪勸防之事。"杜子春云："防當爲披。"是其例也。（1983：341卷十上釋草）

4. 莠之聲轉而爲葥，因並稱莠葥。莠之與葥，猶仿之與佛，滂之與沛耳。（1983：341卷十上釋草）

5. 《豳風·七月篇》："八月斷壺。"傳云："壺，瓠也。"又作華。《郊特牲》云："天子樹瓜華，不斂藏之種也。"注云："華，果蓏也。"按華當讀爲瓠，瓠、華古雙聲。華之爲瓠猶華之爲荂。荂、瓠皆以夸爲聲，《爾雅》："華、荂，榮也。"《說文》："荂或作荂。"是其例也。（1983：342—343卷十上釋草）

6. 陵、勝古聲相近。故勝舄一名陵舄。勝栚皆以尖爲聲，勝之爲陵，猶栚之爲陵也。高誘注《淮南·時則訓》云："栚，讀南陽人言山陵。"同是其例矣。(1983：344 卷十上釋草)

《廣雅疏證》"某之爲某，猶某之爲某"有 6 例，主要分佈在卷十上《釋草》篇中。且全部是王念孫自造的訓釋。

(二) "某之爲某，猶某之爲某"聲韻關係考

1. 荓之爲瓶——洴之爲漂。(1983：322 卷十上釋草) (把 A 之爲 B 猶 C 之爲 D 稱爲 AB – CD 型，主要討論 A – C、A – B、C – D、B – D 之間聲韻關係，下同)

2. 皤之爲繁——蟠之爲蹯。(1983：341 卷十上釋草) (AB – CD 型，主要討論 A – C、A – B、C – D、B – D 之間聲韻關係)

3. 皤之爲繁又爲蒡——披之爲藩又爲防。(1983：341 卷十上釋草) (ABC – DEF 型，主要討論 A – B、A – C、B – C、D – E、D – F、E – F、A – D、B – E、C – F 之間聲韻關係)

4. 蒡之與菝——仿之與佛——滂之與沛。(1983：341 卷十上釋草) (AB – CD – EF 型，主要討論 A – B、C – D、E – F、A – C、A – E、C – E、B – D、D – F、B – F 之間聲韻關係)

5. 華之爲瓠——華之爲荂。(1983：342—343 卷十上釋草) (AB – CD 型，主要討論 A – C、A – B、C – D、B – D 之間聲韻關係)

6. 勝之爲陵——栚之爲陵。(1983：344 卷十上釋草) (AB – CD 型，主要討論 A – C、A – B、C – D、B – D 之間聲韻關係)

	A	聲	韻	B	聲	韻	C	聲	韻	D	聲	韻	E	聲	韻	F	聲	韻
1	荓	並	耕	瓶	並	宵	洴	並	耕	漂	滂	宵	—	—	—	—	—	—
2	皤	並	歌	繁	並	歌	蟠	並	歌	蹯	並	元	—	—	—	—	—	—
3	皤	並	歌	繁	並	歌	蒡	並	陽	披	滂	歌	藩	幫	元	防	並	陽
4	蒡	並	陽	菝	並	物	仿	滂	陽	佛	滂	物	滂	滂	陽	沛	滂	月
5	華	曉	魚	瓠	匣	魚	華	曉	魚	荂	滂	元	—	—	—	—	—	—
6	勝	書	蒸	陵	來	蒸	栚	透	侵	陵	來	蒸	—	—	—	—	—	—

在第 1 例的 A、B 之間聲韻關係爲雙聲旁對轉，A、C 之間雙聲疊韻，C、D 之間旁紐旁對轉，B、D 之間旁紐疊韻。可見，在第 1 例中，聲母上，雙聲有 1 次，旁紐有 2 次，韻母上疊韻有 2 例，旁對轉有 1 次。在第

2 例的 A、B 之間聲韻關係爲雙聲疊韻，C、D 之間爲雙聲對轉，B、D 之間爲雙聲對轉，A、C 爲相同字形。可見，在第 2 例中，聲母關係上是雙聲，有 3 次，在韻母關係上有對轉 2 次，有疊韻 1 次。在第 3 例 A、B 之間爲雙聲疊韻，A、C 之間爲雙聲通轉，B、C 之間爲雙聲通轉，D、E 之間爲旁紐通轉，E、F 之間爲旁紐通轉，D、E 之間爲旁紐通轉，A、D 之間爲旁紐疊韻，B、E 之間爲旁紐通轉，C、F 之間爲雙聲疊韻。可見，在第 3 例中，聲母關係上雙聲有 4 次，旁紐有 5 次，韻母關係上通轉有 6 次，疊韻有 3 次。在第 4 例的 A、B 之間爲雙聲異類相轉，C、D 之間爲雙聲異類相轉，E、F 之間爲雙聲通轉，A、C 之間爲旁紐疊韻，A、E 之間爲旁紐疊韻，C、E 之間爲雙聲疊韻，B、D 之間爲旁紐疊韻，B、F 之間爲旁紐旁轉，D、F 之間爲雙聲旁轉。可見，在第 4 例中，聲母關係上雙聲有 5 次，旁紐有 4 次，韻母關係上疊韻有 4 次，旁轉有 2 次，旁對轉有 2 次，通轉有 1 次。第 5 例的聲韻關係爲 A、B 旁紐疊韻，C、D 通轉，A、C 同字，B、D 通轉。可見，在第 5 例中，聲母關係上旁紐有 1 次，韻母關係上通轉有 2 次，疊韻有 1 次。第 6 例的聲韻關係爲 A、B 疊韻，A、C 通轉，C、D 通轉，B、D 爲同字。可見，在第 6 例中，主要是韻母之間有關係，其中通轉有 2 次，疊韻有 1 次。

總體上看，“某之爲某，猶某之爲某”聲韻關係中，聲轉上以雙聲旁紐爲主，韻轉上以疊韻通轉爲主。

（三）“某之爲某，猶某之爲某”形體關係考

	A	B	C	D	E	F	A–B/A–C/A–D/A–E	B–C/B–D/B–E/B–F	C–D/C–E/C–F	D–E/D–F	E–F
1	莽	瓥	洴	漂	—	—	同形符/同聲符/—/—	—/同聲符/—/—	同形符/—/—	—	—
2	幡	繁	幡	蹯			相異/同字/—/—	—/相異/—/—	同聲符/—/—	—	—
3	幡	繁	莈	披	藩	防	相異/相異/相異/相異	相異/—/相異	—/—/同聲符	相異/相異	相異
4	莈	蒻	仿	佛	滂	沛	同形符/同聲符/—/同聲符	—/相異/—相異	同形符/同聲符/—	—/相異	同形符
5	華	瓠	華	芎	—	—	相異/同字/—/—	—/同聲符/—/—	同形符/—/—	—	—
6	勝	陵	桛	陵	—	—	相異/同聲符/—/—	—/同字/—/—	相異/—/—	—	—

第1例、第2例、第5例、第6例都是 AB‐CD 型，形體關係以字形相異爲主，有6例，同形符有3例，同聲符有4例。第3例是 ABC‐DEF 型，形體關係以字形相異爲主，有8例，同聲符有1例。第4例是 AB‐CD‐EF 型，形體關係中同形符有3例，同聲符有3例，字形結構相異有3例。

（四）“某之爲某，猶某之爲某”詞（字）義關係考

1. 荓之爲薸——洴之爲漂。（1983：322卷十上釋草）

荓、薸同源，共同義素爲萍。洴、漂同源，共同義素爲浮。荓、洴義近，薸、漂義近。“猶”所連接的“荓、薸”與“洴、漂”有相關概念：浮。“猶”所連接的兩組之間有聲轉關係，兩組內部也有聲轉關係。

2. 皤之爲繁——皤之爲蹯。（1983：341卷十上釋草）

皤、繁義近，義爲白，皤、蹯義近，義爲獸足，“猶”所連接的“皤、繁”與“皤、蹯”義遠，有聲轉關係。

3. 皤之爲繁又爲蒡——披之爲藩又爲防。（1983：341卷十上釋草）

蒡與繁義無關，蒡艻亦非蒡，蒡當爲繁之轉聲，即蒡艻、繁母相轉。披、藩、防義近，聲亦相轉。“猶”所連接的兩組之間有聲轉關係，詞義無關。

4. 蒡之與艻——仿之與佛——滂之與沛。（1983：341卷十上釋草）

蒡艻，爲聯綿詞。仿、佛爲聯綿詞。滂沛，可看作聯綿詞。“猶”所連接的三組“之與”都屬於聯綿詞，每組內部有聲轉關係，組與組之間詞義無關，有聲轉關係。

5. 華之爲瓠——華之爲荂。（1983：342—343卷十上釋草）

華、瓠爲音轉關係，華、荂義近音亦相關。瓠、荂義遠。“猶”所連接的兩組之間爲音轉關係。

6. 勝之爲陵——栚之爲陵。（1983：344卷十上釋草）

勝、陵有聲轉關係，栚、陵有聲轉關係，勝、栚亦有聲轉關係，“猶”所連接的“勝、陵”與“栚、陵”爲聲轉關係。

綜上可見，聲韻關係上，“猶”所連接的兩組之間存在着聲韻關係，兩組內部也有聲韻關係。詞義上，“猶”所連接的兩組之間或同源或義近或詞義無關，兩組內部或同源或義近或詞義無關。

二 "某之轉爲某,猶某之轉爲某"研究

本節从正文、聲韻、形體、詞義關係等方面展開論述。

(一)"某之轉爲某,猶某之轉爲某"正文

1. 宋魏邠陶之間曰憮,或曰俺。又云韓鄭曰憮,晉魏曰俺,《爾雅》:"悈,愛也,憮,撫也。"注云:"憮,愛撫也。"憮與悈通。又矜憐,撫掩之也。注云:"撫掩,猶撫拍。"謂慰恤也。撫掩與憮俺,聲近義同。俺、愛,一聲之轉。愛之轉爲俺,猶薆之轉爲掩矣。(1983:17卷一上釋詁)

2. 隱與愩通,愩、哀一聲之轉。哀之轉爲愩,猶薆之轉爲隱矣。(1983:17—18卷一上釋詁)

3. 晞亦暵也,語之轉也。暵與罕雙聲,晞與希雙聲。晞之轉爲暵,猶希之轉爲罕矣。(1983:45卷二上釋詁)

4. 苛、妎皆怒也。郭璞注以爲煩苛者多嫉妎。失之。苛、妎一聲之轉。《內則》:"疾痛苛癢。"鄭注云:"苛,疥也。"苛癢之苛轉爲疥,猶苛怒之苛轉爲妎矣。(1983:47卷二上釋詁)

5. 《說文》:"壤,柔土也。"又云"腬,和田也。"鄭注大司徒云:"壤,和緩之貌。"腬之轉爲膿,猶腬之轉爲壤矣。(1983:52卷二上釋詁)

6. 《大雅·蕩篇》云:"女炰烋于中國。"《毛傳》云:"炰烋,猶彭亨也。"鄭箋云:"自矜莊氣健之貌。"彭亨之轉爲炰烋,猶脖肛之轉爲膌膔矣。(1983:57卷二上釋詁)

7. 荒、幠一聲之轉,皆謂覆也。故柩車上覆謂之荒,亦謂之幠。帾即素錦褚之褚,幠帾皆所以飾棺。幠在上象幕,帾在下象幄,故云其須象菲帷幬尉也。《周官》:"縫人掌縫棺飾。"鄭注云:"若存時居于帷幕而加文繡。"是也。若斂衾夷衾皆所以覆尸,不得言象菲帷幬尉矣。《詩·公劉》傳云:"荒,大也。"《閟宮》傳云:"荒,有也。"《爾雅》:"幠,大也,有也。"是幠與荒同義。幠从無聲,荒从巟聲,巟从亡聲。荒之轉爲幠,猶亡之轉爲無。故《詩》:"遂荒大東。"《爾雅》注引作"遂幠大東"。《禮記》:"毋幠勿敖。"大戴作"無荒無傲"矣。(1983:61卷二下釋詁)

8. 空、窾一聲之轉。空之轉爲窾,猶悾之轉爲款。《論語·泰伯篇》

云：“悾悾而不信。”《楚辭·卜居篇》云：“吾寧悃悃款款朴以忠乎。”款款，亦悾悾也。(1983：98 卷三下釋詁)

9. 《說文》：“籠，笒也。”笒之轉爲籠，猶玲之轉爲瓏。合言之則曰玲瓏，倒言之則曰瓏玲。(1983：122 卷四下釋詁)

10. 榜之轉爲輔，猶方之轉爲甫，旁之轉爲溥矣。(1983：125 卷四下釋詁)

11. 《釋器篇》云：“提謂之彈。”提之轉爲彈，猶提之轉爲揮矣。(1983：127 卷四下釋詁)

12. 枝、適語之轉。《小雅·我行其野》傳云：“祇，適也。”祇之轉爲適，猶枝之轉爲適矣。(1983：159 卷五下釋詁)

13. 浮，罰也。見《閒居賦》注。投壺，若是者浮。鄭注云：“浮，罰也。”晏子《春秋雜篇》云：“景公飲酒，田桓子侍，望見晏子，而復於公曰：‘請浮晏子。’”浮、罰一聲之轉。《論語·公冶長篇》：“乘桴浮于海。”馬融注云：“桴，編竹木，大者曰栰，小者曰桴。”栰之轉爲桴，猶罰之轉爲浮矣。(1983：174 卷五下)

14. 《周官》注云：“縮，浚也。”縮、籔、匴，一聲之轉。籔之轉爲匴，猶數之轉爲算矣。(1983：222 卷七下釋器)

15. 帗之轉爲幭，猶盇之轉爲幦矣。(1983：244 卷八上釋器)

16. 飦、餰語之轉，饘、鬻亦語之轉，鬻之轉爲餰，猶饘之轉爲飦。(1983：247 卷八上釋器)

17. 爐之轉爲煤，猶籯之轉爲篗矣。(1983：257 卷八上釋器)

18. 《淮南子·精神訓》注云：“甬，鏵也。”青州謂之鏵，三輔謂之鎝。鎝、鏵語之轉。《釋言篇》云：“萬，譌，譁也。”萬、譌之轉爲譁，猶鎝之轉爲鏵矣。(1983：260 卷八上釋器)

19. 莜、薏聲近而轉也。莜从役聲，薏从爲聲，莜之轉爲薏，猶爲之轉爲役。《表記》鄭注云：“役之言爲也。”(1983：326 卷十上釋草)

20. 悾悾、愨愨、懇懇、叩叩，皆一聲之轉，或轉爲款款，猶叩門之轉爲款門也。(1983：180 卷六上釋訓)

“某之轉爲某，猶某之轉爲某也”共有 20 例，這 20 例都是王念孫自造的訓釋。這一術語往往包含“一聲之轉”或者“語轉”“之言”等，顯示了王念孫在音義系聯時術語使用的多樣性。可將這些附加術語放在“某之轉爲某，猶某之轉爲某也”這一大術語框架內討論。

(二)"某之轉爲某,猶某之轉爲某"聲韻關係考

把A之轉爲B,猶C之轉爲D稱爲AB–CD型,AB–CD型聲韻關係主要從A–B、C–D、A–C、B–D四個對應進行討論("[ ]"內的詞指已在別的音義術語中出現過)。

A	聲	韻	B	聲	韻	C	聲	韻	D	聲	韻	A–B	A–C	B–D	C–D
[愛]	影	微	[俺]	影	談	蔓	影	微	掩	影	談	雙聲異類轉	雙聲疊韻	雙聲疊韻	雙聲異類相轉
[哀]	影	微	[悥]	影	文	蔓	影	微	隱	影	文	雙聲對轉	雙聲疊韻	雙聲疊韻	雙聲對轉
[唏]	曉	微	[嘆]	曉	元	希	曉	微	罕	曉	元	雙聲旁對轉	雙聲疊韻	雙聲疊韻	雙聲旁對轉
苟	匣	歌	疧	見	月	[苟]	匣	歌	姤	匣	質	準旁紐對轉	準旁紐疊韻	準旁紐旁轉	雙聲旁對轉
[荒]	曉	陽	[憮]	曉	魚	亡	微	陽	無	微	魚	雙聲對轉	準旁紐疊韻	準旁紐疊韻	雙聲對轉
空	溪	東	款	溪	元	悾	溪	東	款	溪	元	雙聲異類轉	雙聲疊韻	雙聲疊韻	雙聲異類轉
衹	章	支	適	書	錫	[枝]	章	支	適	書	錫	旁紐對轉	雙聲疊韻	雙聲疊韻	旁紐對轉
桟	並	月	桴	並	幽	[罰]	並	月	浮	並	幽	雙聲異類轉	雙聲疊韻	雙聲疊韻	雙聲異類轉
[籔]	心	侯	[匷]	心	元	數	生	侯	算	心	元	雙聲異類轉	準雙聲疊韻	雙聲疊韻	準雙聲異類轉
[䴗]	匣	沃	[餇]	見	屋	[饘]	章	元	[餠]	章	元	準旁紐旁轉	準旁紐異類轉	準旁紐異類轉	準旁紐疊韻
蔿譌	疑	歌	譁	曉	魚	[鎬]	疑	歌	鐷	匣	魚	準旁紐通轉	雙聲疊韻	旁紐疊韻	準旁紐通轉
[役]	匣	錫	[蔿]	匣	支	[爲]	匣	歌	役	匣	錫	雙聲對轉	雙聲異類轉	雙聲對轉	雙聲異類相轉
帍	曉	陽	幠	明	月	[盃]	曉	陽	[巇]	明	月	準旁紐通轉	雙聲疊韻	雙聲疊韻	準旁紐通轉
堤	端	之	彈	定	元	提	定	支	揮	定	元	旁紐旁轉	旁紐旁轉	雙聲疊韻	雙聲異類相轉
爐	匣	藥	煤	匣	某	[籥]	匣	藥	[篥]	匣	某	雙聲異類轉	雙聲疊韻	雙聲疊韻	雙聲異類相轉
筌	來	耕	籠	來	東	[玲]	來	耕	瓏	來	東	雙聲旁轉	雙聲疊韻	雙聲疊韻	雙聲旁轉
朕	日	幽	朦	日	陽	眹	日	幽	壤	日	陽	雙聲旁對轉	雙聲疊韻	雙聲疊韻	雙聲旁對轉
叩叩	溪	侯	款款	溪	元	叩門	溪	侯	款門	溪	元	雙聲異類轉	雙聲疊韻	雙聲疊韻	雙聲異類相轉

以上可知,AB–CD型音義關係中,A–B之間聲類上的關係有雙聲12例,旁紐2例,韻類上的關係有異類相轉6例,對轉5例,旁轉3例,通轉2例,旁對轉2例;C–D之間聲類上的關係有雙聲13例,旁紐1例,準雙聲1例,韻類關係上有異類相轉8例,旁對轉3例,對轉3例,疊韻1例,通轉2例。A–C之間的關係有雙聲疊韻12例,B–D之間關係有雙聲疊韻13例,其他的情況都不占多數。A–B、C–D主要涉及"轉"的問題。從A–B、C–D聲韻關係看,"轉"主要關涉雙聲異類相

轉問題。A－C、B－D 主要涉及“猶”連接的兩組“轉”的音義問題。從 A－C、B－D 聲韻關係看，“猶”主要關涉兩組間雙聲疊韻的情況。

　　1. ［彭亨］之轉爲［㲎㸰］，猶牉肛之轉爲膟膟矣。（1983：57 卷二上釋詁）

　　2. 榜之轉爲輔，猶方之轉爲甫，旁之轉爲溥矣。（1983：125 卷四下釋詁）

A	聲	韻	B	聲	韻	C	聲	韻	D	聲	韻	E	聲	韻	F	聲	韻	G	聲	韻	H	聲	韻
彭	並	陽	亨	曉	陽	㲎	並	幽	㸰	曉	幽	牉	並	東	肛	見	東	膟	幫	宵	膟	曉	覺
［榜］	並	陽	［輔］	並	魚	方	幫	陽	甫	幫	魚	旁	並	陽	溥	滂	魚	—	—	—	—	—	—

　　具體聲韻關係如下表：

A－B	A－C	B－D	C－D	A－E	B－F	C－G	D－H	E－F	E－G	G－H	F－H
疊韻	雙聲旁對轉	雙聲旁對轉	疊韻	雙聲旁轉	旁轉	旁組旁轉	雙聲對轉	疊韻	旁組旁對轉	旁對轉	旁對轉
A－B	C－D	E－F	A－C	A－E	C－E	B－D	B－F	D－F	—	—	—
雙聲對轉	雙聲對轉	旁組對轉	旁組對轉	雙聲疊韻	旁組疊韻	旁組疊韻	旁組疊韻	旁組疊韻	—	—	—

　　“［彭亨］之轉爲［㲎㸰］，猶牉肛之轉爲膟膟”屬於“AB－CD—EF－GH 型”音義關係，主要從 A－B、A－C、B－D、C－D 討論 AB－CD 內部的聲韻關係，從 E－F、E－G、G－H、F－H 討論 EF－GH 內部的聲韻關係，從 A－E、B－F、C－G、D－H 討論 AB－CD 與 EF－GH 之間的聲韻關係。可知，在 AB－CD 中，A－B、C－D 主要是疊韻關係，A－C、B－D 之間主要是雙聲旁對轉關係；在 EF－GH 中，E－F、G－H 有疊韻，有旁對轉，E－G、F－H 有旁組旁對轉和旁對轉兩種關係；在 AB－CD 和 EF－GH 之間，主要有雙聲和旁轉的關係。

　　“榜之轉爲輔，猶方之轉爲甫，旁之轉爲溥”屬於“AB－CD－EF”型音義關係，主要從 A－B、C－D、E－F 討論三組內部的聲韻關係，從 A－C、A－E、CE、B－D、B－F、D－F 討論三組之間的聲韻關係。發現，三組內部聲類上主要是雙聲，韻類上主要是對轉；三組之間聲類上主要是旁紐，韻類上主要是疊韻，聲韻關係上主要是旁紐疊韻。

（三）"某之轉爲某，猶某之轉爲某"形體關係考

AB－CD型音義關係主要從 A－B、C－D、A－C、B－D 四個對應討論形體關係，具體如下表：

A	B	C	D	A－B	A－C	B－D	C－D
［愛］	［悁］	薆	掩	同形符	同聲符	同聲符	相異
［哀］	［悥］	薆	隱	相異	相異	同聲符	相異
［晞］	［暵］	希	罕	同形符	同聲符	相異	相異
苛	疧	［苛］	［妎］	相異	同字	同聲符	相異
［荒］	［憮］	亡	無	相異	同聲符	同聲符	相異
［空］	款	悾	款	相異	同聲符	同字	相異
祇	適	［枝］	［適］	相異	相異	同字	相異
栈	桴	［罰］	［浮］	同形符	相異	同聲符	相異
［籔］	［匶］	數	算	相異	同聲符	同聲符	相異
［鸄］	［餰］	［饘］	［飦］	相異	相異	同形符	同形符
（蔦）譌	譁	［譌］	［鏵］	同形符	同聲符	同字	同形符
［夜］	［蔦］	［爲］	［役］	同形符	相異	相異	相異
帍	幰	［峎］	［巘］	同形符	同聲符	同聲符	同形符
堤	彈	提	揮	同形符	同聲符	同聲符	同形符
爁	煤	［籭］	［簛］	同形符	同聲符	同聲符	同形符
笒	籠	［玲］	［瓏］	同形符	同聲符	同聲符	同形符
脙	膿	瞇	壤	同形符	同聲符	同聲符	相異
叩叩	款款	叩門	款門	相異	同字	同字	相異

由上可知，AB－CD型音義關係中，A－B之間字形結構相異有 8 例，同形符有 10 例，沒有同聲符情況；C－D之間是字形結構相異有 12 例，同形符有 6 例，沒有同聲符情況。A－C之間同聲符 11 例，字形相異 5 例；B－D之間同聲符 11 例，字形相異 2 例，同形符 1 例。可見，"轉"所連接的兩組內部（A－B、C－D）以字形相異或同形符爲主要特徵。"猶"所連接的兩組之間（A－C、B－D）以同聲符爲主，字形結構相異爲其次（但比重遠小於同聲符）。

1. ［彭亨］之轉爲［熻炋］，猶胖肛之轉爲膗膟矣。（1983：57 卷二上釋詁）

2. 榜之轉爲輔，猶方之轉爲甫，旁之轉爲溥矣。（1983：125 卷四下釋詁）

A	B	C	D	E	F	G	H
彭	亨	熻	炋	胖	肛	膗	膟
［榜］	［輔］	方	甫	旁	溥	——	——

具體形體關係如下：

AB－CD 内部				AB－CD 與 EF－GH 之間				EF－GH 内部			
A－B	A－C	B－D	C－D	A－E	B－F	C－G	D－H	E－F	E－G	G－H	F－H
相異	相異	相異	同形符	相異	相異	相異	相異	同形符	同形符	同形符	同形符
AB－CD－EF 内部			AB－CD－EF 之間								
A－B	C－D	E－F	A－C	A－E	C－E	B－D	B－F	D－F	——	——	——
相異	相異	相異	同聲符	同聲符	同聲符	同聲符	同聲符	同聲符	——	——	——

"AB－CD—EF－GH" 型音義關係，主要從 A－B、A－C、B－D、C－D 討論 AB－CD 内部的形體關係，從 E－F、E－G、G－H、F－H 討論 EF－GH 内部的形體關係，從 A－E、B－F、C－G、D－H 討論 AB－CD 與 EF－GH 之間的形體關係。AB－CD 内部形體結構無關有 3 例，形體結構有關有 1 例即同形符 1 例。EF－GH 内部形體關係全部是同形符的，有 4 例。AB－CD 與 EF－GH 之間形體結構全部是字形無關的，有 4 例。可見，AB－CD 内部以字形結構無關爲主，EF－GH 内部以同形符爲主，AB－CD 與 EF－GH 形體之間結構無關。

"AB－CD－EF" 型音義關係，主要從 A－B、C－D、E－F 討論三組内部的形體關係，從 A－C、A－E、CE、B－D、B－F、D－F 討論三組之間的形體關係。AB－CD－EF 内部全部是字形結構無關的，有 3 例。AB－CD－EF 之間全部是同聲符的，有 6 例。發現，三組内部字形結構無關，三組之間全部是同聲符情況。這一點與 AB－CD 型音義關係相同，可將 AB－CD－EF 型看作 AB－CD 型的擴展版。

（四）"某之轉爲某，猶某之轉爲某"詞（字）義關係考

A	B	C	D	A——B	A–C	B–D	C——D	AB–CD
[愛]	[悁]	薆	掩	悁、愛同源，共同義素爲愛。	義遠	義遠	掩、薆同源，共同義素爲隱	無關
[哀]	[愚]	薆	隱	愚、哀同源，共同義素爲哀。	義遠	義遠	薆、隱同源，共同義素爲隱。	無關
[晞]	[暵]	希	罕	晞、暵同源，共同義素爲乾。	假借	義遠	希之本義與罕之借義義近。	無關
苟	疥	[苟]	[妎]	苟，本義爲小艸，假借爲疥。苟之假借字義與之本義義近。	同字	義遠	苟，本義爲小艸，假借爲訶。苟之假借字義與妎之引申義義近。	無關
[荒]	[憮]	亡	無	荒、憮同源，義素爲覆蓋	義遠	義遠	亡、無同源，義素爲"沒有"	無關
[空]	款	悾	款	款之借義與空之本義義近。	假借	同字	悾、款同源，共同義素爲誠。	無關
祇	適	[枝]	[適]	祇之借音義與適之借義義近，義爲當然。	義遠	同字	適之《方言》義與枝之引申義義近，皆有分散義。	無關
柀	柠	[罰]	[浮]	柀之本義與柠之借義義近。	義遠	義近	浮、罰僅爲聲轉關係，詞義無關	無關
[籔]	[匭]	數	算	籔、匭同源，義素爲漉米器。	義遠	義遠	數、算同源，義素爲計算	無關
[鬻]	[餰]	[饘]	[飦]	鬻、餰同源，共同義素爲糜。	同義	同義	饘、飦同源，義素爲糜糊。	有關
讍	譁	[鍧]	[鏵]	讍、譁同源，共同義素爲喧譁	義遠	義遠	鍧、鏵同源，共同義素爲舌。	無關
[莜]	[蒍]	[爲]	[役]	蒍、莜義同，皆指茇莖。	義遠	義遠	役之引申義與爲之借義義近。	無關
帗	幭	[盍]	[蠛]	帗、幭同源，共同義素爲覆巾。	義遠	義遠	蠛、盍同源，共同義素爲血。	無關
堤	彈	提	撣	堤彈《方言》與《方言》義同源	義遠	義遠	彈、撣同源，共同義素爲持	無關
燷	煠	[篝]	[筞]	煠、燷同源，共同義素爲火燒。	義遠	義遠	筞篝同源，共同義素爲書寫竹冊	無關
笭	籠	[玲]	[瓏]	笭、籠同源，共同義素爲竹籠。	義遠	義遠	玲、瓏同源，共同義素爲玉聲。	無關
脙	臟	㽹	壤	脙之本義與臟之《方言》義同源	相似	相似	㽹、壤同源，共同義素爲軟土	有關
叩叩	款款	叩門	款門	重疊後義同	義遠	義遠	叩之本義與款之借義義近。	無關

"某"所連接的"某之轉爲某，猶某之轉爲某"詞（字）義關係較

爲複雜。將"某之轉爲某，猶某之轉爲某"分成 A 轉 B 猶 C 轉 D 型（簡稱 AB‐CD 型），重點考察 AB 之間、CD 之間、AC 之間、BD 之間以及 AB 與 CD 之間詞義關係。先說 AB 之間詞（字）義關係。AB 之間同源的有 12 例，義近的有 4 例，義同有 2 例。同源有 12 例。

A‐B 義近有三種情況：

第一種情況是假借字義與本義義近，即"苛——疥"。《說文》："苛，小艸也。从艸可聲。"《玉篇·艸部》："苛，小艸生兒。"苛，假借爲痾。朱駿聲《說文通訓定聲·隨部》："苛，假借爲痾。"《呂氏春秋·審時》："殃氣不入，身無苛殃。"高誘注："苛，病。"《說文》："疥，搔也。"《說文解字注》："疥急於搔，因謂之搔。"徐鍇《說文繫傳》"搔"作"瘙"。苛之假借字義與疥之本義義近。

第二種情況是借義與本義義近，如"款——空"。《說文》："款，意有所欲也。"《玉篇》："款，誠也。"《說文解字注》："按古款與窾通，窾者，空也，款亦訓空，空中則有所欲也。"段氏所訓，有所附會。《爾雅·釋器》："款足者謂之鬲。"郝懿行義疏："款者，《釋文》云本或作窾……案《玉篇》：'窾者，空也。'"《漢書·司馬遷傳》："實不中其聲者謂之款。款言不聽，姦乃不生。"顏師古注引服虔曰："款，空也。"《說文》："空，竅也。"《說文解字注》："今俗語所謂孔也。"款之借義與空之本義義近。

第三種情況是借音義與借義義近，如"祇——適"。《說文》："祇，地祇，提出萬物者也。从示氏聲。"《玉篇·示部》："祇，地之神也。"祇，古音在支部。義爲正好，恰好。《詩·小雅·何人斯》："胡逝我梁，祇攪我心。"鄭玄箋："祇，適也。"《國語·晉語五》："病未若死，祇以解志。"韋昭注："祇，適也。"《廣雅》："祇，適也。"《說文》："適，之也。从辵啻聲。適，宋魯語。"《爾雅·釋詁上》："適，往也。"邢昺疏："謂造於彼也。"適，借義爲當然。《漢書·賈誼傳》："至於流俗失，世敗壞，因恬而不知怪，慮不動於耳目，以爲是適然耳。"顏師古注："適，當也。謂事理當然。"祇之借音義與適之借義義近。

義同情況有 1 例，即叩叩、款款重疊義同，皆指誠懇。

C‐D 同源的有 12 例，義近有 5 例，義無關有 1 例。CD 同源有 12 例。

C‐D 義近，具體如下：

第一種情況是本義與借義義近，即“希——罕”。希，《說文》無此字。《爾雅·釋詁下》：“希，罕也。”《論語·公冶長》：“不念舊惡，怨是用希。”皇侃義疏：“希，少也。”《集韻·微韻》：“希，寡也。”《廣韻·旱韻》：“罕，《說文》作罕，或作罕。”《說文》：“罕，网也，从网干聲。”借義爲稀疏。《玉篇·网部》：“罕，稀疏也。俗作罕。”《論語·子罕》：“子罕言利與命與仁。”何晏注：“罕者，希也。”希之本義與罕之借義義近。

第二種情況是假借字義與引申義義近，即“苛——妎”。《說文》：“苛，小艸也。从艸可聲。”《玉篇·艸部》：“苛，小艸生皃。”苛，又假借爲訶。朱駿聲《說文通訓定聲·隨部》：“苛，假借爲訶。”《周禮·夏官·射人》：“不敬者，苛罰之。”鄭玄注：“苛謂詰問也。”《方言》卷二：“苛，怒也。”《說文》：“妎，妒也。”引申爲煩苛。《集韻·怪韻》：“妎，煩苛。”苛之假借字義與妎之引申義義近。

第三種情況是方言詞義與引申義義近，即“適——枝”。適之《方言》義與枝之引申義義近，皆有分散義。

第四種情況是引申義與借義義近，如“役－爲”。具體考證見“之言”部分。

詞義無關有 1 例，即“浮——罰”。二者爲聲轉關係。見“一聲之轉”部分。

對於“猶”所連接的 AB 與 CD 之間詞（字）義關係問題，以意義無關爲主，有 15 例。詞義有關只有 2 例。這 2 例是：“［鬻］之轉爲［餰］，猶［饘］之轉爲［飦］”“腬之轉爲臁，猶睬之轉爲壤”。

對於“［鬻］之轉爲［餰］，猶［饘］之轉爲［飦］”，鬻、餰同源，共同義素爲糜。饘、飦同源，共同義素爲糜糊。鬻、饘同義，餰、飦同義。“猶”所連接的兩組詞義之間有關。

對於“腬之轉爲臁，猶睬之轉爲壤”，腬之本義與臁之《方言》義同源。睬、壤同源，共同義素爲鬆軟土地。腬、臁同源，共同義素爲肥，睬、壤義爲鬆軟，“猶”所連接的兩組詞義之間有概念上的相似性。

1. ［彭亨］之轉爲［炰烋］，猶胮肛之轉爲膖脝矣。（1983：57 卷二上釋詁）

2. 榜之轉爲輔，猶方之轉爲甫，旁之轉爲溥矣。（1983：125 卷四下釋詁）

A	B	C	D	E	F	G	H
彭	亨	尨	㹠	胮	肛	膦	膖
[榜]	[輔]	方	甫	旁	溥	—	—

具體詞義關係如下表：

A－B	A－C	B－D	C－D	A－E	B－F	C－G	D－H	E－F	E－G	G－H	F－H
無關	無關	無關	義近聯綿詞	無關	無關	無關	無關	聯綿詞	無關	聯綿詞	無關
A－B	C－D	E－F	A－C	A－E	C－E	B－D	B－F	D－F	B－C	—	—
同源	義近假借	同源	無關	無關	假借	無關	無關	義近	假借	—	—

對於“［彭亨］之轉爲［尨㹠］，猶胮肛之轉爲膦膖”，彭、亨之間詞（字）義無關，尨、㹠詞義相近且爲聯綿詞，胮肛爲聯綿詞，膦膖爲聯綿詞。胮肛、膦膖義近。“猶”連接的兩組之間詞（字）義無關。

對於“榜之轉爲輔，猶方之轉爲甫，旁之轉爲溥”，榜、輔之間同源，共同義素爲輔助，方、甫之間義近假借，旁、溥之間同源，共同義素爲大。方、輔之間有假借關係，方、旁之間有假借關係，甫、溥之間有義近關係。“猶”所連接的三組之間詞義有無關的情況（［榜］［輔］－方甫），有相關的情況（方甫－旁溥）。

綜上，可知“猶”所連接的兩組或多組之間形音義關係有如下特點，聲韻關係上以雙聲疊韻爲主，形體關係上以同聲符爲主，字形結構無關爲其次，詞（字）義關係上多無關，但內部有同源或義近等關係。

三　“某謂之某，猶某謂之某也”研究

本節從正文、音形義綜合研究關係等方面展開論述。

（一）“某謂之某，猶某謂之某也”正文考

1. 凡與之義近於散，取之義近於聚，聚、取聲又相近。故聚謂之收，亦謂之斂，亦謂之集，亦謂之府；取謂之府，亦謂之集，亦謂之斂，亦謂之收。取謂之捋，猶聚謂之哀也；取謂之掇，猶聚謂之綴也；取謂之捃，猶聚謂之群也。（1983：19 卷一上釋詁）

2. 暵者，《玉篇》：“暵，邱立切，欲乾也。”《眾經音義》卷二十二

引《通俗文》云："欲燥曰暵。"引之云："《王風·中谷有蓷篇》：'中谷有蓷，暵其乾矣。中谷有蓷，暵其脩矣。中谷有蓷，暵其濕矣。'《傳》云：'脩且乾也，雖遇水則濕。'《箋》云：'雖之傷于水，始則濕，中而脩，久而乾。'按濕當讀爲暵，暵亦乾也。暵與濕聲近，故通。暵其乾矣，暵其脩矣，暵其濕矣，三章同義。草乾謂之脩，亦謂之濕，猶肉乾謂之脩，亦謂之暵。"（1983：46 卷二上釋詁）

3. 宗者，眾之所主，故爲聚也。《喪服傳》云："大宗者，尊之統也。"大宗者，收族者也。族者，《白虎通義》云："族者，湊也，聚也。謂恩愛相流湊也。上湊高祖，下至元孫，一家有吉，百家聚之，生相親愛，死相哀痛，有會聚之道，故謂之族。"族、湊、聚，聲竝相近。凡聚與眾相近，故眾謂之宗，亦謂之林。聚謂之林，亦謂之宗。聚謂之蒐，猶眾謂之搜也。聚謂之都，猶眾謂之諸也。聚謂之裒，猶多謂之裒也。聚謂之灌，猶多謂之觀也。（1983：94 卷三下釋詁）

4. 斤斧穿謂之鑿，猶車穿謂之釭。釭、鑿聲相近。（1983：253 卷八上釋器）

5. 欑之言鑽也，小矛謂之欑，猶矛戟刃謂之鑽。《方言》："鑽謂之鍴，矜謂之杖。"是也。（1983：265 卷八上釋器）

6. 《考工記》注："以戈爲句兵。"句、戈一聲之轉，猶鐮謂之刉，亦謂之划也。（1983：265 卷八上釋器）

7. 桯之言經也，橫經其前也。牀前長几謂之桯，猶牀邊長木謂之桯。（1983：268 卷八上釋器）

8. 濤、汏一聲之轉，猶淅米謂之淘，亦謂之汏矣。（1983：303 卷九下釋水）

9. 甾之言才生也。《說文》云："才，艸木之初也。"亦哉也。《爾雅》云："哉，始也。"今俗語謂始曰才者，甾之本義與。草之才生謂之甾，猶田之才耕謂之甾。《說文》云："菑，才耕田也。"《爾雅》云："田一歲曰菑。"亦其義也。或作栽。《論衡·初稟篇》云："草木出土爲栽櫱。"（1983：336 卷十上釋草）

10. 救與拘聲亦相近，絇謂之救，猶云絇謂之拘。（1983：224 卷七下釋器）

《廣雅疏證》"某謂之某，猶某謂之某"共有 10 例，分部在《釋詁》《釋器》《釋水》《釋草》等篇章。

（二）“某謂之某，猶某謂之某也”形音義綜合研究

將這 10 例分條討論形音義問題。

1. 取謂之捊，猶聚謂之裒也；取謂之掇，猶聚謂之綴也；取謂之捃，猶聚謂之羣也。（1983：19 卷一上釋詁）

字	聲	韻	字	聲	韻	字	聲	韻	字	聲	韻
取	清	侯	捊	並	侯	掇	端	月	捃	見	文
聚	從	侯	裒	並	侯	綴	端	月	羣	羣	文

具體形音義關係如下表：

類別	外部形音義				內部形音義					
條目	取－聚	捊－裒	掇－綴	捃－羣	取－捊	取－掇	取－捃	聚－裒	聚－綴	聚－羣
聲韻關係	旁紐疊韻	雙聲疊韻	雙聲疊韻	旁紐疊韻	準旁紐疊韻	準旁紐異類相轉	準旁紐異類相轉	準旁紐疊韻	準旁紐異類相轉	準旁紐異類相轉
形體關係	同聲符	相異	同構件	同聲符	相異	相異	相異	相異	相異	相異
意義關係	同源	假借	義遠	義遠	同源	同源	同源	同源	義近	義近

今按，《說文》：“取，捕取也。”取假借爲聚。朱駿聲《說文通訓定聲·需部》：“取，假借爲聚。”《左傳·昭公二十年》：“鄭國多盜，取人於萑苻之澤。”《漢書·五行志下之上》：“內取茲謂禽。”顏師古注：“取，如《禮記》聚麀之聚。”聚，從母侯部。《說文》：“聚，會也。從伖取聲。邑落云聚。”《玉篇·伖部》：“聚，積也。”《說文》：“捊，引取也。”《玉篇·手部》：“捊，《說文》曰：‘引聚也。’《詩》曰：‘原隰捊矣。’捊，聚也。本亦作裒。”取、捊同源，共同義素爲取。裒，並母侯部。《爾雅·釋詁上》：“裒，聚也。”《詩·小雅·常棣》：“原隰裒矣，兄弟求矣。”毛傳：“裒，聚也。”裒、捊義近假借。裒、聚同源，共同義素爲聚。《說文》：“掇，拾取也。從手叕聲。”掇，端母月部。取、掇同源，共同義素爲取。綴，《說文》：“綴，合箸也。從叕從糸。”綴，端母月部。引申爲緝。《玉篇·糸部》：“綴，緝也。”聚之本義與綴之引申義義近。捃，《說文》無此字。《玉篇·手部》：“捃，拾也。”《類篇·手部》：“捃，取也。”捃，見母文部。取、捃同源。《說文》：“羣，輩也，從言君聲。”羣母文部。引申爲會合，眾多。《荀子·非十二子》：“壹統

類，而羣天下之英雄。"楊倞注："羣，會合也。"聚之本義與羣之引申義義近。

從聲韻關係上看，"猶"所連接的詞外部之間以雙聲疊韻爲主，内部之間以旁對轉爲主；從形體關係上看，字形上外部之間或同構件或同聲符，内部之間多不同；從詞（字）義關係上看，外部之間有 2 例義遠，有 1 例同源，有 1 例假借，内部之間同源爲主，有 4 例，義近爲輔，有 2 例。

2. 草乾謂之脩，亦謂之濕，猶肉乾謂之脩，亦謂之睗。（1983：46 卷二上釋詁）

	聲	韻	字	聲	韻
草乾謂之脩	心	幽	濕	書	緝
肉乾謂之脩	心	幽	睗	溪	緝

具體形音義關係如下表：

字——字	内部形音義		外部形音義
	脩－濕	脩－睗	濕－睗
聲韻關係	準雙聲異類相轉	準雙聲異類相轉	疊韻
形體關係	相異	相異	同構件
詞（字）義關係	義遠	同源	音近假借

今按，《說文》："脩，脯也。从肉攸聲。"《周禮·天官·膳夫》："凡肉脩之頒賜，皆掌之。"《正字通·肉部》："脩，肉條割而乾之也。"濕，古音在緝部。《說文》："濕，水，出東郡東武陽，入海。从水㬎聲。桑欽云：出平原高唐。"《易·乾》："水流濕，火就燥。"孔穎達疏："水流於地，先就濕處。"睗，《說文》無此字。《玉篇·日部》："睗，欲乾也。"《廣雅·釋詁二》："睗，曝也。"王念孫《廣雅疏證》："《王風·中谷有蓷篇》：'中谷有蓷，暵其乾矣。中谷有蓷，暵其脩矣。中谷有蓷，暵其濕矣。'《傳》云：'脩且乾也，雖遇水則濕。'《箋》云：'蓷之傷于水，始則濕，中而脩，久而乾。'按濕當讀爲睗，睗亦乾也。睗與濕聲近，故通。暵其乾矣，暵其脩矣，暵其濕矣，三章同義。"睗、濕義無關，可知濕、睗屬音近假借。

這裡，"猶"所連接的兩組詞之間（濕－曤）聲韻關係上疊韻，内部之間（脩－濕、脩－曤）準雙聲異類相轉；形體關係上兩組之間同構件，内部之間沒有形體關係；詞（字）義上，兩組詞之間有音近假借關係，詞義上關聯不大；内部之間或同源或音近義遠。

3. 聚謂之蒐，猶眾謂之搜也。聚謂之都，猶眾謂之諸也。聚謂之袞，猶多謂之袞也。聚謂之灌，猶多謂之觀也。（1983：94 卷三下釋詁）

此條可分成兩組，一組是聚－眾：

字	聲	韻	字	聲	韻	字	聲	韻
聚	從	侯	蒐	生	幽	都	端	魚
眾	章	冬	搜	生	幽	諸	章	魚

一組是聚－多：

字	聲	韻	字	聲	韻	字	聲	韻
聚	從	侯	袞	並	侯	灌	見	元
多	端	歌	袞	並	侯	觀	見	元

聚－眾組形音義關係如下表：

字——字	外部形音義			内部形音義			
	聚－眾	蒐－搜	都－諸	聚－蒐	聚－都	眾－搜	眾－諸
聲韻關係	旁對轉	雙聲疊韻	準雙聲疊韻	旁轉	旁轉	對轉	雙聲旁對轉
形體關係	同構件	相異	同聲符	相異	相異	相異	相異
意義關係	義近	義近假借	義近	義近	義近	同源	義近

聚－多組形音義關係如下表：

字——字	外部形音義			内部形音義			
	聚－多	袞－袞	灌－觀	聚－袞	聚－灌	多－袞	多－觀
聲韻關係	異類相轉	同字	雙聲疊韻	疊韻	異類相轉	異類相轉	對轉
形體關係	相異	同字	同聲符	相異	相異	相異	相異
意義關係	義近	同字	義近	同源	義近	義近	義近

今按，《說文》："聚，會也。从伋取聲。邑落云聚。"《玉篇·伋部》："聚，積也。"《說文》："蒐，茅蒐，茹藘，人血所生，可以染絳。从艸从鬼。"借義爲聚集。《爾雅·釋詁下》："蒐，聚也。"郭璞注："蒐者，以其聚人眾也。"聚之本義與蒐之借義義近。蒐、搜義近假借。《文選·陸機〈辨亡論〉上》："於是講八代之禮，蒐三王之樂。"李善注："蒐與搜，古字通。"《說文》："眾，多也。"《說文》："搜，眾意也，一曰求也。从手叟聲。《詩》曰：'束矢其搜。'"《玉篇·手部》："搜，聚也。"搜、眾同源，共同義素爲多。蒐之借義與搜之本義義近。《說文》："都，有先君之舊宗廟曰都。从邑者聲。《周禮》：'距國五百里爲都。'"引申爲聚集。《周禮·春官·司常》："師都建旗。"賈公彥疏："都，聚也。"《文選·木華〈海賦〉》："以宗以都。"李周翰注："都謂聚也。"都之引申義與聚之本義義近。《說文》："諸，辨也。从言者聲。"借義爲眾。《淮南子·脩務訓》："諸人皆爭學之。"高誘注："諸，眾也。"《禮記·祭統》："諸德之發也。"孔穎達疏："諸，眾也。"眾之本義與諸之借義義近。都之引申義與諸之借義義近。聚、裒同源，說見上條。裒，由聚引申爲多。《爾雅·釋詁上》："裒，多也。"郝懿行《爾雅義疏》："裒者，上文云聚也，聚則多矣，故又爲多。"《詩·周頌·般》："敷天之下，裒時之對。"鄭玄箋："裒，眾也。"《說文》："多，重也。从重夕。夕者，相繹也，故爲多。重夕爲多，重日爲疊。"引申爲眾。《爾雅·釋詁上》："多，眾也。"多之引申義與裒之本義義近。《說文》："灌，水名。"借義爲聚。《爾雅·釋木》："木族生爲灌。"《廣韻·換韻》："灌，聚也。"聚之本義與灌之借義義近。觀，古音在元部。《說文》："觀，諦視也。从見雚聲。"借義爲多。《爾雅·釋詁下》："觀，多也。"《大雅·文王有聲篇》："遹觀多成。"鄭玄箋："觀，多也。"多之引申義與觀之借義義近。灌之借義與觀之借義義近。

這裡，"猶"所連接的幾組詞間聲韻上較近，內部之間也較近；形體上有同聲符或同構件的關係，內部之間形體上相異；詞（字）義上有義近或同源關係，"猶"所連接的幾組詞內部之間也有義近或同源關係。

4. 斤斧穿謂之銎，猶車穿謂之釭。釭、銎聲相近。（1983：253 卷八上釋器）

字	聲	韻	字	聲	韻
斤斧穿	昌	元	銎	溪	東
車穿	昌	元	釭	見	東

具體形音義關係如下表：

大類	内部形音義		外部形音義
小類	穿－銎	穿－釭	銎－釭
聲韻關係	準旁紐異類相轉	準旁紐異類相轉	旁紐疊韻
形體關係	相異	相異	同形符
意義關係	同源	同源	同源

今按，《說文》：“釭，車轂中鐵也。从金工聲。”《方言》卷九：“車釭，齊燕海岱之間謂之鍋，或謂之錕，自關而西謂之釭，盛膏者乃謂之鍋。”錢繹《方言箋疏》：“釭之間空也，轂口之内，以金嵌之曰釭。”《釋名》：“釭，空也，其中空也。”《說文》：“銎，斤釜穿也。从金巩聲。”《說文解字注》：“謂斤斧之孔所以受柄者。”釭、銎同源，共同義素爲空。《說文》：“穿，通也。从牙在穴中。”穿、銎同源，共同義素爲通。釭、穿同源，共同義素爲空。

這裡，“猶”所連接的兩組詞外部之間（銎－釭）有同源關係，内部之間（穿－銎、穿－釭）也是同源的。

5. 欑之言鑽也，小矛謂之欑，猶矛戟刃謂之鑽。《方言》：“鑽謂之鐻，矜謂之杖。”（1983：265 卷八上釋器）

	聲	韻
欑（小矛）	精	元
鑽（矛戟刃）	精	元

鑽、欑同源，共同義素爲穿。說見“之言”部分。

6. 《考工記》注：“以戈爲句兵。”句、戈一聲之轉，猶鎌謂之刉，亦謂之划也。（1983：265 卷八上釋器）

字	聲	韻	字	聲	韻
鐮	來	談	劬	見	侯
鐮	來	談	划	見	歌

具體形音義關係：

	鐮－劬	鐮－划	劬－划
聲韻關係	準旁紐異類相轉	準旁紐通轉	雙聲異類相轉
形體關係	相異	相異	同形符
意義關係	同源	同源	同源

今按，《說文·金部》："鐮，鍥也。从金兼聲。"《說文》："鍥，鐮也。"《玉篇·金部》："鐮同鐮。"《方言》卷五："刈鉤，自關而西，或謂之鉤，或謂之鐮，或謂之鍥。"《說文》："劬，鐮也。"《說文解字注》："劬，亦作鉤。"划，古音在歌部。義爲鐮。《廣雅·釋器》："划，鐮也。"劬、划同源，共同義素爲鐮。鐮、劬同源，共同義素爲鐮。鐮、划同源，共同義素爲鐮。

7. 桯之言經也，橫經其前也。牀前長几謂之桯，猶牀邊長木謂之桯。(1983：268 卷八上釋器)

今按，《說文》："桯，牀前几。从木呈聲。"《方言》卷五："榻前几，江沔之間曰桯。""桯"由指"牀前几"引申爲指"牀邊長木"。

8. 濤、汏一聲之轉，猶淅米謂之淘，亦謂之汏矣。(1983：303 卷九下釋水)

今按，淘，定母宵韻，汏，定母月韻，二者雙聲旁對轉。《說文·水部》："汏，淅㶕也。"王筠《說文句讀》："汏者，汏之譌。"《集韻·夳韻》："汏，或从大。"《廣雅·釋詁二》："汏，洒也。"玄應《一切經音義》卷十五"洮米"注："《通俗文》謂淅米謂淘汏。"淘、汏同源，共同義素爲清洗。

9. 草之才生謂之甾，猶田之才耕謂之甾。《說文》云："甾，才耕田也。"《爾雅》云："田一歲曰甾。"亦其義也。或作栽。《論衡·初稟篇》云："草木出土爲栽糵。"(1983：336 卷十上釋草)

今按，才，從母之部，甾，莊母之部。二者疊韻。《說文》："甾，不耕田也。从艸甾。《易》曰：'不菑，畬。'甾，菑或省艸。"《說文解字注》："'不'，當爲'反'，字之誤也。《爾雅》'田一歲曰菑。'毛詩傳，馬融、虞翻《易》注皆用之。《韓詩》、董遇《易》章句皆曰'菑，反艸也'，與'田一歲'義相成。"才、菑同源，共同義素爲初生。

10. 救與拘聲亦相近，絇謂之救，猶云絇謂之拘。（1983：224 卷七下釋器）

字	聲	韻	字	聲	韻
絇	羣	侯	救	見	幽
絇	羣	侯	拘	見	侯

具體形音義關係如下表：

	外部形音義	內部形音義	
	救——拘	絇——救	絇——拘
聲韻關係	雙聲旁轉	旁紐旁轉	旁紐疊韻
形體關係	相異	相異	同聲符
意義關係	絇之本義與拘之借音義義近	絇之本義與救之借音義義近	在聚義上，二者借音義義近

今按，《說文》："絇，纑繩絇也。从糸句聲，讀若鳩。"《說文解字注》："纑者，布縷也，繩者，索也，絇，糾合之謂，以讀若鳩知之，謂若纑若繩之合少爲多皆是也。"《說文》："救，止也。从攴求聲。"救，古音在幽部。《集韻·尤韻》："勼，《說文》'聚也'，古作救。"《說文》："拘，止也。从句从手，句亦聲。"《說文解字注》："手句者，以手止之也。"《玉篇·句部》："拘，拘檢也。"拘，古音在侯部。《類篇·句部》："拘，拘樓，聚也。"絇之本義與救之借義義近。絇之本義與拘之借義義近。在聚義上，救、拘二者借義義近。

這裡，"猶"所連接的兩組之間（救－拘）聲韻關係上雙聲旁轉，內部之間（絇－救、絇－拘）或旁紐旁轉或旁紐疊韻；形體關係上兩組之間都不同，內部之間有同聲符關係；詞義上兩組之間義近，內部之間也有義近關係。

四　“某之通作某，猶某之通作某”研究

本節从正文、聲韻、形體、詞義關係等方面展開論述。

（一）“某之通作某，猶某之通作某”正文

“某之通作某，猶某之通作某”共有 4 例，分佈在《釋詁》《釋器》《釋草》中：

1. 殨之通作摵，猶溝洫之通作減矣。（1983：47 卷二上釋詁）
2. 朋與馮通，猶淜河之淜通作馮也。（1983：47 卷二上釋詁）
3. 棘之通作扚勒，猶革轈之通作勒矣。（1983：242 卷七下釋器）
4. 案杜衡與土杏古雙聲。杜衡之杜爲土，猶《毛詩》自土沮漆，《齊詩》作杜也。衡从行聲而通作杏，猶《詩》荇菜字从行聲而《爾雅》《說文》作莕也。（1983：321 卷十上釋草）

（二）“某之通作某，猶某之通作某”形音義綜合研究

把“某之通作某，猶某之通作某”看作“A 通 B，猶 C 通 D”的形式，簡稱 AB – CD 型，進而討論其形音義特點。

A	聲	韻	B	聲	韻	C	聲	韻	D	聲	韻	A——B	A——C	B——D	C——D
殨	曉	錫	摵	曉	職	洫	曉	質	減	曉	職	雙聲旁轉	雙聲對轉	雙聲疊韻	雙聲異類相轉
朋	並	蒸	馮	並	蒸	淜	並	蒸	馮	並	蒸	雙聲疊韻	雙聲疊韻	同字	雙聲疊韻
棘	見	職	勒	來	職	轈	見	之	勒	來	職	準旁紐疊韻	雙聲對轉	同字	準旁紐對轉
杜	定	魚	土	定	魚	土	定	魚	杜	定	魚	雙聲疊韻	雙聲疊韻	雙聲疊韻	雙聲疊韻
衡	匣	陽	杏	匣	陽	荇	匣	陽	莕	匣	陽	雙聲疊韻	雙聲疊韻	雙聲疊韻	雙聲疊韻

“通作”的 A、B 之間、C、D 之間以雙聲疊韻關係爲主，“猶”所連接的 A、C 之間、B、D 之間也以雙聲疊韻爲主。

A	B	C	D	A—B形體關係	A—C形體關係	B—D形體關係	C—D形體關係
殨	摵	洫	減	相異	同聲符	同聲符	同形符
朋	馮	淜	馮	相異	同聲符	同字	同形符
棘	勒	轈	勒	相異	同聲符	同字	同形符
杜	土	土	杜	同聲符	同聲符	同聲符	同聲符
衡	杏	荇	莕	相異	同聲符	同聲符	同形符

"通作" A、B 之間字形結構無關有 4 對，同聲符有 1 對。C、D 之間字形結構有關，有 5 對。其中同形符有 4 對，同聲符有 1 對。A、C 之間、B、D 之間字形結構有關有 8 對，即同聲符 8 對。同字有 2 對。可見，"通作" 的 A、B 之間以字形結構無關爲主，C、D 之間以同形符爲主，"猶" 所連接的 A、C 之間、B、D 之間以同聲符爲主。

A	B	C	D	A——B 意義關係	A——C 意義關係	B——D 意義關係	C——D 意義關係
殈	㧈	洫	淢	同源	義遠	義遠	義近假借
朋	馮	淜	馮	音近假借	義遠	義近假借	同字
棘	勒	𩍄	勒	音近假借	音近假借	同字	義近假借
杜	土	土	杜	音近假借	音近假借	音近假借	音近假借
衡	杏	荇	莕	音近假借	音近假借	義遠	異體字

"通作" AB 之間以音近假借爲主，但 AB 之間詞義無關。CD 之間較爲複雜，有義近假借的，有音近假借的，還有異體情況。"猶" 所連接的 AC 之間詞（字）義多無關，但有 3 例可以相互假借，BD 之間較複雜，以詞義無關爲主，有 3 例。其中，詞（字）義無關但可假借的有 1 例，沒有假借關係的有 2 例。如 "殈之通作㧈，猶溝洫之通作淢矣。" 殈，《說文》無此字。《玉篇·歹部》："殈，裂也。"《禮記·樂記》："而卵生者不殈。" 鄭玄注："殈，裂也。今齊人語有殈者。"《玉篇·手部》："㧈，㧈裂也。"《集韻·職韻》："㧈，裂聲。"《說文》："洫，十里爲成，成間廣八尺，深八尺，謂之洫。从水血聲。《論語》：'盡力於溝洫。'"《廣雅·釋水》："洫，坑也。"《說文》："淢，疾流也。从水或聲。"《詩·大雅·文王有聲》："築城伊淢，作豐伊匹。" 毛傳："淢，成溝也。" 鄭玄箋："方十里曰成，淢，其溝也，廣深各八尺。" 陸德明釋文："淢，字又作洫。" 殈、㧈同源，共同義素爲裂。洫、淢義近通假。殈、洫無關，㧈、淢無關。

五　"某與某同訓爲某，猶某與某同訓爲某也" 研究

本節從正文、聲韻、形體、詞（字）義關係等方面展開論述。

（一）"某與某同訓爲某，猶某與某同訓爲某也" 正文

"某與某同訓爲某，猶某與某同訓爲某也" 共有 3 例：

1. 越者，《周語》："汩越九原，宅居九隩。"汩、越皆治也。《說文》："汩，治水也。"越與汩聲相近，故同訓爲治，猶越與曰之同訓爲于也。《說苑·指武篇》云："城郭不脩，溝池不越。"是越爲治也。韋昭注訓越爲揚，失之。（1983：95 卷三下釋詁）

2. 療、搖、藥竝同義，搖、療之同訓爲治，猶遙、遼之同訓爲遠，燿、燎之同訓爲照。聲相近，故義相同也。（1983：95 卷三下釋詁）

3. 詷、謥聲相近。詷與謥之同訓爲求，猶迥與復之同訓爲遠也。（1983：97 卷三下釋詁）

（二）"某與某同訓爲某，猶某與某同訓爲某也"形音義綜合研究

把"某與某同訓爲某，猶某與某同訓爲某也"看作"A 與 B 同訓爲某，猶 C 與 D 同訓爲某也"，寫作"AB－CD"（AB－CD－EF 可看作 AB－CD 的擴展術語）。這裡討論 A－B、C－D、A－C、B－D、A－E、C－E、B－F、D－F、E－F 之間的形音義關係。

A	聲	韻	B	聲	韻	C	聲	韻	D	聲	韻	E	聲	韻	F	聲	韻
越	匣	月	汩	見	術	越	匣	月	曰	匣	月						
搖	匣	宵	療	來	宵	遙	匣	宵	遼	來	宵	燿	匣	藥	燎	來	宵
詷	曉	耕	謥	曉	文	迥	匣	耕	復	曉	耕						

具體關係：

A	B	C	D	E	F	A－B	A－C	B－D	C－D	A－E	C－E	D－F	B－F	E－F
越	汩	越	曰	—	—	準旁紐旁轉	雙聲疊韻	準旁紐旁轉	雙聲疊韻	—		—	—	—
搖	療	遙	遼	燿	燎	準旁紐疊韻	雙聲疊韻	雙聲疊韻	準旁紐疊韻	雙聲對轉	雙聲對轉	雙聲疊韻	雙聲疊韻	準旁紐對轉
詷	謥	迥	復	—	—	雙聲異類轉	準旁紐疊韻	雙聲異類轉	準旁紐疊韻	—		—	—	—

"某與某同訓爲某，猶某與某同訓爲某也"對應的聲韻關係比較複雜。A、B 之間有準旁紐旁轉、準旁紐疊韻、雙聲異類相轉的關係，C、D 之間有雙聲疊韻和準旁紐疊韻的關係，E、F 只有 1 例，屬於準旁紐對轉關係，A、C 之間有雙聲疊韻或準旁紐疊韻的關係，B、D 之間有準旁紐

旁轉、雙聲疊韻、雙聲異類相轉的關係，A－E 之間、C－E 之間、D－F 之間、B－F 之間或雙聲疊韻或雙聲對轉。總體上看，"某與某同訓爲某，猶某與某同訓爲某也"中，對應的聲韻關係以雙聲疊韻和準旁紐疊韻爲主。雙聲疊韻有 6 例，準旁紐疊韻有 4 例，準旁紐旁轉有 2 例，雙聲旁對轉有 2 例，雙聲對轉有 2 例，準旁紐對轉有 1 例。

A	B	C	D	E	F	A－B	A－C	B－D	C－D	A－E	C－E	D－F	B－F	E－F
越	汩	越	曰	—	—	相異	同字	同聲符	相異	—	—	—	—	—
搖	療	遙	遼	燿	燎	相異	同聲符	同形符	同形符	相異	相異	同聲符	同聲符	同形符
詗	謢	迵	复	—	—	同形符	同聲符	同聲符	相異	—	—	—	—	—

　　"某與某同訓爲某，猶某與某同訓爲某也"對應的形體關係有以下特點：橫向 A－B 之間、C－D 之間字形相異有 4 例，字形結構有 2 例，即同形符 2 例。縱向 A－C 之間、B－D 之間字形結構有關有 5 對，即同聲符 5 對。同字形有 1 對。橫向 A－B 之間、C－D 之間以字形結構相異爲主，縱向 A－C 之間、B－D 之間以同聲符爲主。縱向 A－E、C－E 都是字形相異，各有 1 對，縱向 D－F、B－F 都是同聲符，各有 1 對，橫向 E－F 之間是同形符的，有 1 對。

A	B	C	D	E	F	A－B	A－C	B－D	C－D	A－E	C－E	D－F	B－F	E－F
越	汩	越	曰	—	—	義近	無關	無關	義近	—	—	—	—	—
搖	療	遙	遼	燿	燎	間接同源	無關	無關	同源	無關	無關	無關	無關	同源
詗	謢	迵	复	—	—	同源	無關	無關	義近	—	—	—	—	—

　　據考，"某與某同訓爲某，猶某與某同訓爲某也"對應的詞義關係有以下特點：橫向的 A－B 之間、C－D 之間、E－F 之間主要是義近或同源，縱向的 A－C、B－D、A－E、C－E、D－F、B－F 詞義間多無關。如"搖、療之同訓爲治，猶遙、遼之同訓爲遠，燿、燎之同訓爲照"，《說文·手部》："搖，動也，从手䍃聲。"《爾雅·釋詁下》："搖，作也。"《廣雅·釋詁三》："搖，治也。"王念孫《廣雅疏證》："搖療者，《方言》：'愮、療，治也。江湘郊會謂醫治之曰愮，或曰療。'注云：'俗

云厭愮病。'愮與搖通。"《說文》:"瘵,治也。从疒樂聲,療或从寮。"
《方言》卷十:"療,治也。"《周禮·天官·瘍醫》:"凡療瘍,以五毒攻
之。"鄭玄注:"止病曰療。""搖"假借爲"愮",愮之《方言》義與療
之本義同源,共同義素爲治。遙,《說文》無此字。《說文新附》:"遙,
逍遙也。又遠也。从辵䍃聲。"《方言》卷六:"遙,遠也,梁楚曰遙。"
《文選·賈誼〈吊屈原文〉》:"見細德之險徵兮,遙曾擊而去之。"李善
注引李奇曰:"遙,遠也。"《說文》:"遼,遠也。从辵尞聲。"《廣韻·
蕭韻》:"遼,遠也。"遙、遼同源,共同義素爲遠。《說文·火部》:
"燿,照也。"《說文·火部》:"燎,放火也。从火尞聲。"《廣韻·笑
韻》:"燎,照也。"燿、燎同源,共同義素爲火。

六 "某名某,猶某名某也"研究

"某名某,猶某名某也"有1例:

茅穗名荻,禾穗亦名私,猶茅穗名蒢,禾穗亦名蒢。《廣韻》云:
"蒢,穗也。"《集韻》云:"禾穗曰蒢,或从斜作蒢。"《玉篇》《廣韻》
竝云:"蒢,穗也。"不言茅穗,則爲禾穗可知。故禾穗之亦名荻,可以
蒢定之也。蒢、荻亦一聲之轉。(1983:334卷十上釋草)

荻,心母脂部。《說文》:"荻,茅秀也。从艸私聲。"徐鍇繫傳:"此
即今茅華未放者也。今人食之,謂之茅榔。《詩》所謂'手如柔荑',荑,
秀也。"私,心母脂部。《說文》:"私,禾也。从禾厶聲。北道名禾主人
曰私主人。"荻、私同源,共同義素爲禾。聲符有示源功能。蒢,邪母歌
部。私、蒢旁紐旁轉。蒢,《說文》無此字。《玉篇·艸部》:"蒢,禾穗
也。"《廣韻·麻韻》:"蒢,禾穗也。"《廣雅·釋草》:"蒢,茅穗也。"
蒢、荻同源,共同義素爲禾穗。"某名某"指事物的命名之意,"某名某,
猶某名某"功能上指概念間的相似性。"禾穗"與"茅穗"有概念相似
性,"荻""私"之間也有概念相似性。

第六節 "猶"與其他術語共同使用

"猶"與其他術語共同使用情況可能反映了王念孫對術語的界限規定
不嚴。本節主要從"猶"與"語之轉"共同使用情況、"猶"與"之
(爲)言"共同使用情況、"猶"與"一聲之轉"共同使用情況三部分

展開。

一　"猶" 與 "語之轉" 共同使用研究

本節从術語共同使用時的音形義關係展開論述。

(一) "猶" 與 "語之轉" 共同使用情況有 15 例

1. 酸削猶痠痟, 語之轉耳。(1983: 15 卷一上釋詁)

2. 庂猶隱也, 語之轉耳。(1983: 31 卷一下釋詁)

3. 凡言邱者皆居之義也。墟猶邱也。語之轉耳。《莊子·秋水篇》: "井鼃不可以語于海者, 拘於虛也。" 言井鼃囿於所居也。崔譔注以虛爲空, 失之。《風俗通義》云: "今故盧居處高下者名爲墟。" 李善注《西征賦》引《聲類》云: "墟, 故所居也。" 邱墟皆故所居之地, 若傳稱帝邱、商邱、夏虛、殷虛、少皞之虛、大皞之虛、祝融之虛、顓頊之虛之類, 皆是也。(1983: 50 卷二上釋詁)

4. 《荀子·勸學篇》: "南方有鳥焉, 名曰蒙鳩。" 楊倞注云: "蒙鳩, 鷦鷯也。" 蒙鳩, 猶言蔑雀。蔑、蒙, 語之轉耳。(1983: 54 卷二上釋詁)

5. 艂舡者, 《集韻》引《埤倉》云: "艂舡, 腹脹也。"《釋水篇》: "艂舡, 舟也。"《廣韻》: "艂舡, 船貌。" 義與艂舡相近也。膹膞, 猶艂舡, 語之轉耳。(1983: 57 卷二上釋詁)

6. 奇衺猶攲衺, 語之轉耳。(1983: 70 卷二下釋詁)

7. 農猶努也, 語之轉耳。《洪範》云: "農用八政。" 謂勉用八政也。《呂刑》云: "稷降播種, 農殖嘉穀。" 謂勉殖嘉穀也。(1983: 83 卷三上釋詁)

8. 贖猶矚也, 語之轉耳。(1983: 85 卷三上釋詁)

9. 穜猶纏也, 語之轉耳。《玉篇》: "穜, 禾束也。"(1983: 86 卷三上釋詁)

10. 糞埽者, 糞猶拂也, 語之轉耳。(1983: 97 卷三下釋詁)

11. 乖剌猶乖戾, 語之轉耳。《說文》: "剌, 戾也。"《楚辭·七諫》云: "吾幽乖剌而無當兮。"(1983: 193 卷六上釋訓)

12. 魁岸猶魁梧, 語之轉耳。(1983: 193 卷六上釋訓)

13. 籧曲猶拳曲, 語之轉也。(1983: 261 卷八上釋器)

14. 案峋嶁, 猶穹隆, 語之轉也。若車枸簍, 或謂之穹隆矣。(1983: 301 卷九下釋山)

15. 鶊猶鶬鶊，語聲之轉耳。(1983：376 卷十下釋鳥)

(二)"猶"與"語之轉"共同使用時音形義關係考

將"猶"與"語之轉"情況分爲兩種，一是 A－B 型，一是 AB－CD 型。現分別討論。

A－B 型形音義關係如下表：

A	聲	韻	B	聲	韻	聲韻關係	形體	詞（字）義關係
庡	影	微	隱	影	文	雙聲對轉	相異	庡、隱同源，共同義素爲隱藏。
墟	溪	魚	邱	溪	之	雙聲旁轉	相異	墟之本義與邱之借義義近，皆指山丘
蔑	明	月	蒙	明	東	雙聲異類相轉	同形符	蔑之《方言》義與蒙之借義義近，皆有小義。
奇	見	歌	馶	見	歌	雙聲疊韻	同聲符	奇、馶同源，共同義素爲單。
農	泥	冬	努	泥	魚	雙聲旁對轉	相異	農、努音近，義遠。
聵	疑	質	䐘	疑	微	雙聲旁對轉	同形符	聵、䐘同源，共同義素爲無聞。
䄠	章	元	纏	定	元	準旁紐疊韻	相異	䄠、纏同源，共同義素爲繞。
糞	幫	文	拂	滂	物	旁紐對轉	相異	糞、拂同源，共同義素爲拂拭。
剌	來	月	戾	來	質	雙聲旁轉	相異	剌、戾同源，共同義素爲違背。
岸	疑	元	梧	疑	魚	雙聲通轉	相異	岸、梧同源，共同義素爲高。
篷	群	魚	拳	群	元	雙聲通轉	相異	篷、拳同源，共同義素爲曲。

A－B 型聲韻關係中，聲轉上以雙聲爲主，其次是旁紐、準旁紐。韻轉上比較多樣，有對轉、旁轉、旁對轉、通轉、異類相轉等。可見 A－B 型聲韻關係以聲轉上的雙聲和韻轉上的相轉爲特點。

A－B 型形體關係，以字形無關爲主。字形結構有關中，同形符多於同聲符情況。

A－B 型詞（字）義關係，以同源爲主。義近只有兩例。

A	聲	韻	B	聲	韻	C	聲	韻	D	聲	韻
酸	心	元	削	心	藥	痠	心	元	痵	心	脂
膌	幫	宵	膘	曉	宵	胮	並	東	肛	見	東
岣	見	侯	嶁	來	侯	穹	溪	蒸	隆	來	東
鶊	並	屋	鶬	並	藥	鶊	幫	職	—	—	—

AB－CD 型形音義關係如下表：

AB－CD	聲韻關係			
	A－B	A－C	B－D	C－D
酸削－痠瘯	雙聲異類相轉	雙聲疊韻	雙聲異類相轉	雙聲旁對轉
膡腺－胮肛	準旁紐疊韻	旁紐旁對轉	準旁紐對轉	準旁紐疊韻
岣嶁－穹隆	準旁紐疊韻	旁紐旁對轉	雙聲對轉	準旁紐疊韻
鴡－雎鳩	雙聲旁轉	旁紐旁轉	—	—

AB－CD 型聲韻關係中，A－B 之間、C－D 之間都有準旁紐疊韻關係，A－C 之間、B－D 之間聲韻關係比較複雜，聲轉上有旁紐和雙聲兩種，韻轉上以旁對轉爲主，還有對轉、異類相轉等情形。

AB—CD	聲韻關係			
	A—B	A—C	B—D	C—D
酸削－痠瘯	無關	同聲符	無關	同形符
膡腺－胮肛	同形符	同形符	同形符	同形符
岣嶁－穹隆	同形符	無關	無關	無關
鴡－雎鳩	同形符	同形符	——	——

AB－CD 型形體關係以字形相異爲主。字形結構有關中，同形符多於同聲符情況。分佈上，A－B 之間、C－D 之間以同形符爲主。A－C 之間、B－D 之間有同形符、有同聲符，還有字形相異情況。

AB—CD	詞（字）義關係			
	A—B	A—C	B—D	C—D
酸削－痠瘯	酸、削詞義無關	詞義無關	詞義無關	同源，共同義素爲疼
膡腺－胮肛	膡、腺同源，共同義素爲腫。	膡、胮同源，共同義素爲腫。	腺、肛同源，共同義素爲腫	胮、肛同源，共同義素爲腫。
岣嶁－穹隆	岣、嶁同源，共同義素爲山頂。	岣、穹同源，共同義素爲高	嶁、隆同源，共同義素爲高	穹、隆同源，共同義素爲高。
鴡－雎鳩	鴡、雎鳩同義	鴡、雎鳩同義	——	——

AB-CD 型詞義關係中，A-B 之間和 C-D 之間主要是同源關係，A-C 之間和 B-D 之間也以同源爲主。

二 "猶"與"之（爲）言"共同使用研究

本節从術語共同使用時的音形義關係展開論述。

（一）"猶"與"之（爲）言"共同使用情況

1. 摻之言纖也。《魏風·葛履篇》："摻摻女手。"毛傳云："摻摻，猶纖纖也。"古詩云："纖纖出素手。"纖與摻聲近義同。（1983：53 卷二上釋詁）

2. 羨之言延也。鄭注《考工記·玉人》云："羨猶延也。"（1983：213 卷七上釋宮）

3. 橙與櫃聲近義同，昭二年《穀梁傳》云："疆之爲言猶竟也。"是其例矣。（1983：258 卷八上釋器）

4. 渠苴古雙聲，故又名苴，苴之爲言猶渠也。（1983：323 卷十上釋草）

5. 蕺之爲言猶莖也。（1983：323 卷十上釋草）

6. 筱之爲言猶小也。（1983：334 卷十上釋草）

7. 蠊之爲言猶瘨也。《方言》云："蠊謂之寒蜩。寒蜩，瘨蜩也。"（1983：357 卷十下釋蟲）

8. 白与蛃聲之轉，蛃之爲言猶白也。《淮南·原道訓》："馮夷大丙之御。"高誘注云："丙或作白。"是其例也。（1983：364 卷十下釋蟲）

9. 鵨之爲言猶鳩鴇也。（1983：376 卷十下釋鳥）

10. 蹢之爲言猶躅也。（1983：384 卷十下釋獸）

11. 犢之爲言猶特也。（1983：384 卷十下釋獸）

"猶"與"之（爲）言"共同使用情況有 11 例。"猶"與"之言"共同使用有 2 例，主要出現在《釋詁》和《釋宮》中。"猶"與"之爲言"共同使用的情況有 9 例，主要出現在《釋器》《釋草》《釋蟲》《釋鳥》《釋獸》部分。在這 9 例中，有 1 例來源於文獻中，即《穀梁傳》，其餘均是王念孫自造的。

（二）“猶”與“之（爲）言”共同使用時的形音義情況

A	聲	韻	B	聲	韻	聲韻關係	形體關係	詞（字）義關係
摻	心	談	纖	山	侵	準雙聲旁轉	相異	同源
羨	邪	元	延	邪	元	雙聲疊韻	相異	義近
疆	見	陽	竟	見	陽	雙聲疊韻	相異	同源
渠	羣	魚	莒	見	魚	旁紐疊韻	相異	音近假借
莢	見	耕	莖	匣	耕	準旁紐疊韻	同形符	同源
筱	心	幽	小	心	宵	雙聲旁轉	相異	同源
瘖	影	侵	蟳	影	蒸	雙聲通轉	相異	同源
白	幫	鐸	蛃	幫	陽	雙聲對轉	相異	同源
鴇	並	幽	鵠/䳓	幫/幫	魚/之	旁紐旁轉	同形符	同義
蹢	定	錫	蹏	定	支	雙聲對轉	同形符	同源
隲	章	職	特	定	職	準旁紐疊韻	相異	同源

“A 之（爲）言猶 B 也”聲韻關係有以下特點：聲類上以雙聲爲主，其次是旁紐，韻類上以疊韻爲主，其次是旁轉。字形關係上以字形結構相異爲主，其次是同形符情況，沒有同聲符情況。詞（字）義關係上以同源爲主，有 8 對：摻——纖、疆——竟、莢——莖、筱——小、瘖——蟳、白——蛃、蹢——蹏、隲——特。

三 “猶”與“一聲之轉”共同使用研究

“猶”與“一聲之轉”共同使用的情況有 4 例，主要分佈在《釋詁》《釋訓》中：

1. 《廣韻》：“呰，姉列切，鳴呰也。”呰猶啾啾，啾、呰亦一聲之轉也。（1983：54 卷二上釋詁）

2. 《小爾雅》：“曼，無也。”《法言·寡見篇》云：“曼，是也。”五百篇云：“行有之也，病曼之也。”皆謂無爲曼。《文選·四子講德論》：“空柯無刃，公輸不能以斲，但懸曼矰蒲且不能以射。”曼亦無也。李善注訓爲長，失之。曼、莫、無一聲之轉，猶覆謂之幔，亦謂之幕，亦謂之幠也。（1983：135 卷五上釋詁）

3. 捋、流一聲之轉。左右流之，左右采之，猶言薄言采之，薄言捋之耳。（1983：146 卷五上釋詁）

4. 左思《吳都賦》："若吾之所傳，孟浪之遺言，略舉其梗概，而未得其要妙也。"劉逵注云："孟浪，猶莫絡，不委細之意。"莫絡、孟浪、無慮皆一聲之轉，總計物數謂之無慮，總度事情亦謂之無慮，皆都凡之意也。（1983：198 卷六上釋訓）

形式上，一般是先說"A 猶 B 也"，進而說"A、B 一聲之轉也"。還有的是先說"某某一聲之轉"，進而說"某某猶某某也"。

對於"一聲之轉"情況，大部分已在"一聲之轉"章節討論過，現將其形音義關係列表如下，簡要說明：

A	聲	韻	B	聲	韻	聲韻關係	形體關係	詞（字）義關係
啾	精	幽	�	精	月	雙聲異類相轉	同形符	同源
捋	來	月	流	來	幽	雙聲異類相轉	相異	捋之本義與流之借義義近

對於"曼、莫、無一聲之轉，猶覆謂之幔，亦謂之幕，亦謂之幠也"，這條訓釋可看成是"猶"連接兩個"一聲之轉"，即"曼－莫－無"和"幔－幕－幠"。曼、莫、無三者義近，義爲"無"，幔、幕、幠三者同源，共同義素爲覆蓋，"猶"所連接的兩組聲音相關，詞（字）義無關。

對於"孟浪""莫絡"，主要是聯綿詞聲轉關係，說見"一聲之轉"部分，茲不贅述。

"猶"與"一聲之轉"共同出現時，聲韻關係上有雙聲等聲轉關係，形體上同聲符或同形符或字形無關三種情況都存在，詞（字）義上主要是同源、義近、詞（字）義無關。

第七節　本章小結

本章從六個部分對《廣雅疏證》訓釋術語"猶"進行研究，即"A 猶 B 也"研究、"某某猶某某也"研究、"某猶某某也"研究、"猶言"研究、"猶"連接鏈各個音義短句研究以及"猶"與其他術語共同使用研究。

　　"A 猶 B 也"主要包含兩種類型的訓釋,一是來源於文獻的(稱爲 A 猶 B1),一是王念孫自造的(稱爲 A 猶 B2)。从聲韻關係上,來源於文獻的聲韻關係分佈均衡,且較廣泛,而來源於王念孫自造的聲韻關係以雙聲疊韻爲主。形體關係上,來源於文獻的形體關係以形體相異爲主,而來源於王念孫自造的形體關係以同聲符爲主。詞(字)義關係上,來源於文獻的詞義以義近爲主,而來源於王念孫自造的詞義關係以同源和義近爲主。顯示了王念孫在"A 猶 B 也"這一術語關係中,自覺地選擇雙聲疊韻同聲符的字進行訓釋。說明王念孫"就古音以求古義,引申觸類,不限形體"的訓釋思想。

　　從術語的形式與功能來探討術語的性質時,需要運用比較的方法。如"AB 猶 CD"與"AB 猶言 CD",形式上後者比前者多了一個"言"字,但从性質上看,"AB 猶 CD"與"AB 猶言 CD"在音形義上基本相似。"AB 猶 CD"與"AB 猶言 CD"中的 AB、CD 都以聯綿詞居多,聲韻關係上都以準旁紐疊韻爲主,形體關係上都以形體相異爲主,詞義關係上詞義無關的情況都比較多。可以說,"猶言"只是"猶"的擴展術語,差別只在形式上,功能上沒有區別。同樣,"A 猶言 B"性質與"A 猶 B"性質也相似。另外,"AB 猶 AC 也"可看作"AB 猶 CA 也"逆序訓釋。AB、AC、CA 主要是合成詞。性質上,"AB 猶 AC 也"與"AB 猶 CA 也"一樣,主要側重於 B、C 之間的詞義關係。

　　總體上看,"A 猶 B 也""某某猶某某也""某猶某某也""猶言"聲韻關係比較廣泛,有 21 種聲韻關係。具體看,雙聲疊韻或者準旁紐疊韻占主要比重。形體上,以字形相異爲主。同聲符或同形符的情況不多。詞(字)義關係上,有同源、義近、音近假借、義近假借、義遠、反訓、詞義無關、音轉等關係。以義近爲主,同源次之。義遠和意義無關主要在對兩個聯綿詞訓釋中出現。"義近"爲主,文字假借、語言音轉都有出現,說明術語"猶"功能上以語文學的訓釋爲主,語言學的訓釋爲輔。

　　"猶"連接兩個音義短句部分主要从"某之爲某,猶某之爲某"研究、"某之轉爲某,猶某之轉爲某"研究、"某謂之某,猶某謂之某也"研究、"某之通作某,猶某之通作某"研究、"某與某同訓爲某,猶某與某同訓爲某也"研究以及"某名某,猶某名某也"研究六部分展開論述。

類目	音義關係術語	雙聲疊韻	雙聲通轉	雙聲旁轉	雙聲對轉	雙聲旁對轉	旁紐異類相轉	旁紐異類對轉	旁紐旁轉	旁紐疊韻	旁紐通轉	旁紐旁對轉	準雙聲疊韻對轉	準旁紐對轉	準旁紐旁轉	準旁紐對轉	準旁紐疊韻對轉	準旁紐類轉	同聲符	同形符	形體相異	同源	義近	音近假借	義遠	反訓	詞義無關	義近假借	音轉
		聲韻關係																	形體關係				詞（字）義關係						
A猶B也	A猶B1	2	1		4		1			2	1	2	1	2	3		4	1	2	2	22	4	16		4				
	A猶B2	8	1		1												1		10	2	7	8	9		1	1		1	
	AA猶BB	7	1	2	2											1			3	3	10	6	9						
	AB猶BA					1														1	1	1		1					
某某猶某某也	AB猶CD1	1	2	2					2	2	3	2	4	3		6	2		5	5	19	2	6				16		
	AB猶CD2	9	2	3		2		1		3	2	8	2	8		8	2		5	9	18	2	3				26	1	
	AB猶CB1							1									1			1		1	1		1				
	AB猶CB2		1				1	1			1	2	1	2		2	1			5	2	2		5			1		
	AB猶AC		1			1											1			4		2							
	AB猶CA																1			1		1							
某猶某某	A猶BB1	1	1										1			1		2	2		1	1		1			1		
	A猶BC	2	1		2					1	2	4	9		2	2		2	2	11	1	9		3		1	2		
猶言	AB猶言CD	3				1	2	1			9	3		3		11		2	6	20	1	11		5		10			
	A猶言B	1	2		1		1	1	2							2		1	1	5	3	2						1	

說明：音義關係術語欄中的"1"指有來源的情況，"2"指無來源的情況。上表顯示的是音形義的總量情況，具體情況將進行文字討論。沒有"1""2"標記的則默認認爲王念孫是自己系聯的訓釋。有來源即來源於文獻，無來源即來源王念孫自己系聯的訓釋。A猶B，AA猶BB，AB猶BA，A猶BB，AB猶CA，AB猶AC，AB猶CB部分主要討論兩詞間的音形義關係。AB猶CD，AB猶言CD主要討論 A－B，A－C、C－D、B－D 之間的音形義關係。A猶BC主要討論 A－B，A－C、B－C 之間的音形義關係。考慮到音義訓釋的複雜性，"猶"連接兩個詞義義短句情況和"猶"與其他術語共同使用情況沒有列入表格，將進行文字討論。

《廣雅疏證》"某之爲某，猶某之爲某"有6例，主要分佈在卷十上《釋草》篇中。且主要是王念孫自造的。把 A 之爲 B 猶 C 之爲 D 稱爲 AB－CD 型，主要討論 A－C、A－B、C－D、B－D 之間聲韻關係，ABC－DEF型，主要討論 A－B、A－C、B－C、D－E、D－F、E－F、A－D、B－E、C－F 之間聲韻關係，AB－CD－EF 型，主要討論 A－B、C－D、E－F、A－C、A－E、C－E、B－D、D－F、B－F 之間聲韻關係，總體上看，"某之爲某，猶某之爲某"聲韻關係特點爲，聲母上以雙聲旁紐爲主，韻母上以疊韻通轉爲主。AB－CD 型，形體關係以字形相異爲主，有6例，同形符有3例，同聲符有4例。ABC－DEF 型，形體關係以字形相異爲主，有8例，同聲符有1例。AB－CD－EF 型，形體關係中同形符有3例，同聲符有3例，字形結構相異有3例。詞義上，"猶"所連接的兩組之間有的有詞義關係，詞義之間或同源或義近，有的沒有詞義關係，兩組內部有的有詞義關係，詞義關係或同源或義近，有的沒有詞義關係。"某之轉爲某，猶某之轉爲某也"共有20例，這20例都是王念孫自己音義系聯的結果。這一術語往往包含著"一聲之轉"或者"語轉""之言"等，顯示了王念孫在音義系聯時術語使用的多樣性。可將這些附加術語放在"某之轉爲某，猶某之轉爲某也"這一大術語框架內討論。AB－CD 型音義關係主要從 A－B、C－D、A－C、B－D 四個對應討論聲韻關係，A－B、C－D 主要涉及"轉"的問題。從 A－B、C－D 聲韻關係看，"轉"主要關涉雙聲旁對轉問題。A－C、B－D 主要涉及"猶"連接的兩組"轉"的音義問題。從 A－C、B－D 聲韻關係看，"猶"主要關涉兩組間雙聲疊韻的情況。"AB－CD—EF－GH 型"音義關係，主要從 A－B、A－C、B－D、C－D 討論 AB－CD 內部的聲韻關係，從 E－F、E－G、G－H、F－H 討論 EF－GH 內部的聲韻關係，從 A－E、B－F、C－G、D－H 討論 AB－CD 與 EF－GH 之間的聲韻關係。可知，在 AB－CD 中，A－B、C－D 主要是疊韻關係，A－C、B－D 之間主要是雙聲旁對轉關係；在 EF－GH 中，E－F、G－H 有疊韻，有旁對轉，E－G、F－H 有旁紐旁對轉和旁對轉兩種關係；在 AB－CD 和 EF－GH 之間，主要有雙聲和旁轉的關係。"AB－CD－EF"型音義關係，主要從 A－B、C－D、E－F 討論三組內部的聲韻關係，從 A－C、A－E、CE、B－D、B－F、D－F 討論三組之間的聲韻關係。發現，三組內部聲類上主要是雙聲，韻類上主要是對轉；三組之間聲類上主要是旁紐，韻類上主要是疊韻，聲韻關係上主要是旁紐疊韻。AB－CD 型形體關係中，"轉" 所連接的兩組内部(A－B、C－D) 形體上以字形相異或同形符爲主要特徵。"猶" 所連接的兩組之間（A－C、B－D）形體上以同聲符爲主，字形相異爲其次（但比重遠小於同聲符）。"AB－CD—EF－GH" 型音義關係，主要從 A－B、A－C、B－D、C－D 討論 AB－CD 内部的形體關係，從 E－F、E－G、G－H、F－H 討論 EF－GH 内部的形體關係，從 A－E、B－F、C－G、D－H 討論 AB－CD 與 EF－GH 之間的形體關係。可見，AB－CD 内部以字形結構無關爲主，EF－GH 内部以同形符爲主，AB－CD 與 EF－GH 形體之間結構相異。"AB－CD－EF" 型音義關係，主要從 A－B、C－D、E－F 討論三組内部的形體關係，從 A－C、A－E、CE、B－D、B－F、D－F 討論三組之間的形體關係。發現，三組内部字形結構相異，三組之間全部是同聲符情況。這一點與 AB－CD 型音義關係相同，可將 AB－CD－EF 型看作 AB－CD 型的擴展版。"某" 所連接的 "某之轉爲某，猶某之轉爲某" 詞義關係較爲複雜。將 "某之轉爲某，猶某之轉爲某" 分成 A 轉 B 猶 C 轉 D 型（簡稱 AB－CD 型）詞義關係，重點考察 AB 之間、CD 之間、AC 之間、BD 之間以及 AB 與 CD 之間詞（字）義關係。據考，有如下特點。先說 AB 之間詞（字）義關係。AB 之間同源的有 11 例，義近的有 4 例，義同的有 3 例。CD 之間同源的有 11 例，義近的有 5 例，義同的有 1 例，義無關的有 1 例。對於 "猶" 所連接的 AB 與 CD 之間詞（字）義關係問題，據考，以詞（字）義無關爲主，有 15 例。詞（字）義有關只有 2 例。總之，"猶" 所連接的兩組或多組之間形音義關係有如下特點，聲韻關係上以雙聲疊韻爲主，形體關係上以同聲符爲主，字形結構相異爲其次，詞（字）義關係上多無關，但内部有同源或義近等關係。《廣雅疏證》"某謂之某，猶某謂之某" 共有 10 例，分部在《釋詁》《釋器》《釋水》《釋草》等篇章。一般將 A－C、B－D 之間的形音義關係稱爲外部形音義，將 A－B、C－D 之間的形音義關係稱爲内部形音義。考察發現，聲韻上，内部之間聲韻關係比外部之間聲韻關係較遠，内部之間多旁轉對轉旁紐準雙聲，外部之間有不少雙聲疊韻關係；形體上，内部之間形體關係比外部之間形體關係也較遠，詞（字）義上，内部之間詞義關係比外部之間詞義關係較近，内部之間一般多義近或同源關係，外部之間有無關或假借關係。

"某之通作某，猶某之通作某" 共有 5 例，看作 "A 通 B，猶 C 通 D"

的形式，簡稱 AB－CD 型，進而討論其形音義特點。“通作”的 A、B 之間、C、D 之間以雙聲疊韻關係爲主，“猶”所連接的 A、C 之間、B、D 之間也以雙聲疊韻爲主。“通作”A、B 之間以字形結構相異爲主，C、D 之間以同形符爲主，“猶”所連接的 A、C 之間、B、D 之間以同聲符爲主。詞（字）義關係上，據考，“某之通作某，猶某之通作某”主要顯示了字形間的假借關係。這個術語由“通作”和“猶”構成，“通作”一般指字形結構的假借，“猶”的功能主要是類推假借，即在雙聲疊韻和同聲符同形符的基礎上，系聯出一組組具有假借關係的字形。同時，《廣雅疏證》中的“通作”顯示了這個術語的複雜性。“通作”即指音近假借，又指同源假借，又指義近假借，還指異體關係。“猶”所類推的字形之間詞（字）義上也比較複雜，有意義無關但可假借的，有意義無關但沒有假借關係的。

“某與某同訓爲某，猶某與某同訓爲某也”共有 3 例，總體上看，聲韻關係以雙聲疊韻和疊韻爲主，雙聲疊韻有 6 例，疊韻有 4 例，旁轉有 2 例，雙聲旁對轉有 2 例，雙聲對轉有 2 例，單純對轉有 1 例，沒有無關的情況。“某與某同訓爲某，猶某與某同訓爲某也”對應的形體關係有以下特點：橫向 A－B 之間、C－D 之間以字形結構相異爲主，縱向 A－C 之間、B－D 之間以同聲符爲主，縱向 A－E、C－E 都是字形相異，縱向 D－F、B－F 都是同聲符，橫向 E－F 之間是同形符的。“某與某同訓爲某，猶某與某同訓爲某也”顯示了因聲求義的層次性。A－C、B－D、A－E、C－E、D－F、B－F 音形上都有關係，但意義上多無關；A－B 之間、C－D 之間、E－F 之間聲韻上相近，形體上關聯不大，但意義之間多相關。這里的“猶”主要起聯繫音形的作用。

“某名某，猶某名某也”有 1 例。從功能上看，“某名某”指事物的命名之意，“某名某，猶某名某”指概念間的相似性。

“猶”與其他術語共同使用情況主要從“猶”與“語之轉”共同使用情況、“猶”與“之（爲）言”共同使用情況、“猶”與“一聲之轉”共同使用情況三部分展開。“猶”與“語之轉”共同使用情況有 15 例，“猶”依賴于“語之轉”，“語之轉”的兩個字（詞）聲音上雙聲或韻近，詞（字）義上多同源。“猶”和“語之轉”共同使用顯示了音義之間的緊密聯繫。“猶”和“之（爲）言”共同使用情況有 11 例，“猶”的功能處於從屬地位，“之（爲）言”的功能是主要的。“A 之（爲）言猶 B

也"中的 A、B 詞義上多以同源爲主，説明了這一點。"猶"與"一聲之轉"共同出現時，聲韻關係上有雙聲等聲轉關係，形體上同聲符或同形符或字形相異三種情況都存在，詞（字）義上主要是同源、義近、詞義無關。

下編　《廣雅疏證》與王念孫
古音學研究

《廣雅疏證》音義術語較多。數據顯示，有"之言""一聲之轉"
"猶""聲近義同""語之轉""同""通"等。限於篇幅，本章主要從
"之言""聲近義同""猶""一聲之轉"四個量較多且與音義問題較突出
的術語進行討論。在此基礎上，對古音學的一些問題進行探討與驗證，以
深化對相關問題的認識。

第一章 《廣雅疏證》聲轉特點與 王念孫古聲類問題①

　　爲了討論的便利，對於《廣雅疏證》四個術語聲轉韻轉情況進行梳理，主要採用王力的古音系統。陰陽對轉理論主要採用的是王力《同源字典》中陰陽對轉類型及語音條件。

　　由於王力的古音系統與王念孫的古音系統有一定的對應。在討論王念孫古聲紐體系時，可利用前面所論四個術語中的聲韻情況。

　　王念孫的古聲紐體系可從王國維《高郵王懷祖先生〈訓詁音韻書稿〉敘錄·〈釋大〉七篇二冊》中得出，正文爲："正書清稿，取字之有大義者，依所隸之字母彙而釋之，并自爲之注，存見谿羣疑影喻曉七母，凡七篇，篇分上下，余從雜稿中蒐得匣母一篇，草書初稿，附錄卷末，并爲八篇，據第四篇岸字注云說見第十八篇洒字下，又第三篇著字注云物之大者，皆以牛馬稱之，說見第二十三篇。是先生此書略以竣事，惜遺稿中已不可見矣。案唐宋以來相傳字母凡三十有六，古音則舌頭舌上邪齒輕唇重唇并無差別，故得二十三母，先生此書亦當有二十三篇，其前八篇爲牙喉八母，而洒字在第十八篇，馬字在第二十三篇，則此書自十五篇至十九篇當釋齒音精清從心邪五母之字，自二十篇至二十三篇當釋邦滂并明四母之字，然則第九至第十四六篇，其是來日端透定泥六母字無疑也。"② 現將王念孫二十三紐與王力三十二紐進行比較。可見，王力將舌音分爲兩組，把舌上（照三）和日母單獨列出。將齒音分爲兩組，把正齒（照二）單獨列出。別的區別較小。

---

　　① 本章部分內容曾發表於《西華大學學報》2016 年第 1 期。

　　② 王國維：《觀堂集林》（上），中華書局 1959 年版，第 395—404 頁。

		全清	次清	全濁	次濁	清	次濁	濁	次濁
唇音		幫	滂	並	明				
舌音	舌頭	端	透	定			泥		來
	舌上	章	昌	船	喻四	書審		禪	日
齒音	齒頭	精	清	從		心		邪	
	正齒	莊	初	崇		生			
牙音		見	溪	羣	疑				
喉音		影				曉	匣喻三		

齒音齒頭齒頭同類相通有 38 例①：

精清旁紐：鷫——鷫（1983：54 卷二上釋詁）；心邪旁紐：私——穗（1983：334 卷十上釋草）、心邪旁紐：西——夕（1983：70 卷二下釋詁）、西——裦（1983：70 卷二下釋詁）、泚——訾（1983：30 卷一下釋詁）、趑——駿（1983：214 卷七上釋宮）、採——宰（1983：298 卷九下釋地）、磧——積（1983：303 卷九下釋水）、鰦——菜（1983：366 卷十下釋魚）、鷫——擎（1983：378 卷十下釋鳥）、錢——鐵（1983：254 卷八上釋器）、蜻蛉——蒼筤（1983：362 卷十下釋蟲）

精從旁紐：叜——叢（1983：94 卷三下釋詁）、剴——哉（1983：249 卷八上釋器）、尊——欑（1983：93 卷三下釋詁）、憒——濟（1983：20 卷一上釋詁）、祖——俎（1983：26 卷一下釋詁）、蹲——尊（1983：94 卷三下釋詁）、儹——欑（1983：94 卷三下釋詁）、齊——濟（1983：175 卷六上釋詁）

精心旁紐：喪——葬（1983：113 卷四上釋詁）、駿——迅（1983：22 卷一上釋詁）

從心旁紐：粹——萃（1983：115 卷四上釋詁）、碏——藉（1983：209 卷七上釋宮）、藪——聚（1983：292 卷九上釋地）

心邪旁紐：昔——夕（1983：118 卷四上釋詁）、匜——浚（1983：222 卷七下釋器）、迅——徇（1983：22 卷一上釋詁）

清從旁紐：倩——婧（1983：202 卷六下釋親）、秋——就（1983：292 卷九上釋地）、造——曹（1983：305 卷九下釋水）、慘——暼

---

① "——"表示四類音義術語，本節綜合考察四類術語顯示的聲類相轉情況。

（1983：20 卷一上釋詁）、遒——媨（1983：26 卷一下釋詁）、蔟——族
（1983：149 卷五上釋詁）

　　清邪旁紐：簪——鬵（1983：22 卷一上釋詁）

　　精邪旁紐：憯——鬵（1983：22 卷一上釋詁）、駿——徇（1983：22
卷一上釋詁）

　　清心旁紐：胥——覻（1983：32 卷一下釋詁）

　　齒音正齒正齒同類相通有 5 例：

　　初生旁紐：衰——差（1983：127 卷四下釋詁）、撕——芟（1983：
73 卷三上釋詁）

　　莊初準旁紐：壯——創（1983：67 卷二下釋詁）

　　莊崇旁紐：阻——齟齬（1983：70 卷二下釋詁）

　　初崇旁紐：篝——轛（1983：258 卷八上釋器）

　　齒音齒頭正齒同類相通有 38 例：

　　精莊準雙聲：栺——笮（1983：209 卷七上釋宮）、甾——哉（1983：
108 卷四上釋詁）、櫛——節（1983：236 卷七下釋器）、菹——租
（1983：249 卷八上釋器）、俎——宜（1983：268 卷八上釋器）、裝——
將（1983：142 卷五上釋詁）、擎——糕（1983：53 卷二上釋詁）、
鼨——糕（1983：53 卷二上釋詁）

　　清初準雙聲：飺——差（1983：77 卷三上釋詁）、飺——錯（1983：
77 卷三上釋詁）、睬——察（1983：32 卷一下釋詁）、鏦——摠（1983：
265 卷八上釋器）、蝕——懱（1983：358 卷十下釋蟲）、磋——甂
（1983：76 卷三上釋詁）

　　精初準旁紐：祭——察（1983：7 卷一上釋詁）、礎——宜（1983：
209 卷七上釋宮）、槻——親（1983：274 卷八上釋器）

　　從初準旁紐：劗——絕（1983：21 卷一上釋詁）、策——齊（1983：
268 卷八上釋器）

　　心生準雙聲：雪——刷（1983：97 卷三下釋詁）、糈——疏（1983：
247 卷八上釋器）、沙——斯（1983：321 卷十上釋草）、摻——纖
（1983：53 卷二上釋詁）

　　莊心準旁紐：甏——脩（1983：210 卷七上釋宮）

　　從莊準旁紐：裁——裁（1983：245 卷八上釋器）、槧——斬（1983：
252 卷八上釋器）、甾——才（1983：336 卷十上釋草）、甏——聚

（1983：210 卷七上釋宮）

　　邪莊準旁紐：枏——剚（1983：260 卷八上釋器）

　　清莊準旁紐：櫨——酢（1983：353 卷十上釋草）

　　生清準旁紐：摲——造（1983：7 卷一上釋詁）

　　精崇準旁紐：崇——宗（1983：99 卷三下釋詁）

　　崇心準旁紐：僝——㸒（1983：90 卷三下釋詁）、僝——巽（1983：90 卷三下釋詁）、顨——㸒（1983：90 卷三下釋詁）、顨——巽（1983：90 卷三下釋詁）、㸒——撰（1983：90 卷三下釋詁）、巽——撰（1983：90 卷三下釋詁）

　　舌音舌頭舌頭同類相通有 44 例：

　　透定旁紐：軑——鍺（1983：241 卷七下釋器）、超——迢（1983：12 卷一上釋詁）、揗——墮（1983：13 卷一上釋詁）、譠——誕（1983：71 卷二下釋詁）、梯——第（1983：209 卷七上釋宮）、壇——坦（1983：288 卷九上釋天）、惿——提（1983：258 卷八上釋器）、䴮——捵（1983：18 卷一上釋詁）、鋌——逞（1983：21 卷一上釋詁）、挺——逞（1983：27 卷一下釋詁）、逞——鋌（1983：41 卷一下釋詁）、桶——箭（1983：55 卷二上釋詁）、摘——掭（1983：62 卷二下釋詁）

　　端透旁紐：磌——沰（1983：137 卷五上釋詁）、沰——磓（1983：137 卷五上釋詁）、遭——纏繞（1983：108 卷四上釋詁）、黏——沾（1983：272 卷八上釋器）

　　端定旁紐：顛——題（1983：202 卷六下釋親）、頷——題（1983：202 卷六下釋親）、磌——摘（1983：129 卷四下釋詁）、肚——都（1983：204 卷六下釋親）、磌——鎮（1983：209 卷七上釋宮）、幨——屯（1983：256 卷八上釋器）、秅——都（1983：270 卷八上釋器）、臺——等（1983：23 卷一上釋詁）、澱——定（1983：250 卷八上釋器）、霆——嗔（1983：283 卷九上釋天）、堵——屠（1983：20 卷一上釋詁）、亶——誕（1983：24 卷一上釋詁）、髥——墮（1983：72 卷三上釋詁）、打——打（1983：87 卷三上釋詁）、提——摘（1983：88 卷三上釋詁）、摘——掭（1983：62 卷二下釋詁）、扰——挑（1983：51 卷二上釋詁）、㫩——挑（1983：51 卷二上釋詁）、揄——挑（1983：51 卷二上釋詁）

　　透泥旁紐：杅——紐（1983：216 卷七上釋宮）、蠆——蛆（1983：358 卷十下釋蟲）、朓——佻（1983：130 卷四下釋詁）

來透旁紐：薖——離（1983：297 卷九下釋地）

來定旁紐：髳——墮（1983：90 卷三上釋詁）、覝——天（1983：111 卷四上釋詁）

端泥旁紐：輒——坳（1983：125 卷四下釋詁）

端定旁紐：摘——摘（1983：62 卷二下釋詁）

舌上舌上同類相通有 12 例：

禪章旁紐：尚——掌（1983：99 卷三下釋詁）、輴——惝（1983：54 卷二上釋詁）

書章旁紐：扴——升（1983：100 卷三下釋詁）、枳——倜（1983：277 卷八下釋樂）、適——枝（1983：158 卷五下釋詁）

船書旁紐：術——率（1983：213 卷七上釋宮）

昌書旁紐：鬖——蠡（1983：234 卷七下釋器）

章昌旁紐：鍾——充（1983：277 卷八下釋樂）

禪書旁紐：勺藥——適歷（1983：309 卷十上釋草）

喻四書旁紐：餲——蒍（1983：54 卷二上釋詁）、餲——銳（1983：54 卷二上釋詁）

日書旁紐：恁——諗（1983：65 卷二下釋詁）

舌音舌頭舌上同類相通有 60 例：

章端準雙聲：准——質（1983：11 卷一上釋詁）、質——正（1983：11 卷一上釋詁）、惝——岢（1983：54 卷二上釋詁）、致——至（1983：7 卷一上釋詁）、磔——拓（1983：14 卷一上釋詁）、卓——灼（1983：111 卷四上釋詁）、徵——證（1983：112 卷四上釋詁）、檄——直（1983：213 卷七上釋宮）、桎——窒（1983：216 卷七上釋宮）、甐——貯（1983：222 卷七下釋器）、旳——灼（1983：272 卷八上釋器）

端書準旁紐：鰭——奢（1983：6 卷一上釋詁）

來船準旁紐：倫——順（1983：9 卷一上釋詁）

定書準旁紐：詄——失（1983：72 卷二下釋詁）、跌——失（1983：127 卷四下釋詁）、池——施（1983：275 卷八下釋樂）、窨——濱（1983：303 卷九下釋水）、弛——阤（1983：20 卷一上釋詁）

昌定準旁紐：醜——儔（1983：80 卷三上釋詁）

端禪準旁紐：曙——著（1983：111 卷四上釋詁）、赭——署（1983：236 卷七下釋器）、蜿蟺——宛轉（1983：363 卷十下釋蟲）、輴——岢

（1983：54 卷二上釋詁）

端昌準旁紐：嗟——叱（1983：167 卷五下釋詁）、姑——沾（1983：34 卷一下釋詁）、黨——昌（1983：8 卷一上釋詁）、讜——昌（1983：8 卷一上釋詁）

泥日準旁紐：穀——孺（1983：200 卷六下釋親）、芮——焫（1983：81 卷三上釋詁）、恁——念（1983：65 卷二下釋詁）

禪定準旁紐：脰——豎（1983：202 卷六下釋親）、殳——投（1983：259 卷八上釋器）、檮——受（1983：274 卷八上釋器）、酎——純（1983：248 卷八上釋器）、鯷——鯷（1983：366 卷十下釋魚）

定章準旁紐：軑——鈐（1983：241 卷七下釋器）、藇（蕍）——（與）（1983：327 卷十上釋草）、侄——緻（1983：40 卷一下釋詁）、楂——殄（1983：353 卷十上釋草）

定喻四準旁紐：絼——引（1983：242 卷七下釋器）、錟——剡（1983：265 卷八上釋器）、样——惕（1983：257 卷八上釋器）、匱——容（1983：223 卷七下釋器）、涌——筩（1983：55 卷二上釋詁）

透禪準旁紐：湍——遄（1983：302 卷九下釋水）、湍——圖（1983：85 卷三上釋詁）、純——燉（1983：112 卷四上釋詁）

泥書準旁紐：淰——閃（1983：83 卷三上釋詁）、諗——念（1983：65 卷二下釋詁）

端章準雙聲：周——炤（1983：68 卷二下釋詁）、訰——頓（1983：79 卷三上釋詁）、鈐——觽（1983：222 卷七下釋器）

書來準旁紐：攝——攬（1983：102 卷三下釋詁）

透書準旁紐：亶——籀（1983：110 卷四上釋詁）

透喻四準旁紐：佗——移（1983：46 卷二上釋詁）、涌——桶（1983：55 卷二上釋詁）、舀——挑（1983：51 卷二上釋詁）

喻四端準旁紐：舀——扰（1983：51 卷二上釋詁）、扰——眈（1983：51 卷二上釋詁）、扰——揄（1983：51 卷二上釋詁）

齒頭舌上異類相通有 19 例：

心書準雙聲：綏——舒（1983：115 卷四上釋詁）、浚——縮（1983：68 卷二下釋詁）、浚——湑（1983：68 卷二下釋詁）、縮——籔（1983：222 卷七下釋器）、縮——匴（1983：222 卷七下釋器）、笙——星（1983：53 卷二上釋詁）、姰——眴（1983：117 卷四上釋詁）、蠢——湘

（1983：135 卷五上釋詁）、鬺——湘（1983：135 卷五上釋詁）

邪章準旁紐：寺——止（1983：210 卷七上釋宮）

清書準旁紐：阠——伸（1983：214 卷七上釋宮）

心日準旁紐：氉——縟（1983：251 卷八上釋器）、攘——纕（1983：237 卷七下釋器）

心喻四準旁紐：緤——曳（1983：242 卷七下釋器）

精日準旁紐：酒——乳（1983：248 卷八上釋器）

邪喻四準旁紐：轊——銳（1983：241 卷七下釋器）

清昌準雙聲：戚——俶（1983：37 卷一下釋詁）

章端準雙聲：釧——刕（1983：21 卷一上釋詁）

從喻四準旁紐：醨——淫（1983：248 卷八上釋器）

牙音牙音同類相通有 77 例：

溪羣旁紐：渠——魁（1983：266 卷八上釋器，訓爲楯）、渠——魁（1983：323 卷十上釋草，訓爲大）、見溪旁紐：裏——藈（1983：131 卷四下釋詁）、拳拳——區區（1983：181 卷六上釋訓）、拳拳——款款（1983：181 卷六上釋訓）、窮——卻（1983：19 卷一上釋詁）、極——卻（1983：19 卷一上釋詁）、倦——卻（1983：19 卷一上釋詁）、蠻——卷（1983：110 卷四上釋詁）、珥——捆（1983：119 卷四上釋詁）、局——曲（1983：166 卷五下釋詁）、錡——踦（1983：218 卷七下釋器）、薄薄——權輿（1983：336 卷十上釋草）、蜠——曲（1983：363 卷十下釋蟲）、焪——窮（1983：40 卷一下釋詁）、鞏——焪（1983：45—46 卷二上釋詁）、悓——徤（1983：180 卷六上釋訓）、稇——麇（1983：86 卷三上釋詁）、囷——麇（1983：86 卷三上釋詁）

見溪旁紐：揭——褰（1983：36 卷一下釋詁）、揭——摳（1983：36 卷一下釋詁）、辜——枯（1983：74 卷三上釋詁）、航——亢（1983：92 卷三下釋詁）、晐——該（1983：93 卷三下釋詁）、結——詰（1983：110 卷四上釋詁）、琴——禁（1983：110 卷四上釋詁）、纏——紾（1983：229 卷七下釋器）、闓——覬覦（1983：42 卷一下釋詁）、濠——枯（1983：45 卷二上釋詁）、撅——刲（1983：52 卷二上釋詁）、桂——刲（1983：297 卷九下釋地）、觳——觳（1983：378 卷十下釋鳥）、骹——較（1983：24 卷八上釋器）、剞——曲（1983：264 卷八上釋器）、棋——曲（1983：268 卷八上釋器）、輨——關（1983：241 卷七下釋器）、劂——屈（1983：164 卷八上釋器）、蛣蝂——詰屈（1983：363 卷十下釋蟲）、枷——歌（1983：260 卷八上釋器）、谷——郤（1983：33 卷一下釋詁）、苦——慼（1983：49 卷二上釋詁）、桊——棬（1983：73 卷三上釋詁）、寇——夠（1983：93 卷三下釋詁）（枳）句——（迟）曲（1983：33 卷一下釋詁）

見羣旁紐：僑——嬌（1983：114 卷四上釋詁）、僑——赳（1983：114 卷四上釋詁）、居——踞（1983：97 卷三下釋詁）、居——員（1983：97 卷三下釋詁）、居——啟（1983：97 卷三下釋詁）、居——跪（1983：97 卷三下釋詁）、踞——踞（1983：97 卷三下釋詁）、踞——員（1983：97 卷三下釋詁）、踞——啟（1983：97 卷三下釋詁）、踞——跪（1983：97 卷三下釋詁）、踞——啟（1983：97 卷三下釋詁）、啟——跪（1983：97 卷三下釋詁）、橜——厥（1983：213 卷七上釋宮）、盎——卷（1983：220 卷七下釋器）、軥——鉤（1983：224 卷七下釋器）、紟——禁（1983：235 卷七下釋器）、滰——竟（1983：68 卷二下釋詁）、鞬——鍵（1983：262 卷八上釋器）、嶡——蹷（1983：268 卷八上釋器）、虡——舉（1983：268 卷八上釋器）、機——祈（1983：290 卷九上釋天）、劇——虔（1983：385 卷十下釋獸）、綦——戒（1983：235 卷七下釋器）、矯——趫（1983：56 卷二上釋詁）、橀——橿（1983：258 卷八上釋器）、墐——靳（1983：110 卷四上釋詁）、觓——疜（1983：35 卷一下釋詁）、觓——糾（1983：35 卷一下釋詁）、蛩——愩（1983：137 卷五上釋詁）、愩——蛩（1983：137 卷五上釋詁）

羣疑旁紐：翹——嶢（1983：176 卷六上釋詁）

溪疑旁紐：塏——磑（1983：40 卷一下釋詁）、鎧——磑（1983：40 卷一下釋詁）

舌頭牙音異類相通有 10 例：

溪端準旁紐：繾（綣）——展（轉）（1983：196 卷六上釋訓）、（繾）綣——（展）轉（1983：196 卷六上釋訓）

見來準旁紐：祿——穀（1983：8 卷一上釋詁）窌——寥（1983：113 卷四上釋詁）

見透準旁紐：綝——禁（1983：92 卷三下釋詁）、桯——經（1983：268 卷八上釋器）

來羣準旁紐：術——共（1983：213 卷七上釋宮）

端見準雙聲：斗——魁（1983：221 卷七下釋器）

來疑準旁紐：陳——廉（1983：299 卷九下釋地）

疑泥準旁紐：㮆——歹（1983：353 卷十上釋草）

舌上牙音異類相通有 6 例：

見昌準旁紐：角——觸（1983：170 卷五下釋詁）、眛——穿（1983：302 卷九下釋水）

溪章準旁紐：胵——汁（1983：245 卷八上釋器）、枳（句）——迴（曲）（1983：33 卷一下釋詁）、

見章準雙聲：棋——枳（1983：268 卷八上釋器）、支——妓（1983：103 卷三下釋詁）

牙音喉音異類相通有 50 例：

溪匣準旁紐：篋——械（1983：223 卷七下釋器）、医——挾（1983：223 卷七下釋器）、愒——喝（1983：195 卷六上釋訓）、困——圓（1983：335 卷十上釋草）

見匣準旁紐：釬——榦（1983：265 卷八上釋器）、袞——渾（1983：6 卷一上釋詁）、擕——會（1983：101 卷三下釋詁）、過——過（1983：160 卷五下釋詁）、胿——梗（1983：205 卷六下釋親）、廥——會（1983：209 卷七上釋宮）、檻——監（1983：210 卷七上釋宮）、閞——介（1983：211 卷七上釋宮）、錕——緄（1983：241 卷七下釋器）、骼——垎（1983：244 卷八上釋器）、皛——皎（1983：272 卷八上釋器）、禹——蝸（1983：364 卷十下釋蟲）、盒——合（1983：370 卷十下釋魚）、陘——徑（1983：299 卷九下釋地）、骨——覈（1983：244 卷八上釋器）、校——較（1983：257 卷八上釋器）、鱎——鰝（1983：367 卷十下釋魚）、汩——猾（1983：79 卷三上釋詁）、骼——趉（1983：117 卷四上釋詁）、孤——弧（1983：123 卷四下釋詁）

曉溪準旁紐：隓——虧（1983：20 卷一上釋詁）、灯——槁（1983：46 卷二上釋詁）

見曉準旁紐：汔——訖（1983：40 卷一下釋詁）、脅——夾（1983：204 卷六下釋親）、霍——劇（1983：28 卷一下釋詁）、霍——翯（1983：47 卷二上釋詁）、憒——怯（1983：115 卷四上釋詁）

見影準雙聲：抓——扜（1983：41 卷一下釋詁）、窅——奧（1983：

113 卷四上釋詁）、胃——綰（1983：224 卷七下釋器）、蠲——娃（1983：112 卷四上釋詁）

溪影準旁紐：踦——倚（1983：132 卷四下釋詁）、櫨——邱（1983：353 卷十上釋草）、尪——匡（1983：123 卷四下釋詁）

見初準旁紐：樛——枸（1983：243 卷七下釋器）

疑匣準旁紐：䳤——圜（1983：247 卷八上釋器）、械——礙（1983：216 卷七上釋宮）

來見準旁紐：笘——旅（1983：270 卷八上釋器）

羣匣準旁紐：帬——圍（1983：231 卷七下釋器）、鼸——齡（1983：387 卷十下，釋獸）、箘——圓（1983：335 卷十上釋草）

疑影準旁紐：臥——委（1983：117 卷四上釋詁）

曉疑準旁紐：忥——疙（1983：80 卷三上釋詁）

羣影準旁紐：碕——陭（1983：158 卷五下釋詁）

見曉準旁紐：膠——獢（1983：80 卷三上釋詁）、摎——獢（1983：80 卷三上釋詁）

舌頭喉音異類相通有 15 例：

定匣準旁紐：佾——秩（1983：13 卷一上釋詁）、綻——開（1983：28 卷一下釋詁）、由——道（1983：51 卷二上釋詁）、怡——待（1983：64 卷二下釋詁）、炗——炎（1983：111 卷四上釋詁）、彤——融（1983：271 卷八上釋器）、櫝——容（1983：274 卷八上釋器）、炗——炎（1983：49 卷二上釋詁）、恢——炎（1983：49 卷二上釋詁）

來匣準旁紐：輪——員（1983：241 卷七下釋器）、輪——運（1983：241 卷七下釋器）

影端準雙聲：頓——委（1983：117 卷四上釋詁）

透匣準旁紐：曳——跰（1983：64 卷二下釋詁）、佗——扜（1983：46 卷二上釋詁）、

端匣準旁紐：捙——攓（1983：88 卷三上釋詁）

喉音齒頭異類相通有 8 例：

心匣準旁紐：緤——曳（1983：242 卷七下釋器）、緤——曳（1983：60 卷二下釋詁）、菌蕑——蕑嘾（1983：339 卷十上釋草）

匣邪準旁紐：庠——養（1983：16 卷一上釋詁）、徐——餘（1983：95 卷三下釋詁）

从匣準旁紐：庾——聚（1983：209 卷七上釋宮）

清匣準旁紐：秋——酋（1983：78 卷三上釋詁）

曉邪準旁紐：蠉——旋（1983：363 卷十下釋蟲）

脣音喉音異類相通有 6 例：

明曉準旁紐：巇——盂（1983：244 卷八上釋器）、璺——釁（1983：46 卷二上釋詁）

幫曉準旁紐：方——荒（1983：7 卷一上釋詁）、霈——訇（1983：283 卷九上釋天）

滂曉準旁紐：撫——幠（1983：7 卷一上釋詁）

並匣準旁紐：瓪——扞（1983：266 卷八上釋器）

舌上喉音異類相通有 12 例：

船匣準旁紐：揲——葉（1983：94 卷三下釋詁）

書匣準旁紐：矧——引（1983：55 卷二上釋詁）、挻——延（1983：55 卷二上釋詁）、斞——輸（1983：270 卷八上釋器）

禪喻四準旁紐：籯——盛（1983：220 卷七下釋器）

疑日準旁紐：麑——兒（1983：384 卷十下，釋獸）

影章準雙聲：旃——焉（1983：139 卷五上釋詁）

匣喻四準旁紐：拸——移（1983：46 卷二上釋詁）

匣日準旁紐：易——如（1983：138 卷五上釋詁）、易——若（1983：138 卷五上釋詁）、與——日（1983：138 卷五上釋詁）、與——若（1983：138 卷五上釋詁）

喉音喉音同類相通有 19 例：

影匣旁紐：饖——餲（1983：250 卷八上釋器）、饖——饐（1983：250 卷八上釋器）、黶——黤（1983：273 卷八上釋器）、黤——黳（1983：273 卷八上釋器）、㷼——黯（1983：26 卷一下釋詁）、盂——迂（1983：219 卷七下釋器）、絅——苛（1983：226 卷七下釋器）、繯——綰（1983：238 卷七下釋器）、靬——紆（1983：239 卷七下釋器）、繪——黯（1983：273 卷八上釋器）

曉匣旁紐：敻——迥（1983：12 卷一上釋詁）、越——越（1983：22 卷一上釋詁）卉——彙（1983：99 卷三下釋詁）、闖——撝（1983：106 卷三下釋詁）、旭——皓（1983：112 卷四上釋詁）、軒——扞（1983：238 卷七下釋器）、雩——吁（1983：288 卷九上釋天）、𧆸——扞

（1983：236 卷七下釋器）、餲——餲（1983：250 卷八上釋器）

唇音唇音同類相通有 85 例：

滂並旁紐：葤——瓢（1983：322 卷十上釋草）、鋪——䏶（1983：92 卷三下釋詁）、朴——皮（1983：105 卷三下釋詁）；漂——洴（1983：150 卷五上釋詁）、潎——洴（1983：150 卷五上釋詁）、洴——澼（1983：150 卷五上釋詁）、敊——拂（1983：88 卷三上釋詁）、妣——比（1983：139 卷五上釋詁）、澼——擗（1983：150 卷五上釋詁）、峚——墳（1983：229 卷七下釋器）、鈹——破（1983：252 卷八上釋器）、萉——剕（1983：263 卷八上釋器）、芙蓉——敷蕑（1983：339 卷十上釋草）、膊——輔（1983：204 卷六下釋親）、覂——覆（1983：224 卷七下釋器）、稖——剖（1983：297 卷九上釋地）、怖——勃（1983：47 卷二上釋詁）、駙——拊（1983：22 卷一上釋詁）、卞——疲（1983：105 卷三下釋詁）

幫滂旁紐：撫——方（1983：7 卷一上釋詁）、沸——瀵（1983：302 卷九下釋水）、朴——膚（1983：105 卷三下釋詁）、判——片（1983：225 卷七下釋器）、伓——不（1983：117 卷四上釋詁）、否——伓（1983：117 卷四上釋詁）、弗——伓（1983：117 卷四上釋詁）、伓——秠（1983：117 卷四上釋詁）、剖——片（1983：124 卷四下釋詁）、剖——胖（1983：124 卷四下釋詁）、辟——片（1983：124 卷四下釋詁）、辟——胖（1983：124 卷四下釋詁）、片——半（1983：124 卷四下釋詁）、胖——半（1983：124 卷四下釋詁）、封——豐（1983：5 卷一上釋詁）、庬——頗（1983：80 卷三上釋詁）、賦——鋪（1983：100 卷三下釋詁）、復——複（1983：209 卷七上釋宮）、轓——藩（1983：240 卷七下釋器）、鏺——撥（1983：253 卷八上釋器）、枎——拂（1983：260 卷八上釋器）、霹——砯（1983：283 卷九上釋天）、拌——播（1983：13 卷一上釋詁）、庬——頗（1983：80 卷三上釋詁）、蒦——剝（1983：353 卷十上釋草）、搏——拍（1983：87 卷三上釋詁）、剝——朴（1983：105 卷三下釋詁）、朴——卜（1983：105 卷三下釋詁）

幫並旁紐：榜——輔（1983：125 卷四下釋詁）、皮——膚（1983：105 卷三下釋詁）、墳——封（1983：298 卷九下釋地）、封——墦（1983：298 卷九下釋地）、蚍——蜉（1983：357 卷十下釋蟲）、蜚——蜉（1983：357 卷十下釋蟲）、薄——迫（1983：168 卷五下釋詁）、椑——比（1983：210 卷七上釋宮）、俾——庫（1983：212 卷七上釋宮）、貱——被（1983：36 卷一下釋詁）、賻——補（1983：51 卷二上釋詁）、萠——蔽（1983：54 卷二上釋詁）、富——備（1983：71 卷二下釋詁）、負——背（1983：133 卷四下釋詁）、洴——拼（1983：150 卷五上釋詁）、靟——枼（1983：239 卷七下釋器）、棓——掊（1983：258 卷八上釋器）、椑——卑（1983：356 卷十上釋草）、扒——別（1983：148 卷五上釋詁）、辯——俾（1983：39 卷一下釋詁）、糞——肥（1983：129 卷四下釋詁）、薄——傅（1983：7 卷一上釋詁）、鞻——附（1983：240 卷七下釋器）、芨——本（1983：336 卷十上釋草）、殕——腐（1983：90 卷三上釋詁）、釜——府（1983：269 卷八上釋器）、鞞——卑（1983：249 卷八上釋器）、舶——博（1983：304 卷九下釋水）、暴——襮（1983：113 卷四上釋詁）、筬——鉟（1983：222 卷七下釋器）、坌——坲（1983：85 卷三上釋詁）、別——頒（1983：20 卷一上釋詁）、攽——頒（1983：20 卷一上釋詁）

幫明旁紐：匪——勿（1983：113 卷四上釋詁）、非——勿（1983：113 卷四上釋詁）、搏——拍（1983：87 卷三上釋詁）

並明旁紐：椑——密（1983：210 卷七上釋宮）

滂明旁紐：拍——拍（1983：87 卷三上釋詁）、撫（掩）——憮（俺）（1983：17 卷一上釋詁）、

舌上正齒異類相通有 2 例：

書生準雙聲：嬰——扇（1983：348 卷十上釋草）、笭——縮（1983：222 卷七下釋器）

唇音齒頭異類相通有 3 例：

並從準雙聲：鼻——自（1983：4 卷一上釋詁）

清滂準雙聲：紃——切（1983：107 卷三下釋詁）

滂從準旁紐：潎——擎（1983：150 卷五上釋詁）

唇音正齒異類相通有 1 例：

並崇準雙聲：賻——助（1983：51 卷二上釋詁）

舌頭齒頭異類相通有 9 例：

定從準雙聲：隤——摧隤（1983：70 卷二下釋詁）、豆——聚（1983：269 卷八上釋器）

泥心準旁紐：煊——宣（1983：111 卷四上釋詁）

透清準雙聲：聰——通（1983：116 卷四上釋詁）

定邪準旁紐：除——敘（1983：209 卷七上釋宮）、鐔——蕈（1983：264 卷八上釋器）

端从準旁紐：欻——扰（1983：297 卷九上釋地）、痳——秧（1983：15 卷一上釋詁）

心端準旁紐：晰——哲（1983：112 卷四上釋詁）

唇音舌頭異類相通有 6 例：

來明準旁紐：顭——聯絲（1983：82 卷三上釋詁）、轜——連（1983：240 卷七下釋器）、纞——罠（1983：224 卷七下釋器）、纞——幕（1983：224 卷七下釋器）

幫端準雙聲：轐——著（1983：240 卷七下釋器）

泥並準旁紐：鬭——疲（1983：42 卷一下釋詁）

舌頭正齒異類相通有 2 例：

來生準旁紐：飅——飂（1983：121 卷四下釋詁）

定崇準雙聲：鉏——除（1983：254 卷八上釋器）

齒頭牙音異類相通有 2 例：

見精準雙聲：构——均（1983：256 卷八上釋器）

見邪準旁紐：均——徇（1983：22 卷一上釋詁）

唇音舌上異類相通有 1 例：

章明準旁紐：砥——縝（1983：254 卷八上釋器）

正齒牙音異類相通有 2 例：

初疑準旁紐：劈——檗（1983：73 卷三上釋詁）

溪初準雙聲：糗——炒（1983：246 卷八上釋器）

下面具體討論《廣雅疏證》表現出的聲紐情況與王念孫古二十三組的關係。

關於齒頭和正齒。《廣雅疏證》中齒頭齒頭相通有 38 例，正齒和正齒相通有 5 例，而齒頭和正齒相通有 38 例。齒頭即精系聲紐，正齒即莊系聲紐，王念孫二十三組中只有精系聲紐，沒有莊系聲紐，在《廣雅疏證》中精系和莊系相通達 38 例，說明王念孫基本貫徹了這一認識，求其合不求其分，沒有將莊系和精系分爲兩組。

關於舌頭和舌上。《廣雅疏證》中舌頭和舌頭相通有 44 例，舌上和舌上相通有 12 例，而舌頭和舌上相通高達 60 例。舌頭和舌上即端系和章

大類	同類相通									異類相通																
	齒音			舌音			牙	喉	唇																	
小類	齒頭齒頭	正齒正齒	齒頭正齒	舌頭舌頭	舌上舌上	舌頭舌上	牙音牙音	喉音喉音	唇音唇音	齒頭舌上	舌頭牙音	舌上牙音	牙音喉音	舌頭喉音	喉音齒頭	唇音喉音	舌上喉音	舌上正齒	唇音齒頭	唇音正齒	舌頭齒頭	唇音舌頭	舌頭正齒	齒頭牙音	唇音舌上	正齒牙音
量	38	5	38	44	12	60	77	19	85	19	10	6	50	15	8	6	12	2	3	1	9	6	2	2	1	2

系。黃侃認爲"照系二等歸精系，照系三等歸知系"，錢大昕認爲"古人多舌音，後代多變爲齒音，不獨知徹澄三母爲然"①，王念孫在古聲紐系統中沒有列章系。在《廣雅疏證》中也遵循這一規定，舌頭和舌上相通達60例，超過了舌頭舌頭、舌上舌上相通之和。

關於舌上和齒頭。在《廣雅疏證》中舌上和齒頭相通有18例，其中心母和書母相通有9例。顯示了章系和精系的關係較密切。

關於牙喉音和唇齒音、舌音。牙喉音和唇齒音、舌音的複雜關係在《廣雅疏證》中也有反映。舌頭牙音異類相通有10例，舌上牙音異類相通有6例，牙音喉音異類相通有50例，舌頭喉音異類相通有15例，喉音齒頭異類相通有7例，唇音喉音異類相通有6例，舌上喉音異類相通有12例。陸志韋認爲，喉牙音通舌齒唇音是因爲喉牙音腭化和唇化的原因。②

關於喻母。王念孫古二十三聲紐中，喻母屬於喉音，跟影曉匣爲一系。表中列的是王力的古聲系統，把喻母稱爲喻三，把喻三與匣母列在一起。通過王力的古聲系統可以考見王念孫在《廣雅疏證》中的喻母特點。據考，喻四匣相通只有1例，而喻四和舌上書母、舌頭定母透母端母、齒頭心母邪母從母、舌上禪母相通的情況較多。說明王念孫認爲喻四和這些聲母之間的關係近些。

關於唇音。唇音和唇音相通有85例，其中幫並相通有33例，幫滂相通有28例，滂並相通有19例，幫明相通有3例，並明相通有1例，滂明相通有2例。說明幫、滂、並三組不常與明組相通。

以上從《廣雅疏證》四個術語顯示的齒頭和正齒、舌頭和舌上、舌上和齒頭、牙喉音和唇齒音舌音、喻母、唇音等聲紐情況驗證王念孫古二十三聲紐特點，發現二者有一致性。說明王念孫在《廣雅疏證》中基本遵循了古二十三組的聲紐特點。

---

① 錢大昕：《十駕齋養新錄》，上海書店1983年版，第116頁。
② 陸志韋：《古音說略》，載《陸志韋語言學著作集》（一），中華書局1985年版，第268—273頁。

第二章 《廣雅疏證》韻轉情況與
王念孫古韻部問題

王念孫在古韻部分類上有四點貢獻，一是緝部和盍部獨立成部，二是獨立出至部，三是獨立出祭部，四是給侯部配上入聲。說見《高郵王氏遺書·〈與李方伯論古韻書〉》。

現將王念孫在《廣雅疏證》四個術語中出現的韻轉關係，利用王力先生所建立的上古音系，並根據王力先生的韻部相轉規則羅列出來討論王念孫古韻部相關問題。

甲類 ø, k, ŋ	之 ə 職 ək 蒸 əŋ	支 e 錫 ek 耕 eŋ	魚 a 鐸 ak 陽 aŋ	侯 ɔ 屋 ɔk 東 ɔŋ	宵 o 藥 ok	幽 u 覺沃 uk 冬 uŋ	陰 ø 入 k 陽 ŋ
乙類 I, t, n	微 əi 物术 ət 文諄 ən	脂 ei 質至 et 真 en	歌 ai 月祭 at 元 an				陰 I 入 t 陽 n
丙類 p, m	緝 əp 侵 əm		盍葉 ap 談 am				入 p 陽 m

對轉有 118 例[①]：

之職對轉有 6 例：域——有（1983：6 卷一上釋詁）、或——有（1983：6 卷一上釋詁）、期——極（1983：10 卷一上釋詁）、械——礙（1983：216 卷七上釋宮）、綦——戒（1983：235 卷七下釋器）、墨——梅（1983：43 卷二上釋詁）

元歌對轉有 12 例：詑——誕（1983：71 卷二下釋詁）、羅——連

（1983：260 卷八上釋器）、裹——鞏（1983：131 卷四下釋詁）、覤——嫡（1983：25 卷一上釋詁）、輴——愞（1983：54 卷二上釋詁）、愞——峕（1983：54 卷二上釋詁）、施——延（1983：98 卷三下釋詁）、枷——竿（1983：269 卷八上釋器）、柯——榦（1983：258 卷八上釋器）、鼺——鰭（1983：387 卷十下釋獸）、拌——播（1983：13 卷一上釋詁）、旇——偏（1983：80 卷三上釋詁）

　　藥宵對轉有 5 例：叔——少（1983：84 卷三上釋詁）、眇——邈（1983：186 卷六上釋訓）、較——皎（1983：111 卷四上釋詁）、校——較（1983：257 卷八上釋器）、骹——較（1983：24 卷八上釋器）

　　東屋對轉有 5 例：族——叢（1983：94 卷三下釋詁）、悾——愨（1983：180 卷六上釋訓）、匵——容（1983：223 卷七下釋器）、櫝——容（1983：274 卷八上釋器）、稯——束（1983：270 卷八上釋器）

　　魚鐸對轉有 19 例：玻——皵（1983：134 卷五上釋詁）、如——若（1983：63 卷二下釋詁）、衺——夕（1983：70 卷二下釋詁）、與——若（1983：138 卷五上釋詁）、如——若（1983：138 卷五上釋詁）、葃菇（1983：321 卷十上釋草）、葃——菰（1983：321 卷十上釋草）、莫——無（1983：198 卷六上釋訓）、絡——慮（1983：198 卷六上釋訓）、莫——無（1983：135 卷五上釋詁）、莫——慔（1983：28 卷一下釋詁）、露——落（1983：89 卷三上釋詁）、薄——傅（1983：7 卷一上釋詁）、膊——輔（1983：204 卷六下釋親）、素——索（1983：40 卷一下釋詁）、落——露（1983：90 卷三下釋詁）、瓠——廓（1983：90 卷三下釋詁）、慮——露（1983：206 卷七上釋宮）、懌——蘇（1983：112 卷四上釋詁）

　　魚談對轉有 3 例：狐疑——嫌疑（1983：191 卷六上釋訓）、黏——黏（1983：110 卷四上釋詁）、沮——漸（1983：37 卷一下釋詁）

　　魚陽對轉有 7 例：榜——輔（1983：125 卷四下釋詁）、梗——辜（1983：197 卷六上釋訓）、浪——慮（1983：198 卷六上釋訓）、與——當（1983：138 卷五上釋詁）、婸——揚（1983：197 卷六上釋訓）、荒——憮（1983：61 卷二下釋詁）、沆——湖（1983：293 卷九上釋地）

　　文微對轉有 10 例：沸——潰（1983：302 卷九下釋水）、熅——煨（1983：132 卷四下釋詁）、煨——熅（1983：132 卷四下釋詁）、庡——隱（1983：113 卷四上釋詁）、頓——委（1983：117 卷四上釋詁）、糞——肥（1983：129 卷四下釋詁）、膹——肥（1983：246 卷八上釋器）、幜——圍（1983：231 卷七下釋器）、遺——問（1983：6 卷一上釋詁）、蔓——隱（1983：63 卷二下釋詁）

元月對轉有 4 例：揭——褰（1983：36 卷一下釋詁）、烈——爛（1983：49 卷二上釋詁）、戯——扞（1983：266 卷八上釋器）、散——滅（1983：20 卷一上釋詁）

文物對轉有 4 例：春——出（1983：40 卷一下釋詁）、蠢——出（1983：40 卷一下釋詁）、愛——隱（1983：17 卷一上釋詁）、裂——蘊（1983：256 卷八上釋器）

鐸陽對轉有 5 例：瓶——錯（1983：77 卷三上釋詁）、絡——浪（1983：198 卷六上釋訓）、悢——索（1983：289 卷九上釋天）、莫——莽（1983：184 卷六上釋訓）、浪——略（1983：198 卷六上釋訓）

微物對轉有 6 例：匪——勿（1983：113 卷四上釋詁）、勿——非（1983：113 卷四上釋詁）、愄——喟（1983：195 卷六上釋訓）、忥——疙（1983：80 卷三上釋詁）、愛——哀（1983：17 卷一上釋詁）、懯——遽（1983：78 卷三上釋詁）

耕錫有 1 例：泙——澼（1983：150 卷五上釋詁）

東侯對轉有 1 例：悾——叩（1983：180 卷六上釋訓）、

屋侯有 6 例：愨——叩（1983：180 卷六上釋訓）、溽——濡（1983：37 卷一下釋詁）、瀆——竇（1983：303 卷九下釋水）、榤——曲（1983：268 卷八上釋器）、暴——拘（1983：117 卷四上釋詁）、樸——附（1983：240 卷七下釋器）

歌月對轉有 2 例：害——何（1983：82—83 卷三上釋詁）、曷——何（1983：82—83 卷三上釋詁）

之蒸對轉有 4 例：不——倗（1983：117 卷四上釋詁）、否——倗（1983：117 卷四上釋詁）、興——喜（1983：33 卷一下釋詁）、臺——等（1983：23 卷一上釋詁）

幽覺對轉有 2 例：騷——蕭（1983：80 卷三上釋詁）、摵——造（1983：7 卷一上釋詁）

談盍對轉有 1 例：厭——壓（1983：100 卷三下釋詁）

葉談對轉有 1 例：俺——掩（1983：243 卷七下釋器）

脂質對轉有 5 例：鍇——劼（1983：251 卷八上釋器）、佺——緻

（1983：40 卷一下釋詁）、緲——切（1983：107 卷三下釋詁）、椪——密（1983：210 卷七上釋宮）、砥——密（1983：254 卷八上釋器）

　　支錫對轉有 5 例：適——枝（1983：158 卷五下釋詁）、鯤——鯷（1983：366 卷十下釋魚）、提——摘（1983：88 卷三上釋詁）、皀——糴（1983：110 卷四上釋詁）、枳——遲（1983：33 卷一下釋詁）

　　幽覺對轉有 2 例：遒——媨（1983：26 卷一下釋詁）、流——陸（1983：193 卷六上釋訓）

　　侯屋對轉有 1 例：句——曲（1983：33 卷一下釋詁）

　　冬覺對轉有 1 例：賵——覆（1983：61 卷二下釋詁）

　　旁轉有 159 例：

　　之魚旁轉有 9 例：閭——里（1983：50 卷二上釋詁）、刌——刳（1983：74 卷三上釋詁）、諸——之（1983：139 卷五上釋詁）、而——如（1983：63 卷二下釋詁）、居——踞（1983：97 卷三下釋詁）、居——箕（1983：97 卷三下釋詁）、踞——跽（1983：97 卷三下釋詁）、踞——箕（1983：97 卷三下釋詁）、虞——有（1983：6 卷一上釋詁）

　　文元旁轉有 17 例：緡——縣（1983：87 卷三上釋詁）、墳——墦（1983：298 卷九下釋地）、岸——垠（1983：300 卷九下釋山）、困——圓（1983：335 卷十上釋草）、傑——巽（1983：90 卷三下釋詁）、傑——巽（1983：90 卷三下釋詁）、顛——巽（1983：90 卷三下釋詁）、顛——巽（1983：90 卷三下釋詁）、巽——撰（1983：90 卷三下釋詁）、巽——撰（1983：90 卷三下釋詁）、象——遜（1983：164 卷五下釋言）、恩——患（1983：19 卷一上釋詁）、蒪——欑聚（1983：93 卷三下釋詁）、匠——浚（1983：222 卷七下釋器）；輨——關（1983：241 卷七下釋器）；箘——圓（1983：335 卷十上釋草）；樿——珍（1983：353 卷十上釋草）

　　陽耕旁轉有 5 例：娉——妨（1983：92 卷三下釋詁）、諱——悻（1983：116 卷四上釋詁）、蜻蛉——蒼筤（1983：362 卷十下釋蟲）、蜻蛉——蒼筤（1983：362 卷十下釋蟲）、訇——砿（1983：121 卷四下釋詁）

　　宵侯旁轉有 2 例：佻——偷（1983：107 卷三下釋詁）、揄——挑（1983：51 卷二上釋詁）

東耕旁轉有 2 例：玲——瓏（1983：122 卷四下釋詁）、耕——構（1983：297 卷九上釋地）

歌脂旁轉有 7 例：嘉——皆（1983：138 卷五上釋詁）、笫——笰（1983：237 卷七下釋器）、皆——柸（1983：260 卷八上釋器）、闗——疲（茶）（1983：42 卷一下釋詁）；藕——離（邐）（1983：297 卷九下釋地）、蓏——菲（1983：334 卷十上釋草）、啟——跪（1983：97 卷三下釋詁）

之侯旁轉有 7 例：呪——袾（1983：174 卷五上釋詁）、劫——茂（1983：28 卷一下釋詁）、殕——腐（1983：90 卷三上釋詁）；棋——枳棋（1983：268 卷八上釋器）；稖——剖（1983：297 卷九上釋地）；樞——邱（1983：353 卷十上釋草）、哀——乑（1983：93 卷三下釋詁）

支魚旁轉有 3 例：鋪——脾（1983：92 卷三下釋詁）、鴨——杜（1983：372 卷十下釋鳥）、搗——杜（1983：372 卷十下釋鳥）

歌微旁轉有 7 例：衰——差（1983：127 卷四下釋詁）、姼——委（1983：33 卷一下釋詁）、矮——委（1983：93 卷三下釋詁）、蘽——蕤（1983：336 卷十上釋草）、臥——委（1983：117 卷四上釋詁）、倚——佪（1983：191 卷六上釋訓）、纍——累（1983：219 卷七下釋器）

宵幽旁轉有 11 例：僑——赳（1983：114 卷四上釋詁）、嬌——赳（1983：114 卷四上釋詁）、趺——夭（1983：131 卷四下釋詁）、佻——佻（1983：130 卷四下釋詁）、翱——敖（1983：192 卷六上釋訓）、遊——敖（1983：192 卷六上釋訓）、周——紹（1983：68 卷二下釋詁）、舀——挑（1983：51 卷二上釋詁）、眺——挑（1983：51 卷二上釋詁）、驫——儦（1983：181 卷六上釋詁）、悠——陶（1983：64 卷二下釋詁）

之幽旁轉有 5 例：由——以（1983：132 卷四下釋詁）、孚——剖（1983：30 卷一下釋詁）、飫——羞（1983：246 卷八上釋器）、籽粍——浮流。（1983：247 卷八上釋器）、條——治（1983：280 卷九上釋天）

錫鐸旁轉有 2 例：磧——洉（1983：137 卷五上釋詁）、易——若（1983：138 卷五上釋詁）

元真旁轉有 5 例：羉——罠（1983：224 卷七下釋器）、媥——翩（1983：76 卷三上釋詁）、籩——編（1983：259 卷八上釋器）、瞤——瞚（1983：37 卷一下釋詁）、展——伸（1983：195 卷六上釋訓）

質月旁轉有 14 例：蔽——鞞（1983：232 卷七下釋器）、鞞——鞁

（1983：232 卷七下釋器）、鐖——鍻（1983：250 卷八上釋器）、鍻——饐（1983：250 卷八上釋器）、蜕——蠮（1983：360 卷十下釋蟲）、紖——蔑（1983：122 卷四下釋詁）、簟——蔽（1983：212 卷七上釋宮）、粖——末（1983：247 卷八上釋器）、欝——檗（1983：73 卷三上釋詁）；轊——鋭（1983：241 卷七下釋器）、栔——鬩（1983：98 卷三下釋詁）、契——潔（1983：86 卷三上釋詁）、鬄——髻（1983：47 卷二上釋詁）、孑——蛣（1983：363 卷十下釋蟲）

職鐸旁轉有 1 例：極——卻（1983：19 卷一上釋詁）

魚侯旁轉有 5 例：蘆——蔞（1983：324 卷十上釋草）、茹——蔞（1983：324 卷十上釋草）、蘿蕍——權輿（1983：336 卷十上釋草）、釜——府（1983：269 卷八上釋器）、甦——摟（1983：251 卷八上釋器）

蒸陽旁轉有 1 例：孟——浪（1983：198 卷六上釋訓）

支侯旁轉有 2 例：蘚——蒟（1983：317 卷十上釋草）、枳——句（1983：33 卷一下釋詁）

東陽旁轉有 1 例：康——空（1983：46 卷二上釋詁）

東冬旁轉有 7 例：鬞——濃（1983：93 卷三下釋詁）、毴——戎（1983：251 卷八上釋器）、嗵——洪（1983：278 卷八下釋樂）、焪——窮（1983：40 卷一下釋詁）；鍾——充（1983：277 卷八下釋樂）、烔——爞（1983：49 卷二上釋詁）、烔——蟲（1983：49 卷二上釋詁）

職藥旁轉有 2 例：昱——燿（1983：112 卷四上釋詁）、服——鵩（1983：377 卷十下釋鳥）

屋覺旁轉有 1 例：飅——肅（1983：121 卷四下釋詁）

物月旁轉有 7 例：韍——蔽（1983：232 卷七下釋器）、箈——刮（1983：255 卷八上釋器）、祓——拂（1983：289 卷九上釋天）、剟——屈折（1983：164 卷八上釋器）；蛣蟩——詰屈（1983：363 卷十下釋蟲）、廢——奰（1983：5 卷一上釋詁）、鈯——拙（1983：89 卷三上釋詁）

蒸東旁轉有 3 例：鬆——濛（1983：247 卷八上釋器）、鬆——蒙（1983：249 卷八上釋器）、巭——焪（1983：45—46 卷二上釋詁）

蒸冬旁轉有 1 例：陵——隆（1983：299 卷九下釋地）

侵談旁轉有 10 例：摻——纖（1983：53 卷二上釋詁）；淰——閃（1983：83 卷三上釋詁）；窞——渷（1983：303 卷九下釋水）；菡藺——

藺囌（1983：339 卷十上釋草）、慘——暗（1983：20 卷一上釋詁）、鼸——貈（1983：387 卷十下釋獸）、揞——揜（1983：114 卷四上釋詁）、欽——坎（1983：187 卷六上釋訓）、廩——斂（1983：209 卷七上釋宮）、禫——澹（1983：290 卷九上釋天）

幽侯旁轉有 5 例：毻——聚（1983：210 卷七上釋宮）；斗——斠（1983：221 卷七下釋器）、舀——揄（1983：51 卷二上釋詁）、阢——揄（1983：51 卷二上釋詁）、庲——陬（1983：300 卷九下釋山）

藥錫旁轉有 1 例：勺藥——適歷（1983：309 卷十上釋草）

屋鐸旁轉有 3 例：樸——剝（1983：353 卷十上釋草）、𨎓——速（1983：235 卷七下釋器）、轐——獨（1983：235 卷七下釋器）

真文旁轉有 6 例：姰——眴（1983：117 卷四上釋詁）、別——攽（1983：20 卷一上釋詁）、別——頒（1983：20 卷一上釋詁）、徇——駿（1983：22 卷一上釋詁）、駿——迅（1983：22 卷一上釋詁）、轋——闑（1983：187 卷六上釋訓）

藥鐸旁轉有 2 例：谷——郤（1983：33 卷一下釋詁）、暴——襮（1983：113 卷四上釋詁）

覺藥旁轉有 1 例：暴——攝（1983：87 卷三上釋詁）

盍緝旁轉有 1 例：輒——坩（1983：125 卷四下釋詁）

錫屋旁轉有 1 例：迟——曲（1983：33 卷一下釋詁）

冬陽旁轉有 1 例：暢——充（1983：55 卷二上釋詁）

覺鐸旁轉有 1 例：幕——覆（1983：62 卷二下釋詁）

通轉有 80 例：

魚元通轉有 7 例：徒——徂（1983：113 卷四上釋詁）、如——然（1983：63 卷二下釋詁）、蔫——菸（1983：133 卷四下釋詁）

談月通轉有 5 例：㳻——擊（1983：150 卷五上釋詁）、檢——括（1983：147 卷五上釋詁）、諸——旃（1983：139 卷五上釋詁）、曼——無（1983：135 卷五上釋詁）、菸——蔫（1983：133 卷四下釋詁）

支真通轉有 4 例：區——椑（1983：219 卷七下釋器）、區匿——䫌匿（1983：217 卷七下釋器）、蠡——蘭（1983：347 卷十上釋草）、蠡——荔（1983：347 卷十上釋草）

之侵通轉有 3 例：紟——綦（1983：235 卷七下釋器）、薄——苔（1983：328 卷十上釋草）、任——事（1983：43 卷二上釋詁）

　　月魚通轉有 3 例：橛——距（1983：268 卷八上釋器）、曷——胡（1983：82—83 卷三上釋詁）、害——胡（1983：82—83 卷三上釋詁）

　　職微通轉有 1 例：蒊——菔（1983：341 卷十上釋草）

　　月陽通轉有 2 例：巇——盫（1983：244 卷八上釋器）、芫——光（1983：317 卷十上釋草）

　　元盍通轉有 1 例：嬰——扇（1983：348 卷十上釋草）

　　質耕通轉有 1 例：質——正（1983：11 卷一上釋詁）

　　錫質通轉有 1 例：溢——喬（1983：40 卷一下釋詁）

　　歌陽通轉有 1 例：瓵——差（1983：77 卷三上釋詁）

　　歌鐸通轉有 6 例：差——錯（1983：77 卷三上釋詁）、欘——落（1983：212 卷七上釋宮）、落——杝（1983：212 卷七上釋宮）、格——枷（1983：269 卷八上釋器）、髻——（墮）落（1983：90 卷三上釋詁）、施——易（1983：98 卷三下釋詁）

　　魚歌通轉有 11 例：皮——膚（1983：105 卷三下釋詁）、胡——何（1983：82—83 卷三上釋詁）、居——跪（1983：97 卷三下釋詁）、踞——跪（1983：97 卷三下釋詁）、盧——離（1983：324 卷十上釋草）、茹——離（1983：324 卷十上釋草）、鑛——慮（1983：219 卷七下釋器）、贏——露（1983：113 卷四上釋詁）、枷——歌（1983：260 卷八上釋器）、灑——濾（1983：68 卷二下釋詁）、犧——疏（1983：225 卷七下釋器）、

　　真耕通轉有 3 例：顛——頍（1983：202 卷六下釋親）、釘——顛（1983：363 卷十下釋蟲）、鈴——鄰（1983：187 卷六上釋訓）

　　元鐸通轉有 6 例：縲——幕（1983：224 卷七下釋器）、格——竿（1983：269 卷八上釋器）、曼——莫（1983：135 卷五上釋詁）、倦——卻（1983：19 卷一上釋詁）、若——然（1983：63 卷二下釋詁）、岸——塄（1983：300 卷九下釋山）

　　月盍通轉有 2 例：害——盍（1983：82—83 卷三上釋詁）、曷——盍（1983：82—83 卷三上釋詁）

　　魚盍通轉有 1 例：胡——盍（1983：82—83 卷三上釋詁）

　　盍歌通轉有 2 例：盍——何（1983：82—83 卷三上釋詁）、離——獵（1983：104 卷三下釋詁）

　　之物通轉有 2 例：不——弗（1983：117 卷四上釋詁）、否——弗

（1983：117 卷四上釋詁）

物蒸通轉有1例：弗——倗（1983：117 卷四上釋詁）

魚葉通轉有1例：接——慮（1983：219 卷七下釋器）

歌葉通轉有1例：銼——接（1983：219 卷七下釋器）

之微通轉有3例：懛——摧（1983：19 卷一上釋詁）、譆——欻（1983：34 卷一下釋詁）、歆——欻（1983：34 卷一下釋詁）

之諄通轉有1例：隱——意（1983：30 卷一下釋詁）

蒸侵通轉有1例：興——歆（1983：33 卷一下釋詁）

支脂通轉有6例：死——澌（1983：40 卷一下釋詁）、輝——卑（1983：249 卷八上釋器）；恖——提（1983：258 卷八上釋器）、徥——低（1983：191 卷六上釋訓）、磇——甄（1983：76 卷三上釋詁）、瀰——彌（1983：83 卷三上釋詁）

葉月通轉有1例：鰈——曳（1983：242 卷七下釋器）

錫脂通轉有1例：策——齊（1983：268 卷八上釋器）

月鐸通轉有2例：舶——博（1983：304 卷九下釋水）、燅——惡（1983：105 卷三下釋詁）

陽談通轉有1例：妄——凡（1983：197 卷六上釋訓）、

之文通轉有1例：每——昏（1983：23 卷一上釋詁）

元談通轉有1例：闞——虓（1983：47 卷二上釋詁）

旁對轉有95例：

宵鐸旁對轉有4例：勞——略（1983：18 卷一上釋詁）、痩——秧（1983：15 卷一上釋詁）、皫——杲（1983：179 卷六上釋詁）、圛——昭（1983：112 卷四上釋詁）

魚職旁對轉有1例：膌——力（1983：43 卷二上釋詁）

歌質旁對轉有1例：苛——妎（1983：47 卷二上釋詁）

幽東旁對轉有4例：揫——夋（1983：54 卷二上釋詁）、庸——由（1983：132 卷四下釋詁）、蚴——螑（1983：360 卷十下釋蟲）、櫳——牢（1983：210 卷七上釋宮）

冬鐸旁對轉有2例：肜——繹（1983：55 卷二上釋詁）、窮——卻（1983：19 卷一上釋詁）

談緝旁對轉有1例：拈——捻（1983：102 卷三下釋詁）

之鐸旁對轉有1例：若——而（1983：124 卷四下釋詁）

屋耕旁對轉有 1 例：靈——祿（1983：141 卷五上釋詁）

幽鐸旁對轉有 1 例：陌——冒（1983：230 卷七下釋器）

元脂旁對轉有 1 例：焷——燔（1983：246 卷八上釋器）

錫侯旁對轉有 1 例：歷——壚（1983：296 卷九上釋地）

魚屋旁對轉有 1 例：濾——漉（1983：68 卷二下釋詁）

耕宵旁對轉有 1 例：萍——瓢（1983：322 卷十上釋草）

侵葉旁對轉有 1 例：篋——椷（1983：223 卷七下釋器）

錫東旁對轉有 1 例：溢——涌（1983：40 卷一下釋詁）

元微旁對轉有 2 例：嬾——傫（1983：62 卷二下釋詁）、矮——脆（1983：133 卷四下釋詁）

魚覺旁對轉有 1 例：渭——縮（1983：68 卷二下釋詁）

魚屋旁對轉有 1 例：朴——膚（1983：105 卷三下釋詁）

之東旁對轉有 1 例：庸——以（1983：132 卷四下釋詁）

之鐸旁對轉有 2 例：洦——磆（1983：137 卷五上釋詁）、而——若（1983：63 卷二下釋詁）

侯覺旁對轉有 1 例：縮——簌（1983：222 卷七下釋器）

元脂旁對轉有 1 例：秆——稭（1983：328 卷十上釋草）

宵東旁對轉有 1 例：鵰——蒙（1983：377 卷十下釋鳥）

冬職旁對轉有 1 例：窮——極（1983：19 卷一上釋詁）

元微旁對轉有 1 例：蔫——矮（1983：133 卷四下釋詁）

魚錫旁對轉有 2 例：易——與（1983：138 卷五上釋詁）、易——如（1983：138 卷五上釋詁）

宵耕旁對轉有 1 例：漂——洴（1983：150 卷五上釋詁）

宵錫旁對轉有 1 例：漂——澼（1983：150 卷五上釋詁）

物脂旁對轉有 2 例：愛——翳（1983：17 卷一上釋詁）、弗——粃（1983：117 卷四上釋詁）

文脂旁對轉有 2 例：隱——翳（1983：17 卷一上釋詁）、霝——哼（1983：283 卷九上釋天）

之錫旁對轉有 3 例：剖——辟（1983：124 卷四下釋詁）、骸——核（1983：244 卷八上釋器）、礍——磆（1983：137 卷五上釋詁）

幽職旁對轉有 2 例：蚴——螘（1983：360 卷十下釋蟲）、脬——浮（1983：304 卷九下釋水）

東職旁對轉有 1 例：蝡——螎（1983：360 卷十下釋蟲）

幽陽旁對轉有 7 例：翱——翔（1983：192 卷六上釋訓）、翔——遊（1983：192 卷六上釋訓）、浮——彷（1983：192 卷六上釋訓）、浮——徉（1983：192 卷六上釋訓）、游——彷（1983：192 卷六上釋訓）、游——徉（1983：192 卷六上釋訓）、翱——彷（1983：191 卷六上釋訓）

宵陽旁對轉有 2 例：翔——敖（1983：192 卷六上釋訓）、鄺——墝（1983：250 卷八上釋器）

藥陽旁對轉有 3 例：梗——較（1983：197 卷六上釋訓）、孟——較（1983：198 卷六上釋訓）、梗——覺（1983：119 卷四上釋詁）

魚藥旁對轉有 1 例：辜——較（1983：197 卷六上釋訓）

支鐸旁對轉有 1 例：厓——墁（1983：300 卷九下釋山）

魚蒸旁對轉有 1 例：孟——無（1983：198 卷六上釋訓）

蒸鐸旁對轉有 1 例：莫——孟（1983：198 卷六上釋訓）

脂月旁對轉有 5 例：蕨——擪（1983：317 卷十上釋草）、闥——荼（1983：42 卷一下釋詁）、衛——糇（1983：345 卷十上釋草）、椋——歹（1983：353 卷十上釋草）、虮——蟞（1983：357 卷十下釋蟲）

侯陽旁對轉有 1 例：光——茪（1983：317 卷十上釋草）

錫幽旁對轉有 1 例：趆——造（1983：69 卷二下釋詁）

質微旁對轉有 1 例：懃——遺（1983：72 卷二下釋詁）

耕鐸旁對轉有 1 例：暮——冥（1983：118 卷四上釋詁）

魚耕旁對轉有 1 例：著——丁（1983：122 卷四下釋詁）

之覺旁對轉有 3 例：軸——持（1983：241 卷七下釋器）、罶——覆（1983：224 卷七下釋器）、簍——縮（1983：222 卷七下釋器）

之東旁對轉有 1 例：醋——俌（1983：248 卷八上釋器）

之屋旁對轉有 1 例：姁——傴（1983：199 卷六下釋親）

文月旁對轉有 2 例：莄——本（1983：336 卷十上釋草）、芮——炳（1983：81 卷三上釋詁）

魚屋旁對轉有 1 例：轐——著（1983：240 卷七下釋器）

盍侵旁對轉有 1 例：乏——罞（1983：13 卷一上釋詁）

宵覺旁對轉有 1 例：釗——刱（1983：21 卷一上釋詁）

幽藥旁對轉有 3 例：摰——糕（1983：53 卷二上釋詁）、糶——糕（1983：53 卷二上釋詁）鳩——雀（1983：122 卷四下釋詁）

文質旁對轉有 2 例：質——本（1983：209 卷七上釋宮）、准——質（1983：11 卷一上釋詁）

歌物旁對轉有 1 例：拂——被（1983：227 卷七下釋器）

冬侯旁對轉有 1 例：隆——僂（1983：242 卷七下釋器）

微元旁對轉有 1 例：貫——累（1983：17 卷一上釋詁）

之耕旁對轉有 2 例：孳——生（1983：82 卷三上釋詁）、頯——題（1983：202 卷六下釋親）

支東旁對轉有 1 例：提——通（1983：197 卷六上釋訓）

異類相轉有 171 例：

物談異類相轉有 2 例：俺——愛（1983：17 卷一上釋詁）、愛——掩（1983：17 卷一上釋詁）

真東異類相轉有 1 例：堅——功（1983：40 卷一下釋詁）

宵質異類相轉有 1 例：饕——餮（1983：43 卷二上釋詁）

幽月異類相轉有 7 例：啾——吚（1983：54 卷二上釋詁）、濤——汰（1983：303 卷九下釋水）捋——流（1983：146 卷五上釋詁）、浮——罰（1983：1674 卷五下）、鼜——鶴（1983：54 卷二上釋詁）、螢——蜉（1983：357 卷十下釋蟲）、蚴——蛻（1983：360 卷十下釋蟲）

幽緝異類相轉有 1 例：就——集（1983：74 卷三上釋詁）

宵月異類相轉有 3 例：漂——擎（1983：87 卷三上釋詁）、漂——潦（1983：150 卷五上釋詁）、鵬——懱（1983：377 卷十下釋鳥）

陽脂異類相轉有 2 例：狼——戾（1983：90 卷三下釋詁）、攘——光（1983：317 卷十上釋草）

文幽異類相轉有 3 例：葆——本（1983：96 卷三下釋詁）、酎——純（1983：248 卷八上釋器）、振——收（1983：243 卷七下釋器）

元東異類相轉有 2 例：空——窾（1983：98 卷三下釋詁）、封——墦（1983：298 卷九下釋地）

元幽異類相轉有 1 例：顴——頄（1983：203 卷六下釋親）

藥葉異類相轉有 1 例：籆——籥（1983：257 卷八上釋器）

文陽異類相轉有 2 例：薦——籓（1983：261 卷八上釋器）、腳——臁（1983：250 卷八上釋器）

歌侯異類相轉有 3 例：句——戈（1983：265 卷八上釋器）、蘺——蔞（1983：324 卷十上釋草）、鏃——族（1983：219 卷七下釋器）

　　脂幽異類相轉有 2 例：造——次（1983：305 卷九下釋水）、蚍——蜉（1983：357 卷十下釋蟲）

　　談支異類相轉有 2 例：險——戲（1983：70 卷二下釋詁）、險——巇（1983：70 卷二下釋詁）

　　支元異類相轉有 4 例：卷——頯（1983：229 卷七下釋器）、厓——岸（1983：300 卷九下釋山）、鮮——斯（1983：41 卷一下釋詁）、蠲——洼（1983：112 卷四上釋詁）

　　緝月異類相轉有 1 例：軜——鍇（1983：241 卷七下釋器）

　　魚微異類相轉有 5 例：渠——魁（1983：266 卷八上釋器）、渠——魁（1983：323 卷十上釋草）、綏——舒（1983：115 卷四上釋詁）、菸——矮（1983：133 卷四下釋詁）、累——慮（1983：219 卷七下釋器）

　　質鐸異類相轉有 1 例：梏——笮（1983：209 卷七上釋宮）

　　月侯異類相轉有 1 例：揭——摳（1983：36 卷一下釋詁）

　　元侯異類相轉有 6 例：寋——摳（1983：36 卷一下釋詁）、漏——戀（1983：63 卷二下釋詁）、拳——區（1983：181 卷六上釋訓）、拳——款（1983：181 卷六上釋訓）、籗——匵（1983：222 卷七下釋器）、畽——懦（1983：296 卷九上釋地）

　　東質異類相轉有 2 例：涌——裔（1983：40 卷一下釋詁）、蠋——蝎（1983：360 卷十下釋蟲）

　　宵微異類相轉有 2 例：勞——傇（1983：62 卷二下釋詁）、燋——煨（1983：132 卷四下釋詁）

　　侵侯異類相轉有 2 例：漏——淋（1983：63 卷二下釋詁）、扰——揄（1983：51 卷二上釋詁）

　　元侵異類相轉有 1 例：戀——淋（1983：63 卷二下釋詁）

　　文覺異類相轉有 1 例：浚——縮（1983：68 卷二下釋詁）

　　文魚異類相轉有 3 例：浚——湑（1983：68 卷二下釋詁）、鰥——寡（1983：79 卷三上釋詁）、鰥——孤（1983：79 卷三上釋詁）

　　歌屋異類相轉有 2 例：朴——皮（1983：105 卷三下釋詁）、剞——曲（1983：264 卷八上釋器）

　　質談異類相轉有 1 例：䴏——黏（1983：110 卷四上釋詁）

　　魚質異類相轉有 1 例：䴏——䴝（1983：110 卷四上釋詁）

　　之元異類相轉有 10 例：旃——之（1983：139 卷五上釋詁）、而——

然（1983：63 卷二下釋詁）、剖——片（1983：124 卷四下釋詁）、剖——胖（1983：124 卷四下釋詁）、剖——半（1983：124 卷四下釋詁）、輨——絭連（1983：240 卷七下釋器）、辯——俾（1983：39 卷一下釋詁）、輨——連（1983：240 卷七下釋器）、而——然（1983：63 卷二下釋詁）、䯅——連（1983：82 卷三上釋詁）

　　之真異類相轉有 1 例：顛——題（1983：202 卷六下釋親）

　　元覺異類相轉有 1 例：縮——匱（1983：222 卷七下釋器）

　　真鐸異類相轉有 1 例：罠——幕（1983：224 卷七下釋器）

　　文宵異類相轉有 3 例：臕——膮（1983：250 卷八上釋器）、爐——熄（1983：132 卷四下釋詁）、爐——熅（1983：132 卷四下釋詁）

　　談蒸異類相轉有 1 例：鬜——鼪（1983：273 卷八上釋器）、

　　脂談異類相轉有 2 例：鬜——鬢（1983：273 卷八上釋器）、掩——黳（1983：17 卷一上釋詁）

　　脂蒸異類相轉有 2 例：鼪——鬢（1983：273 卷八上釋器）、佣——粃（1983：117 卷四上釋詁）

　　文東異類相轉有 2 例：墳——封（1983：298 卷九下釋地）、悾——懇（1983：180 卷六上釋訓）

　　元宵異類相轉有 2 例：秆——稾（1983：328 卷十上釋草）、嬾——勞（1983：62 卷二下釋詁）

　　脂宵異類相轉有 1 例：楷——稾（1983：328 卷十上釋草）

　　東月異類相轉有 4 例：懞——蒙（1983：377 卷十下釋鳥）、蛻——螒（1983：360 卷十下釋蟲）、胧——壅（1983：89 卷三上釋詁）、蒙——葰（1983：122 卷四下釋詁）

　　元冬異類相轉有 1 例：窮——倦（1983：19 卷一上釋詁）

　　職元異類相轉有 1 例：極——倦（1983：19 卷一上釋詁）

　　月耕異類相轉有 1 例：澈——洴（1983：150 卷五上釋詁）

　　月錫異類相轉有 3 例：澈——澼（1983：150 卷五上釋詁）、晰——哲（1983：112 卷四上釋詁）、砓——搳（1983：18 卷一上釋詁）

　　屋文異類相轉有 1 例：愍——懇（1983：180 卷六上釋訓）

　　文侯異類相轉有 1 例：懇——叩（1983：180 卷六上釋訓）

　　文談異類相轉有 1 例：隱——掩（1983：17 卷一上釋詁）

　　之脂異類相轉有 4 例：不——粃（1983：117 卷四上釋詁）、否——

粃（1983：117 卷四上釋詁）、跽——啟（1983：97 卷三下釋詁）、
医——翳（1983：262 卷八上釋器）

元錫異類相轉有 3 例：辟——片（1983：124 卷四下釋詁）、辟——
胖（1983：124 卷四下釋詁）、辟——半（1983：124 卷四下釋詁）

幽質異類相轉有 1 例：蚴——蟉（1983：360 卷十下釋蟲）

質職異類相轉有 1 例：蟉——蟺（1983：360 卷十下釋蟲）

職月異類相轉有 1 例：蛻——蟺（1983：360 卷十下釋蟲）

魚脂異類相轉有 7 例：居——啟（1983：97 卷三下釋詁）、踞——啟
（1983：97 卷三下釋詁）、菇——茨（1983：321 卷十上釋草）、茨——菰
（1983：321 卷十上釋草）、西——夕（1983：70 卷二下釋詁）、西——衰
（1983：70 卷二下釋詁）、杜——鵑（1983：372 卷十下釋鳥）

之歌異類相轉有 2 例：跽——跪（1983：97 卷三下釋詁）、具——跪
（1983：97 卷三下釋詁）

物陽異類相轉有 4 例：梗——概（1983：197 卷六上釋訓）、悅——
忽（1983：117 卷四上釋詁）、吻——荒（1983：118 卷四上釋詁）
緫——恍（1983：122 卷四下釋詁）

魚物異類相轉有 1 例：概——辜（1983：197 卷六上釋訓）

藥物異類相轉有 1 例：概——較（1983：197 卷六上釋訓）

支文異類相轉有 3 例：厓——垠（1983：300 卷九下釋山）、鶗——
鵑（1983：372 卷十下釋鳥）、搗——鵑（1983：372 卷十下釋鳥）

文鐸異類相轉有 1 例：垠——堮（1983：300 卷九下釋山）

脂鐸異類相轉有 1 例：蒝——茨（1983：321 卷十上釋草）

微屋異類相轉有 1 例：族——累（1983：219 卷七下釋器）

葉屋異類相轉有 1 例：族——接（1983：219 卷七下釋器）

支月異類相轉有 2 例：英——薛（1983：317 卷十上釋草）、蕨——
薛（1983：317 卷十上釋草）

脂侯異類相轉有 1 例：蘺——苫（1983：317 卷十上釋草）

侵冬異類相轉有 1 例：臨——隆（1983：5 卷一上釋詁）

支歌異類相轉有 10 例：挽——儀（1983：115 卷四上釋詁）、欚——
羅（1983：224 卷七下釋器）、柀——披（1983：297 卷九上釋地）、
沙——斯（1983：321 卷十上釋草）、弛——施（1983：98 卷三下釋詁）、

離——蠡（1983：28 卷一下釋詁）、離——劙（1983：28 卷一下釋詁）、
佗——扡（1983：46 卷二上釋詁）、扡——移（1983：46 卷二上釋詁）、
䍷——蕧（1983：297 卷九上釋地）

歌耕異類相轉有 1 例：踦——傾（1983：80 卷三上釋詁）

元耕異類相轉有 3 例：櫺——闌（1983：208 卷七上釋宮）、筵——
鉼（1983：222 卷七下釋器）、夐——遠（1983：55 卷二上釋詁）

盍幽異類相轉有 1 例：罯——暠（1983：272 卷八上釋器）

歌錫異類相轉有 2 例：役——爲（1983：326 卷十上釋草）、骨——
覈（1983：244 卷八上釋器）

文耕異類相轉有 1 例：澱——定（1983：250 卷八上釋器）

屋盍異類相轉有 1 例：蜘——曲（1983：363 卷十下釋蟲）

侵幽異類相轉有 2 例：舀——扰（1983：51 卷二上釋詁）、扰——抌
（1983：51 卷二上釋詁）

侵宵異類相轉有 1 例：扰——挑（1983：51 卷二上釋詁）

元藥異類相轉有 1 例：免——弱（1983：384 卷十下釋獸）

歌宵異類相轉有 1 例：靡——消（1983：20 卷一上釋詁）

侵歌異類相轉有 1 例：襹——差（1983：193 卷六上釋訓）

侯物異類相轉有 1 例：屈——句（1983：242 卷七下釋器）

侵覺異類相轉有 1 例：林——陸（1983：193 卷六上釋訓）

屋物異類相轉有 1 例：曲——屈（1983：251 卷八上釋器）

盍錫異類相轉有 1 例：揲——積（1983：17 卷一上釋詁）

將對轉、旁轉、旁對轉、通轉、異類相轉情況製成表格，統計如下。

討論：

《廣雅疏證》四個術語顯示的對轉有 118 例，其中量較多的有魚鐸對
轉 19 例，元歌對轉 12 例，文微對轉 10 例。在王念孫古音系統中，魚鐸
合併，所以魚鐸對轉較多。元歌對轉屬陰陽對轉。文部在王念孫稱爲諄
部。按理說，脂皆兩類的開口和齊支是一部（脂部），脂皆兩類的合口和
微灰咍是一部（微部）。王念孫合爲一部（脂）。另外，真文兩部也是合
在一起的。所以文微對轉也是說得通的。在《廣雅疏證》四個術語中，
脂質對轉有 5 例，文物對轉有 4 例，微物對轉有 6 例。王念孫獨立出一個
至部。而至部就包含了脂部的去聲和入聲（質部）。

《廣雅疏證》四個術語顯示的旁轉有 159 例，數量較多的有文元旁轉

對轉有 118 例

類目	之職	元歌	藥宵	陽耕	東鐸	魚談	魚陽	鐸藥	微物	耕錫	文談	元月	文微	歌月	之蒸	幽覺	談盍	脂質	葉談	支錫	幽覺	侯覺	東覺
數量	16	12	5	5	19	3	7	—	6	—	10	4	4	2	4	2	1	5	1	5	2	1	1

旁轉有 159 例

類目	之魚	文元	陽耕	宵侯	東耕	歌脂	支魚	之幽	歌微	元月	文幽	霄幽	元譯	侵談	東冬	質真	屋藥	物月	蒸東
數量	9	17	1	1	5	7	7	11	—	4	—	—	5	10	7	14	—	7	3

類目	蒸冬	冬陽	幽侯	藥文	真文	錫鐸	覺鐸	盍藥	物月	屋錫
數量	3	1	1	6	5	2	2	1	7	1

通轉有 80 例

類目	魚鐸	支真	月魚	之侯	職微	月盍	元譯	真耕	元鐸	魚歌	歌質	盍歌	之微	之譯
數量	7	4	2	—	3	1	1	3	6	2	1	2	3	1

類目	葉談	元談	月陽	陽盍	元文	之物	魚葉
數量	1	2	2	1	1	2	—

旁對轉有 95 例

類目	霄譯	魚鐸	冬鐸	歌東	魚屋	之譯	元月	魚屋	之東	魚耕	侵談	質幽	之微	冬職
數量	1	5	4	2	1	6	1	2	—	1	10	1	1	1

類目	文微	元錫	霄真	幽錫	東職	歌屋	宵陽	脂月	侯幽	錫陽	魚藥	之東	魚談	之屋
數量	2	—	—	2	3	1	3	5	1	1	1	1	1	1

異類相轉有 170 例

類目	物談	真耕	幽質	歌職	藥屋	魚屋	元譯	元月	質譯	魚微	元微	脂侯	尾覺	侵侯
數量	1	3	7	2	1	2	4	1	1	5	5	2	2	1

類目	文覺	質談	歌魚	質鐸	幽錫	物錫	脂真	脂背	文支	文耕	文錫	之脂
數量	7	1	10	—	3	1	4	2	3	2	—	—

類目	元錫	文支	宵耕	職宵	物陽	質脂	職背	元冬	月錫	歌幽	文耕	侵幽
數量	3	1	1	—	—	1	3	—	3	1	1	2

類目	侵宵	元魚	歌宵	文微	脂歌	盍談	歌元	侵屋	歌談	屋盍
數量	1	1	1	1	1	3	10	—	1	1

17 例，質月旁轉 14 例，宵幽旁轉 11 例，侵談旁轉 10 例。另外有之魚旁轉 9 例，歌脂旁轉 7 例，之侯旁轉 7 例，歌微旁轉 7 例，東冬旁轉 7 例，物月旁轉 7 例，真文旁轉 6 例。對於宵幽旁轉，王念孫在《讀書雜誌·荀子第一》"陶誕"中也曾論及，"陶誕突盜，惕悍憍暴以偷生，反側於亂世之間。楊注曰：'陶當爲檮杌之檮，頑嚚之貌，或曰當爲逃隱，匿其情也。'念孫案，楊釋陶字之義未安，余謂陶讀爲謟，謟、誕雙聲字，謟亦誕也，《性惡篇》曰：其言也謟，其行也悖，謂其言誕也，即上所謂飾邪說，文姦言也，作陶者借字耳。（凡从舀从匋之字多相通，《小爾雅》：'綯，索也。'綯即宵爾索綯之綯，《小雅·菀柳篇》'上帝甚蹈'，《一切經音義·五》引《韓詩》蹈作陶，《楚辭·九章》'滔滔孟夏兮'，《史記·屈原傳》作陶陶，《說文》：'搯，搯捾也。'《一切經音義》引《通俗文》曰：'捾出曰搯。'皆其證也。）《彊國篇》曰：'陶誕比周以爭，與污漫突盜以爭地。'陶誕突盜四字義竝與此同。"[1] 陶，定母幽韻，謟，透母宵韻，宵幽旁轉。

　　《廣雅疏證》四個術語顯示的通轉有 80 例，其中較多的是魚歌通轉 11 例。另外還有魚元通轉 7 例，歌鐸通轉 6 例，元鐸通轉 6 例，支脂通轉 6 例。對於魚歌通轉情況，王念孫在《讀書雜誌·餘編下》"狙獷而不臻"條中也曾論及，"來儀之鳥，肉角之獸，狙獷而不臻。李善曰：'《說文》曰：狙，犬暫齧人。又曰獷犬不可親附也。'張銑曰：'鳳凰麒麟皆以秦如惡狗而不至也，狙，獷犬，齧人者也。'念孫案，李解狙字之義未當，張則大謬矣。狙讀爲虘，《廣雅》曰：'趙鴉，虘也。'虘，曹憲音在何反，謂驚去之貌也。虘與狙古字通，《說文》曰：'鴉，犬鴉鴉不附人也，讀若南楚相驚曰鴉。'又曰：'獷，犬獷獷不可附也。'然則狙、獷皆驚去之貌，言麟鳳高飛遠走而不至也。"[2] 狙，清母魚部，虘，從母歌部，魚歌通轉。

　　對於支脂通轉情況，王念孫在《讀書雜誌·餘編下》"未若託蓬萊"條中曾論及，"郭璞《遊仙詩》：'朱門何足榮，未若託蓬萊。'念孫案，蓬萊，本作蓬藜，後人以此是遊仙詩，故改蓬藜爲蓬萊也，不知此章但言仕不如隱，未及神仙之事，朱門何足榮，承上京華遊俠窟而言，未若託蓬

① 王念孫：《讀書雜誌》，江蘇古籍出版社 2000 年版，第 646 頁。

② 王念孫：《讀書雜誌·餘編下》，江蘇古籍出版社 2000 年版，第 1066 頁。

萊，承上山林隱遯棲而言。蓬藜，隱者所居，《鹽鐵論·毀學篇》云：'包邱子飯麻蓬藜，脩道白屋之下。'是也，下文'靈谿可潛盤，安事登雲梯，漆園有傲吏，萊氏有逸妻'，仍是此意。此章藜字與棲荑梯妻衹齊爲韻，於古音屬脂部，第六章高浪駕蓬萊與災臺杯頤垓孩才爲韻，於古音屬之部，二部不相通用，此非精於周秦兩漢之音者，不能辨也。李善注引《封禪書》'安期生仙者，通蓬萊中'，則所見本已作蓬萊矣。"① 藜，來母支韻，梯，透母脂韻，支脂通轉。

《廣雅疏證》四個術語顯示的旁對轉有 95 例，其中較多的有幽陽旁對轉 7 例，脂月旁對轉 5 例。對於脂月旁對轉情況，王念孫在《讀書雜誌·餘編下》"若浮海而望碣石"條也論及該問題，"《高唐賦》：'崒中怒而特高兮，若浮海而望碣石。'念孫案，石字，後人所加，碣與上文之會，下文之磕厲澤霈邁喙竄摯爲韻，若加石字於下，則失其韻矣。《史記·天官書》：'勃碣海岱之間，氣皆黑。'《貨殖傳》：'夫燕，亦勃碣之間一都會也。'正義曰：'勃海碣石，在西北。'是碣石亦可謂之碣，不必加石字也。李善注曰：'言水怒浪如海邊之望碣石。'引《尚書》孔注，'碣石，海畔山也'。而不單舉碣字作解云：'碣，碣石山也。'則所見本已衍石字"②。碣，屬群母月部，入韻的"摯"字屬章母脂韻，脂月旁對轉。

《廣雅疏證》四個術語顯示的異類相轉有 170 例，較多的有支歌異類相轉有 10 例，之元異類相轉有 10 例。另外有魚脂異類相轉有 7 例，幽月異類相轉有 7 例，元侯異類相轉有 6 例，魚微異類相轉有 5 例。對於支歌異類相轉，王念孫在《書錢氏答問說地字音後》說，"支歌二部之音最相近，故古或通用……皆以支歌通用"③。可見，王氏專文論證了支歌相轉的情況。王念孫在《讀書雜誌·管子第六》"以爲原"條中也曾論及，"是故內聚以爲原，泉之不竭。表裏遂通，泉之不涸，四支堅固，能令用之，被服四固，是故聖人一言解之，上察於天，下察於地。念孫案以爲原，當依《內業篇》作以爲泉原，下文泉之不竭，即承此句言之。劉以

---

① 王念孫：《讀書雜誌·餘編下》，江蘇古籍出版社 2000 年版，第 1060 頁。

② 王念孫：《讀書雜志·餘編》，江蘇古籍出版社 2000 年版，第 1058 頁。

③ 王念孫等撰：《高郵王氏遺書·王石臞先生遺文卷四》，羅振玉輯印，江蘇古籍出版社 2000 年版，第 149 頁。

爲缺泉字，是也。表裹遂通，通當爲達，達于竭爲韻，被服四固，當爲被及四圍。據尹注，但言被及而不言被服，則正文本作被及明矣。服字右半與及相似，故及誤爲服，圍與固亦相似，又涉上文堅固而誤耳。圍即圍字也。孫炎注《爾雅》曰：‘圍，國之四垂也。此言被及四圍，察於天地。《內業篇》言窮天地，被四海，其義一也。不言四海而言四圍者，變文協韻耳，一言解之，當依《內業篇》作一言之解，解與地爲韻，尹注皆非。’"①

　　《廣雅疏證》四個術語顯示的對轉有 118 例，旁轉有 159 例，通轉有 80 例，旁對轉有 95 例，異類相轉有 170 例。異類相轉占得比重最大，有 27.4%，其次是旁轉和對轉，分別有 25.6% 和 18.9%，旁對轉占 15.2%，最少的是通轉，占 12.8%。可見，音轉關係以異類相轉和旁轉爲主。由上可知，《廣雅疏證》四個術語反映了王念孫對韻轉關係的認識，與王念孫古韻分部有一致性。顯示了王念孫在《廣雅疏證》中基本遵循了自己的古韻二十一部分部情況。另外，王念孫還根據具體訓詁實踐靈活處理韻轉情況。

---

①　王念孫：《讀書雜誌》，江蘇古籍出版社 2000 年版，第 468—469 頁。

結　論

　　從“語之轉”“一聲之轉”“之言”“聲近義同”“猶”等術語對《廣雅疏證》音義問題研究之後，得出如下簡表。需要說明的是該表爲主要術語形音義情況的簡表，一些特殊用例並未列入表中，如“之言”特殊用例、“猶”連接兩個音義短句以及“猶”與其他術語共同使用情況。這些情況的量不多，在討論該表時將附帶說明。數據顯示，《廣雅疏證》“語之轉”有74例，“一聲之轉”有132例，“之言”有762例，“聲近義同”有151例，“猶”有185例，共計1304例。“一聲之轉”部分有兩個詞間“一聲之轉”、多個詞間“一聲之轉”等情況。“聲近義同”和“猶”的情況與“一聲之轉”情況類似，爲便於討論，都拆分成兩兩對應的形式。布隆菲爾德在《語言論》中說，“語言研究必須從語音形式開始而不是從意義形式開始”①。我們首先從聲韻關係開始，並以聲韻關係爲標記，討論形義問題。聲韻關係上，從雙聲、旁紐、準旁紐、準雙聲四種聲轉關係出發，分析術語在四種聲轉統轄下的聲韻情況。形體關係主要對術語聯繫字詞構形情況進行討論，分爲形體結構有關（包含同形符和同聲符兩種）、形體結構相異兩類。詞（字）義關係上主要從三個角度展開討論，分別是訓釋條件下的義、形、音。義的方面主要指同源、義近、義遠、反訓等具體關係。形的方面主要是異體、古今字、正俗字等。音的方面主要是方言音近、音近假借等。

---

① 〔美〕布龍菲爾德：《語言論》，袁家驊等譯，商務印書館2009年版，第221頁。

《廣雅疏證》 四大術語音形義關係總表①

類目			一聲之轉	合計	之言	合計	聲近義同	合計	猶	合計
聲韻關係	雙聲	雙聲疊韻	19		301		59		34	
		雙聲旁對轉	43		12		1		1	
		雙聲異類相轉	75	227	18	393	3	82	7	64
		雙聲通轉	38		7		3		3	
		雙聲旁轉	23		32		12		9	
		雙聲對轉	29		23		4		10	
	旁紐	旁紐異類相轉	27		4		3		6	
		旁紐對轉	9		13		4		1	
		旁紐旁對轉	7	67	3	147	1	63	3	29
		旁紐疊韻	6		108		47		10	
		旁紐旁轉	13		15		8		6	
		旁紐通轉	5		4		—		3	
	準旁紐	準旁紐通轉	3		4		2		10	
		準旁紐旁轉	5		16		11		11	
		準旁紐對轉	2	32	10	129	2	67	9	86
		準旁紐疊韻	9		97		45		32	
		準旁紐旁對轉	5		2		3		14	
		準旁紐異類轉	8		—		4		10	
	準雙聲	準雙聲通轉	3				2		—	
		準雙聲旁轉	1		3		2		1	
		準雙聲異類轉	4	12	1	35	—	11		5
		準雙聲對轉	1		2		1			
		準雙聲旁對轉	3		2		2		4	
		準雙聲疊韻	—		27		4		—	
形體關係	形體有關	同聲符	5	126	355	397	104	143	34	63
		同形符	121		42		39		29	
	相異	形體相異	214	214	312	312	83	83	123	123

---

①　此表見李福言《〈廣雅疏證〉音義關係術語略考》，花木蘭文化出版社 2016 年版。"語之轉" 數量較少，不包含在表內。

续表

類目			一聲之轉	合計	之言	合計	聲近義同	合計	猶	合計
詞義關係	義	同源	160	334	509	683	102	212	29	176
		義近	123		161		90		71	
		義遠	—		7		7		19	
		義近假借	—		—		7		3	
		詞義同化	—		—		6		—	
		同義	—		3		—		—	
		反訓	—		—		—		1	
		狀形	—		3		—		—	
		詞義無關	52		—		—		53	
	形	異體	—		4	11	4	4	—	
		古今字	—		6		—		—	
		正俗字	—		1		—		—	
	音	音轉	—	4	—	15	—	9	1	2
		方言音近	1		—		—		—	
		單純音近	3		2		—		—	
		音近假借	—		13		9		1	

　　下面根據總表的數據和各章節的具體數據分析，對《廣雅疏證》的性質及其音義問題做總結性的討論。

一　《廣雅疏證》音義關係性質

　　筆者曾在拙著《〈廣雅疏證〉音義關係術語略考》中討論過《廣雅疏證》音義關係特點，指出，"從音形義關係上看，《廣雅疏證》四個術語在形式和功能上有聯繫也有區別。聲韻關係上，'一聲之轉'與'之言''聲近義同''猶'不同，'一聲之轉'主要顯示了聲同聲近關係下韻的異類相轉關係。而後三者主要顯示了聲同韻同或聲近韻同的聲韻關係。'一聲之轉'更強調聲類的聯繫。後三者更強調韻類的聯繫。形體關係上，'一聲之轉'與'猶'有相似性，即都以形體相異為主。形體有關（同聲符和同形符）的量不占多數。這一點與'之言''聲近義同'不同。後兩者以形體有關（同聲符和同形符）為主，形體相異為輔。且同聲符的量多於形體相異的量。'一聲之轉'和'猶'多強調形體的異，而

‘之言’和‘聲近義同’多強調形體的同。利用諧聲關係進行訓釋是術語‘之言’和‘聲近義同’的重要特色。詞義關係上，‘一聲之轉’‘之言’‘聲近義同’詞義同源的量在詞義情況比重中最大，而‘猶’詞義義近的量在詞義情況比重中最大。‘一聲之轉’詞義關係中，詞義無關的量也較多。考察發現，這主要指聯綿詞的兩個字字義無關。‘猶’的詞義關係中，詞義無關的量也較多。這主要指‘猶’連接的詞來源於兩種不同的概念。可以說，‘一聲之轉’‘之言’‘聲近義同’更多地屬於語言學的範疇，‘猶’更多地屬於語文學的範疇。加上沒有列入表格的‘猶’連接兩個音義短句的用例，可以更清楚地認識到王念孫在《廣雅疏證》中運用術語‘猶’主要是進行語文學實踐”①。同時還討論了《廣雅疏證》術語音義關係特點，“可以概括《廣雅疏證》音義關係的總特徵：《廣雅疏證》音義關係是歷時音義和共時音義的統一，是異質②音義和同質音義的統一。例如，同聲韻條件下的同源、義近顯示了共時音義或同質音義的問題，雙聲韻轉或聲轉疊韻條件下的同源、義近顯示了歷時音義或異質音義的問題。音義的複雜性包含了歷時音義和共時音義混同、同質音義和異質音義混同的情況”③。

　　在此基礎上，我們進一步分析《廣雅疏證》音義關係性質，認爲在《廣雅疏證》中，語音形式與概念的複雜關係表現了音義之間對稱性與不對稱性的統一。對稱性是語音形式和概念之間相似性的體現，不對稱性是語音形式和概念之間區別性的體現。孟蓬生先生在《上古漢語同源詞語音關係研究》④一書中論及同源詞語音關係的規律性，認爲同源詞語音關係有聚合性和游離性兩種。所謂聚合性，指同源詞的語音相對集中地聚集

　　① 李福言：《〈廣雅疏證〉音義關係術語略考》，花木蘭文化出版社2016年版，第379頁。
　　② 關於異質語言理論的探討，可以參看李開先生《試論歷史語言學研究中的異質語言理論問題》，原載《語言科學》第4卷第4期，2005年7月，科學出版社，又收在《漢語古音學研究》（江山語言學叢書），上海人民出版社2008年版，第298—308頁。徐通鏘先生《語言發展的不平衡性和歷史比較研究》《語言變異的研究和語言研究方法論的轉折》《變異中的時間和語言研究》《結構的不平衡性和語言演變的原因》（這些文章收在《徐通鏘自選集》，河南教育出版社1993年版）等都對語言變異的歷時共時問題進行論述。
　　③ 李福言：《〈廣雅疏證〉音義關係術語略考》，花木蘭文化出版社2016年版，第385頁。
　　④ 孟蓬生：《上古漢語同源詞語音關係研究》，北京師範大學出版社2001年版，第201—218頁。

在若干聲紐或韻部的情形。所謂游離性，指一部分同源詞跟本組大部分同源詞語音關係相對較遠的情形。從討論中可知，語音關係的聚合性和游離性都是詞義關係的聚合性和游離性的體現。在我們看來，語音關係和詞義關係的聚合性和游離性都是語音形式和概念的複雜對應的體現，是音義之間對稱性和不對稱性的統一。觀察分析《廣雅疏證》"之言"雙聲疊韻和疊韻中頻次最高的元部的詞義關係，可以發現和理解音義對稱性和不對稱性相統一這種特點。

《廣雅疏證》"之言"雙聲疊韻、疊韻部分韻部頻次
最高的元部詞（字）義層級關係考

原始義	深層義	次深層義	表層義	A	聲	韻	B	聲	韻
圓的，圓形的	彎曲的，圍繞的，束縛的，安全的	彎曲	隊、篆同源，共同義素爲上起、曲起。	隊	定	元	篆	定	元
			椀、宛同源，共同義素爲曲。	椀	影	元	宛	影	元
			蓬、卷同源，共同義素爲曲。	蓬	溪	元	卷	羣	元
			益、卷同源，共同義素爲曲。	益	羣	元	卷	見	元
			希、卷同源，共同義素爲曲。	希	見	元	卷	見	元
			輇、軒同源，共同義素爲車形彎曲高舉。	輇	曉	元	軒	曉	元
		迴旋	蜿蟺、宛轉同源，共同義素爲回轉。	蟺	禪	元	轉	端	元
			蜿蟺、盤屈同源，共同義素爲回旋。	蜿	影	元	宛	影	元
			蜿蜒、便旋同源，共同義素爲回旋。	蜿	並	元	便	並	元
				蜒	邪	元	旋	邪	元
			蠉、旋同源，共同義素爲迴旋。	蠉	曉	元	旋	邪	元
		傳布、連續	穇、漫同源，共同義素爲徧。	穇	明	元	漫	明	元
			選、宣同源，共同義素爲徧。	選	心	元	宣	心	元
			渲、宣同源，共同義素爲傳布。	渲	泥	元	宣	心	元
			顟之《方言》義與聯之本義同源，共同義素爲連續。	顟	明	元	聯	來	元
			顟之《方言》義與縣之本義同源，共同義素爲聯綿。	顟	明	元	縣	明	元
			駂之本義與班之《方言》義同源，共同義素爲次序。	駂	幫	元	班	幫	元
			綰、縮同源，共同義素爲連貫。	綰	匣	元	縮	影	元
			撣之引申義與蟬之引申義義近，皆有連續義。	撣	禪	元	蟬	禪	元
			羨之引申義與延之本義義近，皆有延長義。	羨	喻	元	延	喻	元
			挺、延同源，共同義素爲長。	挺	書	元	延	匣	元

原始義	深層義	次深層義	表層義	A	聲	韻	B	聲	韻
圓的，圓形的	彎曲的，圍繞的，束縛的，安全的	弱、束縛、纏繞、圍繞	臑、偄同源，共同義素爲弱。	臑	泥	元	偄	泥	元
			繾、緣同源，共同義素爲束縛。	繾	溪	元	緣	見	元
			罥、綰同源，共同義素爲繫掛。	罥	見	元	綰	影	元
			邅、纏同源，共同義素爲纏繞。	邅	端	元	纏	透	元
			縼、旋同源，共同義素爲纏繞。	縼	邪	元	旋	邪	元
			綄、綰同源，共同義素爲纏繞。	綄	影	元	綰	影	元
			院之借義與環之本義義近，皆有圍繞義。	院	匣	元	環	匣	元
			匽、偃爲古今字，隁之本義與偃之借義近通假，皆有水偃義。	隁	影	元	偃	影	元
			䡇之《方言》義與圜之本義同源，共同義素爲圓形。	䡇	疑	元	圜	匣	元
			垣、環同源，共同義素爲環繞。	垣	匣	元	環	匣	元
		抵禦、隱藏	欄指牢，闌指檻，同源通用，共同義素爲闌牢。	欄	來	元	闌	來	元
			軒、扞同源，共同義素爲遮禦。	軒	曉	元	扞	匣	元
			憪、扞同源，共同義素爲抵禦。	憪	曉	元	扞	匣	元
			釬、榦同源，共同義素爲夾持。	釬	匣	元	榦	見	元
			轓、藩同源通用，共同義素爲屏。	轓	滂	元	藩	幫	元
			鞬、鍵同源，共同義素爲閉藏。	鞬	見	元	鍵	羣	元
		安放	馨之引申義與盤之引申義義近，皆有盛放義	馨	並	元	盤	並	元
			案、安同源，共同義素爲安放。	案	影	元	安	影	元
			壇、坦同源通用，共同義素爲安。	壇	定	元	坦	透	元
	來回運動的時間短	迅疾	騫之本義與軒之引申義義近，皆有飛義。	騫	曉	元	軒	曉	元
			翽、儇同源，共同義素爲輕疾。	翽	曉	元	儇	曉	元
			蠻之引申義與慢之本義義近，皆有輕易義。	蠻	明	元	慢	明	元
			漙、遄同源，共同義素爲急速。	漙	透	元	遄	禪	元
		割斷	剸、鐉同源，共同義素爲割。	剸	章	元	鐉	章	元
			膞、剸同源，共同義素爲割。	膞	章	元	剸	章	元
			劂之本義與虔之《方言》義同源，共同義素爲殺。	劂	見	元	虔	羣	元
		穿過、空隙	昄、穿同源，共同義素爲穿過。	昄	見	元	穿	昌	元
			灒、鑽同源，共同義素爲穿。	灒	精	元	鑽	精	元
			覸、閒同源，共同義素爲窺視。	覸	見	元	閒	見	元
			綻、閒同源，共同義素爲"空隙"。	綻	定	元	閒	匣	元

原始義	深層義	次深層義	表層義	A	聲	韻	B	聲	韻
圓的，圓形的	大的、獨有的、根本的	大	幣、般同源，共同義素爲大。	幣	並	元	般	並	元
			墦之本義與般之《方言》義同源，共同義素爲大。	墦	並	元	般	並	元
			腱、健同源，共同義素爲強大。	腱	羣	元	健	羣	元
			諞、誕同源，共同義素爲欺誑，說大話。	諞	透	元	誕	定	元
		單	襌、單同源，共同義素爲單一。	襌	端	元	單	端	元
			版、片同源，共同義素爲分。	版	幫	元	片	滂	元
		本始	秆、稈同源，共同義素爲根本。	秆	見	元	稈	見	元
			薲藋、權輿同源，共同義素爲初始。	薲	溪	元	權	羣	元
	美好的	美好	嘕之《方言》義與衎之本義同源，共同義素爲樂。	嘕	溪	元	衎	溪	元
			嫚、娟同源，共同義素爲美好。	嫚	影	元	娟	影	元
			僐、善同源，共同義素爲好。	僐	禪	元	善	禪	元
			膳、善同源，共同義素爲好。	膳	禪	元	善	禪	元
		求福	祼之本義與灌之借義義近，皆指酌鬱鬯以獻。	祼	見	元	灌	見	元
			禪、墠同源通用，共同義素爲祭祀。	禪	禪	元	墠	禪	元

　　元部的詞（字）義層級可分爲表層義、次深層義、深層義、原始義四級。[①] 表層義有同源和義近兩種構成，表層義的詞義種類較多，有曲義、迴旋義、迅速義、大義、好義等。表層義經過提取，可以化歸到次深層義。次深層義有彎曲義、迴旋義、連續義、安放義、迅疾義、大義、美好義等。次深層義經過提取，可以化歸到深層義。深層義有“彎曲的、圍繞的、束縛的、安全的”“來回運動的時間短”“大的、獨有的、根本的”“美好的”四類。原始義是在深層義上的提取與化歸，元部的原始義

---

　　① 任繼昉先生在《漢語詞源學》一書中對詞族的結構層次進行過討論，他認爲，“一個詞族，構成一個相對完整的系統……每一部分對於整個詞族系統來說，是大系統中的子系統，我們將它稱之爲‘詞群’，再往下分，每一個詞群，又是由若干個同族詞組成的，這每一個同族詞，又是詞族子系統中的更小的子系統，即亞子系統。經過這樣的劃分，詞族系統也就呈現出自小而大的3個層次：同族詞、詞群和詞族。而語根，則是這一系統的核心部分，根詞，又是緊靠核心的近緣部分。”（任繼昉：《漢語詞源學》，重慶出版社1983年版，第140—141頁）這種層級的分析類似於本篇的“原始義、深層義、次深層義、表層義”四個層次，這裡附帶說明。

就是"圓形"①。從一個聲音表達一個概念的要求來看，表層義、次深層義、深層義與元部的關係是不對稱的。這裡，元部表達了多層概念。但從原始義與元部的關係來看，又是對稱的。這種對稱性可看作語音形式與概念之間的相似性。元部經典地表達了"圓形"這一概念。②"元"字本身與"圓"同音，元部與"圓義"的關係是聲中有義，義中有聲。詞義層級建立在詞義聯繫的基礎上，原始義與深層義、次深層義、表層義之間雖有層義關係，但内部又有一致性。詞義間的層級關係體現了人類對外部世界認知時具有選擇性特徵，這種選擇性又是建立在概念本身的規定性上。"圓形"的事物一般是彎曲的，這形成一個詞族；"圓形"的事物隱喻了美好、團圓這些概念，這形成一個詞族；"圓形"的事物來回運動速度快，這又形成一個詞族；"圓形"的事物有生發義，如混沌生成萬物，因而又有"根本""大""本始"義，這又形成一個詞族。詞族與詞族之間一般有家族相似性，這種相似性的基因就是聲音相關（聲相關或者韻相關）。歷代學者③對這種語音形式與概念的相似性都有論述，說明王念孫

---

① 張相平曾以《說文》爲語料構擬出"圓"詞族，與本表可相互參照，但張著對"圓"詞族音義關係理論的探求有待深入。參見張相平《"圓"詞族系統性研究》，暨南大學出版社2012年版。

② 萬獻初先生曾對《說文》字詞音義關係進行過分析，他說，"'古同諧聲必同部'成爲行之有效的古音學重要結論，能系統解決深層次的詞義同源問題，使《說文》研究進入全新的階段。以段氏《六書音韻表》六類十七部中的第五類爲例：十二部真部、十三部文部、十四部元部相鄰韻部通轉，可貫通語詞之間的音義聯繫，系統解釋並建立同源詞族。如這三個前鼻音韻尾－n的陽聲韻部主要爲合口字。通過對段注所標三部字的全面統計，對各字訓釋所表詞義作全面的義素分析，最後從中提取出'圓（弧）、圓弧狀的、圓弧式運動'的共有核心義素，通過這個共有核心義素反觀這些字詞的訓釋，就能把這三部625字進行同源詞族的系聯。這些字今音韻母主要爲uɑn、ün，介音ü是由中古i、u合併而成的，即ün是由uan的變體。－n是個清亮的前鼻音韻尾，ɑ是很清越的舌面前元音，u－是合口圓唇介音，uan讀來圓潤、柔和、清爽，適合表示'圓弧形、圓形運動'的核心義素。曲線、圓弧富於優美感，比如女性身體比男性身體更有美感，故該類字表示的也多是圓轉娟好類詞義。通過這樣的分析，就能系統把握這些字詞之間遠近親疏的多層級音義關係，從而看到段注在釋義上度越前修的系統性和精準度"。（萬獻初：《〈說文〉學導論》，武漢大學出版社2014年版，第136頁）通過和本節王念孫"之言"雙聲疊韻、疊韻元部詞族比較，發現二者有一致性，這也反映了王念孫對音義關係的認識具有科學性、系統性、客觀性。

③ 沈兼士列舉了歷史上不少學者對聲符表意的論斷，實際上都是對語音形式與概念之間關係的討論。參見沈兼士《右文說在訓詁學上的沿革及其推闡》，又見《沈兼士學術論文集》，中華書局1986年版，第124—154頁。

在《廣雅疏證》"之言"中的音義訓釋也是對前代學者的繼承與發揚。

《廣雅疏證》術語中的一字異音情況與《音義異同》中的音變構詞用例有互補性，顯示了王念孫對音義異同的認識以及對以義辨音的理解與運用。據統計，《廣雅疏證》"一聲之轉""之言""聲近義同""猶"等術語中，一字異音的量占總量的三分之一，比重較大。一字異音即一個字有不同的讀音、不同的詞義。一字異音實際上包含了異音異義。從一字一音到一字異音是漢語詞義變化推動語音變化進而音變構詞的結果。王念孫在《廣雅疏證》中進行詞義訓釋時肯定要辨音辨義。另外，他還撰有《音義異同》一卷。《音義異同》是手抄本，附在《稷香館叢書》第一冊《說文疑》後，書中共對敦、苴、辟、齊、比、番、湛、卷、從、純、羡、參、區、厭14字進行音義辨析。說明王念孫對一字異音問題有深刻認識，並進行過集中探討。《廣雅疏證》術語顯示的一字異音現象與《音義異同》中的音變構詞用例有互補性。如"羡"字，《音義異同》中說，"羡，似面切，貪欲也，《詩·大雅》'無然歆羡'；又餘也，《詩·小雅》'四方有羡'；又闓長也，《周禮·典瑞》'璧羡以起度'，鄭司農'羡，長也'。又以淺切，音衍，亦餘也，溢也。又夷然切，音延，墓中道也，《史記》'衛共伯入釐侯羡，自殺'索隱曰'羡，音延'。又弋枝切，音夷，《漢書·地理志》'江夏郡沙羡'"①。《廣雅疏證》卷七上云："羡讀若延。《史記·衛世家》：'共伯入釐侯羡，自殺。'索隱云：'羡，墓道也。'字亦作埏，又作延。《文選·潘岳〈悼亡詩〉》注引《聲類》云：'埏，墓隧也。'《後漢書·陳蕃傳》云：'葬親不閉埏隧。'隱元年《左傳》注作延。羡之言延也。鄭注《考工記·玉人》云：'羡猶延也。'"②今案，《音義異同》"羡"字收反切，《說文》："羡，貪欲也。"似面切，邪母線韻去聲，"似面切，貪欲也"是其本音本義。夷然切，以母仙韻平聲。"夷然切，音延，墓中道"是用變調（去—平）表示"羡"的引申義（墓道）。在《廣雅疏證》中，由於具體疏證的需要，王念孫選擇"羡音延"這一音，並增加例證，豐富"羡—埏—延"之間的音義聯繫，以義明音、以義辨音。

①　王念孫：《音義異同》，《稷香館叢書》第一冊，第172頁。
②　王念孫：《廣雅疏證》卷七上，江蘇古籍出版社1983年版，第214頁。

　　萬獻初先生在《漢語構詞論》① 一書中對歷代學者的漢語音變構詞研究作過評述，從《經典釋文》《羣經音辨》到明清韻辨類著作，再到近代《馬氏文通》現代學者周祖謨《四聲別義例釋》等，認爲這些研究對系統梳理傳統別義破讀材料以及探討漢語單字音變構詞規律很有指導意義。書中還對王念孫《音義異同》一文專門討論，並高度評價了《音義異同》的價值，“作爲漢語單字音變構詞的用例，這些都具有典型性：其中一個字的音變項最少的也有四項或五項，多的高達14項（苴）、15項（敦）；音變項中，有變聲構詞的，有變韻構詞的，有變調構詞的，也有兩項、三項綜合共變的；有些音變項是共時音變，更多的則是歷時音變逐漸聚集在同一字形之下；有音變構新詞而無詞形變化的，也有音變構詞之後產生加形分化字來分擔新詞新義而形成古今字的。總之，王念孫選擇特點很突出的單字音變構詞的典型用例，集中地細緻地作分析，展示了漢語單字音變構詞在形式和內容上的豐富性和多樣性。就這些音變構詞的個案分析來說，具有全面分析和系統貫通的總結性意義；就整體而言，對漢語音變構詞的系統研究無疑具有方法上的啟示作用，對漢語詞彙史和構詞法的整體研究具有參考價值”②。結合《廣雅疏證》一字異音情況，可見王念孫對音義異同有深刻認識，對以音明義和以義辨音有深刻理解。

二　《廣雅疏證》聲韻問題與王念孫古音學

　　萬獻初先生在《音韻學要略》一書中說，“漢語的詞是音義結合體，往往是詞義引申分化的需要推動語音的變化，詞的這種歷時變化有的映現在詞形（漢字）上，使後人能夠從字形的分化上看出語音的轉化。”③《廣雅疏證》術語顯示的聲符作爲訓釋字或被釋字的訓釋情況暗含了大量語音信息。分析這些聲符以及訓釋字詞，對王念孫古音問題探討很有幫助。

　　第一，《廣雅疏證》術語顯示的聲紐相轉關係驗證了王念孫的古聲紐問題，在清代古聲紐學史上不容忽視。數據顯示，在同類相通中，舌頭和舌上相通有60例，舌頭舌頭相通有44例，舌上與舌上相通有12例，說

---

① 萬獻初：《漢語構詞論》，湖北人民出版社1983年版，第57—58頁。

② 同上書，第165頁。

③ 萬獻初：《音韻學要略》（第二版），武漢大學出版社2012年版，第28頁。

明舌頭舌上在上古不分。錢大昕在《舌音類隔之說不可信》一文中說，"古無舌頭舌上之分。知徹澄三母，以今音讀之，與照穿床無別也；求之古音，則與端透定無異"①。李葆嘉認爲，"錢大昕揭示了舌音類隔的秘密，並非制反切者有意以舌上、舌頭交互出切，而是本爲音和，字母家以變異之今音論古音，'此昧其根源而強爲之詞也'"②。王念孫《廣雅疏證》術語顯示的舌上舌頭相通現象與錢大昕有關舌上舌頭無異的說法有相承性。

錢大昕提出，"凡影母之字，引而長之，即爲喻母。曉母之字，引長之稍濁，即爲匣母。匣母三四等字，清讀亦有似喻母者。故古人於此四母不甚分別……據顏氏說，知古無影、喻之分"③。《廣雅疏證》術語顯示的同類相通中，喉音喉音相通有 19 例，具體看，有影匣相通 10 例，曉匣相通 9 例。這種影曉匣不甚分別的情況也與錢大昕所論一致。

錢大昕提出，"古人多舌音，後代多變爲齒音。不獨知徹澄三母爲然也"④。在《廣雅疏證》術語顯示的聲紐異類相通情況中，齒頭舌上相通有 19 例，舌上正齒相通有 2 例，舌頭齒頭相通有 9 例，舌頭正齒相通有 2 例。齒頭和舌上相通即照三與精組相通。這似乎證實了李葆嘉先生在論及王念孫父子古聲二十三位時的說法，"《經傳釋詞》的古聲紐系統，吸收了'古無輕唇音說''古無舌上音說'，也採用了'影喻曉匣古雙聲說'，但是沒有接受'正齒三等上古多讀舌頭音說'，而是將照組歸於精組。高郵王氏父子蓋未精研過《廣韻》和等韻，故未知正齒二三等今音有別，古音殊途。"⑤ 從中可以得出，在齒音、舌音、喉音問題上，《廣雅疏證》術語顯示的聲類關係與《經傳釋詞》相一致，很多都吸收了錢大昕的古聲紐學說。

牙音與喉音相通關在《廣雅疏證》術語中有 50 例，是異類相通中最多的。關於牙喉音的關係，據李葆嘉先生綜述，"當今有李新魁的《上古"曉匣"歸"見溪群"說》（1963），近人研究有吳英華的《古音喉牙相

---

① 錢大昕：《十駕齋養新錄》卷五《舌音類隔之說不可信》，上海書店出版社 1983 年版。
② 李葆嘉：《清代古聲紐學》，上海古籍出版社 2012 年版，第 89 頁。
③ 錢大昕：《十駕齋養新錄》卷五《舌音類隔之說不可信》，上海書店 1983 年版。
④ 同上。
⑤ 李葆嘉：《清代古聲紐學》，上海古籍出版社 2012 年版，第 138 頁。

通考》（1937）、蔡鳳圻的《見溪變曉匣說》（1939）。清末章太炎《古雙聲說》（1908）中論及‘喉牙二音，互有蛻化’。再向前推，夏燮《述均》（1855）中有牙喉合用證。而更早，則是李元的見溪群與影曉匣喻互通說”①。李葆嘉先生具體分析統計了李元所舉材料中雙方互通情況，發現見匣互通最多。劉冠才對兩漢時代曉匣影與見溪群關係討論後發現，見匣兩母的關係最爲密切。②《廣雅疏證》術語中牙喉互通有 50 例，其中見匣互通也是最多的，有 20 例。這種情況說明王念孫有牙喉互通觀念，在《廣雅疏證》中得到具體運用。

對於喻邪互通情況，《廣雅疏證》術語中只有兩例，即庠——養（1983：16 卷一上釋詁）、徐——餘（1983：95 卷三下釋詁）。據考，前一例來自鄭玄的訓釋，後一例屬於王念孫自己的音義訓釋。原文是“徐與餘亦聲近義同”。徐，邪母，餘，喻四母。王念孫認爲徐、餘聲相近義相同，實際上是喻邪互通。清人李元的“邪喻二母，偏旁多有相諧者”③的舉例中，就包含“余——徐”這一例子。王念孫的例子與李元的相吻合。

王念孫沒有具體的古聲紐專門著作，他的古聲紐思想主要包含在具體訓詁中。《廣雅疏證》術語顯示了王念孫豐富的古聲紐思想，這些思想表明他吸收了錢大昕、戴震等的古聲紐思想後，積極運用於具體音義問題的研究，並取得了較大成果。這些思想是清代古聲紐學的重要組成部分，不容忽視。

第二，《廣雅疏證》術語中的韻類相轉情況顯示了王念孫的古韻學信息，表明王念孫對韻類相轉問題有一定認識。孔廣森在《詩聲類·序》④

---

① 李葆嘉：《清代古聲紐學》，上海古籍出版社 2012 年版，第 138 頁。

② 劉冠才：《兩漢聲母系統研究》，上海古籍出版社 2012 年版，第 162 頁。

③ 李葆嘉：《清代古聲紐學》，上海古籍出版社 2012 年版，第 178 頁。

④ 孔廣森在《詩聲類·序》中說，“竊嘗基於《廣韻》，諧於漢魏，躋稽於二雅三頌十五國之風而繹之，而審之，而條分之，而類聚之，久而得之。有本韻，有通韻，有轉韻。通韻聚爲十二，取其收聲之大同，本韻分爲十八，乃又剖析於斂侈清濁、毫釐纖眇之際，曰元之屬、耕之屬、真之屬、陽之屬、東之屬、冬之屬、侵之屬、蒸之屬、談之屬，是爲陽聲者九；歌之屬、支之屬、脂之屬、魚之屬、侯之屬、幽之屬、宵之屬、之之屬、合之屬，是爲陰聲者九。此九部者，各以陰陽相配而可以對轉”。（嚴式誨編：《音韻學叢書》（第九冊），國家圖書館出版社 2011 年版，第 151—152 頁）

中首先提出陰陽韻相應而可對轉的理論。王念孫沒有陰陽對轉理論，但《廣雅疏證》術語顯示的韻類相轉情況表明王念孫對該問題有一定理解。

《廣雅疏證》術語顯示的對轉有 118 例，旁轉有 160 例，通轉有 80 例，旁對轉有 95 例，異類相轉有 171 例。旁轉有 160 例，數量較多的有文元旁轉 17 例，質月旁轉 14 例，宵幽旁轉 11 例，侵談旁轉 10 例。東冬旁轉 7 例。通轉有 80 例，其中較多的是魚歌通轉 11 例。另外還有魚元通轉 7 例，歌鐸通轉 6 例，元鐸通轉 6 例，支脂通轉 6 例。旁對轉有 95 例，其中較多的有幽陽旁對轉 7 例，脂月旁對轉 5 例。異類相轉有 171 例，較多的有支歌異類相轉有 11 例，之元異類相轉有 10 例。另外魚脂異類相轉有 7 例，幽月異類相轉有 7 例，元侯異類相轉有 6 例，魚微異類相轉有 5 例。異類相轉占的比重最大，有 27.4%，其次是旁轉和對轉，分別有 25.6% 和 18.9%，旁對轉占 15.2%，最少的是通轉，占 12.8%。可見，音轉關係以異類相轉和旁轉爲主。另外也反映了韻類之間通用較廣的事實。

《廣雅疏證》中的韻類相轉情況顯示了王念孫的古音學信息。王力先生在《清代古音學》中討論了王念孫古韻二十一部與段玉裁十七部、戴震二十五部、孔廣森十八部的關係，"王氏古韻二十一部，與段氏十七部比較，多了四部，這是由於他真至分立，脂祭分立，侵緝分立，談盍分立。與戴氏二十五部比較，少了四部，這是由於他魚鐸合併，之職合併，侯屋合併，幽藥合併，支錫合併，祭月合併，真諄分立，幽侯分立，二十五減六加二，得二十一部。與孔氏十八部比較，多了三部，這是由於他真諄分立，脂祭分立，緝盍分立"①。

在對轉中，魚鐸對轉量最多。王念孫古韻部中魚鐸合併，所以對轉較多。

旁轉中，東冬旁轉有 7 例，顯示東冬相合，沒有分立。另外，冬侵相轉有 1 例，即 "臨之言隆也（1983：5 卷一上釋詁）"。王力先生說，"冬侵在《詩經》時代本同一部，侵是開口呼 əm、eəm、iəm，冬是合口呼 uəm, oəm, iuəm。到了戰國時代，由於異化作用，冬部脫離侵部而獨立，變爲 ung, iung，所以《離騷》能以 '庸降' 爲韻。東部是 ong, ong 與

① 王力編:《清代古音學》，中華書局 1992 年版，第 192 頁。

ung 是旁韻通轉……後來王氏（念孫）終於接受了孔氏的意見。王氏（念
孫）《合韻譜》爲晚年所改定，他終於增加一個冬部，共成古韻二十二
部"①。《廣雅疏證》術語顯示東冬旁轉較多，說明王念孫尚未完全將二者
分立②（王念孫在晚年時候才承認孔廣森的東冬分立）。

　　幽宵旁轉有 11 例，如僑——趬，"僑、趬一聲之轉也"（1983：114
卷四上釋詁）。僑，古音在宵部，趬，古音在幽部。邵榮芬在《古韻幽、
宵兩部在後漢時期的演變》③ 一文中認爲幽宵兩部韻字在後漢時期逐漸通
押。《廣雅疏證》術語顯示的幽宵旁轉情況反映了這一趨勢，表明王念孫
雖設立幽宵兩部，但在具體訓釋詞義時，能靈活處理這些詞間的語音相通
情況。

　　歌支異類相轉有 10 例，如捴——儀，"捴之言儀象也"（1983：115
卷四上釋詁）。捴，古音在支部，儀，古音在歌部。歌部和支部在《詩》
韻裏是分割很清楚的兩部，在晚周時候歌部字已經有跟支部相通的例子，
到西漢時期歌支兩部相叶更爲普遍，幾乎支部的字都跟歌部字押韻。《廣
雅疏證》術語顯示的支歌相轉情況反映了這種趨勢，也顯示了王念孫能
靈活處理這些詞間語音相通情況。

　　《廣雅疏證》術語反映了王念孫對韻轉關係的認識，與王念孫古韻分
部有一致性，顯示王念孫在《廣雅疏證》中基本遵循了自己的古韻二十
一部分部情況。另外，王念孫還根據具體訓詁實踐靈活處理韻轉情況。

三　《廣雅疏證》的寫作目的

　　王念孫在《廣雅疏證序》中說："張君稚讓繼兩漢諸儒後，參攷往
籍，徧記所聞，分別部居，依乎《爾雅》，凡所不載，悉著於篇，其自
《易》《詩》《書》《三禮》《三傳》經師之訓，《論語》《孟子》《鴻烈》
《法言》之注，《楚辭》《漢賦》之解，讖緯之記，《蒼頡》《訓纂》《滂
喜》《方言》《說文》之說，靡不兼載。蓋周秦兩漢古義之存者，可據以

---

① 王力編：《清代古音學》，中華書局 1992 年版，第 198 頁。
② 見江有誥《音學十書》，《王石臞先生來書》，嚴式誨編《音韻學叢書》（第十冊），國
家圖書館出版社 2011 年版，第 50 頁。
③ 邵榮芬：《古韻幽、宵兩部在後漢時期的演變》，《語言研究》1983 年第 1 期。

證其得失，其散逸不傳者，可藉以闚其端緒，則其書爲功于訓詁也大矣。"① 顯示《廣雅》收《爾雅》所不載之訓詁、注釋、說解，保存周秦兩漢古義，其價值重大。

王念孫又說，"竊以訓詁之旨，本於聲音，故有聲同字異，聲近義同，雖或類聚羣分，實亦同條共貫，譬如振裘必提其領，舉綱必挈其綱，故曰本立而道生，知天下之至嘖而不可亂也。此之不寤，則有字別爲音，音別爲義，或望文虛造而違古義，或墨守成訓而翹會通，易簡之理既失，而大道多岐矣。今則就古音以求古義，引伸觸類，不限形體，苟可以發明前訓，斯凌雜之譏，亦所不辭"②。

段玉裁在《廣雅疏證序》中說，"小學有形有音有義，三者互相求，舉一可以得其二；有古形有今形有古音有今音有古義有今義，六者互相求，舉一可以得其五。古今者，不定之名也，三代為古，則漢為今；漢魏晉為古，則唐宋以下為今。聖人制字，有義而後有音，有音而後有形，學者之考字，因形以得其音，因音以得其義，治經莫重於得義，得義莫切於得音。周官六書，指事象形形聲會意四者，形也；轉注假借二者，馭形者也，音與義也。三代小學之書不傳，今之存者，形書《說文》為之首，《玉篇》以下次之；音書《廣韻》為之首，《集韻》以下次之；義書《爾雅》為之首，《方言》《釋名》《廣雅》以下次之。《爾雅》《方言》《釋名》《廣雅》者，轉注假借之條目也，義屬於形，是為轉注，義屬於聲，是為假借。稚讓為魏博士，作《廣雅》，蓋魏以前經傳謠俗之形音義薈萃於是，不熟于古形古音古義，則其說之存者，無由甄綜，其說之已亡者，無由比例推測，形失則謂《說文》之外字皆可廢，音失則惑於字母七音，猶治絲棼之，義失則梏于說文所說至本義，而廢其假借，又或言假借而昧其古音，是皆無與于小學者也。懷祖氏能以三者互相求，以六者互相求，尤能以古音得經義，蓋天下一人而已矣。假《廣雅》以證其所得。其注之精粹，再有子雲必能知之，殽一世質于懷祖氏，並質諸天下後世言小學者。"③

王念孫在《與劉端臨書》中說，"自去年八月始作《廣雅疏證》一

---

①　王念孫：《廣雅疏證序》，江蘇古籍出版社 2000 年版，第 1 頁。

②　同上。

③　转引自王念孙《广雅疏证》，江苏古籍出版社 1983 年版，第 2 頁。

書，是書雖不及《爾雅》《方言》之精，然周秦漢人之訓詁，皆在焉，若不爲校注，恐將來遂失其傳"①。"《廣雅》積誤已久，有明本之誤，有宋元本之誤，有隋唐本之誤。又漢儒箋注，讖緯及小學諸書，今多亡失，訓詁無徵，疏通證明，大非易事。"②

結合段玉裁、王念孫在序中所言，可知王念孫撰《廣雅疏證》的最終目的是"就古音以求古義""發明前訓""以古音得經義"，駱瑞鶴先生曾說，"王念孫作《廣雅疏證》，目的在於考訂先秦兩漢古義，並藉以訓詁群籍。訓詁群籍是《廣雅疏證》的一個重要目的。王念孫認爲《爾雅》古義不備，備者乃在《廣雅》，故借疏《廣雅》爲之。王念孫又認爲訓詁之旨本於聲音，以音說義，譬如振裘必提其領，舉網必挈其綱，故曰本立而道生，知天下之至嘖而不可亂也。詳王念孫《廣雅疏證序》《與劉端臨書（各通）》等文。以音說義，是王念孫作《廣雅疏證》的主要方法，也可以說是他對音訓理念的全面檢驗"③。

四 《廣雅疏證》因聲求義的特點與貢獻

本部分立足《廣雅疏證》音義術語，討論《廣雅疏證》因聲求義的特點與貢獻。

第一，豐富術語的內涵，注重通過術語在詞義訓釋中的功能性異同顯示術語的特徵，大規模利用術語疏通故訓，對傳統訓釋術語進行總結與創新，是《廣雅疏證》"因聲求義"在術語使用上的特點與貢獻。說明王念孫在術語應用上繼承傳統又根據自己的音義理論適度創新的"術語觀"。

術語"之言"在《廣雅疏證》訓釋術語中量最多，有700多例，從術語來源上看，"之言"有來源的有32例，占總量的4.58%。這32例有來源的"之言"中，以鄭玄《三禮》注爲主，顯示了王念孫對傳統訓釋術語的吸收與總結。其餘600多例"之言"都是王念孫自造的。在"之言"術語連接的兩個詞中，大部分是同源和義近的，但有少部分是疏通形體的，或疏通異體、或疏通古今字、或疏通假借字，等等。"之言"的功能性差異不只表現在詞義關係上，還表現在音形關係上。"之言"的

① 《王石臞先生遺文》（卷四），江苏古籍出版社1983年版，第152頁。
② 同上书，第153頁。
③ 筆者曾通過郵件請教駱瑞鶴先生。

“音”以雙聲疊韻爲主，另外還有雙聲、疊韻、聲韻相轉情況。“之言”的“形”以同聲符爲主，另外還有同形符、形體相異情況。“之言”的功能性差異較複雜，討論時需具體分析。功能性差異不只表現在術語內部，還表現在術語之間。“之言”詞義關係上以同源爲主，“猶”則以義近爲主。“聲近義同”形體關係上以同聲符爲主，而“一聲之轉”則以同形符爲主。術語之間還有功能相似性的特征。如聲韻關係上，“一聲之轉”更強調聲類的聯繫。後三者更強調韻類的聯繫。功能性異同可以顯示術語的特征，更好地把握術語的內涵與外延，表明王念孫在術語應用上繼承傳統又根據自己的音義理論適度創新的“術語觀”。

第二，王念孫的“音義觀”，即對音形義三者之間的有機聯繫有深入研究，同時對語音形式和概念的複雜關係有一定認知，在此基礎上，“就古音以求古義”，超越形體，系聯了大批同源義近的詞。這對後代詞義理論、詞源理論、聯綿詞理論的建立做出了貢獻，加深了對漢語本質的認識。

王念孫在《廣雅疏證序》中說，“竊以訓詁之旨，本於聲音，故有聲同字異，聲近義同，雖或類聚群分，實亦同條共貫。譬如振裘必提其領，舉綱必挈其綱，故曰本立而道生，知天下之至嘖而不可亂也。此之不寤，則有字別爲音，音別爲義，或望文虛造而違古義，或墨守成訓而匙會通，易簡之理既失，而大道多岐矣。今則就古音以求古義，引伸觸類，不限形體，苟可以發明前訓，斯淩雜之譏，亦所不辭”①。段玉裁在《廣雅疏證序》中說，“懷祖氏能以三者互相求，以六者互相求，尤能以古音得經義，蓋天下一人而已矣。假《廣雅》以證其所得……”②段玉裁認爲王念孫能“三者互相求、六者互相求”，即三者即音形義，六者即古音今音、古義今義、古形今形。王念孫認爲“訓詁之旨，本於聲音”，能“就古音以求古義，引伸觸類，不限形體”。“不限形體”並不意味着不問形體，相反，是建立在對形體深入分析基礎上立足形體又超越形體的音義考察。王力先生在《中國語言學史》中說，“文字既是代表有聲語言的，同音的字就有同義的可能；不但同聲符、不同意符的字可以同義；甚至意符、聲符否不同，只要音同或音近，也還可能是同義的。這樣，古代經史子集中

---

①　王念孫:《廣雅疏證序》，江蘇古籍出版社1983年版，第1頁。
②　轉引自王念孫《廣雅疏證》，江蘇古籍出版社1983年版，第2頁。

許多難懂的字都講清楚了。這是訓詁學上的革命，段、王等人把訓詁學推進到嶄新的一個歷史階段，他們的貢獻是很大的"。"他（王念孫）衝破字形的蔽翳，從有聲語言本身觀察詞的形式。這樣他就能解決前人所未能解釋的許多問題。王氏在訓詁學上的貢獻是巨大的。如果說段玉裁在文字學上坐第一把交椅的話，王念孫則在訓詁學上坐第一把交椅。世稱'段王之學'。段王二氏是乾嘉學派的代表，他們的著作是中國語言學走上科學道路的里程碑。"① 這種評價是合理的。

漢字形音義有機聯繫的表現之一是形聲字的聲符示聲示源功能。"不限形體"，有一部分是把形體聲符化，聲符表意，進而與別的形體建立音義聯繫。由於形聲字的聲符多有示源示聲功能，在《廣雅疏證》術語"之言"中，聲符爲訓釋字且示源示聲時，訓釋字和被釋字一般是同源關係。聲符爲訓釋字和被釋字共同部分且單純示聲時，訓釋字和被釋字可能同源也可能義近。沈兼士認爲王念孫的《廣雅疏證》"是長編性質之訓詁材料"②，所論略顯片面。王念孫在《廣雅疏證》術語"猶"中較系統地討論了詞的複雜音義關係。這種關係實質上顯示了詞的語音形式與概念之間的複雜聯繫。一般情況下，語音形式相同相近，概念一般相同或相通。但有時語音形式相同相近，概念上可能沒有聯繫。如"取謂之捊，猶聚謂之裒也；取謂之掇，猶聚謂之掇也；取謂之捃，猶聚謂之群也（1983：19 卷一上釋詁）"。外部詞義之間（取—聚、捊—裒、掇—綴、捃—群）或同源或義遠，內部詞義之間（取—捊、聚—裒、取—掇、聚—捃、取—捃、聚—群）一般是同源義近關係，而在聲韻關係上，外部聲韻關係都有疊韻情況，內部聲韻關係不如外部聲韻關係緊密。

王念孫在《廣雅疏證》中"就古音以求古義"，系聯了大批具有同源性質的詞，對後世詞源學的建立發展很有助益。後代學者如章太炎、沈兼

---

① 王力：《中國語言學史》，復旦大學出版社 2006 年版，第 129 頁。
② 沈兼士在《右文說在訓詁學上之沿革及其推闡》一文中說，"王氏之論，可謂觸類旁通，中邊皆澈。清代小學之疏證各書，如王氏之於《廣雅》，郝氏之於《爾雅》，錢氏之於《方言》，均能'以精義古音貫串證發'。然究拘於體裁，祇能隨文釋義，不能別具訓詁學之系統，由今視之，要是長編性質之訓詁材料而已"。（《沈兼士學術論文集》，中華書局 1986 年版，第96 頁）

士、楊樹達、王力等的詞源理論與著作，都可追溯到王念孫的音義訓詁實踐。①

　　方一新先生曾討論過《廣雅疏證》在聯綿詞解說上的成就，指出"詞義上的單純性、形體上的多形性和使用上的靈活性，是王念孫《疏證》在對聯綿詞進行了深入細緻的考察後總結歸納出來的聯綿詞的三個特點，它們是《疏證》關於聯綿詞解說方面的主要成就，對聯綿詞乃至整個漢語詞彙學、訓詁學的研究產生了深遠的影響。尤其是王氏通過對聯綿詞單純性特點的考察，概括出聯綿詞'義存乎聲'，應當'因聲求義'和'不可分訓'的原理原則，抓住了聯綿詞的實質，因而是顛撲不破的"②。這種評價是對的。聯綿詞的訓釋主要體現在術語"一聲之轉""聲近義同""猶"中。如在"一聲之轉"術語中，王念孫對"猶豫"一詞考釋就顯示了聯綿詞的上述三個特點。"按《曲禮》云：'卜筮者，先聖王之所以使民決嫌疑、定猶與也。'《離騷》云：'心猶豫而狐疑兮。'《史記·淮陰侯傳》云：'猛虎之猶豫，不若蜂蠆之致螫；騏驥之躑躅，不若駑馬之安步；孟賁之狐疑，不若庸夫之必至也。'嫌疑、狐疑、猶豫、躑躅，皆雙聲字，狐疑與嫌疑，一聲之轉耳。後人誤讀狐疑二字爲狐性多疑，故曰狐疑，又因《離騷》猶豫狐疑相對成文，而謂猶是犬名，犬隨人行，每豫在前，待人不得，又來迎侯，故曰猶豫。或又謂猶是獸名，每聞人聲，即豫上樹，久之復下，故曰猶豫。或又以豫字從象，而謂猶豫俱是多疑之獸。以上諸說，具見於《水經注》《顏氏家訓》《禮記正義》及《漢書注》《文選注》《史記索隱》等書。夫雙聲之字，本因聲以見義，不求諸聲而求諸字，固宜其說之多鑿也。（1983：191卷六上釋訓）"王念孫在對"猶豫"音形義分析之後，提出了"雙聲之字，本因聲以見義，不求諸聲而求諸字，固宜其說之多鑿"的理論問題，反映了王氏對聯綿詞理論的深刻認識。

---

①　何九盈在《20世紀的漢語訓詁學》（《語言叢稿》，商務印書館2006年版，第339頁）一文中論及"漢語同源詞的研究"，討論過20世紀幾個重要學者的同源詞研究，我們認爲現代學者漢語同源詞的研究可以遠溯到王念孫的詞義訓詁實踐。
②　方一新：《試論〈廣雅疏證〉關於聯綿詞的解說部分的成就》，《杭州大學學報》1986年第16卷第3期。

　　劉又辛先生在《論漢字的性質》一文中討論了漢字性質的六種說法①，並對這六種說法一一加以分析，認爲形音文字體系更能代表漢字的性質。他說，"其實這就是漢字的根本性質。我們可以說漢字既不是象形文字，也不是單純的表音文字，而是既表音又表形的復合文字，或者叫做半形半音的形音文字""我們認爲，現在的漢字應該叫做形音文字體系。秦漢以後的文字，百分之八十是形聲字。論定漢字的性質應以形聲字的特點爲主。"② 劉先生立足漢字的特點，從漢字歷史的發展演變討論漢字的性質，得出的結論比較有說服力。結合王念孫《廣雅疏證》術語顯示的音形義特點，我們贊成漢字性質的 "形音文字體系" 說。《廣雅疏證》術語顯示了兩個字（詞）字形上同聲符、同形符、形體相異的特點，同聲符和同形符時，兩個字（詞）一般有音義聯繫，或同源或義近；形體相異時，兩個字（詞）一般也多有音義聯繫，具體表現爲不同聲符或不同形符的音義聯繫。這兩種情況都表現了漢字作爲形音文字的特點。

　　最後，王念孫在《廣雅疏證》中貫穿着 "以古音求古義" 的治學特點，在清代古音學訓詁學研究上有深遠影響。段玉裁曾說，"予見近代小學書多矣，動與古韻違異。此書（《廣雅疏證》）所言聲同、聲近、通作、假借，揆之古韻部居，無不相合，可謂天下之至精矣"③。何九盈先生在《乾嘉時代的語言學》一文中認爲，"古音學的發展是乾嘉語言學興旺發達的決定性原因"④。在《廣雅疏證》術語顯示的音義關係中，滲透着王氏的古音學思想。王念孫的古聲紐思想就包含在具體訓詁中，通過勾勒王氏具體訓詁中的聲轉關係，可以發現這些聲轉關係實際顯示了王氏的古聲紐思想。王念孫雖沒有韻轉理論，但是在《廣雅疏證》術語顯示的音義關係中，反映出王氏具有較系統的韻轉意識。

五　《廣雅疏證》音義關係研究應注意的問題

　　因聲求義問題實際上是音義關係問題。《廣雅疏證》音義關係多以術語

---

　　① 這六種說法分別是象形文字說、表意文字說、表音文字說、表詞文字或詞素文字說、形意文字說、形音文字說。見《論漢字的性質》一文，又見《文字訓詁論集》，中華書局 1993 年版，第 1 頁。

　　② 劉又辛：《論漢字的性質》，見《文字訓詁論集》，中華書局 1993 年版，第 9、21 頁。

　　③ 王引之：《光祿公壽長征文啟事》，見《段王學五種》。

　　④ 何九盈：《乾嘉時代的語言學》，見《語言叢稿》，商務印書館，第 278 頁。

爲載體，限於篇幅，本書選取量較大的術語對其音義關係問題進行研究。《廣雅疏證》中的其他術語將在以後討論。從計量與考據相結合的方法，以術語爲中心從音形義三個維度進行討論，是本書的主要研究方法。以往的研究或側重於義，或側重於音，而將音形義三者結合的較少。以往的研究或側重於術語，但對術語的窮盡考察不夠，多維考察不夠，得出的結論往往不夠全面，不能真實反映《廣雅疏證》音義問題的特點。本書從術語、計量、考據，音、形、義三種方法三個維度入手，得出了《廣雅疏證》術語、音義、音韻三個方面的認識。術語方面，《廣雅疏證》術語顯示了術語內部以及術語之間在功能上的差異性和相似性。音義方面，《廣雅疏證》術語顯示了音義歷時性和共時性的統一、音義的層次性、義素義位的複雜對應、語音形式和概念的複雜關係等問題，深化了對音義問題的認識。音韻方面，《廣雅疏證》術語顯示的聲韻關係與王念孫古音學有一致性。因此，本書的創新點主要體現了研究視角（術語、計量、考據、音、形、義）的創新和在研究視角基礎上研究結論的創新。這種創新都是建立在全面真實深刻反映王念孫《廣雅疏證》音義問題的基礎上得出的。

　　全面、真實、深刻反映所研究的問題是科學研究的前提和關鍵。因此，在研究《廣雅疏證》音義關係時，有幾點體會。一是音義關係研究要選擇好切入點。本書從音義術語入手。術語是音義的載體。考察術語的特點可以進而考察術語聯繫的音形義關係問題，進而上升到語言本體研究的層次。二是注重計量和考據相結合。《廣雅疏證》音義術語量大，性質複雜。需要窮盡分析，深入考證，需要借助計量與考據相結合的方法。考據是分析性質，計量是分析數據，兩個相結合，從定性到定量，從定量到定性，才能更好地分析歸納術語顯示的問題。三是注重比較。要把術語的內部比較和外部比較相結合，如將“之言”內部音形義比較，將“之言”和“聲近義同”進行外部音形義比較等。四是音義研究要注重面向問題，提高研究的廣度和深度。音義研究要有現代語言學的視角，如從語音形式和概念之間的邏輯關係進行討論，這樣才能觸及問題的本質。五是音義研究要具有歷史觀點。王念孫研究《廣雅》實際是“假《廣雅》以證其所得”，是“就古音以求古義”。因此研究《廣雅疏證》音義問題要“逆水推舟”，從音義問題探討王念孫的古音學相關問題，進而“放大問題”，要把《廣雅疏證》音義研究作爲一個節點，從音義關係學術史上探討整理清代學者因聲求義研究的相關問題。

附錄 《廣雅疏證》引《玄應音義》考①

　　《廣雅疏證》中引用不少《玄應音義》內容，經筆者窮盡考察，發現《廣雅疏證》所引《玄應音義》可分兩類，一類是《玄應音義》中的《廣雅》文獻，一類是非《廣雅》文獻。筆者在文中進一步分析了王念孫在《廣雅疏證》中引用《玄應音義》等問題。《玄應音義》在《廣雅疏證》中一般稱為"《眾經音義》"，"玄應"因避"玄燁"諱稱"元應"。統計顯示，《廣雅疏證》引《玄應音義》共 371 條，所引《玄應音義》主要分佈在《廣雅·釋詁》部分，有 220 條。從引用功能來看，以疏通訓釋為主，以補正《廣雅》原文、訂正《廣雅》訛誤、疏通文獻異文、顯示《廣雅》來源等功能為輔。

一　引文功能多樣，以疏通訓釋為主

　　疏通訓釋有 183 條，如：

　　1)《廣雅》：磔……張也。

　　《疏證》：《眾經音義》卷十四引《通俗文》云："張申曰磔。"（卷一上 13②）

　　2)《廣雅》：鎮，動也。（卷一下 37）

　　《疏證》：《眾經音義》卷五云："今江南謂領納搖頭為鎮傪。"筆者

　　① 論文在寫作過程中曾得到蕭旭先生指正，本文曾在第九屆漢文佛典語言學國際學術會議（2015 年 8 月，日本北海道大學）上宣讀，梁曉紅老師、徐時儀老師提出寶貴修改意見，謹致謝忱。後又收在《佛經音義研究》（上海辭書出版社 2005 年版）論文集中。收在本書中有改動。

　　② 所據《廣雅疏證》版本為江蘇古籍出版社 2000 年影印嘉慶王氏家刻本，體例為（卷數頁碼），如（卷一上 13）表示《廣雅疏證》卷一上，第 13 頁，下同。《廣雅疏證》，在文中一般簡稱《疏證》。

按，麗藏本《玄應音義》[1] 卷五云："《廣雅》：'鎮，搖也。'謂搖其頭也。今江南謂領納搖頭為鎮俙。" 《廣韻》："穎，鎮穎，搖頭兒。" 又 "頷，鎮頷，搖頭兒。" 又 "俙，鎮俙。"《集韻》："俙、傪，鎮俙，動也，或從彳。" 又 "頷，鎮頷，首動兒。" "鎮穎" "鎮頷" "鎮俙" "鎮俙" 并同。

3)《廣雅》："炕，乾。"（卷二上 46）

《疏證》：《眾經音義》卷三引《倉頡篇》云："炕，乾極也。"

《疏證》：《眾經音義》卷十一引《通俗文》云："和溏曰淖。"（卷五上 137）

顯示《廣雅》來源有 11 條，如：

1)《廣雅》：駛者，疾也。

《疏證》：《眾經音義》卷二引《倉頡篇》云：駛，疾也。（卷一上 22）

2)《廣雅》："摎，束也。"

《疏證》：《眾經音義》卷五引《倉頡篇》云："摎，束也。"（卷三上 86）

3)《廣雅》："麼，微也。"

《疏證》：《眾經音義》卷七引《三倉》云："麼，微也。"（卷四下 123）

補正《廣雅》有 82 條，如：

1)《廣雅》：楷，式，法也。

《疏證》：各本皆脱模、品二字，《眾經音義》卷二十四引《廣雅》：模、品、式、法也。今據以補正。（卷一上）

2)《疏證》：《眾經音義》卷七引《廣雅》："請，問也。" 今本脱請字。（卷二上 44）

3)《疏證》：《眾經音義》卷十九引《廣雅》："緒，餘也。" 今本脱 "緒" 字。（卷三上 73）

4)《疏證》：《文選·解嘲》注《思元賦》注竝《廣雅》："跌，差

---

① 所據《玄應音義》有兩種，一為麗藏本，即徐時儀《一切經音義三種校本合刊》，上海古籍出版社 2008 年版，簡稱 "麗藏本"；一為海山仙館叢書本，收錄在《續修四庫全書》經部小學類中，上海古籍出版社 2002 年版。

也。"《眾經音義》卷八、卷十、卷十二、卷十七引《廣雅》並與《文選》注同，今本脫"跌"字。（卷四下 128）

訂正《廣雅》有 35 條，如：

1）《廣雅》：酣……樂也。（1983：8 卷一上）

《疏證》：《集韻》："酣，或作甘。"唐釋元應《眾經音義》卷二及卷二十三並引《廣雅》："甘，樂也。"今據以訂正。

2）《疏證》：烈，各本訛作裂。《眾經音義》卷七、卷十七並引《廣雅》："烈，熱也。"今據以訂正。（卷二上 50）

3）《疏證》：《眾經音義》卷八、卷九、卷二十三並引《廣雅》："擾，亂也。"今本脫"擾"字。（卷三上 80）

疏通異文有 56 條，如：

1）《廣雅》：乃，……往也。（1983：7 卷一上）

《疏證》：乃者，《眾經音義》卷十八引《倉頡篇》云："迺，往也。"《說文》："𠧟，往也。"迺、𠧟並與乃同。

2）《廣雅》："瘌，痛也。"（卷二上 49）

《疏證》：《眾經音義》卷八引《通俗文》云："辛甚曰辢。"……瘌、剌、辢並通。

3）《廣雅》："堥，塞也。"

《疏證》：《眾經音義》卷五引賈逵注云："杜，塞也。"字並與堥通。（卷三上 76）

其他情況有 4 例：

1）《疏證》：今俗語言疼聲如騰，《眾經音義》卷十四云："疼，下里閒音騰。"則唐時已有此音。（卷二上 49）

按，此條引《玄應音義》佐證俗音。

2）《疏證》：《說文》："恔，苦也。"《眾經音義》引《通俗文》云："患愁曰恔。"（卷二上 49）

按，此條疏通《說文》。

3）《廣雅》："餕，食也。"

《疏證》：此條食字讀如上農夫食九人之食，字本作飤，與卷二內"啖噬餔啜食也"讀如飲食之食者不同，《眾經音義》卷二、卷四、卷十三並引《廣雅》："餕，飤也。"是其證。（卷三下 101）

按，此條辨明異讀。

4）《廣雅》："甌，瓺也。"

《衆經音義》卷六云："《韻集》：甌，方殄反。瓺，他奚反。"（卷七下 217）

按，此條注音。

二　引文方式以直引爲輔，間接轉引爲主，后者又以引《廣雅》爲主

《玄應音義》引文豐富，引文包含《廣雅》以前大量有價值文獻，對校勘、訓釋《廣雅》很有幫助。從引文方式看，王念孫引《玄應音義》有兩種方式，有的直接引《玄應音義》所作訓釋，有的間接轉引《玄應音義》所引文獻。數據顯示，後一種引文方式居多。

直引《玄應音義》所作訓釋有 32 條。主要用《玄應音義》所收大量方言材料疏通《廣雅》訓釋，如：

1）《廣雅》："腓，腨也。"

《疏證》：《衆經音義》卷十云："江南言腓腸，中國言腨腸，或言脚腨，今俗語謂之腿肚，名異而實同也。"（卷六下 205）

2）《廣雅》："胻，脛也。"

《疏證》：《衆經音義》卷十八云："今江南呼脛爲胻，山東曰胻敄。"（卷六下 205）

轉引有 339 條，在王念孫轉引《玄應音義》所引文獻中，以轉引《玄應音義》所引《廣雅》最多，有 127 處，其次是引《通俗文》《倉頡篇》《聲類》《字林》等。

《廣雅疏證》轉引《玄應音義》所引《廣雅》有 127 處，用於訂正訛誤、補證原文。筆者核查今本《玄應音義》，發現今本《玄應音義》所引《廣雅》有 1129 條，《廣雅疏證》所引僅占 11%。筆者首先對照《廣雅疏證》轉引的 127 條內容，發現有 102 條相同，有 26 條內容略微差異。差異主要表現為文字異體、正俗等，這可能與版本不同有關。筆者以按語形式對這 25 條作出如下說明：

1）《廣雅》："憨，亂也。"

《疏證》：各本憨作愍，蓋因音內勃字而誤……《衆經音義》卷十三引《廣雅》："憨，亂也。"今據以訂正。（卷三上 79）

按，麗藏本卷十三引作"憨"字。《正字通·心部》："憨同愍。"二

者異體。

2)《疏證》：《眾經音義》卷八、卷九、卷二十三並引《廣雅》："擾，亂也。"今本脫擾字。（卷三上80）

按，麗藏本卷八、卷九、卷二十三引作擾字，《說文段注》："（擾）今作擾，从憂，俗字也。"二者正俗字關係。

3)《疏證》：《眾經音義》卷二十並引《廣雅》："軌，迹也。"今據以訂正。（卷三下107）

按，麗藏本卷二十引作"軌，跡也"。

4)《疏證》：圖，各本訛作國，《眾經音義》卷二十五引《廣雅》："圖，議也，計也。"今據以訂正。（卷四上112）

按，麗藏本卷二十五引作"圖"，二者正俗字關係。

5)《疏證》：溢，各本作溢，乃隸書之訛。《眾經音義》卷十九引《廣雅》："溢，依也，"今據以訂正。（卷四下122）

按，麗藏本卷十九引作"溢"，異體。

6)《疏證》：《眾經音義》卷二十五《華嚴經》卷三十九音義並引《廣雅》："廁，間也。"今據以訂正。（卷五上144）

按，麗藏本卷二十五引作"廁，間也"，異體。

7)《疏證》：《眾經音義》卷六卷十四並引《廣雅》："檢，括也。"今據以訂正。（卷五上147）

按，麗藏本卷六引作"撿，括也"，《集韻·琰韻》："撿，束也。或作儉。"《說文》："檢，書署也。"檢、撿或因字形相近而譌。

8)《眾經音義》卷十四引《廣雅》："簿、筏，筏也。"而無橫字，疑《廣雅》橫字本別為一條，而脫誤在此也。（卷九下305）

按，麗藏本卷十四引作"潎，筏筏也"。據《疏證》，當斷為"潎、筏，筏也。"《廣韻》："大桴曰簿。"《正字通·水部》："潎，……舊本沿《集成》作潎，非，與潎別。"簿為正字，潎為誤字。

9)《疏證》：《眾經音義》卷十五引《廣雅》："雛，鶉也。"今據以訂正。（卷十下375）

按，麗藏本、海山仙館叢書本卷十五均未見此條。

10)《廣雅》：楷，式，法也。

《疏證》：各本皆脫模、品二字，《眾經音義》卷二十四引《廣雅》："模、品、式、法也。"今據以補正。（卷一上）

按，麗藏本卷二十四引作"揩，模，品，式，法也"。《廣韻》："楷，模也，式也，法也。"楷、揩當因字形相近而混。

11）《疏證》：《眾經音義》卷十一引《廣雅》：暴，疾也。卷十八引《廣雅》：騰，疾也。《集韻》《類篇》並《廣雅》：偈，疾也。今本脫暴、騰、偈三字。（卷一上 22）

按，麗藏本卷十一云"暴，猝也，疾也。"未言出處。海山仙館叢書本引《廣雅》作"暴，猝也，疾也。"

12）《疏證》：《眾經音義》卷六引《廣雅》：務，遽也。今據以補正。（卷一下 31）

按，麗藏本卷六作"努，遽也"，務、努正俗字。

13）《疏證》：《眾經音義》卷十三引《廣雅》：沃，濕也。今本脫"沃"字。（卷一下 37）

按，麗藏本卷十三無此條，海山仙館叢書本卷十三"沃野"條引《廣雅》作："沃，淫也，美也，亦柔也。"濕、淫異體。

14）《疏證》：《眾經音義》卷二十四引《廣雅》：礭，堅也。今據以補正。（卷一下 38）

按，麗藏本卷二十四引作"礭謂堅鞕牢固也"。

15）《廣雅》：滲，盡也。（卷一下 41）

《疏證》：滲，曹憲音所蔭反，各本所蔭二字誤入正文，在滲字上，《眾經音義》卷十："滲，所蔭反。"引《廣雅》："滲，盡也。"今據以補正。

按，麗藏本卷十引作"渗，盡也"。《正字通·水部》："渗，俗滲字。"二者為正俗字關係。

16）《疏證》：《眾經音義》卷六、卷十四竝引《廣雅》："曼，長也。"今本脫"曼"字。（卷二上 55）

按，麗藏本卷六、卷十四引作"蔓，長也"。《說文》："曼，引也。"《說文段注》："滋蔓字古衹作曼。"曼、蔓為古今字。

17）《疏證》：《眾經音義》卷三、卷十四竝引《廣雅》："連，合也。"今本脫"連"字。（卷二下 63）

按，麗藏本卷三、卷十四引作"連，續也，亦連，合也"。

18）《疏證》：《眾經音義》卷二十引《廣雅》："逞，憭，曉，快也。"今據以補正。（卷二下 67）

按，麗藏本卷二十引作"快，憭也"。海山仙館叢書本引《廣雅》作："快，逞，憭，曉也。"

19)《疏證》:《眾經音義》卷三引《廣雅》:"何，揭，擔也。"今本脫揭字。(卷三上78)

按，麗藏本卷三無此字。今本卷十七引《爾雅》:"可(何)、揭，擔也。"又引《廣雅》:"何，任也。"又卷二十四引《小爾雅》"何、揭，擔也。何，任也。"此或是王念孫誤記。

20)《廣雅》:"刷，刮也。"

《疏證》:見《眾經音義》卷九。(卷五下173)

按，麗藏本卷九引作"㕁"，刷、㕁異體。

21)《廣雅》:"刓，鏤也。"

《疏證》:見《眾經音義》卷十三。(卷五下173)

按，麗藏本卷十三引作"刓，斷也，鏤也"。王氏略去"斷也"。

22)《廣雅》:"角，試也。"

《疏證》:見《眾經音義》卷二十二、二十四。(卷五下173)

按，麗藏本卷二十二、卷二十四引作"甞，試也""揣，試也"。

23)《廣雅》:"冤，抑也。"

《疏證》:見《眾經音義》卷二十二。(卷五下173)

按，麗藏本卷二十二引作"冤，枉也"。海山仙館叢書本引作《广雅》作"冤，抑也"。

24)《廣雅》:"蹁躚，盤姍也。"

《疏證》:見《眾經音義》卷十一。(卷六上198)

按，麗藏本卷十一引作"蹁躚"。躚、躚異體。

25)《廣雅》:"躓，頓也。"

《疏證》:見《眾經音義》卷十七。(卷五下173)

按，麗藏本卷十七引作"躓，蹋也，頓也。"

三　《廣雅疏證》未引有一千多例，涉及異文、異訓情況

對於《廣雅疏證》未引的1002例中，筆者考察，大致分為以下幾種情況:

(一)《玄應音義》引《廣雅》與《廣雅疏證》內容相同，有692例

如，《廣雅》:"萌，始也。"(卷一上4)麗藏本《玄應音義》卷一

"群萌"條所引《廣雅》與此同。

又如《廣雅》："仇，惡也。"（卷三下105）麗藏本《玄應音義》卷一"仇對"條所引《廣雅》與此同。

（二）《玄應音義》引《廣雅》與《廣雅疏證》內容有異，有310例分為以下幾種情況：

1. 字形有異

或是由版本不同，造成異文關係，如：

1）《廣雅》："踰，渡也。"（卷二上44）麗藏本、海山仙館叢書本《玄應音義》卷一"踰摩"條所引《廣雅》作"踰，度也。"二者異文。按《廣雅疏證》卷二："度與渡通。"

2）《廣雅》："昧，晻也。"《廣雅疏證》："晻、暗、闇竝通。"（卷四上119）麗藏本、海山仙館叢書本《玄應音義》卷三"蒙昧"條引作"昧者，闇也。"晻、闇異體。

3）《廣雅》："剿，取也。"（卷一上18）麗藏本《玄應音義》卷四"操啄"條引作"操，取也。"海山仙館叢書本卷四"槮啄"引作"槮，取也。"按，《廣雅疏證》："剿、勦、鈔竝通，又與操聲相近也。"剿、操、槮可通。

4）《廣雅疏證》據《玄應音義》卷四所引《廣雅》"翕，引也"，麗藏本《玄應音義》卷四"呼噏"條作"噏，引也"，海山仙館叢書本卷四"呼噏"條引作"翕，飲也，引也。"王念孫認為噏、翕"字異而義同。"王氏所據當為海山仙館叢書本《玄應音義》。

5）《廣雅疏證》："案《眾經音義》卷五、卷七、卷十五、卷二十竝引《廣雅》蠆螫，蚔蠆，蠍也。"（卷十下358）按麗藏本、海山仙館叢書本《玄應音義》卷五"蠆螫"條引作"蠆螫，蚔蠆，蝎也"。蠍、蝎異體。

6）《廣雅》："羞，媿，鄙，恥也。"（卷四上116）麗藏本《玄應音義》卷六"自鄙"條引作"羞，愧，鄙，恥也"。海山仙館叢書本作"羞，愧，鄙，耻之兒也"。《合刊》未引。媿、愧異文，恥、耻異文。

或受當時所據本影響，造成形體錯訛。如：

1）《廣雅》："寥，深也。"麗藏本《玄應音義》卷一"寥廓"條云："或作廖，《廣雅》：'廖，深也。'"海山仙館叢書本作"寥，深也。"《合刊》未引。

2)《廣雅》："悲怒，悢，悵也。"《廣雅疏證》："悲怒者，《方言》：'悲，怒，悵也。'郭璞注云：'謂惋憪也。'"（卷三上 75）麗藏本、海山仙館叢書本《玄應音義》卷二"悵悢"條、卷八"悢悢"條引作"悢，悲也"。周祖謨《方言校箋》本作"菲，怒，悵也"①。

3)《廣雅》："五里為邑，十邑為都。"（卷九下 296）麗藏本、海山仙館叢書本《玄應音義》卷八"邑中"條引作"五里為邑，十邑為鄉"。此條王念孫據《太平御覽》訂正為"十邑為都"。

4)《廣雅》："憨，賴也。"（卷五上 140）麗藏本、海山仙館叢書本《玄應音義》卷二十二"勞來"條引作"來，憨也"。來，當作賴。

2. 解釋有異

解釋有詳略不同。如：

1)《廣雅》："邁行，往也。"《廣雅疏證》："邁行者，《爾雅》：'邁，行也。'《秦風·無衣》傳云：'行，往也。'"（卷一上 7）麗藏本、海山仙館本《玄應音義》卷一"老邁"條所引作"邁、歸，往也。"

2)《廣雅》："櫳，舍也。"《廣雅疏證》："櫳之言籠也。《說文》作槾，云房室之疏也。班婕妤《自悼賦》云：'房櫳虛兮風泠泠。'櫳為房室之疏，則不得直訓為舍矣。"（卷七上 206）王念孫不同意《廣雅》將"櫳"釋為"舍"。麗藏本、海山仙館本《玄應音義》卷一"櫳檻"條所引作"櫳，牢也"。"謂養獸之所也。"似可補證王氏。

3)《廣雅》："詅，䴢也。"《廣雅疏證》："詅者，《方言》：'欸、譍，然也。南楚凡言然者曰欸，或曰譍。'《眾經音義》卷十二引《倉頡篇》云：'唉，詅也。'"（卷一下 34）麗藏本、海山仙館叢書本《玄應音義》卷一"囉吟"條引作"詅，䴢聲也"。

4)《廣雅》："委，累也"。（卷五下 157）麗藏本、海山仙館叢書本《玄應音義》卷六"屬累"條引作"委，託，累也"。按，《廣雅疏證》："各本皆作委，閱也。案委與閱義不相近，此因委下脫去累也二字，而下文閱下又有脫字，遂誤合為一條。《文選·赭白馬賦》注云：《廣雅》：

---

① 周祖謨：《方言校箋》，中華書局 1993 年版，第 72 頁。周本所據底本為宋李文授本，而參以清代戴震、盧文弨、劉臺拱、王念孫、錢繹各本。在本條"菲，怒，悵也"下，周氏按語云："菲，盧氏作據宋本作悲，與《廣雅·釋詁三》合。"

委，累也。言累加之也。今據以補正。"《玉篇》："託，依憑也。"依憑有疊加義。《廣雅疏證》可補"託"字。

解釋次序不同，如：

1)《廣雅》："仆，僵也"。麗藏本《玄應音義》卷一"寥廓"條引作"僵，仆也"。麗藏本《玄應音義》卷一"而蹶"條引作"僵，仆也"。海山仙館叢書本卷一"而蹶"條引作"僵，臥也"，而海山仙館叢書本卷十二"蹶倒"條引作"僵，仆也"。

2)《廣雅》："湍瀨也，磧也。"《廣雅疏證》："則湍、瀨與磧異名而同實。《眾經音義》卷一、卷十九、卷二十三並引《廣雅》：'磧，瀨也。'似此條湍瀨下本無也字。"（卷九下303）按，王說可從，麗藏本、海山仙館叢書本《玄應音義》卷一"磧中"條引作"磧，瀨也"。

3)《廣雅》："僕，童，役謂命使也。"（卷一下39）麗藏本《玄應音義》卷三"僕隸"條引作"僮、僕、役，使也"。海山仙館叢書本卷三引作"僕、役，使也"。

4)《廣雅》："舀，抒也。"（卷二上51）麗藏本《玄應音義》卷四"抒氣"條引作"抒，舀也"。卷十七"抒船"條引作"抒，舀也，渫出也"。海山仙館叢書本卷十七"抒船"條引作"抒，舀也，泄出也"。

解釋內容相近。如：

1)《廣雅》："睿，聖也。"（卷五上151）麗藏本、海山仙館叢書本《玄應音義》卷二"聰叡"條引作"睿，智也"。今按，《玉篇》："睿，智也，明也，聖也。"

2)《廣雅》："豌豆，䜌豆也。"（卷十上）麗藏本《玄應音義》卷二"豌豆"條引作"豌豆，㜸豆也"。海山仙館叢書本引作"豌豆，䜌豆也"。《合刊》未引。

3)《廣雅》："詭隨，小惡也。"（卷六上190）麗藏本《玄應音義》卷四"姦詭"條引作"詭隨，惡也"。按，當為"惡也"，此條可校正《廣雅》。"姦詭"，海山仙館叢書本作"奸詭"。

4)《廣雅》："屏營，佂伀也。"（卷六上190）麗藏本、海山仙館叢書本《玄應音義》卷五"屏營"條引作"屏營，猶怔懼也"。佂伀、怔懼皆惶遽義。又海山仙館叢書本卷八"屏營"條引作"屏營，佂伀也"。

解釋內容不同。如：

1)《廣雅》："喝，嘶也。"麗藏本、海山仙館叢書本《玄應音義》

卷三 "嘶喝" 條引作 "聲之幽也"。按，《廣雅疏證》："《後漢書·張酺傳》：'王青被矢貫咽，音聲流喝。'李賢注云：'流，或作嘶。'又引《廣倉》云：'喝，聲之幽也。'"《玄應音義》或誤引。

2）《廣雅》："隥，阪也。"（卷九下 299）麗藏本、海山仙館叢書本《玄應音義》卷四 "為隥" 條引《廣雅》作 "隥，履也"。

3）《廣雅》："黸，黑也。"（卷八上 272）麗藏本、海山仙館叢書本《玄應音義》卷十 "奸黸" 條引作 "黸，面也"。

3. 今本《廣雅》未見或待考

如：

1）麗藏本《玄應音義》卷一 "黿虬" 條引《廣雅》："有角曰虬龍。"海山仙館叢書本卷一作 "黿蚪"，引《廣雅》作 "有角曰蚪龍"。

2）麗藏本《玄應音義》卷二十 "懂然" 條引《廣雅》："軟，懂，乖，刺也。"今本《廣雅》卷二下未見 "懂" 字。《玉篇》："懂，乖戾也。"可補。

3）麗藏本《玄應音義》卷二十二 "衒賣" 條引《廣雅》："衒，詥也。"今本《廣雅》卷三上："衒，賣也。"或可補。

4）麗藏本《玄應音義》卷二十二 "宰官" 條引《廣雅》："宰，剒也。"今本《廣雅》（卷五上 141）："裁，宰，制也。"或可補。

5）麗藏本《玄應音義》卷二十三 "形愞" 條引《廣雅》："柔，㥞，少，愞也。"海山仙館叢書本引作 "柔，㥞，劣，愞也"。今本《廣雅》（卷一下 42）有 "柔，㥞，愞也"，未見 "少" "劣" 字，或可補充。

四　詞義訓釋多從《玄應音義》中轉引早於或同於《廣雅》時代文獻

這些文獻以《倉頡篇》《通俗文》《埤倉》《字林》《聲類》等為主，如：

1）《廣雅》："剽，削也。"

《疏證》：《眾經音義》卷十引《倉頡篇》云："剽，截也。"（卷三上 83）

2）《廣雅》：劙，取也。（卷一上 18）

《疏證》：《眾經音義》卷四引《通俗文》云："浮取曰劙。"

3）《廣雅》：癇……病也。（卷一）

《疏證》：《眾經音義》卷十引《聲類》云："今謂小兒顛曰癇。"

4）《廣雅》："砏磤，聲也。"

《疏證》：《眾經音義》卷八引《埤倉》云："砏磤，大聲也。"（卷四下 121）

5）《廣雅》："寗，客也。"

《疏證》：《眾經音義》卷四引《字林》云："寄客為寗。"（卷四下 133）

五　多直引《玄應音義》中方言俗語材料解釋《廣雅》

王念孫認為，《廣雅》之訓多本《方言》。因此，在《廣雅疏證》中自覺地利用方言材料解釋《廣雅》字詞。這既包括直接引用《方言》，還包括引用相關文獻中的方言材料。後者就包括《玄應音義》中的方言材料，如下：

1）《廣雅》："跂，擗也。"

《疏證》：《眾經音義》卷二十四云："今江南謂屈膝立為跂跪。"（卷三上 77）

2）《廣雅》："朒，瘢也。"

《疏證》：《眾經音義》卷九云："今俗謂肉斗腫起為癃疹，或言癃朒也。"（卷五下 175）

3）《廣雅》："腓，腨也。"

《疏證》：《眾經音義》卷十云："江南言腓腸，中國言腨腸，或言腳腨，今俗語謂之腿肚，名異而實同也。"（卷六下 205）

4）《廣雅》："胕，脛也。"

《疏證》：《眾經音義》卷十八云："今江南呼脛為胕，山東曰胕敵。"（卷六下 205）

《廣雅疏證》引文豐富，有疏通訓釋，辯證異文，因聲求義諸特點。《玄應音義》收錄引用了唐代以前的大量文獻典籍，如李斯《倉頡篇》、服虔《通俗文》、張揖的《埤倉》和《古今字詁》、李登的《聲類》、葛洪的《字苑》、呂靜的《韻集》、呂忱的《字林》、何承天的《纂文》、阮孝緒的《文字集略》、陽承慶的《字統》、顏之推的《正俗音》以及字書、字典等。清代一些學者用以輯佚、校勘、訓釋等。

　　王念孫曾校勘過《玄應音義》[①]，筆者通過比勘，發現麗藏本、海山仙館叢書本《玄應音義》有與王氏所引《玄應音義》同者，有與其不同者，且與海山仙館叢書本相似度較高。王念孫肯定匯集了不同版本的《玄應音義》進行校勘，擇善而從，進而利用《玄應音義》收錄的大量文獻典籍疏證《廣雅》。《廣雅疏證》引《玄應音義》有三四百條，引文以疏通訓釋、辯證異文為主，除此之外，王念孫還根據《玄應音義》所引《廣雅》補正《廣雅》訛誤、釐正《廣雅》原文。據統計，這種情況有127 條。而《玄應音義》引《廣雅》有1129 條，這剩下的1002 條，王念孫為何沒有引用？筆者對這1002 條分類討論，逐條考辨，發現其中692 條內容與《廣雅疏證》相同，這種情況王念孫的處理是靈活的，既可以引用，也可以不引用。而剩餘的310 條內容，又分成幾種情況，或者是由於版本不同造成異文，或是文字錯訛，而以異文情況為主；或者解釋近似，或者解釋次序不同，或者解釋內容不同，或是今本未見，而以解釋次序不同為主。其中有些例子可以進一步補充、校勘《廣雅疏證》和《玄應音義》。另外，《廣雅疏證》引《玄應音義》的注重引用早於《廣雅》時代的文獻，注重引用《玄應音義》所收方言材料，顯示了王念孫對《廣雅》特點與來源的把握。

---

　　① 參見范祥雍遺稿，范邦瑾整理《跋徐乃昌過錄段玉裁、王念孫校玄應〈一切經音義〉》，《經學文獻研究集刊》第十二輯，上海書店出版社 2014 年版，第 8—9 頁。

參考文獻

一 典籍文獻及工具書

（漢）許慎撰，（宋）徐鉉校订：《說文解字》，中華書局 1963 年版（2009 年 3 月重印）。

（宋）王觀國撰，田瑞娟點校：《學林》，中華書局 1988 年版（2006 年重印）。

（清）黃生撰，黃承吉合按，包殿淑點校：《字詁義府合按》，中華書局 1984 年版。

（清）戴震著，楊應琴編：《東原文集（增編）》，黃山書社 2008 年版。

（清）錢大昕撰，楊勇軍整理：《十駕齋養新錄》，上海書店出版社 2011 年版。

（清）段玉裁撰：《說文解字注》（第 2 版），上海古籍出版社 1988 年版（2009 年 5 月重印）。

（清）王念孫：《廣雅疏證》（高郵王氏四種之一），江蘇古籍出版社 2000 年版。

（清）王念孫：《讀書雜誌》（高郵王氏四種之二），江蘇古籍出版社 2000 年版。

（清）王念孫、王引之：《經義述聞》（高郵王氏四種之三），江蘇古籍出版社 2000 年版。

（清）王引之：《經傳釋詞》（高郵王氏四種之四），江蘇古籍出版社 2000 年版。

（清）王念孫著，鍾宇訊點校：《廣雅疏證》，中華書局影印 1983 年版。

（清）王念孫等撰，羅振玉輯印：《高郵王氏遺書》，江蘇古籍出版社

2000 年版。

趙爾巽等撰：《清史稿》第四三冊，卷四七六至卷四八三（傳），中華書局 1977 年版。

《漢語大字典》，四川辭書出版社、湖北辭書出版社 1986—1990 年版。

《漢語大詞典》，漢語大詞典出版社 1990—1993 年版。

宗福邦等編：《故訓匯纂》，商務印書館 2003 年版。

二　論著（按作者姓名首字母音序排列）

陳復華、何九盈：《古韻通曉》，中國社會科學出版社 1987 年版。

陳祖武、朱彤窗：《乾嘉學派研究》，河北人民出版社 2007 年版。

陳建初：《〈釋名〉考論》，湖南師範大學出版社 2007 年版。

郭錫良編著：《漢字古音手冊（增訂本）》，商務印書館 2010 年版。

高名凱：《語言論》，商務印書館 2011 年版。

管錫華：《古漢語詞彙研究導論》，臺灣學生書局 2006 年版。

何九盈、蔣紹愚：《古漢語詞彙講話》，中華書局 2010 年版。

華學誠：《揚雄〈方言〉校釋論稿》，高等教育出版社 2011 年版。

黃焯著，丁忱編：《黃焯文集》，湖北教育出版社 1989 年版。

黃金貴：《古漢語同義詞辨釋論》，上海古籍出版社 2002 年版。

黃易青：《上古漢語同源詞意義系統研究》，商務印書館 2007 年版。

胡繼明：《〈廣雅疏證〉同源詞研究》，巴蜀書社 2003 年版。

蔣紹愚：《漢語詞彙語法史論文續集》，商務印書館 2012 年版。

蔣紹愚：《古漢語詞彙綱要》，商務印書館 2005 年版。

陸宗達：《訓詁簡論》，北京出版社 1980 年版。

陸宗達、王寧：《訓詁方法論》，中國社會科學出版社 1983 年版。

陸宗達主編：《訓詁研究》（第一輯），北京師範大學出版社 1981 年版。

劉精盛：《王念孫之訓詁學研究》，吉林大學出版社 2011 年版。

劉鈞杰：《同源字典補》，商務印書館 1982 年版。

李福言：《〈廣雅疏證〉音義關係術語略考》，花木蘭文化出版社 2016 年版。

孟蓬生：《古漢語同源詞語音關係研究》，北京師範大學出版社 2001

年版。

濮之珍:《中國語言學史》,上海古籍出版社 2002 年版。

裘錫圭:《文字學概要》,商務印書館 1988 年版。

任繼昉:《漢語語源學》,重慶出版社 1992 年版。

舒懷:《高郵王氏父子學術初探》,華中理工大學出版社 1997 年版。

[瑞士] 索緒爾:《普通語言學教程》,商務印書館 1999 年版。

盛林:《〈廣雅疏證〉 中的語義學研究》,上海人民出版社 2008 年版。

單殿元:《王念孫王引之著作析論》,社會科學文獻出版社 2009 年版。

王力:《清代古音學》,中華書局 1992 年版。

王力:《同源字典》,商務印書館 1982 年版。

王力:《漢語史稿》,中華書局 1980 年版。

王力:《漢語音韻》,中華書局 1980 年版。

王力:《漢語音韻學》,中華書局 1956 年版。

王寧:《訓詁學原理》,中國國際廣播出版社 1996 年版。

王俊義、黃愛平:《清代學術文化史論》,台北文津出版社 1999 年版。

萬獻初:《漢語音義學論稿》,中國社會科學出版社 2012 年版。

萬獻初:《音韻學要略》(第二版),武漢大學出版社 2012 年版。

徐興海:《〈廣雅疏證〉 研究》,江蘇古籍出版社 2011 年版。

徐復主編:《廣雅詁林》,江蘇古籍出版社 1998 年版。

陽海清、褚佩瑜、蘭秀英編:《文字音韻訓詁知見書目》,湖北人民出版社 2002 年版。

殷寄明:《漢語語源義初探》,學林出版社 1998 年版。

殷寄明:《語源學概論》,上海教育出版社 2000 年版。

章太炎:《文始,收入〈章氏叢書〉》第 2—6 冊,江蘇廣陵古籍刻印社 1981 年版。

張希峰:《漢語詞族叢考》,巴蜀書社 1999 年版。

張希峰:《漢語詞族續考》,巴蜀書社 2000 年版。

張博:《漢語同族詞的系統性與驗證方法》,商務印書館 2003 年版。

張先坦:《〈讀書雜誌〉 詞法觀念研究》,四川出版集團·巴蜀書社 2007 年版。

張其昀：《〈廣雅疏證〉導讀》，社會科學文獻出版社 2009 年版。

三 研究論文（按作者姓名首字母音序排列）

B

班吉慶、殷俊：《簡論錢大昕〈說文〉研究的特點》，《揚州大學學報》（人文社會科學版）2009 年第 3 期。

［日］濱口富士雄著，盧秀滿譯：《王念孫訓詁之意義》，《中國文哲研究通訊》（揚州研究專輯），10，1。

C

蔡文錦：《論王氏父子學術研究的方法論意義》，《揚州職業大學學報》2009 年第 3 期。

曹森琳：《試論〈廣雅疏證·自序〉中的訓詁思想》，《重慶科技學院學報》（社會科學版）2011 年第 23 期。

曹強：《江有誥〈詩經韻讀〉和王念孫〈古韻譜〉用韻比較》，《安康學院學報》2010 年第 12 期。

曹煒、曹培根：《試論〈讀書雜誌〉在漢語語法學上的貢獻》，《揚州師院學報》（社會科學版）1993 年第 3 期。

曹秀華：《統計方法在〈經義述聞〉中的運用》，《讀與寫雜誌》2007 年第 2 期。

褚紅：《論〈畿輔方言〉的"因聲求義"》，《保定學院學報》2010 年第 7 期。

陳亞平：《清人"因聲求義"述評》，《玉溪師範學院學報》2005 年第 4 期。

陳穎：《試論方以智對戴侗"因聲求義"的繼承與發展》，《四川師範大學學報》（社會科學版）2006 年第 11 期。

陳偉：《因聲求義之歷史沿革及其推闡》，《四川教育學院學報》2011 年第 10 期。

崔帥、王影：《"因聲求義"與訓詁》，《南昌教育學院學報》2011 年第 25—26 期。

程豔梅：《〈讀書雜誌〉運用"類比手法"釋詞淺析》，《韶關學院學報》（社會科學版）2009 年第 4 期。

程豔梅：《〈讀書雜誌〉運用"類比手法"說明假借字簡析》，《河北大學學報》（哲學社會科學版）2012 年第 7 期。

程豔梅：《王念孫〈讀書雜誌〉說略》，《内江師範學院學報》2012
年第 26 期。

D

鄧福祿：《王刪郝疏訓詁失誤類析》，《古漢語研究》2003 年第 2 期。

杜麗榮：《試析〈廣雅疏證・釋詁〉"一聲之轉"的語音關係》，《漢
字文化》2004 年第 3 期。

董恩林：《論王念孫父子的治學特點與影響》，《古籍整理研究學刊》
2007 年第 5 期。

董志翹：《簡評〈讀書雜誌〉句法觀念研究》，《貴州師範大學》（社
會科學版）2011 年第 5 期。

F

方一新：《試論〈廣雅疏證〉關於聯綿詞的解說部分的成就》，《杭州
大學學報》1986 年第 9 期。

G

甘勇：《〈廣雅疏證〉同源字系統研究》，《漢字文化》（語言文字學
術研究）2006 年第 5 期。

甘勇：《論清人"因聲求義"的二元性》，《語言研究》2008 年第
4 期。

郭瓏：《王念孫〈廣雅疏證〉迭音詞釋義術語研究》，《廣西教育學院
學報》2011 年第 3 期。

郭愛玲：《論"因聲求義"理論的發展與演變》，《淮北職業技術學院
學報》2010 年第 12 期。

郭明道：《王氏父子的訓詁思想和方法》，《古籍整理研究學刊》2005
年第 7 期。

古德夫：《王念孫父子與校勘》，《徐州師範學院學報》（哲學社會科
學版）1985 年第 2 期。

H

胡正武：《〈廣雅疏證〉對〈廣雅〉脫文補正及其方法淺探》，《内蒙
古師大學報》（哲學社會科學版）1990 年第 1 期。

胡繼明：《〈說文解字注〉和〈廣雅疏證〉的右文說》，《四川大學學
報》（哲學社會版）1993 年第 4 期。

胡繼明：《〈廣雅疏證〉的"字異而義同"》，《古漢語研究》1995 年第 3 期。

胡繼明：《〈廣雅疏證〉系聯同源詞的方法和表達方式》，《漢字文化》2002 年第 4 期。

胡繼明：《〈廣雅疏證〉研究同源詞的成就和不足》，《西南民族學院學報》（哲學社會科學版）2003 年第 1 期。

胡繼明：《〈廣雅疏證〉研究同源詞的理論和方法》，《遼寧師範大學學報》（社會科學版）2003 年第 5 期。

胡繼明：《〈廣雅疏證〉同源詞的詞義關係類型》，《樂山師院學報》2003 年第 4 期。

胡繼明：《〈廣雅疏證〉中的同源詞研究》，《西南民族大學學報》（人文社會科學版）2004 年第 7 期。

胡繼明：《就王念孫〈廣雅疏證〉研究同源詞的方法與梅祖麟教授商榷》，《重慶三峽學院學報》2005 年第 6 期。

胡繼明：《王念孫〈廣雅疏證〉對漢語同源詞研究的貢獻》，《重慶三峽學院學報》2007 年第 4 期。

華學誠等：《就王念孫的同源詞研究與梅祖麟教授商榷》，《古漢語研究》2003 年第 1 期。

華學誠：《論〈方言箋疏〉的"因聲求義"》，《揚州師院學報》（社會科學版）1989 年第 1 期。

黑維彊：《〈讀書雜誌〉"意疑"析》，《陝西師範大學學報》1997 年第 4 期。

韓陳其、立紅：《論因聲求——〈經義述聞〉的語言學思想研究》，《北京理工大學學報》（社會科學版）2004 年第 2 期。

J

蔣禮鴻：《〈廣雅疏證〉補義》（上、中、下），《文獻》1980 年、1981 年。

蔣冀騁、邱尚仁：《從〈經義述聞〉看王氏父子的治學方法》，《江西師範大學學報》（哲學社會科學版）1987 年第 1 期。

姜寶琦、李茂山：《〈廣雅疏證・序〉理論與實踐意義芻議》，《雲南師範大學學報》（哲學社會科學版）1994 年第 4 期。

金小春：《王念孫"連語"說等四種釋例及重評》，《杭州大學學報》

1989 年第 3 期。

　　L

　　陸宗達、王寧：《“因聲求義”論》，《遼寧師院學報》1980 年第 12 期。

　　劉凱鳴：《〈廣雅疏證〉辨補》，《文獻》1986 年。

　　劉凱鳴：《〈廣雅疏證〉辨補續編》，《文獻》1987 年。

　　劉凱鳴：《〈廣雅疏證〉辨補續編》，《文獻》1988 年。

　　劉殿義、張仁明：《〈廣雅疏證〉同源字的語義問題》，《畢節師專學報》1995 年第 3 期。

　　劉精盛：《芻議研究王念孫之訓詁理論與實踐的意義》，《漢字文化》（語言文字學術研究）2011 年第 29—34 期。

　　劉精盛、叶桂郴：《王念孫〈讀書雜誌〉對大型辭書修訂的價值和意義》，《欽州學院學報》2012 年第 9 期。

　　劉精盛：《論王念孫〈讀書雜誌〉的“義不相屬”》，《長江師範學院學報》2010 年第 9 期。

　　劉精盛：《王念孫〈釋大〉“大”義探微》，《古漢語研究》2006 年第 3 期。

　　劉精盛：《論〈釋大〉同源詞研究的啟示與不足》，《廣西社會科學》2005 年第 10 期。

　　劉福根：《方以智〈通雅〉中的因聲求義法》，《湖州師專學報》1992 年第 3 期。

　　劉金榮：《〈說文解字注〉中的聲訓》，《紹興文理學院學報》2002 年第 10 期。

　　劉瑤瑤、楊曉宇：《〈說文解字注〉聲訓條例述評》，《蘭州學刊》2006 年第 6 期。

　　劉文清：《〈經義述聞·周易〉補正》，《周易研究》2012 年第 4 期。

　　劉川民：《略論〈方言箋疏〉中的“聲轉”和“語轉”》，《杭州大學學報》1996 年第 12 期。

　　梁保爾、雷漢卿：《〈廣雅疏證〉的寫作時間》，《四川大學學報》（哲學社會科學版）1991 年第 1 期。

　　梁保爾：《略說王念孫“相對爲文”的語境觀》，《修辭學習》1998 年第 5 期。

梁孝梅、單殿元:《〈廣雅疏證〉中與修辭相關的術語》,《齊齊哈爾大學學報》(哲學社會科學版) 2007 年第 9 期。

李豔紅:《〈廣雅疏證〉〈方言箋疏〉中“乘”的釋義指瑕》,《古漢語研究》2004 年第 1 期。

李恒光:《由〈廣雅疏證〉析王念孫父子對訓詁學的貢獻》,《唐山學院學報》2009 年第 3 期。

李先華:《論〈說文解字注〉因聲求義》,《河南大學學報》(社會科學版) 1984 年第 5 期。

李嘉翼:《論邵晉涵〈爾雅正義〉因聲求義的訓詁成就》,《江西社會科學》2008 年第 4 期。

李傳書:《清人對〈釋名〉的整理與研究》,《長沙電力學院學報》(社會科學版) 1998 年第 2 期。

李書良:《淺論因聲求義法的使用——以〈毛詩傳箋通釋〉爲例》,《科教文匯》2008 年第 3 期。

李中耀:《論清代王念孫、王引之訓詁研究之成就》,《新疆師範大學學報》1988 年第 4 期。

李淑敏:《淺議聯綿詞——兼對王念孫的“連語”辨析》,《唐山師範學院學報》2006 年第 7 期。

李朝紅:《王念孫“‘脩’、‘循’形近而誤說”獻疑》,《西南交通大學學報》(社會科學版) 2010 年第 10 期。

李運富:《王念孫父子的“連語”觀及其訓解實踐 (上)》,《古漢語研究》1990 年第 4 期。

李運富:《王念孫父子的“連語觀”及其訓解實踐 (下)》,《古漢語研究》1991 年第 2 期。

李素紅:《讀王念孫〈讀書雜誌〉分析古書致誤原因》,《大眾文藝》(漢語言研究) 2009 年第 11 期。

李麗:《〈經義述聞〉訓詁方法舉證》,《西安文理學院學報》(社會科學版) 2009 年第 2 期。

呂立人:《段王語言學說管窺》,《新疆師範大學學報》(社會科學版) 1984 年第 1 期。

黎千駒:《“音近義通”原理論》,《保定學院學報》2009 年第 9 期。

M

馬建東：《也談王念孫的音訓——讀〈廣雅疏證〉》《天水師專學報》（哲學社會版）1990 年第 2 期。

馬建東：《王念孫的語言學思想——再讀〈廣雅疏證〉》，《天水師專學報》（哲學社會版）1994 年第 1 期。

馬景侖：《〈廣雅疏證〉散文對文所涉同義詞詞義狀況分析》，《徐州師範大學學報》（哲學社會科學版）2006 年第 5 期。

馬景侖：《〈廣雅疏證〉所揭示的"二義同條"之詞義關係分析》，《南京師大學報》（社會科學版）2006 年第 9 期。

馬景侖：《〈廣雅疏證〉所涉"正反同詞"現象成因探析》，《揚州大學學報》（人文社會科學版）2006 年第 9 期。

馬景侖：《〈廣雅疏證〉訓詁術語"相對成文"淺析》，《南京師大文學院學報》2006 年第 6 期。

馬景侖：《〈廣雅疏證〉以模擬手法說明被釋詞與解釋詞音義關係情況淺析》，《徐州師範大學學報》（哲學社會科學版）2007 年第 9 期。

馬景侖：《〈廣雅疏證〉以類比手法所說明的語音變化造成的語言現象淺析》，《常州工學院學報》（社學科會版）2007 年第 8 期。

馬景侖：《〈廣雅疏證〉運用類比手法說解文字現象析》，《南京師範大學文學院學報》2007 年第 3 期。

馬景倫：《〈廣雅疏證〉部分訓詁術語的含義和用法淺析》，《南京師範大學文學院學報》2008 年第 6 期。

馬景侖：《〈廣雅疏證〉類比手法的部分用法管窺》，《南京師範大學文學院學報》2009 年第 9 期。

馬景侖：《〈廣雅疏證〉以"凡"語說明各種詞義現象情況淺析》，《東南大學學報》（哲學社會科學版）2009 年第 11 期。

馬景侖：《〈廣雅疏證〉以"凡"語說明"名""實""義"關係情況淺析》，《安徽大學學報》（哲學社會科學版）2010 年第 2 期。

馬景侖：《从名、實、義關係角度看〈廣雅疏證〉對事物命名方式的揭示》，《語言科學》2010 年第 9 期。

馬克冬：《語源學、詞族學和廣義"因聲求義"說》，《河西學院學報》2008 年第 24 期。

馬振亞：《王氏父子與訓詁實踐》，《東北師大學報》（哲學社會科學版）1984 年第 4 期。

　　毛玉玲：《段玉裁的以聲說義》，《昆明師範學院學報》1983 年第
3 期。

　　P

　　彭慧：《論〈廣雅疏證〉的“因聲求義”》，《中州學刊》2006 年第
3 期。

　　彭慧：《王念孫〈廣雅疏證〉關於〈文選〉李善注的質疑》，《鄭州
大學學報》2006 年第 3 期。

　　彭慧：《“求變”與“求通”——試析段玉裁〈說文解字注〉與王念
孫〈廣雅疏證〉詞義引申研究的不同》，《信陽師院學報》（哲學社會科
學版）2010 年第 5 期。

　　彭慧：《巧用名字釋古語——論王念孫詞義疏解的一種方法》，《語文
知識》（語言學研究）2012 年第 3 期。

　　Q

　　齊沖天：《〈廣雅疏證〉的因聲求義與語源學研究》，《漢字文化》
（語言文字學術研究）2006 年第 1 期。

　　喬秋穎：《江有誥、王念孫關於至部的討論及對脂微分部的作用》，
《徐州師範大學學報》（哲學社會科學版）2006 年第 5 期。

　　祁龍威：《〈關於乾嘉學者王念孫〉對王念孫的學術成就進行評論》，
《學術月刊》1962 年第 7 期。

　　S

　　舒懷：《高郵王氏父子〈說文〉研究緒論》，《古漢語研究》1997 年
第 4 期。

　　孫雍長：《合則雙美，離則兩傷——論段、王訓詁學說之互補關係》，
《湖南師大社會科學學報》1988 年第 82—85 期。

　　孫雍長：《王念孫“義類說”箋識》，《湖南師大學報》（社會科學
版）1985 年第 5 期。

　　孫雍長：《王念孫“義通說”箋識》，《貴州民族學院學報》（社會科
學版）1984 年第 4 期。

　　孫雍長：《王念孫形音義辯證觀箋識》，《湘潭師範學院學報》1990
年第 10 期。

　　孫良明：《王念孫的句式類比分析法》，《古漢語研究》1994 年第

4 期。

　　孫剛：《〈廣雅疏證〉訓詁方法淺析》，《上饒師專學報》1988 年第 3、
4 期。

　　孫玄常：《〈廣雅疏證・釋詁〉劄記——音訓篇》，《運城高專學報》
1993 年第 1 期。

　　孫玄常：《〈廣雅疏證・釋詁〉劄記（續）——音訓篇》，《運城高專
學報》1993 年第 2 期。

　　孫玄常：《〈廣雅疏證・釋詁〉劄記》，《運城高專學報》1993 年第
3 期。

　　孫德平：《〈廣雅疏證〉的電腦處理》，《南陽師範學院學報》（社會
科學版）2004 年第 7 期。

　　孫德平：《〈廣雅疏證〉在同義詞研究上的貢獻》，《漢字文化》（語
言文字學術研究）2007 年第 5 期。

　　孫玲：《試論〈讀書雜誌・漢書雜誌〉的訓詁方法》，《湖北廣播電視
大學學報》2010 年第 9 期。

　　宋秀麗：《〈廣雅疏證〉校勘方法淺說》，《貴州大學學報》1989 年第
1 期。

　　宋鐵全：《高郵王氏是正〈說文解字注〉失誤例說》，《西華師大學
報》（哲學社會科學版）2013 年第 2 期。

　　盛林：《〈廣雅疏證〉對語義運動軌跡的認識》，《南京社會科學》
2005 年第 8 期。

　　盛林：《〈廣雅疏證〉中的“依文釋義”》，《浙江師範大學學報》（社
會科學版）2006 年第 2 期。

　　盛林：《略論〈廣雅疏證〉中的“對文異，散文通”》，《東南大學學
報》（哲學社會科學版）2006 年第 11 期。

　　盛林：《〈廣雅疏證〉中的同義觀》，《安徽大學學報》（哲學社會科
學版）2009 年第 5 期。

　　時建國：《清代“小學”的發展與成就》，《圖書與情報》1998 年第
3 期。

　　單殿元：《高郵王氏的學術成就和學術風格》，《文史雜誌》（文化透
視）2012 年第 2 期。

　　單殿元、梁孝梅：《王念孫〈丁亥詩鈔〉解讀》，《湖南城市學院學

報》2007 年第 11 期。

W

汪耀楠：《王念孫、王引之訓詁思想和方法的探討》，《湖北大學學報》（哲學社會版）1985 年第 2 期。

王雲路：《王念孫 “乘” 字說淺論》，《杭州大學學報》1988 年第 3 期。

王雲路：《〈讀書雜誌〉方法論淺述》，《杭州大學學報》1990 年第 6 期。

王雲路：《〈讀書雜誌〉志疑》，《古漢語研究》1988 年第 1 期。

王小莘：《王氏父子 “因聲求義” 述評》，《華南師範大學學報》（社會科學版）1988 年第 4 期。

王寶剛：《論〈方言箋疏〉中的 “古同聲”》，《淮陰師範學院學報》（哲學社會科學版）2002 年第 1 期。

王其和：《論俞樾的訓詁思想和方法》，《山東師範大學學報》（人文社會版）2008 年第 1 期。

王學斌：《論清代〈管子〉校勘中得學術傳承——以王念孫、陳奐、丁世涵、戴望爲系譜的學術考察》，《管子學刊》2010 年第 1 期。

王翰穎：《〈讀書雜誌〉“相對爲文” 的語境運用初探》，《滁州學院學報》2007 年第 9 期。

吳澤順：《王氏四種韻轉考》，《臨沂師專學報》（社會科學版）1991 年第 3 期。

吳澤順：《論鄭玄的音轉研究》，《青海師範大學學報》（哲學社會科學版）2004 年第 4 期。

吳澤順：《王氏父子通假研究和出土文獻資料之比較》，《古漢語研究》1991 年第 4 期。

吳榮範：《〈廣雅疏證〉類同引申說的成就與不足》，《長江論壇》2006 年第 4 期。

吳根友：《試論王念孫對古典人文知識增長的貢獻》，《文史哲》2012 年第 4 期。

吳蘊慧：《〈讀書雜誌·漢書雜誌〉訓詁二則》，《蘇州職業大學學報》2005 年第 2 期。

韋岩實：《小議〈廣雅疏證〉的 “因聲求義”》，《賀州學院學報》

2011 年第 4 期。

萬世雄：《淺談黃侃對 "聲近義通" 現象產生原因的認識》，《湖北師範學院學報》（哲學社會科學版）1996 年第 2 期。

溫美姬：《王念孫、俞樾校釋〈荀子〉特色差異之研究》，《南昌大學學報》（人文社會科學版）2006 年第 1 期。

X

薛其暉：《〈廣雅疏證〉淺探》，《華中師院學報》1984 年第 1 期。

薛正興：《談王念孫的推理校勘》，《社會科學戰線》1985 年第 2 期。

徐興海：《王念孫傑出的訓詁學思想》，《古籍整理研究學刊》1988 年第 2 期。

徐玲英：《从〈方言疏證〉看戴震的訓詁特色》，《四川師範大學學報》（社會科學版）2011 年第 11 期。

蕭德銑：《〈讀書雜誌〉與訓詁學習》，《懷化師專學報》（哲學社會版）1987 年第 1 期。

熊加全：《淺談王念孫〈讀書雜誌〉詞語考證的方法》，《大眾文藝》（文史哲）2009 年第 3 期。

謝俊濤、張其昀：《〈經義述聞〉因文求義說略》，《語言科學》2008 年第 7 期。

Y

殷孟倫：《王念孫父子〈廣雅疏證〉在漢語研究史上的地位》，《東嶽論叢》1980 年第 4 期。

楊建忠、賈芹：《方以智〈通雅〉 "因聲求義" 的理論》，《古籍整理研究學刊》2003 年第 7 期。

楊建忠：《方以智〈通雅〉 "因聲求義" 的實踐》，《黃山學院學報》2004 年第 2 期。

楊琳：《論因聲求義法》，《長江學術》2008 年第 3 期。

楊錦富：《高郵王念孫、王引之父子治學方法析論》，《美和技術學院學報》2009 年第 2 期。

楊效雷：《王引之〈經義述聞〉對虞翻〈易〉注的辨駁》，《古籍整理研究學刊》2009 年第 7 期。

俞樟華：《論乾嘉學派考證〈史記〉的成果》，《古籍整理研究學刊》1996 年第 5 期。

姚曉丹:《淺談〈讀書雜誌〉中的語法分析》,《鹽城師專學報》(哲學社會科學版) 1994 年第 2 期。

Z

周祖謨:《讀王念孫〈廣雅疏證〉簡論》,《蘭州大學學報》(哲學社會科學版) 1979 年第 1 期。

周光慶:《王念孫"因聲求義"的理論基礎和實踐意義》,《荊州師專學報》(哲學社會科學版) 1987 年第 2 期。

周勤、胡繼明:《〈廣雅疏證〉研究單音節同義詞的方法》,《揚州大學學報》(人文社會科學版) 2008 年第 7 期。

周勤:《論〈廣雅疏證〉中蘊含的同義詞辨析理論》,《求索》2011 年第 5 期。

周信炎:《論〈說文系傳〉中的因聲求義》,《貴州大學學報》1993 年第 2 期。

周遠富:《〈通雅〉古音學及其應用》,《南通大學學報》(社會科學版) 2006 年第 5 期。

趙德明:《"播,抵也"補正》,《古漢語研究》1998 年第 3 期。

趙思達:《戴震轉語理論對右文說的發展和對清代訓詁學的影響》,《焦作大學學報》2010 年第 4 期。

趙航:《貫通經訓兩碩儒》,《揚州師院學報》(社會科學版) 1983 年第 3 期。

朱國理:《〈廣雅疏證〉的聲訓法》,《固原師專學報》(社會科學版) 1999 年第 5 期。

朱國理:《〈廣雅疏證〉中的"同"》,《殷都學刊》1999 年第 87—90 期。

朱國理:《〈廣雅疏證〉的"命名之義"》,《語言研究》2000 年第 3 期。

朱國理:《〈廣雅疏證〉對右文說的繼承與發展》,《上海大學學報》(社會科學版) 2000 年第 7 期。

朱國理:《〈廣雅疏證〉中的"通"》,《古籍整理研究學刊》2001 年第 1 期。

朱國理:《〈廣雅疏證〉"聲同聲近聲通"考》,《黃山高等專科學校學報》2001 年第 2 期。

朱國理：《試論轉語理論的歷史發展》，《古漢語研究》2002 年第 1 期。

朱國理：《〈廣雅疏證〉中的轉語》，《上海大學學報》（社會科學版）2003 年第 3 期。

朱國理：《〈廣雅疏證〉同源詞的詞義關係》，《上海大學學報》（社會科學版）2005 年第 3 期。

朱國理：《〈廣雅疏證〉訓詁術語 "之言" 探析》，《井岡山大學學報》（社會科學版）2011 年第 1 期。

朱冠明：《方以智〈通雅〉中的因聲求義》，《解放軍外國語學院學報》1999 年第 3 期。

朱彥：《漢語以聲求義流變淺述》，《廣西師範大學學報》（研究生專輯）1999 年第 2 期。

朱小健：《王念孫剳記訓詁所體現出的治學方法與精神——以王念孫對〈毛詩〉舊注的糾正爲例》，《井岡山師範學院學報》（哲學社會科學）2001 年第 2 期。

張治樵：《王念孫訓詁述評》，《四川師範大學學報》（社會科學版）1992 年第 2 期。

張仁明：《〈廣雅疏證〉同源字組間的語義關係》，《畢節師專學報》1997 年第 3 期。

張其昀、謝俊濤：《〈廣雅疏證〉對同源詞的揭示》，《鹽城師範學院學報》（人文社會科學版）2009 年第 4 期。

張其昀：《聲訓之源流及聲訓在〈廣雅疏證〉中的運用》，《湖南文理學院學報》（社會科學版）2009 年第 7 期。

張其昀：《〈廣雅疏證〉證義的單複相證》，《揚州大學學報》（人文社會科學版）2009 年第 7 期。

張其昀：《對文證義與連文證義及其在〈廣雅疏證〉中的運用》，《陰山學刊》2009 年第 10 期。

張其昀：《〈廣雅疏證〉證義的異文相證與互文相證》，《南陽師範學院學報》（社會科學版）2010 年第 5 期。

張其昀：《〈廣雅疏證〉"輕重" "緩急" "侈弇" 解》，《信陽師院學報》（哲學社會科學版）2010 年第 1 期。

張其昀：《〈廣雅疏證〉之合聲證義與倒言證義》，《綿陽師範學院學報》2010 年第 4 期。

張其昀：《〈廣雅疏證〉對於名物關係的闡釋》，《湖北師範學院學報》（哲學社會版）2010 年第 30 期。

張其昀、謝俊濤：《論音義關係與訓詁之因聲求義》，《揚州大學學報》（人文社會科學版）2008 年第 3 期。

張金霞：《顏師古對音義關係的認識》，《古籍整理研究學刊》2003 年第 1 期。

張冬云：《胡紹煐與乾嘉聲韻訓詁理論》，《南陽師範學院學報》（社會科學版）2003 年第 1 期。

張博：《漢語音轉同族詞系統系初探》，《寧夏社會科學》1989 年第 6 期。

張博：《試論王念孫〈釋大〉》，《寧夏大學學報》（社會科學版）1988 年第 1 期。

張錦少：《王念孫〈呂氏春秋〉校本研究》，《漢學研究》2010 年第 9 期。

張小麗：《論王念孫王引之父子的治學特色》，《貴州社會科學》2006 年第 3 期。

張相平：《論俗字在〈讀書雜誌〉中的應用》，《惠州學院學報》（社會科學版）2011 年第 10 期。

張家英：《讀〈讀書雜誌・史記雜誌〉劄記》，《綏化師專學報》1997 年第 2 期。

張家英：《讀〈讀書雜誌・史記雜誌〉》，《蒲峪學刊》1994 年第 3 期。

張先坦：《從〈讀書雜誌〉看王念孫詞性觀念的表現方式》，《貴州師範大學學報》（社會科學版）2012 年第 2 期。

張先坦：《再論〈讀書雜誌〉在漢語語法學上的貢獻》，《貴州師範大學學報》（社會科學版）2009 年第 6 期。

張令吾：《〈釋大〉訓詁理論探流溯源》，《湛江師範學院學報》（哲學社會科學版）1994 年第 1 期。

張令吾：《王念孫〈釋大〉同族詞研究舉隅》，《湛江師範學院學報》（哲學社會科學版）1996 年第 3 期。

張聯榮：《〈釋大〉讀後記》，《廣播電視大學學報》（哲學社會科版）2003 年第 2 期。

鄭吉雄：《清代儒學中的會通思想》，《中華學苑》2011 年第 2 期。

左民安：《王念孫校讎學初探》，《寧夏社會科學》1986 年第 3 期。

四　學位論文（按作者姓名首字母音序排列）

安豐剛：《〈廣雅疏證〉連綿詞研究》，碩士學位論文，浙江師範大學，2012 年。

陳志峰：《高郵王氏父子"因聲求義"之訓詁方法研究》，碩士學位論文，台灣大學文學院中國文學系，2007 年。

陳志峰：《清代中葉之形音義關係論及其發展》，博士學位論文，台灣大學文學院中國文學系，2013 年。

程豔梅：《〈讀書雜誌〉專題研究》，博士學位論文，南京師範大學，2007 年。

曹秀華：《〈經義述聞〉詞義訓詁方法初探》，碩士學位論文，曲阜師範大學，2007 年。

豐素貞：《〈讀書雜誌〉假借字研究》，碩士學位論文，曲阜師範大學，2009 年。

甘勇：《〈廣雅疏證〉的數位化處理及其同源字研究》，碩士學位論文，華中科技大學，2005 年。

甘勇：《清人小學注疏五種詞源學的研究》，博士學位論文，華中科技大學，2008 年。

胡繼明：《〈廣雅疏證〉同源詞研究》，博士學位論文，四川大學，2002 年。

胡海瓊：《〈爾雅義疏〉同族詞研究》，碩士學位論文，華中科技大學，2004 年。

胡彭華：《段玉裁對〈說文〉聲訓的闡釋與發展》，碩士學位論文，江西師範大學，2007 年。

郝中岳：　《王念孫詩經小學研究》，碩士學位論文，河南大學，2006 年。

劉江濤：《〈經義述聞〉音訓及同族詞研究》，碩士學位論文，中南大學，2012 年。

劉巧芝：《戴震〈方言疏證〉同族詞研究》，碩士學位論文，西南師範大學，2005 年。

劉精盛：《王念孫的訓詁理論與實踐研究》，博士學位論文，陝西師範大學，2007 年。

梁孝梅：《〈廣雅疏證〉術語研究》，碩士學位論文，揚州大學，2008 年。

彭慧：《〈廣雅疏證〉中〈文選〉通假字研究》，碩士學位論文，鄭州大學，2004 年。

彭慧：《〈廣雅疏證〉漢語語義學研究》，博士學位論文，四川大學，2007 年。

孫瑩：《郝懿行〈爾雅義疏〉訓詁研究》，碩士學位論文，山東師範大學，2006 年。

王文玲：《〈廣雅疏證〉名物訓釋研究》，碩士學位論文，揚州大學，2010 年。

王翰穎：《〈讀書雜誌〉的語境運用初探》，碩士學位論文，曲阜師範大學，2005 年。

王輝：《從〈經義述聞〉看王引之的訓詁方法》，碩士學位論文，陝西師範大學，2006 年。

吳榮范：《〈廣雅疏證〉類同引申研究》，碩士學位論文，蘭州大學，2007 年。

游睿：《〈讀書雜誌〉詞義考證專題研究》，碩士學位論文，曲阜師範大學，2010 年。

葉輝：《〈釋大〉同族詞研究》，碩士學位論文，華中科技大學，2011 年。

張章：《〈廣雅疏證〉聯綿詞研究》，碩士學位論文，復旦大學，2008 年。

張月芹：《〈字詁〉〈義府〉訓詁方法論》，碩士學位論文，曲阜師範大學，2008 年。

張先坦：《王念孫〈讀書雜誌〉語法觀念研究》，博士學位論文，安徽大學，2006 年。

張治樵：《論〈廣雅〉〈廣雅疏證〉兼談訓詁學基本問題》，碩士學位論文，四川師範大學，1990 年。

趙海寶：《〈廣雅疏證〉研究——以與〈經義述聞〉〈讀書雜誌〉等的比較研究爲中心》，博士學位論文，吉林大學，2010 年。

後　　記

　　呈現在讀者面前的這本《〈廣雅疏證〉因聲求義研究》是我博士論文的重要部分。它是江西省高校人文社科 2015 年青年項目（項目編號 YY1525）和江西師範大學青年成長基金項目最終成果，也是江西師範大學語言與語言生活研究中心成果。該書與前期出版的《〈廣雅疏證〉音義關係術語略考》構成了我博士論文的姊妹篇。《略考》側重術語考據，分辨詞義關係，該書在《略考》基礎上進一步着眼於因聲求義，以術語為標記，定量定性相結合，全面系統分析形音義關係，探討音的關係是怎樣，形的關係是怎樣，義的關係是怎樣，最後從《廣雅疏證》討論王念孫古音學相關問題。

　　《廣雅疏證》是部大書，是王念孫因聲求義校讎疏通古籍的大作，可以看作清代小學考據的代表。通過《廣雅疏證》，可以訓練讀古書的能力，可以窺見王念孫古音學的影子，可以指導音韻訓詁研究。所以我選擇這本書作為博士論文選題。武大古籍所有個很好的傳統，即實事求是。我在武大碩、博五年，讀了一點點書。《說文解字注》和《廣雅疏證》就是其中的兩本。《說文解字注》做了厚厚的一本筆記，《廣雅疏證》做了很好的資料庫。這也奠定了我做研究的學術背景。"舊學商量加邃密，新知培養轉深沉。卻愁說到無言處，不信人間有古今。"朱熹的話與我心有戚戚焉。

　　清代小學即文字、音韻、訓詁研究取得了前無古人的成就，有時會問：我們還能做些什麼？我想似乎可以從三個方面回答：一是要學習繼承清代小學家研究方法；二是要從學術史角度整理清代小學研究成果；三是要從現代語言學角度研究清代小學問題。但由於筆者生性愚魯，拙著仍有未盡善處，還望方家指正。

　　為學即為人，為人即為學。昔戴東原有言曰："立身守二字曰不苟，待人守二字曰無憾。事事求不苟，猶未能寡恥辱；念念求無憾，猶未能免怨尤，此數十年得於行事者。其得於學，不以人蔽己，不以己自蔽，不為一時之名，亦不期後世之名。有名之見其弊二，非剖擊前人以自表曝，即依傍昔儒以附驥尾，二者不同，而鄙陋之心同，是以君子務在聞道也。"（《戴東原集》卷九《答鄭丈用牧書》）此言得之。

在武大古籍所五年的學習，離不開師友的鞭策鼓勵。衷心感謝導師萬獻初先生、駱瑞鶴老師、羅積勇老師、于亭老師、鄧福祿老師、熊桂芬老師、陳海波老師、蕭毅老師以及資料室汪波老師等。感謝參加答辯會的舒懷老師、汪國勝老師。感謝答辯秘書于浩師弟。感謝讀碩學友解宇、胡一兵、楊真、周麗霞、張家莉等，感謝讀博學友李廣寬、劉水清、李文甯、王應平、張佳、王國念、張益偉、徐邦俊、吳瓊、杜文濤、昝聖騫、王翼飛等。感謝師弟杜玄圖、李偉達、赫兆豐、王賢明、鄭建雄等，感謝師姐黃雪晴、俞必睿，感謝師兄陳雲豪無私無倦向我提供資料文獻，感謝學友段勇義、胡平、鄧凱等。

拙著的出版得到江西師範大學文學院"十二五"學科建設經費資助，特別要感謝文學院領導詹艾斌院長、李小軍副院長的關懷幫助。感謝中國社會科學出版社的編輯細心校對。

感謝我的父母親，弟弟妹妹。感謝我的妻子周玉函，謝謝你的理解和尊重。拙著出版時，女兒李如之已經三個月大了，看著她咿咿呀呀的樣子，令人忘懷。

最後感謝所有支持幫助我的人們！

是為記。

李福言
二〇一七年元旦
於南昌經韻樓